中国
与人类命运共同体：
探讨共同的价值观与目标

［英］马丁·阿尔布劳 / 著
［英］常向群 / 编

中国社会科学全球化丛书

总序言

"中国社会科学全球化"一词源自 2010 年与伦敦政治经济学院人类学系教授王斯福（Stephan Feuchtwang）的讨论，当时我们在为纪念费孝通先生诞辰一百一十周年所写的书取名。"中国社会科学"包含多方面内容，推广费孝通先生的作品只是第一步。我们决定用"中国社会科学全球化"作为丛书名，推广有代表性的中国社会科学书籍。下面容我对 1949 年以来中国社会科学的主要发展进行简单梳理[①]。

制度和资源

全国哲学社会科学规划领导小组是中国社会科学的最高领导小组，下设全国哲学社会科学规划办公室。国家社会科学基金由教育部社科司、中国社会科学院科研局和中共中央党校研究室共同支持，主管大学、社科院机构、中央国家机关研究项目的项目实践、基金管理和效果评估。国家哲学社会科学学术期刊数据库由全国哲学社会科学规划领导小组批准建设，由中国社会科学院承建，2013 年在社科院图书馆落地，是国家级、开放型、公益性哲学社会科学信息平台。2015 年开始出版的《中国社会科学年鉴》，代表着社会科学领域学术著作的最高水平。中国社会科学院包括数百个研究院、中心和专业机构，如中国社会科学杂志社、中国社会科学文献出版社、中国社会科学网、《中国社会科学》期刊等。《中国社

---

① 江勇振.社会工程与中国社会科学 1919—1949[M].剑桥：剑桥大学出版社，2001.

会科学报》于2015年创刊，旨在立足国情，从学术角度评价费孝通研究结果，引进高标准研究成果，建立当代中国学术话语体系，全面推动中国哲学和社会科学工作走向世界。近年来，中国社会科学论坛在国内外享有盛誉。此外，中国有很多省级和市级社会科学院。

中国各地有各类社会科学出版机构。截至2021年9月，中国共有3012所大学[1]，其中部分隶属于教育部高等教育司，还有一部分隶属于国家机构和省市政府，民办大学数量超过总量的1/4[2]。2001年，教育部社会科学司建立了人类学和社会科学网站中国高校人文社会科学信息网，该网站作为信息传播和线上出版中心，提供人类学和社会科学传播、管理、公共查询服务。各大学都有不同的教学、专业和研究中心，几乎都有自己的出版社，出版学术期刊和书籍。一些大学还提供社会科学服务，在全国推广社会科学。

1998年，南京大学和香港理工大学共同研发了中文社会科学引文索引系统，建立了中国人文社会科学引文索引。在此基础上，中国社会科学研究评价中心于2000年成立。

1999年，清华大学和清华同方股份有限公司发起中国知识基础设施工程（CNKI）。在教育部、科技部、中宣部、新闻出版总署等机构的支持下，CNKI采用自主开发并具有国际领先水平的数字图书馆技术和网格资源形成共享平台，建成了国内最全面的学术信息资源库《中国知识资源总库》，包括期刊、博硕士论文、报纸、会议论文、年鉴、统计数据、百科全书、专利、标准、科技成果、法律法规等资源，涵盖知名外文学术数据库施普林格（Springer）、泰勒-弗朗西斯（Taylor & Francis）和威利（Wiley）的资源，建立了完整的知识服务网络。CNKI是中国学术索引的主要平台，论文总数多达1亿篇，其中包括大量社会科学类论文，部分已有英文版本。

复旦大学处在中国社会科学海外传播的前沿，建立了中国首个国家高等社会科学研究院——复旦大学社会科学高等研究院。创建者邓正来教授1992年在香

---

[1] 维基百科. 中国大学列表 [EB/OL]. https：//en.wikipedia.org/wiki/List_of_universities_in_China.
[2] 中华人民共和国教育部. 2015年全国教育事业发展统计公报 [EB/OL]. http://www.moe.gov.cn/srcsite/A03/s180/moe_633/201607/t20160706_270976.html

港创办了《中国社会科学季刊》。2008 年，邓正来创办了中国第一本英文社会科学期刊《复旦人文社会科学论丛》。他在一篇关于中国社会科学在全球化时代走出去的文章中提出了三个问题：开放思维下的全球化，走出去的必要性和可能性，以及中国社会科学走出去的两大瓶颈[①]。遗憾的是，邓正来教授于 2013 年过世。复旦大学社会科学高等研究院现任院长郭苏建同时任旧金山州立大学政治学系教授，也是《复旦人文社会科学论丛》的主编。这本期刊如今由施普林格公司出版。

方法论

在此介绍一些近些年的观点。2011 年，北京大学人口研究所教授乔晓春在北京大学、上海外国语大学、中国青年政治学院、华中科技大学和中南财经政法大学发表了题为"中国社会科学离科学还有多远？"的演讲。他认为中国社会科学还没有在世界学界占据一定地位，也没有话语权。中国社会科学方法论带有很强的推测性，与一般社会科学基于经验主义研究不同。他的著作于 2017 年出版[②]。

2016 年，普林斯顿大学社会学教授、北京大学社会研究中心主任谢宇发表了以"理解未来"为主题的演讲。据他观察，科学研究有三大特征：客观性、经验性和可重复性。他还提出可变性、社会群体和社会背景是社会科学研究方法论的基础。谢宇提出，当今中国社会经历了各方面变化，依然在快速发展，中国比以往任何时期都需要社科研究[③]。

2014 年，复旦大学国际关系与公共事务学院副院长熊易寒发表了题为《中国社会科学的国际化与母语写作》的文章[④]。他批判了"学术民族主义"抵制国际化的现象，但也反对缺乏本地意识的"学术殖民"。他认为，"更重要的是采用科学的研究方法、积极参与国际学术对话和竞争，提出有国际影响力的理论范式，与国际同行共同设置研究议程……高水准的中文学术写作也是国际化的一个组成

[①] 邓正来. 全球化时代的中国社会科学发展 [J]. 社会科学战线, 2009.(5).
[②] 乔晓春. 中国社会科学离科学还有多远? [M]. 北京：北京大学出版社, 2017.
[③] 谢宇."今天在中国做社会科学太重要了，也太幸运了"，未来科学论坛演讲 [J]. 环球科学, 2017.(7).
[④] 熊易寒. 国社会科学的国际化与母语写作 [J]. 复旦学报（社会科学版）, 2014.(4).

部分"。

中国社会科学"走出去"

近年来,中国社会科学得到了中国政府的资金支持和政策扶持[①],举办社会科学论坛、国际会议、学术交流,开展合作研究和教学项目,并在政府支持下进行期刊和书籍的海外出版[②]。这些举措推动了中国社会科学著作的全球传播[③],外国出版社在其中也做出了贡献[④]。

中国社会科学著作"走出去"的过程不像自然科学、金融、工业产品、文化、艺术或语言等领域那样一帆风顺。2006 至 2011 年,《新华文摘》总编辑张耀铭发表三篇文章,对于设定中国社会科学期刊标准的紧迫性、现状和解决方法进行探讨[⑤]。张妮妮筛选了 2012 至 2014 年的 35 篇期刊文章,讨论中国哲学和社会学在四方面走出去的情况:(1) 中国哲学社会科学"走出去"的战略意义;(2) 中国学者哲学社会科学研究的国际发表及其影响;(3) 中国哲学社会科学学术平台"走出去"现状与前景;(4) 中国哲学社会科学"走出去"的语言问题[⑥]。2015 年,有管理学和交流研究背景的学者刘杨提出中国社会科学可以借助社会科学学术期刊"走出去"。他基于中国哲学社会科学"走出去"及社会科学学术期刊"走出去"的综合视角,探讨了中国社会科学学术期刊如何通过改革出版体系有效"走出去"[⑦]。他还探讨了如何保障"走出去"的中国社会科学学术期刊的质量[⑧]。

---

① 肖昊宸.打造一批卓越的中国特色学派,在世界学术体系中发出中国声音[J].中国社会科学报,2016.(11).

② 曲一琳.中国声音世界回响——国家社科基金中华学术外译项目设立五年发展纪实[N].光明日报,2015-7-17.

③ 段丹洁.让世界倾听中国学术思想的声音[J].中国社会科学报,2021.(10).

④ 谢雨童、范家尧、吴碧宇.国外出版社对中国图书外译项目的贡献[J].社会科学前沿,2021,10(5):1204-1211.

⑤ 张耀铭:1) 中国学术期刊的发展现状与需要解决的问题[J].清华大学学报(哲学社会科学版),2006.(2).; 2) 学术期刊的使命与魅力[J].社会科学研究,2009.(3).; 3) 中国社科学术期刊的困境与出路[J].现代出版,2011.(5).

⑥ 张妮妮.中国哲学社会科学"走出去"研究[M].北京:北京大学出版社,2016.

⑦ 刘杨.中国社会科学学术期刊"走出去"研究[M].北京:社会科学文献出版社,2015.

⑧ 刘杨.中国社科学术期刊走出去的质量保障战略研究[J].中州大学学报,2015.(6).

《社会科学引文索引》包含的中国社会科学学术期刊英文版只有两种来自中国大陆[①]。刘杨和孙奕鸣在论文中指出，中国社会科学英文学术期刊的国际化传播面临四方面问题：期刊内容、发展规模、出版模式和管理体制。他们提出，要建设具有中国特色、中国风格、中国气派的学术话语体系[②]。

目前看来，"中国社会科学走出去"和我们提倡的"中国社会科学全球化"似乎还存在一定差距。

中国社会科学全球化

中国社会科学全球化的问题依然存在。中国社会科学研究全球化的方向和结果既非西方式的，也非中国式的。中国有悠久的历史，人口规模庞大，社会情况复杂，因此要在现有人类知识的基础上，添加通过研究中国这样的国家而得到的概念、理论和方法。这个概念首次出现在"社会人类学的中国时代[③]"中，是莫里斯·弗里德曼（Maurice Freedman）1962年在伦敦政治经济学院发表的马林诺夫斯基（Bronislaw Malinowski）纪念演说。两年后，弗里德曼在另一个学术研讨场合发表了演讲"社会科学对中国研究的贡献"[④]，将汉学与中国研究区分开来，强调从社会科学角度进行中国研究的重要性。马丁·阿尔布劳（Martin Albrow）和王斯福当时分别是伦敦政治经济学院社会学院和人类学院的研究生，师从莫里斯·弗里德曼，这段经历影响了他们的学术生涯。

1973年，王斯福在英国城市大学工作期间创建了中国研究所，这是英国第一个中国社会科学研究机构。1998年起，王斯福在伦敦经济学院工作，致力于中国比较研究。他很欣赏费孝通提出的差序格局和团体格局的比较视角和理论概念[⑤]，

---

① 姜志达. 话语权视角下的社科学术期刊国际化研究[J]. 出版发行研究, 2018.(1).
② 刘杨、孙奕鸣. 中国英文社会科学术期刊国际化发展矛盾与破解[J]. 中国科技期刊研究, 2020, 31(6):644-650.
③ 莫里斯·弗里德曼. 社会人类学的中国时代[J]. 英国社会学期刊, 1963, 14(1).
④ 莫里斯·弗里德曼. 社会科学对中国研究的贡献[J]. 亚洲研究学报, 1964, 23(4).
⑤ 费孝通. 乡土中国[M]. 上海：观察社, 1948.

用自己的翻译进行了解读①。经过多年酝酿，中国比较研究网于 2013 年在伦敦政治经济学院成立。王斯福赞同把中国比较研究网更名为全球中国比较研究网，此时中国比较研究网已经从伦敦政治经济学院独立出来。

一些美国学者也致力于中国社会科学研究。2006 年 5 月 19 至 20 日，美国密歇根大学迪尔本分校校长李丹（Daniel Little）在杜克大学"寻找差异：知识的结构和类别"会议上发表了题为"中国社会科学新发展"的演讲。1989 年，他出版了《理解农民中国——社会科学哲学的案例研究》，2009 年译为中文出版②。2010 年，华盛顿大学社会学和国际研究教授韩格理在伦敦政治经济学院的国际会议上发表了论文《费孝通著作对西方社会科学家的启示》③，以纪念费孝通百年诞辰。韩格理（Gary Hamilton）高度评价中国社会科学方法论对一般社会科学方法论的贡献。2016 年 5 月 20 至 21 日，复旦大学—加州大学当代中国研究中心举办了社会科学和中国研究青年学者论坛，中美学者共同推动中国社会科学发展。全世界学者从不同角度切入，在研究中国社会科学方面做了大量工作，此处不一一列举。

王斯福在"中国社会科学全球化丛书"的第一卷《费孝通研究》的序言中，提出费孝通可能是历史上最有政策影响力的顶尖人类学家，对中国发展的社会政策产生了深远影响④。2016 年，习近平主席在哲学社会科学工作座谈会上的讲话中提到了毕业于伦敦政治经济学院的费孝通。马林诺夫斯基为费孝通《乡土中国》所写的序言中写道，费孝通承诺回到中国后会和中国其他学者一起对中国经济、社会、文化、政治和信仰体系进行全面改革⑤。习主席如今是中国最高决策者，他在关于中国哲学和社会科学的讲话中提出要促进中国社会科学的全面发展。这不仅会推动中国社会科学的全球化进程，还可能对中国参与全球治理、社会建设和全球社会可持续发展产生深远影响。

20 世纪 80 年代，马丁·阿尔布劳任《国际社会学》期刊编辑，帮助过很多

---

① 王斯福.社会自我主义与个体主义——一位西方的汉学人类学家阅读费孝通"中西对比"观念的惊讶与问题 [J]. 全球中国比较研究，2017(1).
② 李丹.理解农民中国——社会科学哲学的案例研究 [M]. 南京：江苏人民出版社，2009.
③ 韩格理.费孝通著作对西方社会科学家的启示 [J]. 全球中国比较研究，2017(1).
④ 王斯福.序言 [J]. 全球中国比较研究，2017(1).
⑤ 布罗尼斯拉夫·马林诺夫斯基.序言：乡土中国 [M]. 费孝通.伦敦：罗德里奇出版社，1938.

中国学者发表文章①。1990年后，他致力于推广全球化理念，成为全球化研究的国际代表人物之一。如今，他致力于推动中国社会科学著作全球化，促使转文化概念成为主流学术概念，探索转文化过程中中国社会科学的贡献，我在《全球中国比较研究》期刊发刊文《文化与中国社会全球化——词汇的发明与发掘》中进行了详细介绍。②

本书是"中国社会科学全球化丛书"的第四卷，其第三部分的标题是"中国社会科学全球化"，体现了阿尔布劳在过去40年来为中英两国的中国专家学者完成学术和社会目标、完善中国特色社会理论提供的帮助。本书编者序言中介绍了阿尔布劳的理论和方法论贡献，编者强调，阿尔布劳对中国社会科学全球化理论的贡献有五大特征：对中国社会学派与一般社会科学派进行区分，强调中国社会科学的可行性，鼓励英语国家和中国的理论研究合作，在国际社会推广中国社会科学著作以及传播中国社会科学全球化话语③。

我相信，在国内外社会科学家的共同努力下，中国社会科学能够进一步实现全球化，能够推动人类知识发展，给全人类带来裨益。

常向群

全球中国研究院院长

英国伦敦大学学院名誉教授（2015—2020）

南开大学特聘教授

2015年10月8日

于2021年12月30日修改

英国伦敦

---

① 马丁·阿尔布劳.社会学全球化过程中的中国篇章[J].全球中国比较研究,2017(1).
② 常向群.文化与中国社会全球化——词汇的发明与发掘[J].全球中国比较研究,2017(1).
③ 常向群.编者序:中国与人类命运共同体:探讨共同的价值观与目标[M].马丁·阿尔布劳.伦敦:环球世纪出版社,2021.

作者序言[①]

我写作本书的初衷是总结个人的经历，这些经历体现了我对中国和中国世界地位的强烈关注。当然，比起全世界经验的总结，个人经历的总结是微不足道的。

我经历的重要历史阶段包括1939到1945年的第二次世界大战。1945年发生的事件对后来的历史产生了永久的影响。在这一年，两座日本城市遭到原子弹轰炸，变得满目疮痍。随后，众多国家共同创立了联合国，这对于人们的认识和话语产生了深刻影响。人们普遍认为当时的时代已经与历史出现了割裂。伟大的历史学家阿诺德·汤因比（Arnold Joseph Toynbee）认为这次轰炸标志着原子时代的开始。

生存危机感在全世界蔓延渗透，全球化的话语伴随着普遍的生存焦虑，后来的冷战期间更是如此。1963年古巴导弹危机期间，这种恐惧演变成了恐慌，但危机最终还是过去了。20世纪80年代的发展为全球性增添了新的光彩。跨国企业融合了现代性和全球性，塑造了全球化概念。全球化发展的背景下，全世界共同应对环境挑战的意识增强，全球性呈现出关键优势，对年轻一代人来说更是如此。

1989年，冷战结束，随后苏联解体，对有些人来说，这标志着时代甚至是历史的终结。但在2022年3月的今天，世界上发生的一切已经证明那不过是个幻

[①] 本文为作者2022年4月5至7日参加伦敦书展期间在本书英文版新书发布会暨主题论坛上做的演讲。——编者注

想。历史不会终结,除非人类灭亡。但全球时代的"相反相合"引发了我的思考。我的书《中国在人类命运共同体中的角色:走向全球领导力理论》于2018年出版,如今这本书的续篇在伦敦和北京出版。

两本书都受到中国世界地位崛起的启发,我认为我们应该尽最大努力确保东西方都应该认识到这一点。

过去十年来,常向群教授和我以此为目的,成立了全球中国研究院。截止到2021年12月,以"全球治理改革"为主题的全球中国对话已举办七场。我们同英格丽德·克兰菲尔德社长以及环球世纪出版社一起为此而努力。

前美国副国务卿兼布鲁金斯学会主席斯特普·塔尔博特(Strobe Talbott)曾经谈道,他1992年描述过"全球国家"的诞生,当时指的是一个单一的世界权威,后来发现它被用来形容在美国时代里美国所承担的角色。其实进一步延伸的话,任何致力于全人类安全和福祉的国家都可以被称为全球国家。因此,我们给自己设立了一个目标,那就是要改变东西方对立甚至是文明冲突的话语,推动每个国家对全球共同利益做出自己独特的贡献。

中国有数千年历史,人口数量庞大,经济发展迅速,发展为全球国家是必然之势。这意味着中国要与其他持同样理念的国家一起为共同目标而努力。观念交流和共同认识有利于推动各国共同采取措施,建立命运共同体。

"人类命运共同体"这个概念最能体现习主席对国际关系的思考。2013年3月,习主席在莫斯科国立国际关系学院讲话时首次提及这一概念,对西方人喜欢谈论的"地球村"概念进行了拓展。一年后,习主席在联合国教科文组织总部讲话,阐述了中国"和而不同"的传统哲学理念,再次强调要建成人类命运共同体,推动不同文明之间的交流。

我想通过本书强调,中国人既能坚守价值观,又能根据具体时间具体情况制定目标。这是一种观念,可能也是一种精神,我想称之为"务实普遍主义"。在中国,人们很自然地从自己的精神和我们这个时代的精神同时出发来思考问题。

在如今这个重要的历史时期,世界历史正在书写新的篇章。我希望本书能对推动中国成为真正的全球国家尽绵薄之力。届时，中国取得的成就将比笔者写作本书时所能想象的更加伟大。

马丁·阿尔布劳

全球中国学术院前荣誉院长

2022 年 3 月 10 日

英国伦敦

编者序言[①]

马丁·阿尔布劳教授因《全球时代：超越现代性之外的国家与社会》一书获得阿马尔菲奖。他的著作包括《科层制》(1970)、《马克斯·韦伯的社会理论建构》(1990)、《全球化、知识与社会》(1990，合作主编)。这是"全球化"一词首次出现在阿尔布劳的作品标题中。后续作品包括《组织是否有感情？》(1997)、《社会学基础》(1999)、《全球公民社会》(合作主编，2006年7月，2007年8月和2011年)和《论全球时代的社会和文化变迁》(2014)，这些都是对西方主流社会科学的贡献。

近年来，作者出版了两本著作，其中一本是《中国在人类命运共同体中的角色：走向全球领导力理论》，由安东尼·吉登斯（Tony Giddens）撰写序言，另一本是《中国与人类命运共同体：探讨共同的价值观与目标》(2021年在英国出版)。

本书精选马丁·阿尔布劳六十年学术生涯中关于全球化理论与实践的重要作品，具有坚实的理论基础。近十年来，作者重点关注了全球治理与中国的重大议题。本书编者结集了这一时期作者发表的几乎所有学术论文、书籍章节、报刊文章、教学、参加国内外学术等会议的讲稿、与学者和媒体的对话及访谈及与中国相关的特殊议题的发言，涉及"一带一路"倡议、中国脱贫和抗击新冠病毒肺炎等实践主题，能够帮助读者理解中国如何参与全球治理和全球社会建设。这本书还是一位外籍汉学家的人类学研究案例。过去十年来，阿尔布劳长期关注"全球

[①] 马丁·阿尔布劳.中国在人类命运共同体中的角色：走向全球领导力理论[M].北京：商务印书馆，2020.

治理与中国"领域，与中国学界、政界、出版界和媒体界保持双向交流。

阿尔布劳就全球化背景下的中国提出了大量观点，编辑在本篇序言中将其所有著述统称"本书"，以免过于零散。除在脚注中标明参考文献，编辑还加入大量背景信息，以便读者理解。本序旨在强调本书的十大特征，分为两部分：作者的理论和方法论贡献，以及作者参与中国社会科学全球化的过程。

1. 阿尔布劳的理论和方法论贡献

1.1 不亚于主流西方出版社的学术贡献

除了阿尔布劳的家人和朋友，本书致谢名单包含45人，其中中国和西方学者各有15人。这体现出作者在写作中对中西方的平衡。本书包括作者已出版的书籍和为非中国组织的活动撰写的文章。

阿尔布劳创造了与中国学者的跨学科合作模式，梳理了马克斯·韦伯（Max Weber）晚年对中国理解的变化。他追随韦伯晚年的道路，与不同领域的中国学者进行交流。阿尔布劳的著作主要基于文献研究以及他与中国学者共事的经历。作者与在中国国内和在英国的中国学者长期保持交流，主要体现在第八章"中国特色社会理论"。本书旨在推动中国社会科学全球化成为人类知识的一部分。

作为韦伯派的社会理论家，阿尔布劳相信与中国的学术交流会在深入研究韦伯思想的过程中结出硕果。他提出，韦伯如果在世，会审视数字革命理性化的过程，在资本主义全球化发展中寻找伦理卫士（见本书2.1）。这一思想源自全球中国学术院前身中国比较研究网组织的国际会议"马克斯·韦伯和中国：文化、法律和资本主义"的三项研究，作为《中国在人类命运共同体中的角色：走向全球领导力理论》的一部分出版（2018：第12、13、14章）。这可看作是"转文化学术产品"的案例。这些高质量学术活动和出版物填补了西方主流学术界的空白。

阿尔布劳的著作将帮助读者理解中国如何参与全球治理。阿尔布劳对《习近平谈治国理政》系列进行研读后，他接受了编辑的观点：《习近平谈治国理政》系列包含了当今中国顶级精英、包括学者的贡献,反映了这一历史阶段中国最高层的决策思想。

本书可以作为改革开放以来,中国各阶段历史的比较研究参考,也是全球和比较视角下的中国研究。

1.2 "务实普遍主义"角度下的"命运共同体"重构

20世纪80年代,中国社会学家用塔尔科特·帕森斯(Talcott Parsons)的普遍主义和特殊主义概念研究中国社会。有三个观点广为人知:中国是一个特殊社会,西方国家是普遍社会;特殊主义和普遍主义在中国社会是共存的;中国社会将会受益于中国比较研究中的普遍主义①元素。那是什么呢?这个问题至今依然有意义。

阿尔布劳对这个问题做出了解读,提出要发展多种不同的普遍主义,即他所称的"务实普遍主义"②。中国文化和其他多维度文化的交流中产生的转文化产品就是例子③。在2015年第二届全球中国对话会上,阿尔布劳发表了题为"转文化和新全球治理"的演讲,强调人类可以通过转文化对话,为解决全球问题找到务实路径(2018,第9章)④。

阿尔布劳还强调"命运共同体"概念蕴含于中国文化之中,这也是习主席的全球治理理念(2018,第9-11章)。人类命运共同体可以用于拯救地球。这也是他所说的"务实普遍主义"理论的实践,不否认不同文化间的方法差异,而是显示它们如何合作应对挑战。

本书中,作者将他自己所说的"我们所有人的命运"和中国的"人类命运共同体"(见本书1.1)区分开来,通过与中国学者的十问十答对其中的差异进行了

---

① 郑也夫. 特殊主义与普遍主义 [J]. 社会学研究, 1993(4):110-116.
② 宝拉·玛利亚·德库扎尼, 卡利·霍夫顿·约翰森. 与《务实普遍主义——多元化共存基础》中的跨个体角度一致 [J]. 北地中海, 2015, 10(2).
③ 于硕. 普世价值梦、民族国家梦及环球共生梦:中欧相逢中的转文化生成性思考 [J]. 全球中国比较研究, 2017(1).
④ 常向群, 裴可诗. 第1、第2合集:转文化与新型全球治理——全球中国对话 [M]. 伦敦:环球世纪出版, 2016.

解读（见本书1.2）。

1.3 在全球化研究中探索"转文化"概念的替代作用

"转文化"概念是古巴社会学家、人类学家费尔南多·奥蒂斯·费尔南德斯（Fernando Ortiz Fernández）于20世纪40年代提出的，但如今在主流全球社会理论中仍处于边缘地带。美国人类学家帕梅拉·J.布林克（Pamela J. Brink）提出"转文化"和"跨文化"之间存在差异。她认为，"转文化"是多种文化转型发展的过程和结果，而"跨文化"主要指两种文化之间的对比（1994）。

近年来，阿尔布劳致力于以转文化概念为分析工具对国际社会进行解读。阿尔布劳认为"转文化"和"跨文化"存在根本差异，在书中也准确使用了两个词。阿尔布劳在《中国在人类命运共同体中的角色：走向全球领导力理论》的每一章都使用了"转文化"和"转文化性"两个概念。在《中国与人类命运共同体：探讨共同的价值观与目标》中，作者用了一个章节来阐释"转文化性"（见本书2.3.3）。中文版中，"转文化"一词强调了作者的全球视野。这个词与中文世界里代表比较视角的"跨文化"不同。

1.4 中国和外籍读者的转文化沟通

英国国家学术院2009年发表的《语言重要性》报告提出："语言能力退化，在很多层面上给教育体系带来了恶劣影响：……语言能力的退化影响了英国成为世界级研究中心的努力，从而也对英国经济造成损害，并削弱英国应对亟待解决的全球性挑战的能力……"这份报告发布于中国实行改革开放三十年后。当时，很少有英文文献介绍中国的快速发展，以及中国学者研究对中国发展和社会变化产生的影响，虽然有大量的中文研究聚焦此类主题。这种情况至今没有多大改善。

阿尔布劳一直鼓励编者以中英两种语言出版他的著作，推动中国和外籍读者的转文化沟通。人们通常认为一篇论文或一本书只针对西方或中国读者，因为双方的兴趣点不同。这或许是事实，但也导致不同文化间鸿沟加深。本书采访中，三分之二是用中文记录的，现已译为英文，读者可以判断作者向中国读者传递的讯息的客观性。本书也展现了中国媒体和读者感兴趣的问题，了解他们的兴趣后，就能更好地理解中国媒体和读者，与他们沟通，寻求共同价值目标，为全球公共利益而携手同行。

2. 阿尔布劳的中国社会科学全球化研究

2.1 中国社会学派和一般社会科学之别

在为费孝通的《乡土中国》（1939）所写的序言中，布罗尼斯拉夫·马林诺夫斯基写道："费孝通先生著作中的原则和内容展现了现代中国社会学派的坚实方法论基础。"① 费孝通的著作代表着 82 年前中国社会学派的思想和思维方式。

然而，中国社会学发展在中华人民共和国成立后的头三十年并不顺利。1999 年，费孝通坦言中国"要建立起具有中国特色的中国社会学"②。费孝通还提出，"中国社会学派"应当将文明国家的社会文化研究视为社会人类学的目标，对国际社会人类学思想做出贡献③。近年来，中国社会学家和历史学家也在世界学界努力发声，呼吁建立中国特色社会学派④。

阿尔布劳将"哲学的社会科学"视为中国社会科学学派的核心。他将其与中国学者通常所说的一般意义上的"哲学社会科学"区分开来。从某种程度上来看，本书代表着中国社会科学家在全球学界的声音，阿尔布劳引用了很多中国学者的观点，展现了中国特色社会学理论的发展。

---

① 布罗尼斯拉夫·马林诺夫斯基. 序言: 乡土中国 [M]. 费孝通. 伦敦: 罗德里奇出版社, 1938: 22-23.
② 费孝通. 重建社会学与人类学的回顾和体会: 费孝通全集, 第 16 卷 [M]. 呼和浩特: 内蒙古人民出版社, 2009: 439-469.
③ 费孝通. 重读《江村经济·序言》(1999 年): 费孝通全集, 第 15 卷 [M]. 呼和浩特: 内蒙古人民出版社, 2009: 245-281.
④ 肖昊宸. 打造一批卓越的中国特色学派，在世界学术体系中发出中国声音 [J]. 中国社会科学报, 2016(11).

2.2 强调中国社会学的可行性

阿尔布劳认为"哲学的社会科学"在中国并非纯粹推测，也带有公众思想的意味，能够指导公共政策变革。《习近平谈治国理政》是一个绝佳的例子，体现了中国、西方国家和其他国家在全球治理的概念下是如何走到一起的（见本书1.3）。这种突破性的概念及其应用或许会推动中国学者进行深入的经验主义研究，比如研究中国改革开放四十年来哪些社会科学和人类学理论转化成了哪些政策，在中国社会和经济发展中又扮演了怎样的角色。如何在实践中检验政策，完善理论？这些研究会将中国对全球社会科学的贡献推到台前。

2.3 推动英语国家和中文世界的理论研究

1980年来，中国社会学者通过中国知识基础设施工程数据库发表了3801篇西方经典和当代社会学相关论文。其中有韦伯（1408，37%）、布尔迪厄（542，14.25%）、杜尔凯姆（467，12.28%）、吉登斯（446，11.76%）、齐美尔（123，3.24%）、帕森斯（112，2.95%）、孔德（66，1.74%）、哈维（65，1.71%）、卢曼（52，1.37%）和科林斯（51，1.34%）。中国知识基础设施工程数据库中，中国社会学家对其他西方社会学家的研究占总数的比例不到1%，主要原因是中国学者未能找到其他知名度稍低但在当代研究中地位同样重要的西方社会学著作，这表明中国社会学家的视野依然是受限的。谢立中①的文章中提及中国社会学家大量有价值的著作被英语国家社会学家忽视了。因此，西方学者几乎不了解中国社会学家的研究、其在政策上的应用以及对中国社会的影响。

上面提到的两篇有关韦伯的论文是阿尔布劳与他曾经指导的博士生章晓英合著，如今章晓英为北京外国语大学教授。两篇论文旨在将中国社会文化研究与一般社会学理论结合起来。两位作者在书中探索了韦伯中国研究的前提，从中国和西方角度看待"世界"，并借此对其他文化的跨文化接受度进行评价。两位作者以客观性和转文化沟通为基础，就马克斯·韦伯中国文化研究的跨文化理解达成

---

① 谢立中.当代中国大陆的社会学理论研究：学习、探索与争鸣[J].学习与探索,2017(6): 39-52.

了一致（2018，第 12 章）。两位作者的研究重点还包括孔子提出的伦理道德如何使转文化伦理适应成为惯例（2018，第 13 章）。

本书为中国社会理论学家如何将现有研究与社会学大师的研究融合在一起提供了范本。阿尔布劳还和在英国访学的武汉大学金伟教授合作进行研究工作，探究"精神"的概念，发表了两篇合著论文《精神：当代中国的重要概念》（见本书 8.2）和《当今中国和西方文化之精神》（见本书 8.3）。阿尔布劳与中国学者的合作有助于推动全球社会科学界对中国社会文化研究的了解。

2.4 向国际社会推介中国社会科学著作

阿尔布劳还是《国际社会学》期刊的创始编辑。对于中国社会学家来说，《国际社会学》的原则意义重大。阿尔布劳写道："我强调'中国人在中国'，是因为本刊的宗旨是政治、文化或语言差异不应成为出版的障碍。西方所谓的'国际化'学术期刊自诩本着这样的宗旨，但现实障碍依然存在，尤其是作者要用流利的英文进行写作。论文不应因语言问题而被刊物拒之门外，我们要先用作者的母语来评估这些论文（2018，后记；2021，7.1）。"20 世纪 80 年代，阿尔布劳帮助大量中国社会学家在国际期刊发表学术论文，部分实现了费孝通的"中国梦"：向国际社会学界推介"中国社会学派"。

2017 年，阿尔布劳受邀与韩国社会学家金成国、中国社会学家邴正和美籍华裔社会学家边燕杰参与了一场讨论会，对全球化含义的不同理解发表见解（见本书 7.2.3.2），其观点不仅影响了中国，还影响了世界。

《中国在人类命运共同体中的角色：走向全球领导力理论》第 12、13 章和《中国与人类命运共同体：探讨共同的价值观与目标》（见本书 4.1、4.2、6.1、7.2.4.4、7.2.5 和 8.2）收录了阿尔布劳与其他作者合作完成的论文以及与中国学者的对话或访谈。阿尔布劳在不同场合认识了这些中国学者，并与他们短期共事（见第 7 章编者注）。如果他们能与阿尔布劳共同出版英文著作，将有助于推动中国社会科学全球化进程，国际学术界应当鼓励更多优秀的中国社会科学著作走出国门。

2.5 持续传播中国社会科学全球化话语

全球和比较视角两条线贯穿本书，从时间和空间上拓展了中国研究的视野，丰富了关于中国的比较研究。中国在国际社会的形象有多种呈现方式。改革开放四十多年来，中国在产品、科学、金融、文化和语言"走出去"方面取得了突出成就，国际地位日益提升。

阿尔布劳担任全球中国研究院荣誉院长时，推动了中国社会科学全球化话语的持续传播。他的著作为全球背景下的中国思想、理论和学术著作研究提供了优秀的学术范本。他对全球中国研究院和环球世纪出版社的创建贡献卓著。全球中国研究院和环球世纪出版社以推动人类知识进步，参与全球社会构建和治理为使命。

本篇结束前，谨向所有对全球中国研究院、环球世纪出版社和全球中国对话系列论坛发展做出贡献的外籍专家学者表示感谢，在此无法一一列举他们的名字。

感谢中国内地和中国香港特区及法国、美国、英国的学者为阿尔布劳教授参与中国相关学术和社会研究提供支持，其中包括全球中国对话论坛及其他活动上的发言嘉宾。

特别感谢中国人民大学王义桅教授和他的研究生刘雪君协助整理阿尔布劳教授的大量媒体报道和访谈。同样感谢无锡新文化研究院院长、伦敦大学学院博士研究生杜怪超先生协助将阿尔布劳教授的两篇演讲转为文字并译成中文（见本书1.3 和 1.4）。

本书在中国出版集团旗下的中国图书进出口（集团）有限公司支持下出版。作者马丁·阿尔布劳是全球中国研究院创始人、前荣誉院长。过去十年间，阿尔布劳教授用自己的学术思想浇灌全球中国研究院和环球世纪出版社，为两个机构的发展提供了指引。他支持并参与七届全球中国对话论坛，提出独到见解。本书凝聚了他的学术贡献。

本书是我们探索中国和人类命运共同体共同价值观和目标的集体思想结晶。

常向群

全球中国学术院院长

英国伦敦大学学院名誉教授（2015—2020）

南开大学特聘教授

2021 年 11 月 8 日

于 2022 年 3 月 16 日修改

英国伦敦

致谢

本书能够完成，要感谢很多人的帮助。他们与我分享知识和经验，阅读整理了大量发表和未发表的论文，最终汇编成本书。

下面是给我带来很多启发的学者名单，在此用语言也不足以表达对他们的感谢，只能简单表达我的感激。感谢你们与我共事，进行观点交流，也感谢你们让我收获了友谊。

感谢汤姆·阿尔布劳-欧文、派特里克·巴特、乌尔里希·贝克（已故）、邴正、柯林·布拉德福德、休·坎汉姆、奥拉夫·科里、沃尔纳·格普哈特、安东尼·吉登斯、戴维·赫尔德（已故）、斯蒂芬·卡尔博格、玛丽·卡尔多、格雷厄姆·莱斯特、李培林、李强、李雪涛、刘凯、陆学艺（已故）、约翰·纽瑟（已故）、马辉、马蕾、苏珊·欧文、杰弗里·普利耶斯、伊诺·罗西、伍尔夫·沙弗、哈坎·塞克奈根、萨宾·塞尔乔、山姆·维姆斯特、孙有中、王鑫、项晓炜、谢立中、徐宝锋、郭宇、彭宇、张代蕾、张悦悦、马利安·朱利安。感谢德国波恩大学卡特汉堡"法律文化"高研院沃尔纳·格普哈特教授对本书的贡献。

本书还有其他作者的贡献，与他们共事的经历非常愉快。在此特别感谢北京外国语大学教授、阿尔巴尼亚地拉那大学孔子学院中方院长章晓英，武汉大学马克思主义学院教授金伟和中国人民大学国际关系学院教授王义桅。

环球世纪出版社社长英格丽德·克兰菲尔德女士工作尽职尽责，用她的包容、智慧和耐心推动了本书出版。环球世纪出版社设计师马克·李展现了专业的设计功力。感谢两位的专业精神。

最后，感谢本书编辑全球中国学术院创始人常向群教授。过去十年来，她始终以高度的学术进取心和热情推动中国与其他国家相互理解合作。如果没有她的鼓励和关照，这本书就不会诞生。

马丁·阿尔布劳

全球中国学术院前荣誉院长

2022 年 1 月 16 日

英国伦敦

目 录

中国社会科学全球化丛书总序言 ··· 1

作者序言 ··· 9

编者序言 ··· 13

致谢 ·· 23

第一部分　理论探讨

第一章　人类命运共同体 ··· 3

1.1 "人类命运共同体"或"我们所有人的命运"——阿尔布劳谈中国在人类命运共同体中的角色 ··· 3

1.2 关于习近平"人类命运共同体"倡议的十问十答 ······························· 5

　1.2.1 人类命运共同体在未来一段时间主要面临怎样的全球性挑战？ ········· 6

　1.2.2 人类命运共同体如何包容个体和文化的多样性？ ·························· 8

　1.2.3 如何推动各种文化背景下的人接纳共享理念？ ···························· 11

　1.2.4 自2013年4月博鳌亚洲论坛以来，习近平主席关于人类命运共同体的倡议有怎样的发展？ ··· 12

　1.2.5 为推动命运共同体，中国将在未来几年重点做哪些努力？ ············· 15

　1.2.6 马克思主义和社会主义价值观是如何影响命运共同体的发展方向的？ ···· 19

　1.2.7 未来全球化的本质和影响将发生怎样的变化？ ···························· 22

1.2.8 如何变革全球治理体制，推动建设真正的命运共同体? ……………… 25
　　　1.2.9 人类命运共同体中的民主的未来是怎样的? …………………………… 29
　　　1.2.10 文明、国家和其他组织的差异将如何推动全球社会发展? ………… 32
　1.3 中国和人类命运共同体相关访谈演讲 ………………………………………… 35
　　　1.3.1 马丁·阿尔布劳接受中国国际电视台主持人刘欣采访实录 ………… 35
　　　1.3.2 作者在北京出版高峰会议上的讲话 …………………………………… 39

第二章　全球化理论与实践 …………………………………………………… 42

　2.1 马克斯·韦伯：从现代性到全球性——个人回忆录 ………………………… 42
　2.2 社会、文化变化的全球化时代问题（摘自《社会、文化变化的全球化时代问题》一书) ………………………………………………………………………… 55
　　　2.2.1 关于《社会、文化变化的全球化时代问题》一书的基本介绍 ……… 55
　　　2.2.2 编辑沃纳·格普哈特撰写的序言 ……………………………………… 56
　　　2.2.3 前言：全球化理论 ……………………………………………………… 58
　　　2.2.4 第一部分"经典视角与全球转变"前言 ……………………………… 63
　　　2.2.5 第二部分"全球社会理论"前言 ……………………………………… 64
　　　2.2.6 第三部分"文化之变：新规范"前言 ………………………………… 65
　2.3 新全球文化的目标、价值观和地方冲突 ……………………………………… 67
　　　2.3.1 文化自主性 ……………………………………………………………… 69
　　　2.3.2 文化差异性 ……………………………………………………………… 70
　　　2.3.3 转文化性 ………………………………………………………………… 70
　　　2.3.4 务实普遍主义 …………………………………………………………… 71
　　　2.3.5 可协商身份 ……………………………………………………………… 72
　　　2.3.6 统一性 …………………………………………………………………… 74
　　　2.3.7 全球文化 ………………………………………………………………… 75
　　　2.3.8 全球主义与民粹主义 …………………………………………………… 76
　　　2.3.9 机构和责任 ……………………………………………………………… 77
　　　2.3.10 全球公民 ……………………………………………………………… 79
　　　2.3.11 结论：数字化挑战 …………………………………………………… 80
　2.4 全球化世界的理论和叙事 ……………………………………………………… 84

- 2.4.1 脱嵌的群体 …… 86
- 2.4.2 可协商身份 …… 87
- 2.4.3 多形态社会关系 …… 87
- 2.4.4 文化自治 …… 87
- 2.4.5 全球文化 …… 88
- 2.4.6 全球主义与民粹主义 …… 88
- 2.4.7 全球公民身份 …… 89
- 2.4.8 对机构的质疑 …… 89

2.5 责任：全球时代的基本概念，认识新集体主义 …… 92

第三章 中国与全球治理 …… 104

3.1 全球化条件下的国家团结——习近平治国理政的理论基础 …… 104
3.2 中国对未来治理的贡献 …… 112
3.3 中国的国际领导力能给世界带来什么 …… 117
3.4 共同未来的多样性和合作 …… 123
3.5 地方发展，全球视野：习近平在浙江 …… 125
3.6 助力世界 …… 127
3.7 关于中华人民共和国成立70周年的思考 …… 128
3.8 世界能复制中国的民主之路吗？ …… 130
3.9 中国社会治理对世界的意义 …… 133
3.10 中国共产党成立100周年之际的演讲 …… 135
3.11 中华人民共和国成立72周年之际的演讲 …… 135
3.12 《大使讲中国故事》——刘晓明大使讲话合集 …… 136
3.13 "对话思想者"：中国能为当今世界做什么？——对话中国国际电视台主持人刘欣 …… 137

第二部分 中国实践

第四章 "一带一路"倡议 ································· 141

4.1 阿尔布劳与王义桅教授关于"一带一路"倡议的对话 ············ 141

4.1.1 "一带一路"倡议会破坏环境吗? ······················ 142
4.1.2 "一带一路"倡议是债务帝国主义吗? ·················· 143
4.1.3 "一带一路"倡议能够做到公开透明吗? ················ 145
4.1.4 "一带一路"倡议只是地缘政治战略吗? ················ 147
4.1.5 "一带一路"倡议忽视了发展项目应有的社会责任吗? ······ 149
4.1.6 "一带一路"倡议助长了腐败政权吗? ·················· 150
4.1.7 "一带一路"倡议不属于新殖民主义吗? ················ 151
4.1.8 "一带一路"倡议是中国版马歇尔计划吗? ·············· 153
4.1.9 "一带一路"倡议发展过程中有什么规则目标? ·········· 156
4.1.10 中国的做事方式有什么特别之处? ···················· 158

4.2 后疫情时代,"一带一路"倡议的前景会更好——光明国际论坛对话 · 159
4.3 "一带一路"对全球治理的意义 ······························ 162

第五章 中国的脱贫事业 ·· 165

5.1 贫穷之外:《摆脱贫困》书评 ································ 165
5.2 《海外专家谈中国扶贫》序 ································ 167
5.3 《嘉言善行:山区校长谈教育》:中国乡村教育家的教育经验 ···· 171
5.4 实事求是 ·· 173

第六章 抗击新冠肺炎疫情 ·· 177

6.1 中国英文媒体抗疫合作精神的道德基础 ······················ 177

6.1.1 简介 ·· 178
6.1.2 西方和非西方对"合作"的解读 ······················ 179
6.1.3 中国哲学传统中合作精神的道德基础 ·················· 181
6.1.4 概述中国英文媒体报道中的抗疫合作精神 ·············· 185

  6.1.5 文本分析：中国英文媒体报道中的抗疫合作精神 ……………… 188
  6.1.6 结论 …………………………………………………………… 191
6.2 新冠肺炎疫情是否终结了全球化? ……………………………………… 191
6.3 新冠肺炎疫情凸显了构建人类命运共同体的迫切性和必要性 ……… 197
6.4 见证中国抗击新冠肺炎疫情：我在中国的故事 ……………………… 199
6.5 联合国中文日和疫情期间的汉学与汉语 ……………………………… 201

第三部分　中国社会科学全球化

第七章　中国的学术与社会使命 ……………………………………… 207
7.1 社会学全球化过程的中国插曲 ………………………………………… 207
7.2 与中国学术界的交流 …………………………………………………… 218
  7.2.1 北京外国语大学 ………………………………………………… 218
  7.2.2 中国社会科学院、北京大学和清华大学三次研讨会摘要 …… 233
  7.2.3 吉林大学 ………………………………………………………… 234
  7.2.4 武汉大学 ………………………………………………………… 247
  7.2.5 同济大学：与王鑫教授对话 …………………………………… 257
7.3 与媒体互动促进中国与世界的互相理解 ……………………………… 267
  7.3.1 中美走向全球化的方式不同 …………………………………… 267
  7.3.2 东西问·中外对话——马丁·阿尔布劳和彭大伟 …………… 273

第八章　走向中国特色的社会理论 …………………………………… 280
8.1 全球社会科学中的中国社会理论 ……………………………………… 280
8.2 "精神"作为当代中国一个重要概念 ………………………………… 284
  8.2.1 简介 ……………………………………………………………… 285
  8.2.2 西方精神与物质的二元划分 …………………………………… 286
  8.2.3 中国人对"精神"的定义 ……………………………………… 289
8.3 中西方文化中的"精神" ……………………………………………… 298
8.4 书评：世界政治的原则和法律 ………………………………………… 301

8.5 关于"诚信"的一些思考 ··· 304
8.5.1 文化视角中的诚信 ·· 304
8.5.2 其他尝试 ·· 306
8.6 尊重人与人之间"和而不同"至关重要 ························· 306
8.7 全球天下 ··· 309

附录 ··· 313
1.《中国在人类命运共同体中的角色：走向全球领导力理论》基本信息 ··· 313
1.1 安东尼·吉登斯所撰写的前言 ··································· 313
1.2 目录 ·· 315
1.3 其他信息 ·· 316
2. 参与"全球中国对话" ·· 318
2.1 "全球中国对话"简介及其主题 ································· 318
2.2 在"全球中国对话"上的讲话 ··································· 321

第一部分
理论探讨

第一章 人类命运共同体

本章以作者在《中国在人类命运共同体中的角色：走向全球领导力理论》发布会上的致辞开篇，随后是作者在 2020 年 4 月与中国人民大学教授王义桅的对谈，他回答了王教授提出的 10 个问题。从两篇文章都可以看出，人类命运共同体在助力应对决定人类命运的全球挑战方面有着巨大潜力。

1.1 "人类命运共同体"或"我们所有人的命运"——阿尔布劳谈中国在人类命运共同体中的角色①

作为一个作家，最开心的事情之一莫过于将自己的作品送给朋友和家人，这样就可以在书里写上一些自己的话。最近我在一本书里写下"为了我们所有人的命运"。在书房里思考几个小时后，我突然醒悟，发现自己没能突破西方对人类现状的固有认识。

正如《中国在人类命运共同体中的角色》一书的标题所示，习近平主席提出的概念是有关人类整体命运的。而我提到的"我们所有人的命运"强调的则是多样性和多种可能性，我甚至想到了西方人想象中各种语言的起源地巴别塔。

两种情况都是成立的，不是简单的非此即彼，而是相辅相成的。它们分别代表当代人类处境的不同层面，一方比另一方更有急迫性。命运共同体指的是通过

---

① 本篇为马丁·阿尔布劳在 2019 年 3 月 12 日伦敦书展上发布《中国在人类命运共同体中的角色：走向全球领导力理论》一书时发表的演讲，作者对"我们所有人的命运"和中国的"人类命运共同体"进行了对比。——编者注

全球治理解决威胁人类生存的核安全、气候变化等严峻问题。

要解决这些全球性挑战，需要国际关系中大国之间的合作，尤其是美国和中国。与之相比，"我们所有人的命运"更多强调个体差异、独特性和冲突的可能性。这是西方个人主义的一种纯粹表达。

中国提出"一带一路"倡议，首次打破界限，将本国的独特经验推广到了世界其他地区。"一带一路"的尝试与经济全球化具有互补性，也借鉴了经济全球化的体制框架。但这一倡议与西方治理模式的主要不同之处在于它寻求的是共同目标，而非将规则强加于其他国家。

换句话说，中国改革开放的成功依靠的是学习并运用马克思主义，将西方经济、社会科学融入自身文化，但中国没有站在道德和知识的高地，而是以寻求共同目标为出发点。

"一带一路"是空、陆、海上交通和信息技术互联互通的基础设施。与其他国家的合作从根本上是实现自身利益和实现经济发展的必要条件。共同的目标可以促成确定的结果，为发掘潜在利益打下基础。

中国之所以参与希腊比雷埃夫斯港运营，是因为希腊有世界上规模最大的船队，中国则是最主要的船舶制造国。随着欧亚贸易规模扩大，港口为中国和希腊带来了显而易见的好处，这不代表两国致力于共同的价值观，而是一种符合双方利益的务实安排。

这种解决全球性问题的务实方法践行了"我们所有人的命运"这个概念。这个概念并未削弱价值观的重要性，但价值观的形成并非靠整合或叠加各国的价值观，更不是将一国的价值观强加于其他国家。

引领全球治理的价值观脱胎于转文化沟通和全球舆论。挽救人类命运不是一国的事，而是人类应当共同解决的全球性问题，大国应当相互合作，寻求可行的政策和应对方法。我们应当在合作中探索引领全球治理的价值观。

1.2 关于习近平"人类命运共同体"倡议的十问十答[①]

中国人民大学的王义桅教授对笔者提议就习主席提出的"人类命运共同体"的本质和方向构思问题。我在自己的作品《中国在人类命运共同体中的角色：走向全球领导力理论》中提到"我们所有人的命运"这个概念，与习主席提到的"人类命运共同体"概念不谋而合。两种概念强调的都是"共同"，表明人类在面临全球治理问题和地缘关系挑战时必须选择合作，认清自身肩负的责任，否则将无法走向未来。

我们在后面的对话中达成了共识：我们都想提出不同的问题。在下面的十个版块中，我的问题在开头已经提出，王教授的问题是括号中的部分。王教授对我的问题的回答收录在他的新书中。

以下是王教授的十个问题：

人类命运共同体与以下概念的关系是什么？

1. 中国的天下观

2. 人类中心说

3. 和谐世界和中国外交政策

4. 中国伟大复兴

5. "一带一路"倡议

6. 共产主义

7. 全球化

8. 全球治理

9. 国际秩序

10. 世界其他地区

[①] 笔者受王义桅教授邀请做出回答。本篇全文为《王义桅：十问人类命运共同体——对话阿尔布劳院士（关于人类命运共同体的十个问题）》。——编者注

1.2.1 人类命运共同体在未来一段时间主要面临怎样的全球性挑战？

[接上文：回应王义桅教授关于中国天下观的问题]

首先，未来我们依然要面对过去未能克服的挑战，自全球化时代开始这些全球性危机就一直存在。

1945 年以来，核安全问题一直广受关注。继美国和苏联进行核扩张后，拥有核武器的国家越来越多，核安全已经成为威胁人类未来的风险源头。目前全球大概有五到七个拥核国家，具体数字尚未得到证实，这种不确定性本身就令人担忧。不过对年轻一代，比如 1970 年以后出生的人来说，核扩散是国际关系中理所当然的既成事实，就像庄稼偶尔会歉收一样。

然而，在我看来，这种既定认知实际上无意中增加了灾难发生的风险。我这一代人在年轻、思想尚未成熟的时候就看到了原子弹爆发的蘑菇云和广岛和长崎受到轰炸后第一时间传出的照片。多年来，世界各国都对此心有余悸。我看到的重点是，核爆炸的风险被低估了。

原子弹的风险在其研制过程中就已经被接受了，但背后的原理并非毫无争议。有权威科学家指出，核爆炸理论上可能意外点燃海洋，幸好这种想法经验证是错误的。① 不过，要进行这个测试就要冒巨大的风险，科学总是在争论中进步，而那些被嘲笑的人有时反而是正确的。

第二大挑战则是自然环境保护，环境保护应该和全球变暖区别对待。因为继核风险之后，二战后人类得到的最大警示就是滥用化肥和杀虫剂造成的影响。生物学家雷切尔·卡森（Rachel Carson）所著的《寂静的春天》（1962 年）一书以其对化工企业的抨击引起了轰动，改变了杀虫剂使用政策，促成了美国环境保护署的成立。

此后，一系列环境问题，甚至包括人口增长，都开始引发公众担忧。这些问题都是罗马俱乐部报告《增长的极限》（1972 年）的重点。环境挑战的范围因此

---

① 罗伯特·罗宾逊教授（Robert Robinson）是已故《自然》杂志主编口中的"20 世纪杰出化学家"。罗宾逊教授认为如果核弹在海中爆炸，海中的氘足以引发一场大火。其他科学家对此嗤之以鼻〔来自 2008 年 2 月 28 日与约翰·马多克斯（John Maddox）的非正式谈话〕。

扩大到自然资源、食品生产、海洋污染、空气污染以及消费者维系现代生活方式的种种需求。如果不加以控制，一切将以灾难告终。

我们应该清楚，这些环境问题仍然存在，而且是全球性挑战，因为没有一个国家可以在发展工业或农业的过程中对邻国和其他国家毫无影响。无论是河流和海洋保护，避免过度开垦造成沙暴，还是应对空气污染，都是我们共同的挑战。

拜发达国家的生活方式所赐，我们还面临因使用化石燃料排放二氧化碳造成的全球变暖问题。气候变化的应对方式应与其他生态问题的解决方式区别开来，因为即便化石燃料最终被替代能源取代，气候问题依然亟待解决。几乎所有国家都承诺遵守《巴黎协定》，将按计划实现碳中和。最重要的是，美国新政府宣布重新加入《巴黎协定》。各国政府在取代化石能源上基本达成了一致，这大概是有史以来国家间就共同命运达成的最广泛共识。

矛盾的是，近期人类共同面临的新冠肺炎疫情也暴露了人们对共同命运认识的局限。各国边界对外国游客关闭，并非逆命运共同体而行，而是避免病毒传播的理性预防举措。然而，一些国家为疫情的传播谴责其他国家，为确保本国的疫苗供应罔顾他国需求，挑战世界卫生组织的权威性。人类健康是全球共同面临的挑战，这些做法都与这一理念相背离。

核安全、环境、气候变化和健康都是全球性挑战。疫情也凸显了数字安全带来的全球挑战。线上交流迅速增长，数字技术渗透到日常生活的各个层面，这是近期全世界发生的最大变化。20世纪90年代前，数字安全还未成为问题，那时计算机技术已经应用在生产线和新家电上，但人们只是视其为自动化技术的延伸和产业发展。互联网的发明和社交媒体的发展改变了一切。

新通信技术引发了方方面面的问题，一方面是国家和公司加大对个人的监控，另一方面是一些人利用技术组建破坏性群体。大数据和区块链即代表着监控的极端情况，既能在上百万人中找出某一个体的特征，又能给用户创造出完全无法破解的新身份。目前，这种技术主要掌握在脸书、阿里巴巴和国家安全部门等机构手里。这些技术带来的不确定性导致了国际关系紧张和相互指责。

目前，网络监管引发了很大争议，苹果和亚马逊等大公司纷纷抵制。这些公司几乎不受美国国内外监管。新的地缘政治关系中，多极给两极让位，新信息技术能力的过度应用可能引发风险。这是数字时代的全球性问题，要实现人类命运共同体，需要充满智慧的领导和合作的意愿。越早就数字通讯监管标准达成共识，世界就越安全。

未来，太空殖民化的前景既能导致冲突，也可能推动合作。在这方面，历史上就有一些人类命运共同体利益超越巨大政治差异的事例。苏联和美国曾在空间站方面合作，这就是克服意识形态差异共同探寻真理的绝佳事例。

前景也并非一片黯淡。虽然挑战是长期的、巨大的，尤其数字通讯带来的挑战是全新的、紧迫的，但大量相应的机构、联盟和多边合作正在应对这些问题，那些关心全球性问题的个人也可以从身边做起。

有些人觉得这些共同关切是"全球化主义"，但不能把关心"我们所有人的命运"等同于全球化主义，就像不能把希望提高一国政府效率等同于民族主义。两种情况下，共同利益实现的最佳途径，都是通过为了应对国家或世界面临的共同挑战而发展形成某种集体组织。上文提到的全球性挑战并非全球化主义，而是全球治理的实践。

1.2.2 人类命运共同体如何包容个体和文化的多样性？

[接上文：回应王义桅教授关于人类中心说的问题]

首先，多样性不仅仅是人类社会的必备要素，还是所有物种生存的前提。每个物种的单一个体都与其他个体有差异，这种差异有利于物种应对生存挑战。

在每个社会中，即便是高度集权的社会，都有明确或不成文的规定，使不同个体承担不同的任务和角色。即便在最简单的社会形态中都是如此，年龄和性别的差异普遍存在，对群体的领导者也有规定。个体的身份地位与个人成就相关联，即便只是体力优势。这些差异直接关系到群体生存。

社会内在的多样性由自然环境决定。亚洲大草原上的民族善于骑马，挪威的峡湾则诞生了维京海盗。但这些选择性的条件在与其他社会的关系中受到考验。一个社会统治阶层的地位在与外来种族的历史冲突中逐渐建立起来。长期统治支撑着数百年来独特语言、文字和文学的发展，中国在这方面有上千年历史。

社会内部的多样性和不同社会之间的差异源于独特的环境。从社会内部来看，个体能力广义上与社会总体实力相关。不同社会之间的差异是自然环境和历史经验决定的。

这些相对简单的差异从所谓现代化视角看变得更为复杂，民族和文化多样性反而成了一种问题。中国在这方面有很大优势，除主体民族汉族外还有多个少数民族。他们的地位受到中国宪法保护。社会学家费孝通对中国少数民族做过独到权威的研究，目前官方认定中国共有 56 个民族，汉族人约占总人口的 91%，人口数量居第二位的是壮族，约占 1.4%。

为了维护民族多样性，中国政府采取了多种治理举措，在区、州、县、镇实行民族区域自治。这一举措取得了成功，维持了中国领土完整，64% 的中国疆土都在自治区治理下。可历史上，中国各民族之间曾经存在冲突。多样性是一个全球性问题，中国在建设人类命运共同体方面提供了一手经验。

中国在宗教信仰方面也为全球背景下的多样性提供了有意义的参考。中国宪法规定人民享有宗教信仰自由。中国共产党是无神论团体，但通过统战部管理宗教事务，宗教得以保留其位置。据估算，中国基督徒与佛教徒的数量约有几千万，教会和政府和谐共处。

其他国家也有多民族和多种宗教共存的现象，中国并非个例。然而，这些国家虽然内部存在意识形态差异，都有统一的治理体系，这与维护全球多样性显然不同。目前不存在全球性政府，以后也不会有这样的政府。

如果未来要在全球条件下维持多样性，要在如今的国家治理体系之外找到解决措施。我们要回归基本原则，从社会的个体入手，然后处理不同社会之间的关系。

根据比较优势原则，社会个体任务和角色是择优分配的。但归根结底个体都有共同的特点：都是人类，和世界上其他人类一样。各国对共同人性的认同有利于实现多样性。

共同人性是跨越国家民族分歧的前提，体现在对于移民、通婚、双国籍、跨境就业、国际旅游等行为的接受中。这就是所谓全球化里人的因素。

在全球化社会中，各国政府长期以来都致力于保障在国外生活的本国公民权利，与侨民及本国后裔保持特殊联系。人们出国后，会很快在新居住国形成同胞群体，进一步丰富当地多样性。这种现象如今很普遍，比如美国的墨西哥人、德国的叙利亚人和波兰的乌克兰人。

每种社会中对于人类常见的现象和个体独特性都有一定平衡。社会需要从共同点出发提供综合服务，而依靠独特性完成特定的任务。这是两个极端：一方面是对儿童群体的普遍关怀，另一方面是对爱因斯坦这种罕见科学天才的培养。这两种极端情况互不冲突。实际上，教育覆盖范围越广，找到具备特殊能力人才的概率就越大。就移民来说，移民可以享有平等的待遇，新居住国也希望移民带来特殊贡献，都指向新的未来。

中国政府长期以来对海外的中国公民予以关照，海外华人群体也保持着与中国的联系，语言和传统是其中重要的纽带。华侨华人成为中国和他们的居住国之间的桥梁。除了孔子学院在政府层面的作用，海外华侨华人也为跨文化理解做出了长期贡献。从过去的经验来看，中国可以发挥示范作用，推动其他国家认识到移民和多样性之间有密切而积极的关系。

移民涉及不同社会之间的关系，但多样性对于全球社会来说不仅仅是人的流动。各国应当合作应对全球性挑战，遵循18世纪欧洲启蒙运动歌颂的劳动分工普遍规律。每个国家各具优势，能够为全世界人类做出贡献。传统中药为现代医学提供了借鉴，中国也为应对新冠肺炎疫情提供了范本。美国具备技术优势，为全世界提供数字服务。

说到应对全球性挑战，国家之间的联盟，尤其是地区联盟，能够超越一国的能力实现合作共赢。在欧盟、"一带一路"、东盟等多边框架下，不同组织在通信、农业和航运方面的比较优势各不相同。因此，我对柯林·布莱德福德（Colin Bradford）建议：区域组织应当达成协议，明确各自的优先政策领域，从而共同为千年发展目标等全球性目标做出贡献（摘自2005年出版的《全球治理中的区域主义：实现目标和领导与文化的协同》）。

在合作实现全球性目标方面，中国能够并已经为其他国家提供了范本，比如近期，中国为阻止全球变暖而致力于绿色发展战略。中国在脱贫方面也展示出强大的执行力。这靠的是中央和地方机构之间的通力合作，集中各方力量办一件事。这种模式体现了中国的比较优势，可以为其他国家提供参考，助力全球目标的实现。

1.2.3 如何推动各种文化背景下的人接纳共享理念？

[接上文：回应王义桅教授关于和谐世界和中国外交政策的问题]

把关心人类未来和共享理念联系起来重塑了全球公共话语体系。我们的注意力从具有无限可能的未来转移到了关于人类如何团结在一起的思考。这涉及基本的存在主义问题。

这是习主席对创造新世界秩序做出的贡献，沿袭了孔子向古代统治者所提箴言的内核。习主席提出的"人类命运共同体"与中国古人的智慧一脉相承，他在中国共产党与世界政党高层对话会上曾经引用《礼记》中的语句："万物并育而不相害，道并行而不相悖。"习主席通过引用这句话表明，自然的法则同样应用于人类世界，适用于所有人。一旦忽视这一法则，将导致灾难性的后果。

这些观点具有普世性，在不同的语言文化中有不同的表达。古希腊神话中，伊卡洛斯所乘战车上用蜡粘的羽毛因为距离太阳太近而融化，导致他坠入海中，表明人类掌控自然的野心终究是受限的。太阳通常象征着永恒的存在。古印度的吠陀文化把知识比作太阳的光辉。

人类与自然共享同一个生存空间，因此要遵循同一法则。地球因人类活动而陷入危机，凸显了共享理念的重要性，但也暴露出其中的局限性。

因为分享自然资源可以成为所有民族和个人的共同理念，从而使他们各自遵从自己的意愿。这种理念允许独立群体的存在，即便是像丹尼尔·笛福（Daniel Defoe）所著讽刺小说《鲁滨逊漂流记》中的主人公在荒岛求生也是合理的。西方的自由市场的概念也因此得到支撑。

这已经成为当代社会的最大危机，人们此时才开始考虑到人类实际上在与其他物种共享资源，且意识到了忽视其他群体的后果。自私、贪婪、自我、忽视其他人的感受，给社会和环境带来了毁灭性后果。但是，社会的组织形式成了我们理解共享的框架。

不同社会具有不同的历史、文化、语言，这种多样性给人类关系中的共享带来了不同的意义。人类与自然界共享同一个世界，这或许是共识，但人在和其他人共享的过程中总会划分界限，有"他们"和"我们"之分，本国公民和外国人之分，地主和佃户之分，男性和女性之分，朋友和陌生人之分。

因此，空间受到了限制。自然空间不再没有边界，而是成了一块块有归属的区域。但"我们"和"他们"都认同一种概念，即"属于他们的"和"属于我们的"。国际关系意味着共享地球上的空间，每个国家都有自己的领土。国家间的关系靠这种对地域划分的共识维系。

这样一来，共享也就意味着分割。有趣的是，欧洲语系中英语、法语和德语的共享一词都与分割有关，同一个单词有双重语义。三种语言中的共享一词词源不同，但这几个词又很容易互译，表明语言创造之初这已是一种共识，与是哪种语言无关。或许中文里的"分享"一词也一样有双重语义。

我提到的"我们所有人的命运"是对于身份和共同行为选择的开放。但人类如果要继续生存，就要将合作摆在首位，共同面对风险。在应对共同挑战时，大家应当优先选择合作，这可能是最需要齐心协力的部分，其他时候大家各自寻找自己的命运。每个人、每种文化都是"我们所有人的命运"的一部分，这是毋庸置疑的。

1.2.4 自2013年4月博鳌亚洲论坛以来，习近平主席关于人类命运共同体的倡议有怎样的发展？

[接上文：回应王义桅教授关于中国伟大复兴的问题]

理论从来不会停留在原地，否则就会变成教条，无法指导实践。正是基于这一理念，习主席强调要发展马克思主义。他指出："理论的生命力在于不断创新，

推动马克思主义不断发展是中国共产党人的神圣职责。"(《习近平谈治国理政》第三卷，76页）

人类命运共同体的概念继承了《共产党宣言》中勾画的图景：消除了阶级对立和一个国家对他国的剥削。

博鳌亚洲论坛2001年2月27日在海南省博鳌镇创立，当时有26个成员国，论坛旨在通过高端对话"推动和加强经济交流，促进区域内和区域之间的合作。"一个生肖循环后，习主席2013年4月8日在博鳌论坛的主旨演讲中回顾了博鳌论坛的起源，以此为新起点展望了未来。

演讲以"共同创造亚洲和世界的美好未来"为主题，提到"各国相互联系日益紧密、相互依存日益加深"，亚洲面临良好势头和诸多挑战。接着，习主席提出了"命运共同体"的理念：

"女士们、先生们、朋友们！人类只有一个地球，各国共处一个世界。共同发展是持续发展的重要基础，符合各国人民长远利益和根本利益。我们生活在同一个地球村，应该牢固树立命运共同体意识，顺应时代潮流，把握正确方向，坚持同舟共济，推动亚洲和世界发展不断迈上新台阶。"

随后，习主席提出共同发展的四点要求：勇于变革创新、通过对话促进和平、在合作中实现互利共赢以及坚持开放包容。

习主席强调了与中国的关联，提到了中国共产党第十八次全国代表大会、中国梦、民族复兴以及建成富强民主文明和谐的社会主义现代化强国。第二天，他在对国内外企业的讲话中再次提到十八大和中华民族伟大复兴的中国梦，强调了高质量发展和绿色经济。

2013年10月初，习主席在印度尼西亚的两场会议上重申博鳌论坛上传递的讯号。2014年3月27日，他在位于巴黎的联合国教科文组织总部讲话，超越发展议题，进一步阐释了命运共同体理念，驳斥了西方的文明冲突论。

博鳌演讲提到全球村是暗点了西方。全球村概念就是20世纪60年代西方对新全球互联互通的定义。但如今习主席指出西方的分裂主义与中国强调"和而不同"形成鲜明对比。

"当今世界，人类生活在不同文化、种族、肤色、宗教和不同社会制度所组成的世界里，各国人民形成了你中有我、我中有你的命运共同体。"和谐才能建设这样的命运共同体。习主席强调当今世界各国互相依存，感谢联合国教科文组织为保存和传播中国文明做出的贡献。命运共同体已经从经济发展拓展到文化领域。

2015年，习主席对命运共同体的概念做了进一步阐释。《习近平谈治国理政》第二卷最后一章的标题是"推动构建人类命运共同体"，包含他2015年在联合国70周年之际的讲话。讲话中，习主席呼吁包容发展，建立"尊崇自然、绿色发展的生态体系"。第二届世界互联网大会上，习主席提倡构建网络空间命运共同体。

2017年1月18日，习主席在联合国日内瓦总部发表题为"共同构建人类命运共同体"的演讲，涉及国际关系中法律、治理、民主和普遍安全，强调了构建命运共同体关键在实干，表明中国致力于阻止战争，致力于共同发展并以"一带一路"倡议为例，致力于打造伙伴关系，致力于多边主义。

从经济发展到文化、绿色生态、网络空间和国际政治，命运共同体的范畴越来越广，最有深远和决定性意义的可能就是2015年11月30日中国在巴黎气候变化大会上做出的承诺。中国在气候变化方面做出的努力是其为推动构建各领域命运共同体的写照。这是人类共同的使命，也是新型的共赢国际关系。

我们可以通过习主席的系列讲话看到命运共同体理念的不断发展，或许还能推断出这一理念在不同情境下的应用。中国的政治文化和政策一直有理论反映实际的传统。

在理论上，命运共同体理念也有了进一步发展。2016年5月，习主席在哲学社会科学工作座谈会上指出要"构建中国特色哲学社会科学体系"，强调要结合民族性、传统文化与开门研究，推动理论创新。习主席还将人类命运共同体、社会主义核心价值观、"一带一路"倡议等并列为中国理论贡献。

理论上不断丰富发展人类命运共同体理念在《习近平谈治国理政》第三卷中得到充分体现。第三卷中的相关部分标题是"携手构建人类命运共同体"，篇幅长度是《习近平谈治国理政》第二卷中相关部分的两倍。第三卷中命运共同体的相关章节开头就是概念定义"人类命运共同体，顾名思义，就是每个民族、每个国家的前途命运都紧紧联系在一起。"目的是"建成一个和睦的大家庭，把世界各国人民对美好生活的向往变成现实。"

人类命运共同体理念将全世界包含在内，与前几年的提法相比有所变化。之前我们认为命运共同体渗透到了人类生活的各个领域。2017年开始，这一概念进入区域合作并作了进一步细分。如今，命运共同体的理念在多个区域组织落地，比如金砖国家、中非以及中拉。

习主席在2019年6月28日的G20峰会上回归了全球经济的主题，与2013年在博鳌论坛上的演讲表达了相同的关切。习主席提到了大国领导人的责任意识，指明了命运共同体的四个方向：坚持改革创新；完善全球治理；通过"一带一路"等倡议破解发展瓶颈；坚持伙伴精神。

命运共同体的理念最终要落实到具体措施中。按照习主席所说，"要致力于实现世界持久和平繁荣、各国人民安居乐业"。这一理念需要保持与时俱进。

1.2.5 为推动命运共同体，中国将在未来几年重点做哪些努力？

[接上文：回应王义桅教授关于"一带一路"的问题]

儒家经典之一《礼记》中提到："身修而后家齐，家齐而后国治，国治而后天下平。""国民生活上了轨道，整个天下才能太平。"[①]

英文中没有对应的表达，但有一句俗语"仁爱始于家"，与中国的古典名言有相通之处。但不列颠帝国向外扩张、让原住民信奉基督教的做法不是仁爱，美国人推广美国生活方式也不是什么利他主义。对于西方大国而言，世界要按照他们的方式建立。

中国截然不同。古代的中国主要关注自身，而且也无意让外界来指点。改革开放40多年来，外界看到中国在"治国"方面取得了巨大成绩，并通过民族复兴赢得了参与"平天下"的权利和责任。

我试图通过回答关于如何实现人类命运共同体的问题超越国家的界限。未来

---

① 林语堂.孔子的智慧[M].黄嘉德译.太原：山西师范大学出版社，2006.

属于每个人，无关国籍。曾挑战国籍束缚的世界公民如今既是国家的公民，又是全球公民，他们期待所有国家、所有人能携手应对全球性挑战。做到这一点需要合作，合作将带来更光明的未来。

国家以自身利益为首，这样的国际秩序听起来很像西方曾经的威斯特伐利亚体系。这一体系诞生于1648年后，当时欧洲持续30年的战争宣告结束。独立主权国家的概念就是当时诞生的。但新的国际秩序已经改变，各国相互依存、紧密联系。中国1978年的改革开放正是基于这样的认识，当时世界其他国家刚刚开始理解全球化的概念。

改革开放以来，经济全球化始终是中国政策的核心，与其他国家不同的是，中国没有盲目放任市场发展，为了特定目的采取政府干预始终是政策选项。中国政府的发展目标是均衡增长，也通过监管应对全球化在很多西方国家导致的社会两极分化。2021年初，金融科技的发展推动了跨境业务增长，中国人民银行发布了监管草案，预备进行讨论。[①]

参与全球化会给本国和国家所在的体系带来双重影响。在命运共同体的建设中，这两方面是不可分割的。鉴于中国在全球经济中的体量（2019年底，有三分之二的国家对华贸易超过对美贸易），中国坚持这条发展道路对于整个世界都很重要。

从中国持续拓展的多边贸易关系就可以看出，全球经济发展和治理密切相关。1980年，中国加入世界银行。2001年，中国加入世界贸易组织，贸易关系网进一步拓展。2020年11月，中国与日本、菲律宾、越南、澳大利亚等14个亚太国家正式签署《区域全面经济伙伴关系协定》。

中欧在2020年12月30日签署了《中欧全面投资协定》。双方同意调整中欧贸易关系，欧洲在市场准入方面获益最大。从地缘政治角度看，贸易不平衡会使欧洲更依赖中国。协定签署正值美国换届选举这样一个微妙的时刻。但美国前总统特朗普的任期让我们看到，所有多边安排都会产生地缘政治影响，其叠加效应

---

① 中国人民银行副行长、国家外汇管理局局长潘功胜在英国《金融时报》发表署名评论文章"防范金融科技风险的中国监管路径"。——编者注

总体上更有利于世界安全。

除了对外投资，中国也通过其落实目标的执行力为世界做出了贡献。中国宣布已经消除绝对贫困，完成第一个百年奋斗目标，即全面建成小康社会。为了实现目标，中国制订了多项阶段性方针、规定、战略、具体目标。2020年是中共中央第十三个五年规划的最后一年，这些目标都在这一年年末悉数完成。中国政府在制定长期稳定、目标导向的公共政策的同时也采取了迅速而坚决的行动，以应对短期突发事件。举最近的例子来说，武汉的新冠肺炎疫情得到了有效控制。

这种目标导向的模式意味着中国是联合国千年发展目标的重要支持者和17个联合国可持续发展目标的积极参与者。可持续发展成为"一带一路"倡议的重要组成部分，倡议覆盖六大经济走廊，贸易和基础设施投资延伸到140个国家。可再生能源占"一带一路"能源项目投资一半以上的比重。

与自然和谐相处的理念刻在古老中国文化的基因中，古代中国统治者认为自身的执政生涯与是否能避免饥荒、洪水和其他自然灾害息息相关。中国共产党在治国方面取得积极成果，而气候变化带来了全球性挑战。因此，中国应当在应对全球变暖的过程中发挥领导作用。

中国对绿色发展的承诺还有另一个层面。拜登已经就任美国总统，世界各国终于可以在应对气候变化方面达成一致。华尔街环保科技公司股价攀升。但这只是20世纪60年代西方草根运动兴起后国际舆论的最新动向。与西方舆论的接触肯定会成为命运共同体建设的成就之一。

中国对这方面非常重视，也接受美国国际政治学家约瑟夫·奈（Joseph Nye）提出的"软实力"概念。中国政府实行了推广中国语言文化的政策，比如建立孔子学院。近期，中国一所大学宣布在匈牙利建立分校。很多外国学校，尤其英美大学很早以前就在中国建立校区，因为英语是中国主要的第二外语。中国如今也通过在海外建立大学推广汉语。

软实力不仅限于语言，文化也不仅限于人们普遍认为的主要载体——电影和娱乐。中国与其他国家截然不同的思维模式如能在国际社会获得认可，就等同于为命运共同体做出贡献。这最能帮助西方认识到自身的问题。

简单来说，和谐、合作和家庭可以代替掌控、竞争和个人主义。这是一个开始，但就像提供了另一份可选择的菜单，而不是让人直接换个地方吃饭。中式思维模式源于中国人的生活经历，包含的理念很难通过翻译在英文中找到对应的概念。

"心"指的是心脑一体，是一种回应他人的方式；"理"是行事的正确方式，是为他人着想；"道"有更多含义，正如耶稣基督所说"我就是道路，真理，生命。"如果不对中国文化进行广泛了解，就无法理解这些概念。西方对阴阳的认识就是八卦图，这也是中国思想的一种直观体现。[1]

但英文中的阴阳只是拼音，而拼音字母无法传递汉字的含义，中国的孩子早期教育中有很大一部分是识字。汉字是一种象形文字，就像英语中的路标一样，只是历史更为悠久，能让人联想到远古时代人们的经历。罗马字母只有发音，汉字则有含义，像数学符号一样可以用于任意一种语言。我们不需要会讲普通话，也可以看懂汉字。虽然英语在全世界广泛使用，汉语也有成为世界通用阅读语言的潜力。

这只是猜测，而命运共同体是未知的，有无限可能性。中国为现代社会带来了几千年来积累的另一种经验。西方现代化加速了知识和技术的发展，以至接近自我毁灭的地步，中式思维提供了一种必要的制衡。

一位西方心理医生也做出了类似的猜测，得出的结论是双方就像大脑的两个半球，倾向于做出不同的决策。伊恩·麦吉尔克里斯特（Iain McGilchrist）在《大师和他的使者：分裂的大脑与西方世界的形成》写道，西方世界的历史是左脑思维，与动物群体划分类似，注重逻辑和理性，而右脑主要负责同理心和广阔的视野。[2] 他的观点是东亚国家对左右脑的使用更为均衡，还引用了对中国科技颇有研究的学者李约瑟（Joseph Needham）的观点，称西方思维"喜欢研究粒子"，但

---

[1] 法国汉学家弗朗索瓦·朱利安（François Jullien）在其著作中阐释了中国的独特生活哲学，例如2004年在夏威夷大学出版社出版的《称赞平淡》和2008年在纽约出版的《功效论》。

[2] 伊恩·麦吉尔克里斯特.大师和他的使者：分裂的大脑与西方世界的形成[M].纽黑文：耶鲁大学出版社，2009: 458.

中国人当时对此"嗤之以鼻"。①

从民族复兴到实现目标的执行力，从多边主义合作和长期对外投资，中国已经为推动构建人类命运共同体做出了独特的中国贡献。但中国能否真正拯救世界，关键还是在于能否说服其他国家和谐才是与己、与人、与自然相处的根本法则。

1.2.6 马克思主义和社会主义价值观是如何影响命运共同体的发展方向的？

[接上文：回应王义桅教授关于共产主义的问题]

当代中国从自身的历史文化中汲取了很多非凡的智慧，还吸取了当代西方社会的经验。西方经验中不乏失败的部分，中国并未全盘照搬，而是以尊重马克思主义思想为原则。

马克思和恩格斯早期就反对西方自由主义，批判当时的政治经济和工业资本主义，凸显了长期保持理论敏感的重要性。19世纪中期，社会经济发展迅猛，他们当时决心为解决冰冷的规则和人的幸福之间的矛盾而奔走，对今天仍有启示意义。

马克思主义对西方资本主义的批判脱胎于实践和对于19世纪现代性的理论研究。马克思主义跳出了所处的时代和文化背景，为21世纪处于不同条件下的全球社会提供了同样的客观性指导。

经济运行会造成社会影响。一个国家如果能铭记马克思主义中最简单的一条，就可以免受富人利己言论的影响。富人认为，经济原则必然导致他们在集体财富中占比增加。一个关心自身和人民未来的国家会以惠及全体人民为目标。中国以实际行动证明，这个目标是可以做到的。2020年底，中国消除绝对贫困，全面建成小康社会。没有比以身作则更切实的行动，中国应当继续走这条路，不仅是为本国，也为世界上的其他国家。

2014年，正值五四运动95周年，习主席考察北京大学时的讲话，突出强调了这些马克思主义的基本原则。五四运动和新文化运动是马克思主义在中国从最初的理论阶段发展到如今强调社会主义价值观阶段的重要过渡时期。马克思主义

---

① 李约瑟. 文明的滴定——东西方的科学与社会 [M]. 张卜天译. 北京：商务印书馆, 2016.

无法为未来社会勾画蓝图，认为马克思主义能够做到这一点是一种错误的认识。历史上革命里的很多错误正是源于这种认识。马克思主义为结构性改革提供理论指导，让人民找到实现国家、社会和自身更美好未来的价值观。

习主席的讲话非常精准："五四运动形成了爱国、进步、民主、科学的五四精神，拉开了中国新民主主义革命的序幕，促进了马克思主义在中国的传播，推动了中国共产党的建立。"（《习近平谈治国理政》第一卷，166页）

谈到中国未来为其他国家做出的表率，也不要忘记历史经验。要想想一战后欧洲发生的事情。当时，全球经济摇摇欲坠，极端价值观大肆传播。这个时期的价值观冲突严重，最终引发二战，同一时期，中国也在经历战争。

二战最终结束与联合国及其代表的价值观体制化有关，但因为中国和西方在文化历史上的巨大差异，就此走上了不同的道路。著名德国社会学家拉尔夫·达伦多夫（Ralph Dahrendorf）是欧盟前外事委员，笔者年轻时有幸与他共同工作过一段时间。当时达伦多夫是德国图宾根的一名教授，非常推崇西方冲突的体制化。西方政治体系默认利益和价值观会产生冲突，也鼓励这种冲突。中国即便经历过战争，依然始终推崇和谐。

正是因为中国文化推崇和谐，中国才制定了十二条社会主义价值观，包括国家、社会和公民三组，每组四条。据习主席解释，"我们提出的社会主义核心价值观，把涉及国家、社会、公民的价值要求融为一体，既体现了社会主义本质要求，继承了中华优秀传统文化，也吸收了世界文明有益成果，体现了时代精神。"他所指的是中国对社会主义的理解对于其他国家的现实借鉴意义。谁能说过去几十年里中国改革开放的成果不能有力证明这一点？

社会主义核心价值观涵盖了公共和个人生活方面的内容。中国的公共场合贴着这些文字，而合在一起时，我们应当对其中内容如何实现平衡及其相互关系进行思考。据习主席所示，核心价值观与所有人相关。我在此斗胆提出自己的理解。

核心价值观中，富强、民主、文明、和谐是国家原则。这些原则相互平衡，充满了深刻的中国经验。富强源于经济规律，但发展成果要以民主的方式分配。马克思主义总结起来正是"富强"和"民主"。要实现这种平衡，需要文明的社会关系，和谐是人类在自然界生存的必要条件。

自由、平等、公正和法治是理性公平社会的必要原则。有了这些规定，人们就能够选择自己想要的职业，用自己想要的方式生活，认为其他人能够接受这种权利的同时也给予其他人同样的空间。

爱国、敬业、诚信、友善能够给人们带来能量，能够加强人际情感纽带。这种联系不限于周边的人，还延展到整个国家。个人也是在为同胞的福祉做出贡献。

对于其他国家来说，习主席和中国的价值观探索既具有历史深度又有现实意义。"价值观是人类在认识、改造自然和社会的过程中产生与发挥作用的。"（《习近平谈治国理政》第一卷，171页）这是关于价值观如何发展、我们为何要关注价值观发展最简洁的阐述。

马克思主义否定了价值观是永恒的、超越人类控制的假设。这种认识打破了社会特权的继承，强调当代社会依靠经济发展而存在。剩下的就是认识到价值观对重塑社会的作用。在新的时代背景下，马克思主义的丰富思想传承可以焕发新的生机。

西方没有认识到价值观是独立于经济原则的。工业资本主义变身为数字经济，金钱成为衡量一个人成功与否的标准。矛盾的是，美国梦已经成为经济发展的牺牲品。中国梦认为美国经济的成功仅仅创造了财富，中国梦则更全面，把公民视为社会人，会随着社会的发展而发展。

相比美国来说，共同体（社区）的概念如今更适用于中国社会。在美国，传统上社区往往让人想到原住民、小镇或居民区，他们共同奉行的价值观就是个人为了实现成功，追求美国梦而奋斗。至于中国梦和美国梦哪个对人类命运共同体的建设更有影响，这是一个开放性问题。

二战后，西方资本主义国家实施的发展项目也将西方治理模式推广到其他国家，很多国家复制了西方带有冲突性的制度模式。相比之下，中国的治理靠中国共产党，其基层组织架构协调着教育、交通、农业、广播等各领域的公有和私有实体围绕国家大事共同努力。

通过这种方式，中国共产党成为国家共同体的调动者和治理者。而目前在人类共同体层面，没有一个类似的实体去调动解决全球社会面临的首要问题。全球性挑战迫切需要持续有效的应对，中国共产党似可考虑，践行中国的全球责任，不但要主动联系其他政党，还要联络其他国家的组织机构，共同应对这些挑战。

西方国家抗拒中国模式，不愿搁置意识形态差异而就全球问题进行合作，这或许是阻碍全球形成共同应对、构建人类共同体的最大遗憾。对于中国共产党来说，拟定全球性战略，做西方代议制民主国家工作，使其与中方一道合作解决全球性问题不失为一大挑战。中国共产党能否取得成功，决定着人类命运共同体的未来。

1.2.7 未来全球化的本质和影响将发生怎样的变化？

[接上文：回应王义桅教授关于全球化的问题]

20 世纪 90 年代全球化兴起后，世界发展经历了一段漫长的历程。那时，全球化的概念已经出现了 20 多年，一位美国教授将其作为政治教科书里一章的标题。20 世纪 80 年代，美国企业用全球化表达走向国际市场的雄心。20 世纪 90 年代，关于全球化概念和影响的观点出现了很多分歧。到了 20 世纪末，美国时任总统克林顿将全球化诠释为美国领导世界的代名词。

因此，全球化的公共话语已经改变，而且还在持续改变，甚至连全球化基于的实际情况也时常与其背离。地缘政治事件表明，不能仅仅从单一角度看待世界历史。2001 年 9 月 11 日，纽约世界贸易中心双子塔被毁，打破了人们庆祝第三个千禧年到来的欢乐。

我最早接触全球化主题是在 1990 年。那时我在马德里参加世界社会学大会。后来，我一直在关注如何将全球话语从地缘政治和全球经济的发展趋势中剥离出来。从过去的经验来看，精神和物质相互联系。特定事件将人类历史划分成了不同阶段。

1945 年原子弹轰炸日本，人类在危机四伏的世界中认识到了自身的脆弱性。我在 1996 年出版的《全球时代：超越现代性之外的国家和社会》中写到，核武器威胁象征着现代的终结，取而代之的是全球化时代。

这种关注人类命运的观念打破了现代性的陈旧观念。自然环境遭到破坏，人类感到生存面临危机。西方加到经济发展上的现代化标签失去了吸引力，取而代之的是竞争性的全球化话语。

全球化既是一个有争议的话题，也是一种主导式的叙事。作为全球话语的延伸，全球化与马歇尔·麦克卢汉（Marshall McLuhan）提出的"全球村"传递的独立和全球沟通有共通之处。全球村的口号是"思想全球化，行动本地化"，反映了罗兰·罗伯森（Roland Robertson）经常提到的"全球本地化"。近代世界史上，全球化取代了现代化，这很符合美国人的想象。

不考虑语言问题，即便受到地缘政治影响，美国经济发展趋势依然未变。冷战和越战背景下，美国资本做好了与中国接触的准备。中国当时开始对外开放，1978年12月，中国共产党举行第十一届中央委员会第三次全体会议，宣布中国"积极发展同世界各国的经济合作"。（李岚清，2008年，《突围：国门初开的岁月》）

随后发生了一系列具有里程碑意义的大事。1979年1月，美国前总统卡特在白宫会见了邓小平副总理。月初，中美正式建交。第二天，可口可乐与中国政府签约，开始在中国建立灌装工厂。这是一个里程碑式的事件。可口可乐在开拓全球市场战略方面处于领先地位，这是20世纪80年代时很多企业共同的目标。对于那个年代负责制定全球营销战略的人来说，这是一个决定性时刻。

可口可乐不仅是饮料，还是美国生活方式的代表，是世界变为"地球村"最有代表性的例子之一。牛仔裤、流行音乐和好莱坞电影的作用也是如此。全球化意味着旅行、转文化传播和全球文化发展。全球化可以指"一个世界"，而可口可乐利用了这个概念，用一首歌推销产品，宣传"让世界变得和谐"。

21世纪的前十年，全球化意味着各国相互依存度更高，各国文化在全世界传播，而全球价值链标准同时也变得更为统一，同样的商品几乎在各地都能生产。一个地区的独特性会吸引全世界的目光，但人们去其他地区住的可能是相同的连锁旅店。

全球化、同质化、杂化、个性化的学术概念纷纷涌现。这些概念表明全球化具有局限性，无法为当代世界发展指明道路。世界或许为人类活动提供了框架，但其中的内容无法固定化。全球治理或许会推动全球化，但全球事件或许也会导致全球化倒退。全球文化推动的或许是美国化，而好莱坞也会制作一些反美国的电影（《华尔街日报》曾抱怨电影《美国丽人》受到全球观众的追捧）。其实，好莱坞或许并不是美国的代名词，因为全球各地的人才都汇聚在这里。

相反，中国始终抵制着它眼中的西方文化帝国主义的极致形态，坚持使用"经济全球化"的表述。习主席较早谈到全球治理和全球发展是在2013年3月的金砖国家领导人第五次会晤上，他将这两个概念与"经济全球化深入发展"联系起来。此后，习主席始终坚持将全球化视为经济领域的概念。（《习近平谈治国理政》第一卷，274 页）。

1978 年开始，经济全球化就与中国经济崛起紧密相连，中国实质上将全球化等同于了全球经济的发展。但经济的变化也不是局限在一个方向上的，中国很早就注意到了数字技术变革的重要性。

回望过去，全球化并非一帆风顺，其中地缘政治事件导致了诸多波折。经济发展过程并非一条直线，没有人能预测计算机技术创新和互联网的力量会带来怎样的影响。近年来的新冠肺炎疫情更是带来了重创，导致各国无法进一步开放边境，也凸显了人类科学研究合作的迫切性。

如果想了解经济全球化的未来，就需要回望过去，汲取教训，因为发展道路并非单一直线。除非将全球经济增长视为过去五十年的持续趋势。全球经济增长非常不均衡，各大洲、各区域的增长反映了政治和经济实力的鸿沟。

经济全球化的一个主要内容，就是中国的增长和中国成功实现五亿人口脱贫。财富分配的两极分化看似不起眼，但对世界稳定有重大影响，因为全球的富人正在形成一个脱离了国家束缚的全球阶层。"全球"无法再定义这一时期，因为经济全球化的发展推动了新型政治的崛起。

全球时代随着现代终结，一系列事件和新形势改变了世界。全球性挑战依然存在，人类未能战胜全球变暖，核武器依然构成威胁。但数字时代是如今的大势所趋，无论是制定政策的领导者还是日常生活都离不开数字化。

我们所处的是历史的转折点，经济全球化的结果正在蚕食自由民主政治，数字革命和社交媒体催生了新观点。全球疫情下，个人行为受到了更强的监管。

在这样的节点上，全球化不再指引世界发展方向。现代化失去了过去的主导地位，只是在诸多选择中提供了一组选择，比如开放和封闭，保存和毁灭，选择和听命，节约和消费等。全球化和本地化只是另一种选择，无法从中看出中美两国之间的关系会如何发展。中国和美国将基于自己的文化形成对彼此的立场。世界对于两国关系走向既抱有希望又有担忧。

1.2.8 如何变革全球治理体制，推动建设真正的命运共同体？

[接上文：回应王义桅教授关于全球治理的问题]

治理是源自西方前现代时期的名词。16 世纪之前，西方频繁使用这个词概括社会、政治方面自我和国家管理的多种形式，无论是否存在中央政府，治理能够确保社会秩序稳定。

20 世纪 90 年代，治理的概念再次复兴，这与二战后全球化机构的建立有直接关联。联合国及其附属机构国际货币基金组织、世界卫生组织和联合国教科文组织都是为提升治理而建立的。世界需要秩序，以免重蹈 1939 年战争的覆辙。20 世纪 80 年代，全球化尤其是跨国企业的扩张催生了新的跨境关系，治理体系不再适用。

苏联解体后，美国显然想要夺取全球霸权，导致战后秩序瓦解。治理成为国际话语的一部分，是为了对抗可能崛起的世界帝国。冷战结束后，1991 年 4 月签署的斯德哥尔摩国际安全治理倡议正是出于这个目的，在德意志联邦共和国前总理维利·勃兰特（Willy Brandt）的倡导下，建立了全球治理委员会。

委员会报告《我们的全球邻里》是 21 世纪全球社会的纲领文件之一，构想了前所未有的社会政治关系，为国家和非国家间不同级别机构的交流指出了方向。报告指出："如今，各国变得你中有我，我中有你，人们的角色也发生了变化，关注点从国家转移到了人民。"①

对世界变化方向的理解推动了国际体系的更新，法治在全世界推广，公民能够参与民主政治。这些与学术讨论全球治理委员会的决议不谋而合。詹姆斯·罗西瑙（James N. Rosenau）在论文中提到了治理的概念，后来写入了1995年的《全球治理》期刊中。②

1996年哈佛肯尼迪政治学院发起"治理观"项目，促成了与民主问题相关的主流美国学术著作。项目后来的成果由小约瑟夫·奈（Joseph S. Nye Jr.）和约翰·唐纳修（John D. Donahue）编纂③，提出了如下概念：

治理指的是正式和非正式的过程和制度，引领和约束着群体活动。政府具有权威，同时创造责任。

全球关系背景下关于治理的讨论之外还存在大量关于西方企业治理的争论。全球化的影响有一个清晰的结论，表明跨国企业，尤其是美国企业，逃脱了国家政府监管，在开展经营活动的过程中也逃避了对于所在国股东、员工和其他公民的责任。

南非法官和联合国治理委员会前首席默文·金（Mervyn King）在2005年的大会上讲话，承认跨国公司有自主权，强调"良好的治理源自明智和诚信，而非遵从外部标准"。④

关于治理的争论源自全球化给西方政府老派现代理念带来的冲突和困境，尤其是社会空心化的英语国家，而这些国家还将本国的民主经验展示给其他国家。

治理不仅需要政府，还需要人际之间的约束。在世界快速发展的背景下，西方文化体系之外的人可以按照自己的方式诠释和理解如何建立秩序。

中国当时在全球治理委员会的代表是1985至1986年任联合国代表的钱嘉东。钱大使也曾是周恩来总理秘书。报告中提到："我们同意总体内容和方向……"，

---

① 《我们的全球邻里》编委会主编.我们的全球邻里：全球治理委员会报告[M].牛津：牛津大学出版社，1995.本卷引用了治理的概念，可以应用于从地方俱乐部到全球社会的各级组织："治理是个体和组织的合集，既有公共又有私人性质，管理共同事务。"

② 詹姆斯·N.罗西瑙. 21世纪的治理[J].全球治理，1995, 1(1):13-43.

③ 小约瑟夫·奈，约翰·唐纳修.全球化世界的治理[M].华盛顿：布鲁金斯学会出版社，2000:12.

④ 未来全球公司：挑战与选择[R].伦敦：未来公司，18.

让各国同意"采取更好的事务管理方式"。①

包括中国在内的各国（也就是不管身份多高，都是以个人名义参加委员会的每一个人），当时对这份报告究竟支持到什么程度，是一个仍待未来继续探讨的问题。这份报告只是提供大概的方向，但足以为进一步讨论确立稳定的全球秩序定下基调。

后来关于治理的争议反映了全球化无法融入西方。争议表现为民主、责任、代表、义务，源于西方国家的独特历史发展轨迹和后来的全球扩张。但全球化的影响也包含新机构的崛起，这些机构是程序的产物，与国家创造的机构不同。环境保护团体和反核运动倡导者超越了国家界限，为了人类共同利益而努力。他们心怀全球，与其他追求自身利益的跨国机构不同。他们认为这些所谓的经济全球化推动者实际上在推行全球帝国主义，而非追求全球共同利益。

这些都是1990年起发展中的诸多矛盾之处，詹姆斯·罗西瑙创造了一个术语"分裂"，用于描述实体分裂又重组成新实体的现象。②约瑟夫·奈对此嗤之以鼻，认为不需要创造一个英语词也能描述同时期发生的矛盾现象。③这种论调与约瑟夫·奈的另一个观点相似：他认为全球治理需要一个大国充当领导者角色，利用自身的力量使其他国家受益。④换句话说，全球治理重塑了现存的大国关系，也是美国善政的延伸，就像英语是英语国家带给世界的礼物一样。

这只是西方治理观念冲突的一个例子。人们经常以为独立于群体的国家机构是实权机构。党派不断更迭，快速变化的社会无法遵循固定的模式。全球治理现有的解决方法也不足以解决问题，我们需要新的方法。

中国稳定政府治理的历史远远长于西方，还受到过西方帝国主义的影响，因此具有引领国际机构变革的独特优势。首先，中国对政治秩序有独到的理解，其中人与人、人与自然的关系占据重要地位。正是基于这种理念，中国前国家主席

---

① 《我们的全球邻里》，xvi 页
② 詹姆斯·N.罗西瑙.内外边界——在动荡的世界里探索治理[M].剑桥:剑桥大学出版社,1997:99-117.
③ 小约瑟夫·奈.美国力量的悖论:为何世界超级大国无法脱离世界独自发展[M].纽约:牛津大学出版社,2002: 59.
④ 同上，15 页

胡锦涛2005年在联合国提出了独特的中国理念——"和谐世界"。

过去几百年间，相比投票和代表，中国政治文化更看重能力、经验、智慧。20世纪，中国的政治体制发生了巨大的变化，在保留对知识和经验的尊重的同时，中国特色社会主义取代了封建制度，各级领导从人民中产生，从而形成了一种民主模式，即在各级决策中开展协商，促成对国家目标的共同认可。

2020年中国完成全面建成小康社会的目标，体现了中国治理体系的水平，其中中国共产党对调动全国上下共同努力起到了主要作用。按小约瑟夫·奈所说，如果出现需要由一个国家来引领全球治理的情况，目前看来中国比美国有资格得多。

但我的提议是我们要将全球治理视为始终在发展变化的现代实践和制度。1945年最初确立制度后，目标导向的全球性协定纷纷涌现，例如联合国气候变化大会。在1992年《联合国气候变化框架公约》基础上，1997年的《京都议定书》对公约进行了补充，致力于减少温室气体排放，后来联合国又提出了千年发展目标和可持续发展目标，已经通过国家各级机构渗透到了基层。

西方将致力于实现全球目标的公民群体视为公民社会，或"第三方"，在政治和商业交叉的地带引发了担忧。"全球公民"与本国政策割裂，即便本国商业也进入了全球市场。平民运动开始发展，谴责国家精英不关心民生疾苦。这些变化导致美国政权更迭过程中戏剧化状况频出，也阻碍了全球机构发展。

而中国则高度重视其对联合国、世界贸易组织、世界卫生组织等多边机构的承诺。为了维护和平，中国是联合国安理会常任理事国中派出维和人员最多的国家。此外，中国还建立了新的多边机构，如亚洲基础设施投资银行。2013年以来，中国提出的"一带一路"倡议已经给超过60个国家带来交通、通信领域投资。

这些都是中国为发展全球治理做出的贡献。中国务实回应其他国家需求，与其他国家一道商定互利合作领域。由于每一个项目的愿景都是改善当地人民生活，建设人类命运共同体的理念就由此建构起来。

这样一来，人类通过跨境合作获益，遏制全球变暖等全球共同目标也推动了全球社会的发展。群体能够通过这面镜子看到自身的未来，推动有利于所有人利益和福祉的倡议和行动发挥作用。

对于群体的共同理解有利于维护秩序，塑造治理体系，而非创造新秩序。这样的动态过程中，每个成员、群体和个体的利益所在都受到关注。群体的概念不需要变得更好，规划也赶不上变化。

近几年，全世界在新冠肺炎疫情引发的危机下经历了全球治理。如果政府的政策制定者为了检验全球治理的韧性和有效性而提出假想的风险，让人们想象新冠肺炎这样的病毒，或许人们会说"算了吧，来点实在的，"但世界确实正在经历致命病毒带来的疫情。

核战争给全世界的人带了威胁，一旦发生核战，治理就会遭到重创。面对疫情，个体、机构和国家的应对和最后的结果反映了治理覆盖的范围和有效性。疫情依然在蔓延，全球健康情况依然不明朗，但可以确定的是要对各级治理进行空前的审视和改革，如果我们都向着共同体的目标努力，就能够提升治理。

1.2.9 人类命运共同体中的民主的未来是怎样的？

[接上文：回应王义桅教授关于全球秩序的问题]

"民主"，即人民主权，这个词源于古希腊。在现代，民主一词已经广泛传播。希腊城邦 2500 多年前就有了民主制度，但并非完全是事实，也不值得称颂，因为这种民主可能会变成暴民统治。

对于哲学家亚里士多德来说，最好的政府是宪政统治，因为民主服务大众时会发生扭曲。柏拉图则设想了民主人士的形象，即为自由和平奔走呼告，但在行为上随心所欲！一面是群体，一面是个人自由，这两种极端在民主概念中始终相互冲突。最好的情况下，群体和个体可以在公民负有责任感的情况下共存。最坏的情况则是无政府状态或暴政。

为群体服务中的矛盾赋予了个体自由空间，19 世纪中期出名的美国民主制度是典型例子。亚历西斯·德·托克维尔（Alexis de Tocqueville）认为民主的进步是必然的，但"我们创造的既有民主自由又有民主暴政，世界将出现不同的命运"。

他发现"美国最令人厌恶的地方不是极端自由，而是缺乏阻止暴政的机制"。①

快进到现在，特朗普政府在美国造成的混乱使托克维尔一语成谶。美国宪法的体制框架只能阻止少数人的暴政。同时，民主和共和党之间长期相争，西方民主党派体制内，冲突也变得体制化。

西方描述民主的"代表""自由"凸显了希腊时期就已经暴露的民主冲突。"自由""民主"需要通过制度来实现，解决人民之间的冲突。

6世纪时，罗马天主教堂统治结束后，西方国家在宗教、帝国、阶层、民族方面长期充满地方性和长期矛盾，近期在性别方面也出现冲突。国家治理解决了冲突，但政党又扩大了冲突。

近年来，世界经济快速全球化导致国家之间社会冲突加剧。世界财富增长，但国家间贫富差距加大。资本通过为政党提供资金支持获利，新通信技术导致敌意和仇恨在社交媒体传播。自由民主面临危机。

五十年前，西方认为自由民主是其他国家现代化和经济发展的必要条件。政府和国际治理机构将经济支持和政府机构改革联系在一起，这反映了西方模式特征。千禧年来，对于这种模式的信心正在崩塌。伊拉克战争等的失败削弱了西方民主的公信力，减缓了推广西方民主的步伐。

近期，特朗普政府宣布脱离《巴黎协定》和世界卫生组织，体现出西方民主无法持久为多边主义和全球治理机构提供支持。其他国家自然对研究中国协商式民主的范式产生更大兴趣。

这方面，我们需要像从历史角度看待西方一样，从历史的视角研究中国。1911年清朝统治结束前，中国对于民主的讨论都是投票等西式创新。但西方当时并非所有公民都有选举权，中国有识之士开展的讨论虽然与西方相近，但也有自己的特点。

1928年英国女性才获得和男性同等的投票权，而中国共产党在1921年建立之初就支持女性获得平等地位。中国特色社会主义在中国当代政治话语中占据显著地位，一个常为人关注的原因是它与中国传统文化有很深的渊源。出于显而易

---

① 亚历西斯·德·托克维尔.序言：论美国的民主[M].伦敦：方塔那出版社，1994：13.

见的原因，我们很少注意到中国民主的根源。过去，中国帝王统治高高在上，与平民百姓的生活相距甚远。中国的村民也许一辈子也见不到一个政府官员，日常生活中的事务是由居民自己和当地的领头人来处理。

虽然 19 世纪后中国的政治体制发生巨大变化，中国治理的基础依然是地方主义，即地方自治。一个西方学者描写了清朝晚期的乡村，重点论述了地方自治中体现的村民合作的智慧。① 费孝通 1936 年开始对开弦弓村进行研究，发现地方领头人仍然对集体社会功能的运转发挥至关重要的作用，如今他的研究已经成为这方面的经典。②

习主席年轻时在梁家河村和后来在浙江省任省委书记的经历，让他对基层治理深有体会。2018 年 9 月，习主席关于乡村振兴的讲话体现了这一点："要科学把握乡村的差异性，因村制宜，精准施策，打造各具特色的现代版'富春山居图'。要发挥亿万农民的主体作用和首创精神，调动他们的积极性、主动性、创造性，并善于总结基层的实践创造，不断完善顶层设计。"③

习主席在中国共产党第十九次全国代表大会的讲话中强调："坚持人民当家作主。坚持党的领导、人民当家作主、依法治国有机统一是社会主义政治发展的必然要求。必须坚持中国特色社会主义政治发展道路，坚持和完善人民代表大会制度、中国共产党领导的多党合作和政治协商制度、民族区域自治制度、基层群众自治制度，巩固和发展最广泛的爱国统一战线，发展社会主义协商民主，健全民主制度，丰富民主形式，拓宽民主渠道，保证人民当家作主落实到国家政治生活和社会生活之中"。④

中国共产党参与从乡村、工厂到镇和企业的每个层面的决策过程，执行从人民到政府领导人各层级的决策，传达中央政策，听取基层诉求，反映基层情况，既引领也倾听，有自己的党内民主。通过中国共产党发挥的协调各方的作用，中国成为有史以来世界上最有力的群体民主组织，为世界提供了协商民主范本，但

---

① 明恩溥. 中国乡村生活 [M]. 陈午晴，唐军 译. 北京：中华书局，2006.
② 费孝通. 江村经济（含《江村经济》《重访江村》《三访江村》）[M]. 厦门：鹭江出版社，2018: 22.
③ 习近平. 习近平谈治国理政（第三卷）[M]. 北京：外文出版社，2020: 261-262.
④ 同上，17-18 页

这是中国文化和生活方式所独有的。

中国实力增长，又是世界大国，人们自然开始关注中国将对全球架构发展方向产生多大程度的影响。中国特色社会主义这种中国民主模式，从其自身定义来看就是无法向其他国家移植的，而且这些国家都有属于自身的治理模式。任何国家在全球公共产品供给中都扮演重要角色，因为每个国家都能借助其独特的治理模式而做出不同的贡献。

中国文化高度重视合作理念，其世界观将和谐放在中心位置，这对于所有的国家间联盟和多边安排都是很宝贵的。除了中国文化的贡献，社会主义本身也是一种强调超越国家界限的、人类普遍福祉的意识形态。中国社会主义的成功推动了人文交流，有助于"柔化"西方资本主义制度尖锐的竞争性。

除了意识形态方面的贡献之外，中国对国际关系未来构建做出的最重要的贡献是打破了第一和第三世界，即发达国家和发展中国家的割裂。这种对立导致了联合国成员之间的争论，使很多与全球共同利益相关的问题搁浅。中国如今起到了桥梁的作用，它以贫穷的历史和富裕的今天，将贫困和富裕国家联系起来。

多边机构是平等伙伴合作的产物，本质上是民主的，每个成员都有平等话语权。多边机构以实现共同利益为宗旨，达成共识，民主协商，而非造成分歧，实行未经集体决策的决议，也就是所谓的自由民主。中国民主可以帮助塑造人类共同的未来，不是通过运用近年来获得的力量，而是通过示范中国的治理原则如何改善人民生活。

1.2.10 文明、国家和其他组织的差异将如何推动全球社会发展？

[接上文：回应王义桅教授关于其他群体的问题]

群体不是一个小组，不是商业机构，也并非家庭，只是包含了这些概念的元素。群体是独特的社会构成，共享是其中的独特元素，空间的分享是基本特点。

我们都知道，空间的共享形成了开弦弓村、班百瑞、曼哈顿和迪坡斯特兰等群体组织，这些都是人类学研究的典型案例。共享空间可以容纳所有的多样性，可以满足日常生活的需求。

共享群体也不排斥与边界外成员进行共享。在没有冲突的情况下，群体间的边界是一种共识。历经长久发展的区域组织走向了世界，超越了时间和文明的差异，使各国得以进行货物、服务交易和人文交流。

相邻的群体经常通过通婚互相联系起来，这在传统的中国非常普遍。1936年费孝通进行田野调查时的开弓弦村也是如此。婚姻只是群体之间的主要纽带之一。

小群体内部和群体之间的纽带为经济学的发展提供了空间。经济学的词源来自于古希腊语。男女、奴隶和邻里之间的分工为理解、交流和互相支持提供了基础。

两千年后，当亚当·斯密（Adam Smith）为现代治理制定基础原则时，世界依然处于不发达阶段。亚当·斯密写到，猎手在做弓箭方面逐渐娴熟，发现用弓箭交换别人的猎物比自己打猎更好。

市场原则和比较优势适用于人类集体组织，就像适用于不同个体、国家和文明一样。古丝绸之路出现后，全球社会不同文明之间已经开始交流。近年来，随着中国发展为世界制造中心，英国这个最早的工业国只能专注于搞金融服务和高等教育了。

共享的概念将群体理念延伸到了不同的职业和利益群体。学术和科学群体，以及农业和商业群体有类似的形态、经历和追求，他们即便生活和工作在不同的地方，甚至不在同一个国家，都有一种共享理念。这对于全球社会具象化来讲很重要，使共享不仅仅局限于分享土地。共享与我们人类的命运有关，尤其是对于应对全球变暖很重要。

我们需要考虑共同利益最大化和合作的必要性。劳动分工并非基于交流而是科学效率。组织内部需要通过技巧性的任务实现群体最大化利益。

这种原则显然也会不断发展。亚当·斯密在《国富论》的开头写了当时的一个案例，在后面提到了劳动分工的源头和国家间贸易的广义含义。他提到的第一个例子源自当时的新工业生产，别针生产商会将工人分成不同组，每组负责特定任务，这样比他们各自完成所有任务生产量更大。

为了实现遏制全球变暖这种共同目标，我们要找出发挥全体人类机构、个体、商业、国家，甚至整个区域和文明作用的最有效方式。目前的环境有利于实现这个目标，国际劳动分工已经进步，专业生产逐渐向区域集中，热门行业吸引了具有类似和互补技能的人才。硅谷正是现代最出名的一个例子，而几个世纪以来，荷兰都以鲜花生产而著称，而东南亚国家争相推介本国生产的大米。

我们要思考最有效的群体合作方式，应对亟待解决的全球性问题。这与每个国家用自己的方式实现目标不同。可持续发展目标也是每个国家的目标，如果能实现合作，显然是有利的。但应对全球变暖则需要全球共同体的合作。

巴西砍掉亚马孙热带雨林与美国竞争大豆生产国地位没有意义。如果能帮助巴西找到替代性产业，对于全世界也有益处。减少温室气体排放是每个人的责任，只要关掉电灯，每个国家鼓励提高能源利用率就可以做到。但一些国家能够提供其他国家可以效仿的方案。丹麦在绿色能源方面处于领先地位，已经先行先试，通过法案为发展中国家提供气候金融支持。

但美国和中国两个最大的碳排放国可以做出最大的贡献。美国退出《巴黎协定》后又重新加入，这个国家内部出现严重分歧，气候变化政策只是其中一个层面。不过这种割裂也是一件好事，弗吉尼亚、伊利诺伊等多个州都已经通过立法，实行清洁电力政策。

但是，最有可能发挥全球领导力的是中国。中国历史上始终高度重视人与自然的和谐，中国同时又有"中央王国"的自我认知，这意味着中国能够制定出反映深层次文化取向的绿色环保政策。中国可以在"一带一路"沿线国家通过交通、媒体和舆论方面的交流推动绿色发展。

当前，政府正在集中力量修复过去经济增长带来的一些环境破坏，但环保风险已经成为国内和对外所有投资活动的首要关注点。生态环境部2020年初宣布成立国家绿色发展基金，聚焦绿色投资，这也是"一带一路"项目投资的重点。2020年7月15日，国家绿色发展基金正式启动运营，中国生态环境部和上海市政府共同投资880亿元，推动长江三角洲的绿色发展。

1.3 中国和人类命运共同体相关访谈演讲

1.3.1 马丁·阿尔布劳接受中国国际电视台主持人刘欣采访实录[①]

阿尔布劳：感谢采访邀约，采访提到的话题非常重要，也是我多年来一直在思考的。

刘欣：您在全球化研究方面做出了先驱性贡献。阿尔布劳教授，请您谈谈您对全球化的认识，对您来说，全球化意味着什么？很多国家支持全球化，全球化的实现程度如何？目前国际政治形势紧张，我们在全球化中处于什么状态？中国处于什么位置？

阿尔布劳：你提到了我对全球化的理解。全球化包含两大主要方面，我们经常会将其混淆。日常生活中，人们会觉得全球化就意味着世界变成了地球村。世界各地的联系进一步加强，我们可以去世界的任意一个地方。这是全球化最明显的表现，我们可以通过网络和地球另一端的人交流，比如我可以和澳大利亚的校友们交流。世界变成了地球村。

这是人们通常提到的广义上的全球化。

全球化的狭义定义是特定的人类活动拓展到全球范围。一个地区首先出现这项活动，随后传播到了全世界，就像奥林匹克运动会在某一地区举办，但全世界都知道这件事一样。奥运会是全球盛会，当然很小的一件事也可以全球化。

我们知道中国正在探索太空，这就是中国空间站项目的全球化。这是全球化的另一种含义，这是人类某种特定领域行为的全球化，这是我对全球化的理解。

全球化的成功不是我们能够控制的，因此很难说全球化成功与否。我理解，中国人士问我这个问题是有具体指向的，也就是关于经济全球化的问题。世界变成了统一大市场，国家之间贸易往来不断。开放市场和全球化的概念与以前的自

[①] 这是 2021 年 7 月作者接受中国国际电视台《对话思想者》节目主持人刘欣采访的实录。——编者注

由贸易很相似。如今的世界在经济全球化方面走了多远？

现在，各国为避免新冠肺炎疫情传播而在各种意义上竖起了屏障。或许经济全球化有所倒退，但数字通讯方面的全球化却一直在进步，发展势不可挡。

刘欣：您的著作《中国在人类命运共同体中的角色：走向全球领导力理论》于2018年出版。本书发行仪式上，您说到中国将在塑造全球伦理方面发挥主要作用。您提到的"全球伦理"是什么？您还这样认为吗？

阿尔布劳：全球伦理支撑着国际关系。国际关系通常是国际政治。但国际关系背后的逻辑也是从其他国家的角度考虑，理解其他国家的立场。除非知道对面是谁，否则你无法谈论权力。全球伦理不是国际关系的前提，而是结果。你要知道对方是谁，如何用合理的方式对待对方。

这方面我认为中国具有有利条件。中国文化历史悠久，以伦理为基础。我第一时间想到的就是孔子对于五种人伦关系的解读。这种概念贴近实际，并非物理、宗教概念，而是贴近实际的伦理概念。我认为中国以伦理为基础促进国际关系发展，具有非常好的条件，因为中国社会也是以伦理关系为基础，主张关心他人。

而西方与中国存在很大差异。西方几百年来都在向外扩张，进行革命：不是以建立可持续发展为首要目标，而是为了将权力范围扩展到其他国家。我认为中国很适合承担全球领导者的角色。

刘欣：在这本关于中国全球领导力的著作中，您将19到20世纪的重要西方理论学者马克斯·韦伯和中国国家主席习近平对20到21世纪全球转变的思考融合在了一起，两种思想有怎样的联系？您为何得出中国将成为全球领导者的结论？为什么不是其他国家？

阿尔布劳：这与我早年对马克斯·韦伯的研究有关。他是19到20世纪之交时期的社会和政治学理论家。他认为政治领袖应当有责任感，对自身行为的后果负责。他一直在强调这种责任感，尤其是在第一次世界大战期间。与之相反的领导力是只给人民开空头支票，而非真正给他们带来福祉。

刘欣：西方理论如何看待如今的全球合作？习主席的思想如何推动全球和平合作，减少敌对竞争？如果同时推行这两种理论，会带来什么益处？如果只推行其中一方，会导致什么后果？

阿尔布劳：我认为如今的中国能够承担全球领导者角色，有很强的责任感。中国是一个实力强大的大国。除了中国，其他国家无法像中国这样一直维持这种责任感。因此，中国完全具备担任全球领导者的资格，我指的是为行为带来的结果负责。全世界可以从习主席的讲话和文字中受益，我在书中也提到他是一个有思想的领导人。习主席以大量理念为行动基础，这些理念和思想涉及政治和社会方方面面。这在当代社会很不寻常，因为很多政治家的压力来自于展示，向人民开空头支票，调动大众情绪。习主席的方法则是在参考东西方社会和政治理论的基础上形成自己的一整套理念，并依据这些理念稳步持续推进。习主席将马克思主义与中国文化相结合，将中国文化与西方经济理论相结合，将各种理论融合在一起，也彰显了他对于党和国家负责任的领导理念。因此中国可以担任全球领导人角色。

刘欣：您提到习主席提出的人类命运共同体比全球化的概念更广。全球化通常描述的是贸易和经济，而命运共同体是关于如何实现人类共同福祉的。您如何得出这样的结论？全球化和人类命运共同体并存，有什么意义，会产生什么影响？

阿尔布劳：全球化和人类命运共同体是各具特色的概念。我之前提到过，全球化的概念使世界变成了地球村。命运共同体是从全球的角度解决问题，关注未来，注重解决气候变化、疫情等全球问题，并针对问题设立机制。命运共同体是行动纲领。全球化则是一系列过程，有时源于行动纲领，又需要行动纲领去应对其带来的问题。因此我们经常无法掌控全球化的实际发展走向，因为10亿人的群体行动造成的后果是不可控的。命运共同体则为群体行为赋予意义，提供解决问题的方法。因此，命运共同体在很多层面为全球化带来的问题提供了解决方案。

刘欣：在习主席的领导下，中国在建立人类命运共同体中扮演怎样的角色？国际社会对这个概念有什么认识？

阿尔布劳：我认为人类命运共同体的概念在国际社会未得到应有的重视。世界需要中国声音，因为中国智慧根植于与西方截然不同的文化历史中。世界能够从中国五千年的思想智慧中获益。

刘欣："一带一路"倡议与国际经贸关系全球化如何适配？您说过"一带一路"倡议可以避免大国之间互相敌对，具体如何实现？一些人认为这一倡议是中国扩大影响力的工具，您如何看待？"一带一路"倡议是否已经包含经济和政治层面？

阿尔布劳：全球化背景下，"一带一路"倡议的地位非常特殊，主要是因为全球化涵盖了人类活动的各个层面，包括经济、贸易、政治和文化。

"一带一路"倡议主要与基础设施建设相关，是陆、海、空方面的互联互通，提升各个国家的贸易能力，推动人员流通和本国经济发展。多个国家在"一带一路"倡议之下联结在一起。"一带一路"倡议独特而又有连贯性，能够支撑全球化发展。"一带一路"倡议的政策具有针对性和导向性，但一些人认为中国想借此扩大国际影响力。一个国家的好政策造福民众，自然也会扩大该国的影响力。如果我是个中国人，我不认为这是批评。"一带一路"倡议会扩大中国影响力吗？是的。如果不是，中国也不会落实这个倡议。从这个角度，"一带一路"倡议使当地民众获益，也给中国带来回报。

刘欣：2016年的时候，您为什么要学习汉语？您如何看待国际媒体对中国的评价？比如对中国梦的描述？国际社会如何评价中国价值观和在政治事务上的立场？

阿尔布劳：我从青少年时代起就想学中文，但没有机会，或许也是因为没有下定决心。2016年，我觉得是时候尝试一下了。我给北京外国语大学的李雪涛教授发送了我1945年17岁时在校研究中国史的项目文件，我对于中国一直都很感兴趣，李教授也很了解我这一点。

至于中国梦，我认为国际社会未能充分理解中国。中国梦是一种很机智的提法，与美国梦的说法类似。美国梦首次被用在国际关系中。中国梦与美国梦的含义不同，但与美国梦形成了互补。

美国梦主要指的是个人通过奋斗获得社会地位，中国梦则与国家整体繁荣有关。中国梦给每个人带来福祉，而美国梦是个体的成功，暗示任何人都有机会走向社会顶层。美国梦不是中国梦。中国近期实施了"双减"政策,因为之前不少父母热衷于花很多钱给孩子报课外培训班,只想让孩子出类拔萃。那不是中国梦,而是美国梦。中国梦是国家繁荣的大梦想。

刘欣:您曾提到中国是抗疫模范,中国人团结应对挑战的举动给您留下了深刻印象。您认为这种高度团结是如何实现的?政府在其中扮演什么角色?政府和公众之间的关系在抗疫方面是怎样的?其他国家能够从中国获取哪些有用的经验?

阿尔布劳:中国的一大优势就是人们愿意齐心协力面对挑战。其次,面对全国性危机,人们信任政府,而政府也调动了全国资源。中国文化使得人们同舟共济,迅速做出响应。从我的经验和认知来看,这是中国长久以来就有的现象。

我还记得1987年和我妻子第一次来中国的情形。当时我们去了一个小村庄,计划生育工作人员正在讨论北京发来的消息。当时,中国所有村子都会收到北京发来的要求实行一孩政策的消息。我发现,当人民认为政府可以带领他们进步,就可以实现一呼百应,这样就完成了集体任务。中国在应对疫情方面再次向其他国家展示了它是如何实现目标、化解危机、为全体人民谋福利的。

感谢你们邀请我做采访,非常荣幸。

1.3.2 作者在北京出版高峰会议上的讲话[①]

首先,非常感谢主办方给我发言的机会,北京国际图书博览会是向世界推介中国图书的大会。作为一名英国作者,能在我的著作发行仪式上讲话,对我来说是一种荣幸。我想就对这本书的期望谈一谈。

首先,也是最重要的,本书阐述了西方人眼中中国可以为世界做出的贡献。我作为西方人,看待中国的角度难免偏颇。我认为西方人要试着理解中国。中国人要向全世界说明中国。我希望本书能够吸引不同文化背景下对中国能够为世界

[①] 2021年9月12日,作者受邀参加在亚洲大酒店会议厅举办的北京出版高峰会议,就《中国在人类命运共同体中的角色:走向全球领导力理论》一书发表演讲。峰会由承办北京国际图书博览会的中国图书进出口(集团)有限公司举办。——编者注

所做的事感兴趣的人。

这也是本书以对人类命运共同体的讨论开篇的原因，习主席多年来都在向世界宣介这个概念。命运共同体，也就是人类共同的命运。这是中国外交政策的基础。除非通过外交关系推动共同理念发展，否则是不会取得成功的。命运共同体就是全球性问题的解决方案。

全球世界的特点之一就是人类面临共同的挑战。我在本书开头写到了习主席的命运共同体概念。这个概念并不模棱两可，而是非常明确的。命运共同体可以具体到建造机场、公路，我在本书后面提到的"一带一路"倡议就是典型的例子。"一带一路"倡议起源于基础设施建设，但有着更广阔的视野。"一带一路"倡议主张加强各国在各领域的互联互通，应对全球性挑战。

中国对新冠肺炎疫情的应对就是为人类命运共同体做出贡献的典型例子。中国在这方面的成就有目共睹。中国全国上下都在应对疫情的过程中展现了迅速的反应，采取了长期措施，可以说是应对疫情最成功的国家。

命运共同体包含应对全球问题的长期政策和可行措施。中国没有提出模糊的理念，也没有强调制度建设，这是中国最重要的贡献之一。世界需要制度，中国也为制度做出贡献，比如中国是联合国维和行动最大出兵国，但在推动全球制度发展的同时，中国更善于脚踏实地解决具体问题，为世界指明这才是前行方向。

中国将为可持续发展目标做出贡献。多年来，联合国致力于推动千年发展目标。可持续发展目标聚焦全球行动，与中国对全球问题的贡献不谋而合。全球性贡献是一回事，国家也可以通过自身发展的范本为世界做出贡献。

过去五十年来，中国在经济增长和脱贫方面做出了表率，也向世界介绍自己的扶贫举措。中国政府曾经为了解决现实的问题而实行计划生育政策，但如今已经调整，转而采取了应对当下问题的措施。中国的脱贫政策一直是非常切合实际的。

中国实行户籍制度，本意是使居民长期留在本地，虽然后来很多人到城市生活就业，但钱流回了家乡。中国政府近期实行"双减"制度，此前教育培训行业在中国市场占巨大份额，父母纷纷给孩子报课外班。很多人认为，这种教育个人主义不利于提高全体人民的生活水平。父母担心孩子输在起跑线上，而中国政府采取措施限制教育培训行业发展。中国一向推崇凝聚力，中国不允许企业利用人们望子成龙的心理去赚钱。中国过去多年来的脱贫实践对于其他国家很有价值，就算国家日益富强，中国社会团结一致的模式也很有借鉴意义。

很多西方国家的繁荣背后是持续扩大的不平等，而中国正在努力解决不平等带来的问题。我提到的"一带一路"倡议就是推动经济发展的实际举措，也提升了中国的国际形象。一些人经常批判中国和"一带一路"倡议，说"中国不过是为了自己的利益而已"，是为了增强实力，提升国际影响力。中国在其他国家修建机场或公路，对于其他国家有利，也有利于提升中国的地位。因此，对于中国"一带一路"倡议的批判毫无依据，完全忽视了中国的发展与其他国家息息相关的事实，中国希望与其他国家一同发展。这些就是中国在应对疫情、脱贫和"一带一路"建设方面获得的经验，能够推动全球治理。

全球治理是 200 多个国家互联互通的结果。中国将成为全球最大的经济体和最强大的国家之一，将产生巨大的全球影响力。在中国的影响下，全球治理可以走上正道，向正确的方向发展。我认为，中国的贡献对于我们的子孙后代也会产生巨大的影响。

我的书中包含了对中国贡献理论基础的广泛思考，这些理论对于所有国家都适用。中国用行动证明，它能够吸收经济学、社会结构、马克思主义等西方思想的精华，融入中国以人际关系纽带为基础的社会文化。中西文化在当今中国的世界观中交融，给如今问题层出不穷的世界带来了曙光。

我能够完成这本书，非常感谢编辑为此付出的努力，也感谢常向群和王义桅教授。两位教授以及很多中国同事都给了我很多启发，很遗憾不能在此提及每个人的名字。撰写这本书的过程中我非常开心，多年来对中国的了解不仅给我带来了启发，对于其他国家也是一种启发。

谢谢大家。

第二章　全球化理论与实践

第二次世界大战的结束和人类面临的核武器威胁，使得关于全球的话语在人类事业中占据重要位置。随着资本全球扩张和科技进步，结构性变化和促成改变的行动成为全球化的表现形式，也引发了对于当今社会转型种种解读和思考的争议。

2.1 马克斯·韦伯：从现代性到全球性——个人回忆录[①]

虽然听上去很久远，马克斯·韦伯生活的时代对于我这个年龄的人来说其实相距不远，也就是1920年左右。就好像我昨天在纪念他英年早逝五十周年大会上刚刚发表过讲话一样。

1957年，我第一次接触到马克斯·韦伯的书。他是剑桥大学历史编纂学书单上的最后一个名字。那门课的讲师从来不看到名单最后，但是我看到了，这也拯救了我。当时我处于学业最后一年，导师对于我对理论研究的兴趣不屑一顾[②]。就在这个时候，我读到了韦伯的书，但当时我并不知道我的人生会因此而改变。

韦伯是一位努力让读者读懂历史的作者。我决定深入研究他的作品，为此学习了德语。第二年，我去了饱受战火摧残的德国科隆，通过翻字典吃力地读完了

[①] 原载于《理论、文化与社会》年刊，2020年12月版，(37) 7-8, 315-327.
[②] 那位导师是年轻时的莫里斯·考林(Maurice Cowling)，后来他在撒切尔当政时期成了有名的托利党领袖。我从职业生涯开始起，就一直反对"世界上不存在社会"这个观点，时常与导师争论，对于我来说倒是一种锻炼。

玛丽安妮·韦伯（Marianne Weber）的自传（1926），又参加了德国业余大学的语言班，同时在一所郊区体育馆做助教（英文老师告诉同学们"不要学他，他有口音"）。

后来，我去了伦敦政治经济学院，申请就马克斯·韦伯和理性做论文课题研究。"你为什么想研究这个？霍布豪斯更有研究价值"，我的导师莫里斯·金斯伯格（Morris Ginsberg）对此很不屑，他师从英国社会学大师里奥纳德·特里劳尼·霍布豪斯（Leonard Trelawney Hobhous）。我坚持了自己的选择，因为我对理性的边界和广度一直很有兴趣。

金斯伯格先生想让我选择其他研究方向，或许有他自己的原因。当时涌现出很多年轻学者，像卡尔·波普尔（Karl Popper）、欧内斯特·盖尔纳（Ernest Gellner）、雷蒙德·弗思（Raymond Firth）和迈克尔·欧克肖特（Michael Oakeshott）等，而金斯伯格先生已经走在了他们后面。他们的演讲使我更加相信，要研读韦伯的理论著作就要进一步理解他所处的时代背景和前人的研究。

我在《泰晤士报》上看到了一则招聘广告，是德国一家研究机构，我试着投递了简历。汤姆·博托莫尔（Tom Bottomore）收到了简历，他当时在伦敦政治经济学院讲马克思和韦伯，也是新欧洲社会学中心的英国带头人。他说当时只有两个人申请这个职位，另一个人是位退休牧师，后来我得到了这份工作。

这份工作的内容和韦伯研究的话题很贴近，主要从社会学角度研究德国政府工作人员的工作。我当时住在德国，和年轻教授拉尔夫·达伦多夫一起在图宾根工作。除了达伦多夫和博托莫尔，那里还有一位著名学者米歇尔·克罗齐耶（Michel Crozier）（1964），在法国统治阶层研究方面颇有建树。这个中心以韦伯思想研究著称，由德国社会学家雷蒙·阿伦（Raymond Aron）（1957）牵头建立。这可是进一步了解韦伯理论的好机会！

简而言之，我在这个项目工作了三个月。阿伦邀请我去塞纳河畔他的公寓，告诉我这是个好的开始，但中心资金来源于美国福特基金会，法国政府不会同意资助我这样一个英国人在德国做研究。我就这么被打发了，但伦敦政治经济学院在1961年10月私下找到我，我和同学兼朋友安东尼·吉登斯一起到了莱斯特大学，给德国社会学家诺博特·伊里亚思（Norbert Elias）做助教。

韦伯的理论在新成立的莱斯特大学研究部门也反响平平。博托莫尔就是介绍我去伦敦政治经济学院工作的人，但莱斯特大学专注于追赶历史悠久的伦敦政治经济学院，伊里亚思已经开始行动。当时有机会在理论课程上介绍韦伯的思想，包括爱德华·希尔（Edward Shils）的方法论论文（韦伯，1949年）、帕森斯翻译的《清教伦理与资本主义精神》（韦伯，1930年）和《经济与社会》（韦伯，1947年）。但这些著作对于本科生来说太过艰深。所幸近年来南非裔学者约翰·雷克斯（John Rex）在《经济与社会》（1961年）中阐释了韦伯理论，可以说是多年来对于韦伯思想最好的左派解读。

两年后，我成为雷丁大学首位社会学终身讲师，还推动了学校首席社会学教授斯坦尼斯拉夫·安德列斯基（Stanislav Andreski）的任命。安德列斯基对韦伯思想有独特的见解。他鼓励我进行组织理论研究，1968年，我在《企鹅社会科学调查》（Penguin Social Sciences Survey）上的一篇文章中首次尝试对韦伯理论中的事实和价值观辨析表达了不同意见。

20世纪60年代，英国社会学急速发展。1967年，我去了卡迪夫，当时我对官僚阶层和理性的研究依然很感兴趣，我的雄心壮志也尚未实现。大学里只是教授一些粗浅的新社会学，也就是比较研究的社会机构、研究方法和理论，只是为了让学生获得学位。

我希望这些回忆不仅是自说自话，而是能反映出韦伯的理论体系对一个年轻学者产生的神奇影响。他的理论体系庞大，哪怕其中一小部分都能让人沉溺其中。他的影响不止于此。韦伯是一位孜孜不倦的学者，对他所处时代的政治局势非常敏感，也积极投身其中。他喜欢唇枪舌剑，那也是我觉得社会学在召唤我的原因。

但我后来又觉得有些懊悔。韦伯热衷于激烈交锋，我受此影响，在批判其他学者时也很尖锐。40年后，埃米泰·埃茨奥尼（Amitai Etzioni）教授接受了我的道歉，我对此很感激。早年间，我曾用"浅陋、乏味"等粗鲁的词评价他的著作。那是我在1964年发表的第一篇文章，是对当时一些组织理论新书的书评。或许是因为我对韦伯思想中理性的地位一直不太满意，我的想法因而投射到了书评中。

好在我对埃茨奥尼 1961 年的作品评价是"相当出色"。

无论理论构成还是对合理化的历史及比较研究，韦伯都将理性置于核心地位，这是韦伯思想大厦的基础所在。他是一位孤独的学者。20 世纪 50 至 60 年代，科层制组织相关研究填补了韦伯理想化科层制研究的空白，韦伯理论体系进入黄金时代。对此做出贡献的有社会学家罗伯特·默顿（Robert Merton）和他的学生彼得·布劳（Peter Blau）、阿尔文·古尔德纳（Alvin Gouldner）。我在 1970 年的第一部作品中重点提及了这些理论研究先驱者，这本书名为《科层制》，是给学生写的入门读物。

由于《科层制》的出版，英国科学促进会又给了我一个公开演讲的机会，对同一个话题进行引申。我提到了此前英国科学促进会举办的一场纪念马克斯·韦伯的活动，我受邀进行了主旨演讲，题目是"公共管理和社会学理论"。

无论是从功能学家和系统理论学家的角度，还是从马克思、阿尔弗雷德·舒茨（Alfred Schütz）和政治科学家的角度来看，我的结论是韦伯的理想化理论不适用于当代社会政府服务体系。当代政府官员既要专业又要具备责任感。我在演讲末尾表达了一些对当今社会依然适用的思考：

"职业官员将自身从机器中解放出来，遵循自身的职业良知。他们的良知与我们息息相关（阿尔布劳，1971：356）。"

十年来，我都在进行相关研究。我希望韦伯思想和他的科层理论在不同理论学派之争的洪流中找到一席之地，这是我个人的愿望，也能够帮助大家综合理解韦伯的著作。无论是从我个人还是政治的角度来看，再过 20 年，政治和学术界还是需要韦伯思想。

20 世纪 70 至 80 年代对于学术界来说是一段动荡不安的时期，对于社会学家尤甚。1968 年，理论学派之争蔓延到多所大学，大学内的氛围不容乐观。开设社会学院对于个人能力和学术造诣都是考验。

这一时期，韦伯就是我的北极星和指路明灯。他的著作反映了他所处时代的观点冲突，也招致很多不同解读。韦伯著作的这种复杂性和深度引来了很多不同意见，我选择了走自己的路。我的态度很明确，就是要对韦伯的理论提出自己的提炼阐述。

　　这个过程曲折漫长。《科层制》取得成功后，我又因此前的管理职责获得假期。1973 至 1974 年，我在休假期间接受了利华休姆奖学金（Leverhulme Fellowship），去慕尼黑的马克斯·韦伯学院，与大名鼎鼎的约翰内斯·文克尔曼（Johannes Winckelmann）一起工作。这是一个令人心潮澎湃的时代，涌现出赫磊（Horst Helle）、格特·施密特（Gert Schmidt）和斯蒂芬·卡尔伯格（Stephen Kalberg）等出色的韦伯研究学者。卡尔伯格在 2014 年出版的著作中提出将韦伯思想应用于当代美国，如今看来依然值得关注。

　　在卡迪夫同事们的影响下，我对韦伯思想的研究走上了另一条轨道。我回到威尔士后，新成立的法学院推出《英国法律与社会》期刊，邀请我就韦伯和法律撰稿。法律在韦伯思想中占据很大一部分，也与他的科层理念有关。我决定聚焦韦伯 1975 至 1976 年的一篇论文，就他对法学家鲁道夫·施塔姆勒（Rudolf Stammler）观点的批判发表观点，后来我又在同一本期刊上刊登了一篇译文。

　　总体来讲，我认同施塔姆勒的观点，韦伯用"性伦理改革者的热情"批判施塔姆勒对二分法的挑战。他"有点像一个'高端'报纸评论家要对共产党宣言进行评论，既不属于文学，也不属于历史，因此没什么值得讨论的"（阿尔布劳 1975：132）。

　　上述观点与我对于那场争议的看法一致（施塔姆勒对此做出的回答）。我的立场是当时通常称为"社会性建构主义"的概念，指出律师注重条文，社会学家注重实践，但二者都是以社会实践为基础，相互交叉。正是因为双方既有共同之处，又存在分歧争议，才能共同推动社会发展。

　　这一观点与我的其他社会学著作立场一致。我在南威尔士尼思市为当地社区做顾问时提的提案也在其中，提案指出应当将新修的路一分为二。四年前的那段经历让我从公众的角度看待社会学家，社会学家代表的是"人类因素"而非"一种无价值的职业和自欺欺人的概念"（阿尔布劳，1970b：18）。那段经历与韦伯的风格也相符，在参与公共事务和学术政治的过程中过于热情，有时稍显莽撞。韦伯发自肺腑地承认，他的学术追求表现为最终价值立场的非理性。

在这方面，我同意英国有数个世纪历史的理性主义，也是朗西曼（W.G.Runciman）1962 年的观点，当时英国社会学刚刚兴起。韦伯关于竞争理论争议无法在实践中解决的观点或许是对的，"讨论这些问题必然无法得到解决本身是一种错误"（朗西曼，1963：168）。

即便支持者不接受争议，关于价值观的不同声音依然会存在，但理性解决方式的效果远超争论。这是韦伯区分理性和理性化的方法，也是 20 世纪 80 年代时我研究的重点。

理性化是韦伯历史和社会学著作中蕴含的概念，完全回避了他的方法论思考。无论最终应用正确与否，理性化都适用于逻辑化（正式的）和方法（物质上的）思考。理性化也是一个积累的过程，其长期结果在韦伯那个时代的资本主义体系中有所体现。

韦伯最后一次提到这个话题，是对宗教社会学文章的著名解读，对于玛丽安妮的观点有深刻的启发（1893 年，《老年的弱点》）。1920 年 6 月 7 日，也就是韦伯去世前七天，他还指出理性化在不同领域和文化呈现出多样性，以及西方理性化特定和进化的本质（韦伯，1920：1-16）。在西方，理性与世界的启蒙有关，将人们的生活固定在框架内，使他们倾向于拥戴有魅力的领袖。

在个人对于理性化的态度方面，韦伯偶尔会做出客观评价，比如"人类命运的道路只会使其中的人震惊"（韦伯，1930：29）。他的评论引来了关注，一些人觉得他是在给希特勒铺路，这非常荒谬。[①] 我承认我早期对理性化的观点有些幼稚，和阿尔文·古尔德纳（1955）类似，认为是"形而上的悲情"，充满非马克思主义的历史决定论。

20 世纪 80 年代，我对英国社会有了深入了解，对理性化概念更加认同。理性化给研究撒切尔在任时的英国局势提供了切入点，这是 1982 年我在墨西哥国际社会学会议上一篇论文的题目。我也借此机会与英国年轻的韦伯研究学者群体增强了联系，开始与山姆·威姆斯特（Sam Whimster）讨论问题，一直延续到现

---

① 例如，纳粹支持者克里斯托弗·斯特丁（Christoph Steding）全盘反对韦伯的观点。韦伯晚年倾向于与社会学家共情。

在。威姆斯特是《马克斯·韦伯研究》期刊的创办人，是全世界韦伯研究学者中的中流砥柱。

威姆斯特和斯科特·拉什（Scott Lash）一起编辑了一本《马克斯·韦伯：理性和现代性》（阿尔布劳，1987a），也邀请我参与。我因而了解了更多英国法制体系在数据保护和人工生殖方面的进步，在前人康德和韦伯的基础上，更详细地阐述了理性的概念。

我的另一位朋友约翰内斯·韦斯（Johannes Weiss）（1987）在我之前就撰写过关于韦伯思想理论基础的文章，在同一卷的一篇论文里对理性化持相同态度。韦伯思想具有当代性，难免需要涉猎马克思主义。韦斯推动了一卷书的编辑（博克勒/韦斯，1987），对比了马克思和韦伯对社会概念的不同理解（阿尔布劳，1987b）。

1989年是韦伯诞辰125周年，在北京的一场会议本来我要讲这个主题，后来会议被取消了。不过，我们编纂的书中已经包含了论文的主旨，那是我二十年来研究韦伯的心血。①

研究韦伯和理性花费了我近三十年，我从多个方向进行了研究，研究理性和感性的分歧，分析社会科学的客观性，探索科层文化，解构理性和理性化的联系，维护自己与韦伯不同的社会概念，研究韦伯理论与马克思主义的关系，1990年还就韦伯对社会理论的贡献进行了全面总结。这只是我个人的兴趣所在，湮没在那个动荡的时代，而且完成得太晚，没能产生持久影响。

《马克斯·韦伯的社会理论构建》（1990）写于我个人生活和国际政治的转折时期。我的雇主卡迪夫大学"变得行政化"，我也已经退休。我开始编辑卡迪夫的国际社会学协会的新期刊《国际社会学》。地缘政治局势变幻不定，苏联解体，东欧社会主义政权落幕，超级大国美国宣告"一个世界"，在这些背景下，我的研究也显得微不足道。

世界局势激荡，一个比较新的术语也随之诞生，"全球化"在纸媒和学术期刊中频频出现。近期成立的《理论、文化与社会》是发表罗伯森和莱希纳（Frank

---

① 其实，如果不是苏·欧文（Sue Owen）说我不完成就不会嫁给我，我大概完不成那本书。

Lechner）文章的先驱阵地，他们反对沃勒斯坦（Immanuel Wallerstein）的经济主义（1985），大力宣传全球化。1990年一期《经济学人》的社论（1990年5月4日）宣称，"进一步全球化会给大企业带来黄金般的机遇"，同期里有一篇文章是关于品牌拓展的，说公司开始实施"品牌全球化战略"。

我编辑了国际社会学会（ISA）的新期刊，也参与了马德里1990年的世界大会计划。会议策划者对于如何抓住历史转折点进行了激烈讨论，想在公共话语中占据一席之地，达到学术高度。一开始的会议主题"为了一个世界的社会学"受到了多方面的阻力，反对其隐含的西方胜利主义，题目后改为"统一与多样性"。

但社会学家并不满意。自1986年新期刊首次发行以来，发布的文章体现了统一和多样性之间的平衡，包含多种文化背景下的多样化观点，以多种语言写成，涵盖共同的议题。全球化存在于现实和书里①，代表着国际社会学会的精神。

最终的决定是，每个会议代表收到的会议资料中都包括名为《全球化、知识和社会》（1990）的期刊摘编。资料分发到了来自各大洲的4000名代表手中，这对于期刊发行者来说是一个宣传的好机会，也对社会学的新核心题目全球化进行了宣传。

韦伯在早期全球化著作中出现频率不高。1990年，迈克·费瑟斯通在《理论、文化与社会》特刊发表了《全球文化：国家主义、全球化和现代性》，是关于全球化的重要合集，23条参考文献中仅有6条来自韦伯。但在两本最有影响力的全球化著作中有两个不经意的引用，对于社会学家来说意义非凡。

安东尼·吉登斯很早以前就开设关于韦伯思想的课程，撰写文章，但在他的著作《现代性的后果》中，韦伯仅出现在书的前页部分。这本书以他1988年在斯坦福的讲座为基础，像龙卷风一样冲击了常见又乏味的现代性/后现代性观念，探讨全球相互依存和日常社会关系的重塑，后来吉登斯的关注点转到了公共生活。他偶然提到了韦伯，但他以理性化为核心研究资本主义引发了我的思考。

罗伯森承认韦伯的观点对他产生了深远的影响。韦伯反复提及两个关于世界

---

① 彼得·什托姆普卡（Piotr Sztompka）曾评价被贴上"全球村"标签的事务，包含单一网络、反差异化和流动边界："我将所有这些趋势归到了全球化的标签里。"（1988：52）

的概念，世界的宗教意义和作为国际斗争场（1992：2-3）。同时，罗伯森认为韦伯"对于我们如今所说的全球化不太感兴趣"（同上，143）。在我看来，罗伯森认为韦伯属于现代学者，他的时代全球化在发展，并超越了他。

韦伯为罗伯森和吉登斯提供了两种不同的出发点，两人对全球化的观点截然不同。对罗伯森而言，韦伯更早对现代性发表观点，他们对全球化历史发展阶段的观点一致。而在吉登斯看来，韦伯的理性化观点呈现出推动全球化的新技术的雏形。

两种情况下，韦伯都将自己封闭在现代性的牢笼里。我在某一层面认同他们的观点。韦伯是当时无与伦比的评论家，以自己的思想构建了现代的形象。罗伯森和吉登斯都未足够重视韦伯对于认识他们的时代和我所处时代的重要性。言下之意，我们或者处于后现代时期，他们可能偶尔认同；或者处于全新的人类历史阶段，这是他们绝不认同的。

1990年，我在书中写到了韦伯作品对他所处时代的把握："他的社会学成功抓住了20世纪的精髓"，这对我来说是个悖论。他对宗教、国家主义、权力和市场的研究与"西方文化普遍性和理性向其他文化的渗透为理解多文化主义和全球化的关系提供了基础"（阿尔布劳，1990：284）。如果新时代意见领袖认为韦伯已经过时了，我们应该认识到这种观点非常新奇又尖锐。

罗伯森、吉登斯和我当时在全球化的问题上不谋而合，这是一种巧合吗？莫非我们1960年曾经在伦敦政治经济学院公共休息室一起闲坐？我们的论著没有什么关联，只是在同时期发表而已。对于我们来说，身处同个时代足以让我们不约而同认识到，很多基本的情况已经改变。

我和他们的不同点在于，我觉得如果将韦伯归为发展中的现代性早期阶段的学者，就低估了他，也淡化了现在与过去的鸿沟。20世纪90年代，我在做两件事情，其中一个是研究现代化之后、与现代化割裂的阶段。我认为韦伯不仅对他所处的时代有敏锐的洞察，也为解读其他时代的发展提供了方法。我想问："韦伯如果生活在20世纪90年代，会怎么看？"回顾我身为历史系学生的时代，我更喜欢从冲击、危机和时代巨变的角度来看全球化。

当然，韦伯不能预见 1945 年日本原子弹爆炸造成的断裂式历史转折，阿诺德·汤因比和雷蒙·阿伦这样的著名学者都认为这一事件开启了新时代。从此之后，现代性等于进步的理论无法再维系。韦伯并非预言家，他自己经常犀利批判那些号称能预言未来的同辈人，但他的理论框架能否适用于这样的时代巨变，这一点存疑。

我的观点是，韦伯认为理性化导致价值观冲突，而个人魅力型领袖具有很大影响力，这使得他的理论体系足以容纳时代巨变。他对现代性新锐性有深刻的见解，毕竟他创作《新教伦理》的前提就是与过去割裂。按照韦伯的理论方法，未来也有可能发生类似的情况。

我在英国社会学协会韦伯研究小组的一次会议上提出了这些想法，认为韦伯的理论方法完全可以让他承认过去和现在发生了时代性分割，从他毕生思想理论和方法的发展趋势来看，这是完全有可能的。当时我说，如今我们"都是后韦伯人"，这对于底下坐着的一群钻研韦伯思想的学者来说显然不太能接受！

1990 年后，我开始全球化研究，也对韦伯思想有了自己的理解，韦伯思想不再束缚我的思维，因为我已经能够化用自如。我在《全球时代：现代性之上的国家和社会》中表明，我们处于前所未见的时代，而我反对"全球化是一条通往未来的单行道"这一观点。但全球化是我们时代的标志，取代现代化成为公共叙事的主流。

全球的主导地位受到了数字化挑战，证实了韦伯强调的理性化发展。数字化源自理性科层制和韦伯时代的福特主义，时常取代公众认知中的全球问题。

全球化带来很多学术方向，就我而言，相关研究让我开始关注中国，也注意到韦伯对东方文化的着迷。中国正在崛起，一方面希望抓住西方全球化的浪潮，同时又想传承古老文化。距离韦伯所处的时代已经过去一个多世纪，他就现代性对中国文化提出的问题依然很有意义。

再次认识到韦伯对解读中国的影响，威姆斯特和我再次合力于 2013 年在伦敦举办了"马克斯·韦伯与中国：文化、法律和资本主义"会议。常向群教授给我们提供了帮助，她建立了全球中国学术院，向西方介绍中国社会科学。我再回头研究韦伯提到的儒家和道家思想就有了新的优势。韦伯没有与中国学者合作过，而我有机会与北京外国语大学的章晓英教授合作，我在这所大学进行了三年关于全球化的讲座。

我与中国学者的交流硕果累累，每次我深入研究韦伯思想，都会获得更多收获。我在两篇论文（阿尔布劳和章晓英，2014；章晓英和阿尔布劳，2016）中对韦伯晚年关于中国的思想变化轨迹进行了梳理。早年韦伯认为儒家思想强调适应，后来他认为儒家思想是找出与世界的矛盾然后努力塑造世界。尼采眼中思想僵化的中国人成为基础设施的建设者。

韦伯对中国观点的变化表明，如果不是因为1920年的那场流感，他的思想会随着时代继续变化。我写了一篇论文，专门探讨中国在国际社会中的作用（阿尔布劳，2018b），提出韦伯如果生活在现代，他会检视数字革命中的理性化发展，在全球资本主义普遍发展的世界寻找伦理守卫者。

2020年，上海要举行另一场韦伯纪念活动，其过程艰辛难以言表，或许这次纪念韦伯的活动也无法实现。全球背景的变化已远超韦伯的认知，但导致这一变化的原因却与当年致死韦伯的流感相似。疫情的影响超越了现代和全球化。无论什么年代、文化背景的人，都可能死于疫情。

参考文献

马丁·阿尔布劳. 组织社会学 [J]. 英国社会学期刊, 1964(15):50-58.

马丁·阿尔布劳. 组织研究——客观还是偏见？: 企鹅社会科学调研 1968[M]. J. 古尔德主编. 哈默兹沃斯: 企鹅出版社, 1968:146-147.

马丁·阿尔布劳. 科层制 [M]. 伦敦: 帕尔摩尔出版社, 1970a.

马丁·阿尔布劳. 职业社会学家角色: 案例规划: 社会学评论专著16, "社会学之社会学" [M]. 1970b:1-19.

马丁·阿尔布劳. 公共管理和社会学理论（李斯特讲座）[J]. 科学进步, 1971(27):347-356.

马丁·阿尔布劳. 法律实证主义和中产阶级物质主义: 马克斯·韦伯的法律社会学观 [J]. 英国法律社会期刊, 1975(2):14-31.

马丁·阿尔布劳.韦伯对现代理性化的实践:马克斯·韦伯,理性和现代性[M].山姆·威姆斯特,斯科特·拉什主编.1987a:164-182.

马丁·阿尔布劳.马克思和韦伯作品中的社会概念:马克思和韦伯:更新争论[M].S.博克勒,约翰内斯·魏斯主编,1987b:48-59.

马丁·阿尔布劳.马克斯·韦伯的社会理论构建[M].伦敦:麦克米伦出版社,1990.

马丁·阿尔布劳.马克斯·韦伯和全球化:全球化时代:国家与超越现代性的社会(第一章、第二章,35-44,2014)[M].1996a.

马丁·阿尔布劳.全球化时代:国家与超越现代性的社会[M].剑桥:政体出版社,1996b.

马丁·阿尔布劳.全球时代社会和文化变化之论[M].法兰克福:克劳斯特曼出版社,2014.

马丁·阿尔布劳.马克斯·韦伯,中国和全球社会未来:中国在人类命运共同体中的角色:走向全球领导力理论[M].伦敦:环球世纪出版社,2018a:149-165.

马丁·阿尔布劳.中国在人类命运共同体中的角色:走向全球领导力理论[M].伦敦:环球世纪出版社,2018b.

马丁·阿尔布劳,伊丽莎白·金(合编).全球化、知识与社会[M].伦敦:塞奇出版社,1990.

马丁·阿尔布劳,章晓英.韦伯和适应性概念:孔子伦理案例[J].马克斯·韦伯研究,2014(14):169-204.;马丁·阿尔布劳(2018b),也收录在《中国在人类命运共同体中的角色:走向全球领导力理论》,124-148.

斯坦尼斯拉夫·安德烈斯基.马克斯·韦伯观点和谬误[M].伦敦:罗德里奇&凯根·保罗出版社,1984.

雷蒙.阿伦.德国社会学[M].伦敦:海尼曼出版社,1957.

S.博克勒,约翰内斯·魏斯主编.马克思和韦伯:更新争论[M].奥普拉登:德意志出版社,1987.

米歇尔·克罗齐耶.官僚主义现象[M].伦敦:塔维斯托克出版社,1964.

阿米泰·埃齐奥尼. 复杂机构的比较分析 [M]. 纽约：格伦科自由出版社，1961.

阿米泰·埃齐奥尼. 现代机构 [M]. 伦敦：普伦蒂斯·霍尔出版社，1964.

迈克·费瑟斯通. 全球文化：民族主义、全球化与现代性（特别篇）[M]. 伦敦：塞奇出版社，1990.

安东尼·吉登斯. 现代性的后果 [M]. 剑桥：政体出版社，1990.

阿尔文·古尔德纳. 形而上学的病态与科层制理论 [J]. 美国政治科学评论，1955(49): 496-507.

斯蒂芬·卡尔伯格. 探索美国民主精神：马克斯·韦伯对独特政治文化、过去、现在和未来的分析 [M]. 波尔德和伦敦：帕拉代姆出版社，2014.

约翰·雷克斯. 社会学理论主要问题 [M]. 伦敦：罗德里奇 & 凯根·保罗出版社，1961.

罗兰·罗伯森. 全球化：社会理论和全球文化 [M]. 伦敦：塞奇出版社，1992.

罗兰·罗伯森，弗兰克·莱希纳. 现代化、全球化及全球体系理论中的文化问题 [J]. 理论、文化与社会，1985(3): 103-118.

W.G. 朗西曼. 社会科学和政治理论 [M]. 剑桥：剑桥大学出版社，1963.

彼得·什托姆普卡. 比较问题的概念框架：分歧或同一 [J]. 国际社会学，1988(3): 207-218.

玛丽安妮·韦伯. 韦伯传记 [M]. 图宾根：保罗·思贝克出版社，1926.

马克斯·韦伯. 宗教社会学论文集 [M]. 图宾根：保罗·思贝克出版社，1920.

马克斯·韦伯. 新教伦理与资本主义精神 [M]. 塔尔科特·帕森斯译. 伦敦：乔治·艾伦与昂温出版社，1930.

马克斯·韦伯. 社会组织和经济组织理论 [M]. A.M. 亨德森，塔尔科特·帕森斯译. 伊利诺伊州格伦科：自由出版社，1947.

马克斯·韦伯. 社会科学方法论 [M]. 爱德华·希尔斯，H.A. 芬奇译. 伊利诺伊州格伦科：自由出版社，1949.

马克斯·韦伯，马丁·阿尔布劳译. 鲁道夫·施塔姆勒的物质主义者历史概念

"顶峰" [J]. 英国法律与社会期刊, 1975-1976,(2): 129; (3): 17-43.

约翰内斯·魏斯. 西方理性的不可逆性和马克斯·韦伯的宿命论：马克斯·韦伯，理性和现代性 [M]. 伦敦：乔治·艾伦与昂温出版社, 1987: 154-163.

山姆·威姆斯特，斯科特·拉什（编）. 马克斯·韦伯，理性和现代性 [M]. 伦敦：乔治·艾伦与昂温出版社, 1987.

章晓英，马丁·阿尔布劳. 马克斯·韦伯，中国和世界：探索转文化沟通 [J]. 全球和比较角度中国期刊, 2016(2): 31-53. 重印于马丁·阿尔布劳（2018b），《中国在人类命运共同体中的角色：走向全球领导力理论》, 100-124.

2.2 社会、文化变化的全球化时代问题（摘自《社会、文化变化的全球化时代问题》①一书）

2.2.1 关于《社会、文化变化的全球化时代问题》一书的基本介绍②

摘要：英国社会学家马丁·阿尔布劳在 14 篇未发表论文中就 20 世纪 90 年代首次提出的全球化时代议题进行研究，从当代新角度进行探索。阿尔布劳从马克斯·韦伯、爱米尔·杜尔凯姆（Emile Durkheim）、阿诺德·汤因比、诺博特·伊里亚思的思想中汲取灵感，使用国际话语，探索人类面临的信仰、正义和责任困境。阿尔布劳不认为全球化和美国化不可避免，认为当今人类需要共同应对全球性挑战。人类的未来系于规范的全球社会秩序和包容的全球治理，地方、国家和全球文化能够和谐共存，百花齐放。

目录

编者序

引言：全球化理论

一、经典视角与全球转变

---

① 章节 6.3 和 3.1 至 3.6 摘自马丁·阿尔布劳《社会、文化变化的全球化时代问题》（*Global Age Issues on Social and Cultural Change*），2014 年由克劳斯特曼出版社出版。

② 同上，封底

前言

1. 由事实建构的社会：韦伯方法论的社会应用

2. 马克斯·韦伯与全球化

3. 爱米尔·杜尔凯姆、道德与全球社会

4. 文明或文明进程：历史理论家汤因比和埃利亚斯

5. 广岛：第一个全球事件？

二、全球社会理论

前言

1. 全球化社会学研究议程

2. 社会的重新发现

3. 社会关系的地域性和抽象性

4. 地方统一性和全球互联互通

三、文化之变：新规范

前言

1. 后现代性与信仰的恢复后记：在多信仰的世界中学习

2. 全球正义与美国法律文化

3. 全球化还是美国化：欧洲文化的命运？

4. 全球时代的责任

5. 寻找全球治理原则

参考文献

来源

2.2.2 编辑沃纳·格普哈特撰写的序言[①]

全球角色：全球道德家观察

从反构成主义的深入分析来看，世界并非因为逻辑而"存在"，全球化改变了

---

① 编辑沃纳·格普哈特（Werner Gephart）撰写的序言，马丁·阿尔布劳《社会、文化变化的全球化时代问题》（*Global Age Issues on Social and Cultural Change*），2014年由克劳斯特曼出版社出版，5-7页

我们的想法吗？乌尔里希·贝克（Ulrich Beck）曾将韦伯和杜尔凯姆称为伟大的理论家，我们如今要因为他们的目光只局限在国内而抛弃过时的理论家吗？（第一章）我们需要全球社会发展的新理论吗？（第二章）如果经济和社会是全球化分析中的主体，除了麦当劳、可口可乐这类美国化现象，文化在全球化中扮演什么角色？乌尔里希·贝克从卢曼（Niklas Luhmann）那里借用了功能性差异一词。如果功能性差异的逻辑是责任转移的原因之一，责任的角色又是什么？因为体系的辖权无法综观，结构性无责任体系中的人就不必负责任？笔者身为全球化的道德观察家，在游历世界的过程中对于这些话题进行了批判性讨论。一部关于全球化时代的著作改变了我们的全球视野，我在此介绍其中的主要论点，并发表一些个人观点。

如今，谈到全球化，很难不带点嘲讽的语气。全球地方化、全球化、麦当劳化、虚无全球化——新名词越来越多，但没有什么有用的信息。人们已经召唤出了恶灵，为全球所有恶性事件的发生找到了借口。全球化的活力体现在新兴市场中，不禁让我们怀疑我们只是将过时的理论套在了如今的世界上。历史上，全球化与二次现代化的关联很难让人理解。

毕竟从远古时代开始，帝国都自认为是"世界帝国"。19世纪呢？马克思提出的思想模式迅速传播，他批判圣西门教会及其机关报《地球报》，因为其中的观点不符合当时人们的生活状态，无法在德国实践。

重大国际事件接连发生，英国在伦敦世界博览会期间展出帕克斯顿水晶宫，巴黎也举办了世界博览会。韦伯在圣路易斯发现了他的美国，特洛尔奇（Ernst Troeltsch）则受到启发，对社会学和宗教的研究更进一步。用歌德的用词来说，"世界文学"诞生于这一时期，从只有6000人口的小城德国魏玛诞生。

虽然这一时期的全球化与卢曼尼所说的"全球社会"包含的国际金融、互联网、人权讨论和通信互联毫无关联，当时还是涌现出很多全球化理论的先行者。

马丁·阿尔布劳的《全球时代：超越现代性之外的国家与社会》首次出版于1996年，对于全球化的社会学话语产生了深刻影响。阿尔布劳抛弃了以安东尼·吉登斯为代表的全球化的主流舆论，指出"全球化"无法对全球事件进行全面概括。全球化不仅是思想观点，也不完全是现代范式和体制的全球传播。全球化的新状态无法用现代性的叙述模式描述，也无法从理论上推断。阿尔布劳认为，全球化是"具有新特征和形态"[①]的新时代，需要涵盖"社会真实性"、"物质性"和"空间限制"的新框架。"全球时代"的概念转向了社会学，人类社会的物质和道德基础陷入危机，发生巨变，如今现代文化和社会要应对这些挑战。阿尔布劳从结果和整体影响入手分析全球化。对他来说最重要的并不是系统理论强调的全球系统功能，而是全球化动态发展的"副作用"，以及人权、和平、环境和妇女运动等领域的新全球领袖。这些领袖推动了新思潮的崛起，取代甚至颠覆了传统群体和国家的组织原则。全球秩序需要新原则的呼声越来越高，关于责任的新理念即将登场。对于阿尔布劳来说，新的全球化不需要"新锐、扩张、官僚、男性和白人统治。但全球化时代的活力、丰富和多样性有赖于全球公民的努力，过去的现代性带来的积极影响如今依然存在"。[②]

这就带来了如何规范全球秩序新变革和全球化时代结果的问题。阿尔布劳在近期的著作里关注全球化时代的全球治理挑战。在这个时代，全球秩序如何规范？法律如何发挥作用？这些是我们有幸能与马丁·阿尔布劳讨论的问题，他在德国波恩大学卡特汉堡"法律文化"高研院学习，成果颇丰。很高兴能与读者共享这些成果。但我们也不能忘记杜尔凯姆提出的道德主义，他的理念在全球化时代变成了"现实普世主义"。这就是我对马丁·阿尔布劳充满敬意的原因，他享誉世界，他为世界的命运悲伤，也用年轻的心态乐观地看待世界。

波恩，2014年6月

2.2.3 前言：全球化理论[③]

1996年，《全球时代：超越现代性之外的国家与社会》出版，似乎已经过去了很久。苏联解体后，美国宣告胜利。对于一些人来说，这是历史的终结，自由宪政占据主导。而对于另一些人来说，新的世界秩序已经诞生，全球化的发展会

---

① 马丁·阿尔布劳.全球时代:超越现代性之外的国家与社会[M].高湘,冯玲译.北京:商务印书馆,2001.
② 同上，202页
③ 马丁·阿尔布劳.社会、文化变化的全球化时代问题[M].剑桥:克劳斯特曼出版社,2014:11-15.

带来更多裨益。现代化进程使世界免于大屠杀、核爆炸和环境问题的灾难。历史仿佛掀开了新篇章，人们认为美国社会能够包容多元文化，也能容纳世界。

每个时代都有一段独特的历史。《全球时代：超越现代性之外的国家与社会》写于历史转折时期，提出了一些不同于主流的见解。本书是对全球化深思熟虑的评论，一些人认为全球化是世界发展的必然趋势，世界的同一源于单一的现代化理念。我持相反意见，当时主导的全球化理论只是早期目的论话语的延伸，旨在推动现代性、文明和进步，但忽视了真正具有创新性的以全球为核心的普世话语。

二战之后，全球化成为趋势，人们对人类活动造成恶劣后果的意识有所增强，涌现出全球、全球的、全球性、全球主义和全球化等词汇。政府和政府间机构通过制度体系处理安全、通讯、国际犯罪、气候变化和世界卫生健康等全球问题，而非应对全球化。

20世纪80年代，全球化概念指的仅仅是全球的统一化，起初表现在跨国公司，然后是华尔街，随后成为新民主党的重点，也是克林顿总统改革美国公共外交政策的关注点。全球化和新自由经济理论的传播一样，引发了反全球化运动，改变了全球话语，推动了公共产品全球化，不局限于经济规则，而是拓展到了人权或环境保护领域。

全球化的意识形态变得中立化。人类活动从前限于地方、国家或区域内部，在全球化过程中则跨越了区域和社会边界。全球化可以推动全球市场，也可以推动全球法规发展。全球化可以催生统一的权威，比如足球或拳击等竞技运动。全球化概念还处于原史时代时，人们的预期是"一个世界"或"新的世界秩序"。如今全球化带来了"变量几何"世界，也是多极世界，抑或多个世界。

即便全球化走下神坛，全球话语依然存在。全球作为当代人类生存的框架比20世纪90年代的全球化存在的时间更长，"全球时代"准确描述了全球框架的主要特征。原因很明显。人类在地球生存面临的问题还未得到解决，依然非常急迫。全球化将全球公众共同关注的问题提上日程，这是前所未见的。全球化取代了现代化，成为时代的标志。全球化面临的挑战与日俱增，尤其电子通讯呈指数级增长，社会关系和技术发生巨变。数字时代或许会完全取代全球化，使人类无法掌控自己的命运。但我们还没有达到后全球时代，只是时间问题。经验告诉我们，事实就是如此。全球化已经达到一定程度，足以让我们应对全球挑战。

近现代的天才歌德对公众的感受、创新的分布、重大事件、主流舆论和社会运动尤为敏感。在此之前，伏尔泰将这些称为"时代的灵魂"。世界是由人类和具有时间、地域跨度的文化组成的，可以用一个词或短语形容，也与其他的时期不同：

科学史首先表明事物发展都有特定的时期，发展过程无非更快或更慢。一个重要的观点，无论是新的还是更新的，都会传播开来，迟早会被接受。合作研究者随后而至，学生们会推动理论发展，理论因此获得教授和传播。不幸的是，无论理论是真是假，结果都一样，最终留在人们印象里的就是一个废词。[1]

"无论是真是假，都不重要"，这是对那个时代和社会的警示，指的是我们觉得与其他时代、社会不同的生活方式和经验的传播。歌德指的是我们习惯谈到的"话语"，只要通过语言和符号就能够任意施加影响，无需真相或原因支撑，就像马大哈父母给他们倒霉的孩子随便取的名字一样。命名是一件随意的事，但描述不是，歌德后来对他基于文化交流的所谓"社会形成"进行了勾勒。他将其分为"诗意""社会或民事""一般"和"普遍"，都是他对于世界文学思考的一部分，是他晚年提出的概念。他跳出了自己的局限，给后人留下了"废词"和"世界文学"这些概念。

名字只是一个标志，甚至是一个数字，即便在官僚社会，数字也能表明身份。名字可以包含更多描述性内容，就像古老的姓氏能体现人的出身一样。名字也可能只是人为赋予的意义，就像足球教练何塞·穆里尼奥自称"特别的人"。"全球时代"与集体意义上的自我命名相关，这个时代用自己发明的语言描述自己。这是一个时代经验的浓缩，将其与"婴儿潮"、二战后和道格拉斯·柯普兰小说中描述的X世代等时代区分开来。描述性的名字无法定义漂浮不定的存在。

一个时代可以自我命名吗？答案是可以，"时代""世代"等词指的是一段特定时期内人们生活、交谈和写作的内容。如果没有生活在现代，就不会谈论现代

---

[1] 歌德：《所有的开始都是愉快的》（*Aller Anfang ist heiter*），116页

生活；如果不是在公共话语中已经广为流行，人类也不会写出以全球时代为背景的著作。我们生活在全球时代，公共话语中对这个词的使用就能够证实这一点。

《社会、文化变化的全球化时代问题》中写道，2007年6月16日通过谷歌进行了一项初步测试，目的是了解"全球时代"在数字资源中的流行程度。六年后，2013年6月7日，一次类似的搜索给出了以下相同词条的搜索结果（括号内为2007年的结果）：全球年龄，633000000（446000）；原子时代，15500000（443000）；现代，414000000（1370000）；核时代，87100000（832000）；电子时代，178000000（793000）；计算机时代，345000000（932000）；数字时代，869000000（1180000）；工业时代，145000000（946000）；后现代，5544000（221000）；后现代，254000000（55800）。

当然这些搜索结果显然有局限性，谷歌是数据服务器，在"数字时代"数据资源出现得更频繁，但全球时代之后会发生什么已经露出端倪。全球性超越了现代性，成为时间的自我参照，和第一次的搜索结果相比，全球性赶上了数字化时代的浪潮。歌德留下了一句名言，描述的是他所处的时代："身处一个从任何角度都无法看清的时代"[①]，一代代历史学家都认为，随着时间推移，后人自然会了解前一时代的一切。然而，后世学者认为研究历史的主要参考来源就是当时的文字资料。结果，只有历史学家无法恰如其分地描述当下的时代。如今，这是记者、政治学者和社会学家的工作，他们很容易陷入长期以来历史学家在记录历史过程中极力避免的问题：他们认为一切都是注定的，过去为因，现在为果，通往未来的道路只有一条。这种错误观念在社会科学家和经济学家关于全球化的观点中尤其流行。

写作者无法用和过去一样的方式描述现在，因为他们像历史学家一样，会对事件进行有选择的描述，聚焦细节，采用叙事建构，忠实于事实但同时也注重挖掘事件的意义。由于历史学家让出了位置，所有人都可以承担这个任务，但定式的边界也不复存在，因为集体经验的范围远超单独个体的视角。我对全球时代的观点难免有社会学家的印记，跳出定式的牢笼，对于现代事件进行叙述，我觉得

---

① 歌德：《世界文学研究》，303页

没必要为此道歉。在我的印象中（当然有些偏颇），这本书的主题经受住了时代的考研，或许也归功于其中部分定式。

1996年的著作是对于全球时代思考的介绍，为逃离现代性的束缚指出了道路。① 在德国出版的第二版中增加了有关今后十年的一章。② 这一时期，我在论文写作中主要通过三种方式探讨原有的主题，包括拓展理论和方法论内涵，描述新社会和文化现象特征，以及思考全球公民共同面临的体制和实际困境。后面的章节是目前未发表论文的合集。

后面的章节时间跨度达到20年，要详细列出这段时间内每个对我有帮助和影响的人，这超出了我的能力范围，也对读者的耐心是一种考验。20世纪90年代，国际社会学协会对于本地—全球化的主题讨论小组使我受益匪浅，在此特别感谢兹德拉夫科·米利那（Zdravko Mlinar）和亨利·特恩（Henry Teune）。

20世纪90年代中期是最辉煌的年代，我们在伦敦罗汉普顿大学的小组决定顶着质疑的压力，对全球化进行研究，教授全球化的事实。约翰·伊德（John Eade）、内尔·沃什伯恩（Neil Washbourne）、约尔格·德施密特（Jörg Dürrschmidt）、达伦·欧拜恩（Darren O'Byrne）、帕特里夏·阿兰-戴特莫斯（Patricia Alleyn-Dettmers）、劳拉·布佛尼（Laura Buffoni）、威廉·迪克（Willemijn Dicke）和格雷汉姆·芬内尔（Graham Fennell）都在其中作出卓越贡献，最终成果带来的裨益甚至超越了个人努力应得到的回报，很高兴有机会在这里感谢他们，向他们致敬。

美国文化对于我来说也是一种异国文化。在美国时，我有幸与布鲁金斯学会的科林·布拉德福德（Colin Bradford）和纽约州立大学石溪分校的舍费尔（Wolf Schaefer）成为朋友，通过他们进一步了解了美国。他们也给我后续的全球化研究带来了灵感，对此深表感谢。在异国他乡时，我和很多德国社会学家成为朋友，不至于无所适从，非常感谢时常与我交流观点的约翰·韦斯、赫磊、理查德·格拉特霍夫（Richard Grathoff）和乌尔里希·贝克。

---

① 阿尔布劳:《全球时代：超越现代性之外的国家与社会》
② 阿尔布劳:《全球时代：超越现代性之外的国家与社会》德文版

从 2004 年到 2011 年，我都与伦敦政治经济学院全球治理研究中心保持交流。非常感谢赫尔穆特·安海尔（Helmut Anheier）、马利斯·格拉索斯（Marlies Glasius）、菲奥娜·赫兰德（Fiona Holland）和哈坎·塞金内尔金（Hakan Seckinelgin），我也经常和杰弗里·普利耶斯（Geoffrey Pleyers）交流，他将全球时代假说放到对全球理论实践者的经验主义研究中。① 我在写作《全球时代：超越现代性之外的国家与社会》时，安东尼·吉登斯对于其中的风险多有提示，非常感谢他当时和过去这些年来的帮助。

最后，还要特别感谢邀请我去德国波恩大学卡特汉堡"法律文化"高研院的沃纳·格普哈特教授，我才有机会出版这卷书稿。他和丹尼尔·韦特（Daniel Witte）博士帮了我很多忙，从大量未出版书稿中筛选出这一部分进行编辑。克里斯蒂安·内（Christian Neue）也提供了很多帮助，文字加工润色方面要感谢西蒙·考伯（Simon Cowper）。感谢学院的所有教职工，为我提供了一个思想交流碰撞，不断产生新火花的环境。

2.2.4 第一部分"经典视角与全球转变"前言 ②

对于《全球时代：超越现代性之外的国家与社会》最常见的批评就是面对时代变化时，应该用不同的概念进行社会学分析。这种观点有些道理，社会关系和文化创新出现变化，传统概念也需要更新，还要引入新的概念。我和同事们的确对一些旧概念进行重新审视，也提出了新概念。③ 我们探索了社会学领域、社会圈、公民行为、社会环境和第三级关系，但以新全球化为背景，都使用了文化、结构和机构方面更早的概念。

这一话题是否成立，不取决于作者是否已经建立了一套完整的术语体系，这不是这本书的初衷。书中体现了当时的时代背景，身份政治、生活方式飞地、杂

---

① 普利耶斯：《另类全球化：成为全球化时代行动者》
② 同上，19-20 页
③ 见：阿尔布劳/伊德/沃什伯恩/德施密特：《全球化对社会学概念的影响》；阿尔布劳：《全球化转折及其对社会学影响》；阿尔布劳：《定位全球社会关系》；阿尔布劳：《跨越地方文化》；德施密特：《全球城市生活日常》；伊德：《在全球城市生活》；欧拜恩：《全球公民维度》等

合、全球地方化、脱域、机构化国家、结构脱钩、网格社会、后殖民主义等方面涌现出大量研究，这是当时的新变化。1945年起，这些现象已经概念化，指向当代社会变革。这些概念之间或多或少都与人类社会的基本转型有联系，这一点并不新奇，人类社会不再以现代化发展为主，而是面临更广泛的生存危机，这不正是历史的变迁吗？

比起新社会学的发展，旧思想的根除更多归功于后现代解构和对于时代连贯叙事的反对。我在《全球时代：超越现代性之外的国家与社会》中明确表示，我的目的是跳出现代和后现代，客观记录我们所处的这个时代，不过这并不意味着我们要将过去获得的认知丢进历史的垃圾桶。过去的学者也不会赞成我们照搬他们的研究成果，忽略这一点是非常危险的。

为了帮助读者更好地理解当今时代变迁，后面的章节是关于社会学经典学者马克斯·韦伯、埃米尔·杜尔凯姆和诺博特·伊里亚思的观点带来的启发。他们对历史背景有深刻的认识，都对当时的社会进行了"诊断"。阿诺德·汤因比也是这样一位伟大的历史学家，广泛吸收社会科学观点，撰写当代历史相关著作，并未受到他的同僚观点束缚。通过对比汤因比和伊里亚思可以发现，他们的研究范围同时包含现代化和全球化，汤因比在著作中写到了原子时代和后现代，具有划时代的想象力，超越了时代的局限。他将原子弹爆炸视为人类历史转折点，我在第五章中的观点就是受到他的启发。

2.2.5 第二部分"全球社会理论"前言[①]

后面的四章是对社会关系全球框架对于理论化社会的重新审视，跳出了乌尔里希·贝克所谓的方法论国家主义的束缚[②]。基本认知假设出现变化后，他认为应当增强政治参与，同时具备全球视野下的伦理道德。这些文章提出，在作出承诺前要对方法论全球主义进行更长期的审视。跳出国家定义下的社会结构，社会学需要新的社会学分析。

---

① 普利耶斯：《另类全球化：成为全球化时代行动者》，88-89页
② 贝克：《国际化事业》

我们需要对社会概念重新进行严肃的审视甚至复原，社会如今不再等同于国家边界。很长时间以来，社会学家屈从于20世纪80至90年代的政治风气，迎合新自由派政治家和激进自由主义者，对社会充满质疑。如今，起码在英国政界，社会恢复政治功能，体现出小政府的益处。[①] 无论否定或赞成，社会都是政治易燃物，需要跳出政治才能对社会进行分析。

后续的分析认为社会关系是构成人类集体的各类人类驱动要素的总和，包括机构、范式、价值、资源要求、地域和象征。最广义的社会是关系的总和，个体在社会中生存，人类在社会中探索共同的命运。

这是人类学视角下的社会，结合了方法论全球主义。社会关系可能发生在两个人或全球的更多人之间，社会研究原则上要涵盖所有可能的社会关系。这是社会发展的政治结果，但不适用于现代意识形态的分歧。如果一个人要建立保护全体人类的政治体制，就要包含左右翼意识形态、公有制和全球伦理，考虑当前的地缘政治，动员其他人并寻求支持。

这四章的目的是将承诺与政治和政策最大化区别开来，向关心全球人类福祉的人阐释其中的差异。内容主要涉及尤尔根·哈贝马斯（Jürgen Habermas）的研究范围，客观性有一定局限。

2.2.6 第三部分"文化之变：新规范"前言[②]

无论社会科学家在认知方面的兴趣有多广，回顾最后四篇文章中社会关系结构的基本元素，社会关系结构与人类行为的范式还是不可分割的。行为规范成为普遍守则，连违反规范都反映出其辐射性和约束性。科学家的目的是确立社会行为规范的范围和意义。关于范式和价值观的经验主义社会学试图表现其广泛度和延续性，一方面对于价值的意义进行评判，也进行了记录，要么与他们信徒的信念相左，要么强化他们的信念。从这个层面看，即便社会学家并未在审视下致力于推动范式和价值观发展，社会学等同于对这个时代社会和道德生活的入侵。这

---

① 阿尔布劳：《作为修辞干预的"大社会"》
② 阿尔布劳：《作为修辞干预的"大社会"》，141-142 页

一观点基于韦伯对责任和社会科学价值自由的分析,但比韦伯更进一步,对社会学研究中的价值元素进行了探究。

无法解决的困境会成为社会科学的致命缺陷,本篇最后五章认为这是无可避免的问题,因此对于人类未来做出积极贡献是一种责任。第一章主要探索了如何在当代社会理论中寻找社会行为依据,探寻行为者的理性底线,也同样能够包容新宗教运动的宗教信仰。(这也是作者第一次提及全球时代。)这一章的补充文字折射了从分析中提取实践经验的难度,作者未能提出维护多重信仰的制度体系。

随后的两章探讨了全球化给美国人的价值观和自我认同带来的困境。亚历西斯·德·托克维尔和卡尔·马克思认为美国是典型的现代国家,认为自身领先于世界上的其他国家。全球化不单是美国价值观的全球延伸,亦对美国价值观进行了重新解读和回溯的实践,但美国还未能认识到这一点。对于美国来说,世界会殖民他们是一种矛盾的形容,但新全球文化是所有文化的巅峰,属于所有人,无论源头在哪。文化如今传遍全球,迅速渗透到各个地方。

全球文化与全球治理交汇处即是人类命运的关键所在。1945年起,全球经济和问题的制度体系变得碎片化,很多层面出现错配,目标与全球社会的范式要求出现分歧。国家权威在对个人道德的监管评判中失能,社会学家应当重新审视个体和集体责任的基础。

杜尔凯姆将推广普世人类价值观的责任归于国家。个体通过国家内外的存在竞争关系和冲突的群体机构寻求与普适性的联系。目前不存在可上诉的全球法庭,而相互竞争的组织机构声称已经实现真正的普世化,社会学家可以通过审视这些机构之间的相容性为全球仲裁机构发挥作用做出贡献。比如说,普遍价值观的不同主张者相互接触,尊重彼此以自己的方式生活的权利,并接受,无论他们对这些价值观争论多久,他们可能永远不会同意这些价值观。我将之称为实践普世主义。认知和范式出现交叉,难免使我在分析时戴上有色眼镜。最后两章是对于这一主题的反思,这不仅仅是人类更宏大事业的初始阶段。

2.3 新全球文化的目标、价值观和地方冲突 [①]

1996 年，全球时代的特征塑造了时代叙事，我在"文化和多重世界"这一章节写道：

全球性再次使文化打破边界，推动了文化更新和多样化发展，避免了同质化和杂合。[②]

这一观点沿袭了优秀的期刊《理论、文化与社会》的第七卷，也出版为《全球文化：民族主义、全球化与现代性》一书。编辑迈克·费瑟斯通（Mike Featherstone）捕捉到了争议点所在，他写到，"跨社会文化传播"推动了"各类第三文化"（1990：1）。他不认为单一的世界文化正在崛起，也不能与国家文化相提并论，无法超越后者。

近三十年后，《理论、文化与社会》期刊依然能在当今时代产生共鸣。但学术界的公开争议和新思潮都能体现出这种深刻变化带来的影响。很多国家的全球主义者和民粹主义者之间出现明显政治分歧。

这种分歧，即全球和国家之间的冲突，使得每一方都建立了跨国联盟，标志着政治全球化的发展，这是一种超越通常认为的国家政治或国际关系的全球政治。当然，它在经济上与全球企业资本主义及反资本主义倡导者有相似之处，冲突同样是一种超越国界的文化现象。

后来，全球文化的概念又发生了变化，与 1990 年费瑟斯通反对的单一世界文化截然不同。全球文化并非统一全球社会的文化，而是全球政治体系，其中主流和反对派互相竞争，全球化渗入国家和日常生活。

这种以媒体为媒介的公共冲突以前所未有的方式渗入了日常生活，重大的事件和人物全球皆知，距离已经不再重要。

下文说明了这种充满冲突的全球文化的基本特征，有利于读者理解它的新特点，也包括全球化与文化持续分化重组之间的模糊关联，对文化控制的内在冲突

[①] 伊诺·罗西(Ino Rossi)主编.全球化的挑战以及跨文明世界秩序的愿景[M].施普林格：施普林格自然出版社，2020：143-156.

[②] 阿尔布劳（1996），144 页

进行探究。

本卷还顺带提到了经济、政治和环境前提条件。但除了文化,当今世界经济、政治和环境这三方面的发展也值得重视。

第一点就是信息和通信技术。广义来说,技术是文化产品,指的是人类通过掌握的智识分享知识成果。技术的驱动力源于人类对目标的追求。富有远见的科学家、小说家亚瑟·查理斯·克拉克(Arthur C. Clarke)(1945)早期提出卫星通讯的猜想,在媒介技术方面具有突破性意义。马歇尔·麦克卢汉(1962:31)对全球通讯进一步提出见解,将自己所处和后来的时代称为"地球村"。蒂姆·伯纳斯·李(Tim Berners-Lee)(1999)则发明了万维网,通过技术实现了世界互联互通。

第二点是社会关系的变革,与科技发展同步,既推动了科技发展,又受益于科技发展。交通运输的进步推动了国内国际出行,推动移民从环境问题严重和政治冲突频发的地区流向世界各地。

我们还实现了远距离实时一对一通讯,人际关系不再限于所在的地区,而是通过网络延伸到了全世界。这种脱域现象对自我封闭的国家、公民身份和社会管制产生了深刻影响。

第三点可以总结为数字化,但"数字化"的普遍应用已经使日常生活的各个层面发生变化,基础设施推动了工业化文明发展,人类的武器发明已经延伸到外太空,对自身生存产生了威胁。计算机技术呈指数级发展,人类已经超越全球化思维,重构人类世界。人类世界之外不再是科幻小说中描述的虚幻世界,而是冉冉升起的人工智能技术带来的图景。

信息和通信技术、脱域、人工智能在当代文化分析中属于不同类别,是文化未来发展的重要决定因素,共同作用的效果也是无法估量的。但人类同时也对其影响进行监管,能够实行部分管控。这些现象出现在更狭义的文化领域内,下文的内容就是关于如何理解这一领域内的变化。

2.3.1 文化自主性

全球化的跨境本质使人们意识到了文化的自主属性和创造力。20 世纪 90 年代早期，全球化对管控本国舆论的国家政权造成威胁，国家对文化归属的争议引发了学术争论，恰好反映了这一点。

前文提到，费瑟斯通在书中提到了伊曼纽尔·沃勒斯坦（1990）和罗伊·博伊恩（Roy Boyne）（1990），与他们的观点有强烈碰撞。沃勒斯坦认为文化分析是国家权力和意识形态的延伸，是"非主体"。博伊恩认为文化概念不限于群体内部和群体之间的关系。

沃勒斯坦将文化排除在社会分析之外，与 20 世纪 60 年代对主流社会学范式的广泛批判相左。对于塔尔科特·帕森斯（1951）来说，文化和社会关系受限于社会核心价值。20 世纪 70—80 年代，社会一般性理论经常受到主张阶级冲突的马克思主义者的批判。

人们很早就认识到了跨境文化的本质，既能提升群体凝聚力也可能造成分歧。在早期的人类学研究中，文化迁移是传播的结果，一种文化的特点为其他文化吸收。21 世纪早期，同样的过程则被称为文化挪用，遭到谴责。

玛格丽特·阿彻（Margaret Archer）（1988：xxii）将文化内部和不同文化之间的持续流动总结为，"我们将此无形、无处不在又不断流动之物称之为文化"。她又从社会学分析的角度用形态构成的概念解释了文化，即人际交流持续受到新文化格局的影响。

社会关系通过文化媒介维系，有自身的规则，这已经是一种广泛认知。一个基本的例子就是，任何人都可以学习一种语言，只受限于句法，但个人可以任意进行表达。但翻译寻找的是语言背后的文化和不同语言之间的联系。

理查德·道金斯（Richard Dawkins）（1976）创造的术语"模因[①]"流行开来，指的是一种文化元素复制到多个背景中，这是他想要传递的信息。"模因"强调

[①] 模因（meme）这个词源自英国著名科学家理查德·道金斯所著的《自私的基因》（*The Selfish Gene*）一书，其含义是指"在诸如语言、观念、信仰、行为方式等的传递过程中与基因在生物进化过程中所起的作用相类似的那个东西。"——译者注

的是对文化基本元素、图形、短语、文本的研究，这些因素都可以与它们的载体、人群或媒体分割开来，进行累积并用于分析。如今，我们通过计算机技术可以将"大数据"群体调查结果应用于产品生产、营销和政治宣传。

2.3.2 文化差异性

文化伴随着冲突和归属权争议。有些人或机构声称某种文化是他们独有的，企图进行垄断甚至掌控象征性的表达，但长远来看他们都未曾成功过。全球化对文化的争议化影响进一步证实了一个公认的观点：文化对于所有人是开放的。先有文化，才有归属权，归属权源于对于文化衍生的创新表达的控制。

20世纪60年代的反文化运动挑战了主流社会学理论，社会学理论试图通过次生文化概念将反文化运动融入自身范式。但1968年学生运动的跨国传播并非"次生文化"，此后的女权、和平和环境保护运动也不属于此类。

一个国家或群体宣称某种文化归他们所有，这通常不太可信，但非国家文化则有归属。任何人一旦使用了有文化烙印的象征符号，都可能造成文化挪用。

这些冲突还未能得到解答，因为文化也表现为归属权标志。地下团体会采用特殊的握手方式。一些人大摇大摆地穿着印有自己喜欢的球队标志的衬衫。这件衬衫和标志的所有权归赞助商，因此可能会带来附加值。为追求商业利益，很多人创造新形象并注册商标，进行发明并申请专利。国家支持企业和个人申请知识产权专利，美国在这方面已有百年历史。但文化的传播始终无法控制，法律能够打击走私伪造，但就算审查也不能阻止人们传唱一首歌，向他人讲故事或者一个惊天的笑话。

2.3.3 转文化性

主流国家文化和少数民族、国家或部落文化相互交融发展，但仍然存在冲突。为此，国家以多元文化主义为宗旨，试图维护不同文化之间关系的稳定。与之相关的是字符连接的概念，移民少数群体既属于他们的原生文化也属于他们移入的文化。这些理念在政界和学界引发了强烈争议，塞缪尔·亨廷顿（Samuel

Huntington)在《我们是谁?》(2003)里就提到了这方面的内容。

多元文化主义是国家支持下的文化保护策略。多元文化主义要求国家文化体制结构和价值观包容少数群体的宗教和道德观,而不是一律听从国家要求。这些少数群体往往不是本地人,而是来自其他国家,有不同的文化背景。这就会导致跨国文化关系的杂合。但杂合也意味着冲突,国家在接受移民的同时也要平息早期的种族主义。在早期的宗教话语中,不同的信仰逐渐融合,使宗教融合获得认可。全球化背景下,殖民主义人类学衍生出的转文化性体现了文化交流、共存但不受其他文化掌控的特点。

转文化价值观和体系的形态构建在多边机构、跨国公司和国家外交服务机构的话语中体现尤为明显。这些组织机构的工作包含了全球治理的大部分内容,政府或非政府机构致力于寻找共同话语,向本国人重新解读外来文化,进一步推动对话。

关于这种循环的过程有一个经典的例子:可持续发展理念。1987年,时任挪威首相的布伦特兰夫人(Gro Harlem Brundtland)在《我们共同的未来》报告中提到这个概念,引发世界关注。持续性是转文化的主题,是全球话语的一部分。在不同国家,持续性与特定社会和环境条件有关,可以根据本国文化重新定义。在中国,生态可持续是国家政策,也是社会可持续发展的关键。人类命运共同体理念也可以理解为是布伦特兰提到的可持续发展理念的一种模因传播。

转文化沟通是一种公共话语,无法避免不同意见,但也为一些人提出反对意见、攻讦对方提供了机会。美国前总统唐纳德·特朗普宣布退出2015年《巴黎协定》,表明不同国家和多个国家间可能会出现冲突,但美国内部不同派系的冲突也已经愈演愈烈。

2.3.4 务实普遍主义

西方文化一直都推崇普遍性事实。托马斯·杰斐逊在《独立宣言》中表述的不言自明的事实,法国大革命宣扬的权利、自由和正义,英国传教士向其他国家传播文化的热情。各国都在推广普世价值观方面做出了行动。但国家之间可能因此出现激烈冲突，两次世界大战的悲剧证明了这一点。

联合国建立，发布《世界人权宣言》，是对普世价值观的一种践行。自那时起，联合国和宣言都饱受争议，但也在向前发展。越来越多的人认识到，仅凭一份人权宣言无法确保人们就人权的含义达成共识。人权概念从自由、正义和公平等法律概念拓展开来，此前各国经济和社会权利法律有很大差异。目前的交流中，个人自由、父母和儿童权利、集体谈判、宗教表达等都对现实作出了妥协，跨越了世界各地的价值体系。

对比普世性的不同观点，很明显全世界都在努力追求普世性。一种文化的普世性与另一种文化相遇时，需要尊重差异，作出妥协，避免发生冲突。

这种观点有人推崇，也有人认为是实用主义，表示反对。普世性以目标取代了抽象的价值观，注重实际结果，可以表现为减少碳排放，防治沙漠化，消除传染病和保护濒危物种。这是当今的全球物质主义，可能比抽象的全球市场概念和国家政权存在得更久。共同面对挑战比改变思维方式更容易。这是务实普遍主义的特质，强调努力而非完美，在差异中寻求共同点，而非强加绝对事实。

在全球化世界里的文明交流方面，务实普遍主义可以在西方和亚洲之间的交流中得到检验。全球采用类似技术，生活方式相似，文化差距日益弥合。亚洲文化主张和谐，强调求同存异，经济力量日益增长，相比之下，或许会使自称拥有普世价值、历史上以此为由进行扩张的西方相形见绌。

2.3.5 可协商身份

国际关系、各国对共同威胁的应对、技术共享和全球市场参与都属于全球化，本质上是动员个人、群体和公司形成跨境关联。

如今，全球出现大规模移民，远程沟通成为现实，打破了地区的固定界限，人们对基于长期密切联系而构成的社群认同感逐渐增强。交流不仅限于面对面的互动，人们在网上进行沟通，使社群成为日常生活的社交形式，而不再是与熟人的间歇性沟通。本尼迪克·安德森（Benedict Anderson）（1983）有关当代民族主义的观点表明，即便最大的社会群体也需要人们在与陌生人沟通时寻找共同感受来维系。

无处不在的陌生人、分居的家庭、对某些领域的共同爱好或共同偶像、经济产业链、远程沟通、社交媒体和跨国公司本地化，都推动了社交关系复杂网络的形成。

社会实体的合并和解散或杂合型实体的发展 [布鲁诺·拉图尔（Bruno Latour）1993 年提出的自然、文化和社会型实体] 成为如今的时代主流。个人所处的社会环境成为社会景观，不像社群、阶层甚至家庭有基本的组织。他们的社会关系网跨越空间和时间，处于具有特定特征和规则的社会圈中（阿尔布劳，1997）。格奥尔格·齐美尔（Georg Simmel）（1971）强调群体成员身份的重叠是个人社会身份的组成部分，这为理解多重群体成员身份与个人社会身份之间的相互依存关系奠定了理论基础。全球局势变化之中，群体和个体的身份都在与他人交流中不断发生变化，超越性别、种族、民族和国籍（个人特征）和国家、合作关系，无论从性别层面还是经济层面都是如此。"跨性别"成为性别身份讨论和文化争论中常见的前缀。

至于群体机构，全球化能够推动最强大的国家融入它们所处的环境，使所有社会实体的团体本质受到更多关注。无论多么庞大的实体，其存在都依赖于某种信念（例如主权意识）。最简单的例子是，两个人要达成协议，双方都要相信对方同意已经达成的共识。

越来越多的人意识到群体的这种不确定性，无论是个体的友谊还是全球气候变化协议，传统的社会秩序都发生了变化，在这些背景下，带有新结构特征的新实体不断涌现。从商业合作关系到国家之间的多边关系等全新伙伴关系都符合上述理论。如果将实体简单分成两类，比如开放和封闭、集权和民主、网格化和阶层化，就只抓住了多维结构的一个层面。通过网络技术，人们可以在各种圈层进行交流，从而建成实体，可能为此投入更多个人时间和精力，也可能因而节约时间和精力。脸书有上百万用户，是交友团体、线上社群和商业群体的最大聚集地之一。

这种不确定性与国家维持社会秩序的传统产生了冲突。全球化世界里，各种社会关系和实体跨越国界，社会各层面对信任的需求与日俱增。可以说，国家无法再满足全球化的需求，国家实力倒退时常被视为全球化发展的表现。

2.3.6 统一性①

流动性一直是描述社会而非结构或体系的传统方式。在一个流动性强、充满争议价值观的环境中，身份维持使得个体和集体的统一性成为目标，但也引来谴责。统一性包含双重含义，即整体性和高度道德感，适用于当代。全球化条件下，流动性边界和可变身份给个体带来了生存焦虑，也导致其他人产生不信任。

统一性的要求对关系和各种规模的社会实体都适用。统一性决定着它们的存在和承担责任方面的信用。社会事物的统一性是一种持久存在的证明，也认同并尊重其他人的存在。随着时间推移，潜在社会转型中可能会出现"一种统一性"或"多种统一性"。

对于个体来说，流动的、短暂存在的社会关系会带来不明确的结果。从一个极端来看，身份是可以根据情景需求互换的。约翰·伊德（John Eade）（1997）在研究中写道，伦敦的年轻孟加拉人会在英国人和孟加拉人的身份间互换，取决于他们和谁在一起。当一个人在社会关系中拥有多重自我，统一性也会成为迫切需求，这样才能确定最主要、最持久的身份。在多重背景中，拥有多重社会关系的人也会想要进行同样的探索。安东尼·吉登斯（Anthony Giddens）（1991）对自我身份的审视导致了对纯粹关系的追寻，超越了传统的社会概念。

在团体和企业中，成员或雇员要团结一致，这是组织机构统一性的本质要求，超越了意识形态分歧。这也是中国共产党提出的社会主义核心价值观之一。商界、政界、艺术和文学界都需要统一性，艺术和文学作品同样如此。统一性受到挑战时，就会成为媒体新闻。它是全球时代文化中存在的重要标志。

对统一性存在的探索在宗教方面表现得比较激进，传统现代主义框架将宗教视为前现代时期的遗产，这一点很难理解。爱琳·巴克（Eileen Barker）（1989）在著作中写到，大量宗教运动和所谓的异教使信徒有了世界观、更深刻的个人体

---

① 此处"统一性"译自英文"integrity"，包含诚信、操守、完整性等含义。——译者注

验和关系中明确的边界感。对存在的狂热信仰是新全球文化的特点，就像极端政治占领运动一样。

2.3.7 全球文化

20世纪90年代，全球文化还是一个没有具体概念的术语，可以指各国文化的纽带和各国文化中共通的表达。全球文化可能指的是渗透到全球的西方概念和实践，就像跨国企业的文化一样。全球文化也能够反映学者塑造全球视野的目标。

全球主义有很深的历史渊源，是面对异域文化的本能反应，双方都能本着共同道德规范包容这种文化差异。回顾我前文写到的普世主义，全球主义的目的或许是将他者经验普遍化。章晓英在本书中参与的部分也说明，全球主义与科学实践很类似。

科学和技术，尽管是全球文化的重要源头，但总体来看，全球文化的构成已远远超越了科学技术。全球文化诞生于多个源头：卫星通讯、商业媒体、全球信息和娱乐产业、多边机构及成员的承诺、民间组织的良知、跨国企业员工的生活方式、全球精英网络和社交媒体发展。跨境传播很早就已经实现，在数字时代更是通过网络空间进一步传播，达到政府难以控制的程度。全球文化即是跨国的又是转文化的。在推动文化对话的过程中，全球文化催生了新文化。通过对本国和地方文化的包容重塑自身价值观，是全球化的重要动态之一。

但跨国文化和转文化都并未达到全球化程度。全球化发展使文化成为全球命运。"数字化"和"全球化"出现后，近代历史连续出现了最典型的模因：在二战的余波中，全世界产生命运相连的感觉。环境问题对人类生存产生威胁。全球媒体传播推动了互联互通，通信技术将社交媒体上的实时沟通变成了现实。[1]

跨国企业为了商业营销走向全球，全球化成为经济学家、决策者和政客常用的话术，而在此之前，马歇尔·麦克卢汉（1962）提出的"地球村"和勒内·杜博斯（René Dubos）（1965）提出的"思想全球化，行动本地化"等短语早已广泛

---

[1] 萨宾·塞尔乔（Sabine Selchow）（2017）指出了"全球"与"全球化"的必然联系，提出两个概念都属于"新世界"话语范畴。

流传。全球化概念同时借支持者和反对者广泛传播,即便关于全球化世界未来发展的争议长期保持悲观,这种争议也反映出同一世界的共享特质。

全球并非国家、跨国或转文化体验的集合,而是与环境问题日益严重背景之下的人类命运有关。[①] 提出关切的人是首批全球化主义者,他们提出的全球主义早于后来的经济全球化支持者,但被后者挪用。进入千禧年,经济全球化的反对者聚在一起,发动了另类全球化运动,全球文化中政治冲突暗流涌动。

如果将如今的经济全球化支持者和反对者都成为全球主义者,全球经济的发展本身就是地球出现环境危机的原因之一。即便全球主义者的行动动机和规划都存在深刻分歧,他们都共同面临着人类命运。

2.3.8 全球主义与民粹主义

跨国公司文化、国家和多边机构、国际非政府组织和民间活动家同属于命运共同体,是全球文化的核心元素,但并非唯一的元素,在全球媒体、全球娱乐产业和偶像打造中都留下了印记。通过这些平台,全世界民众得以了解精英群体的生活方式,精英的财富遍及全球,远超全世界 99% 的人。

如今,全球文化已经发展成熟,出现了类似安东尼奥·葛兰西(Antonio Gramsci)(1957)所说的 20 世纪早期老工业统治阶级的文化霸权现象。但文化的全球化本质上不同于西方帝国化。全球文化成熟得太晚,全球主义者和民粹主义者之间出现愈演愈烈的分歧。

1945 年后,跨境联络逐渐增强,多边机构和跨国企业在国际范围内进行经营活动,催生了财富和生活方式与一般国家公民截然不同的全球精英。

全球化是精英行为,全球主义概念则使其合理化,认为人类在世界范围内活动的同时也要关切世界变化。全球化的支持者和反对者都认可全球化的趋势。杰弗里·普利耶斯(2010)的大量研究表明,反对全球化活动者曾导致 1999 年的世界贸易组织西雅图会议中止,但他们和政客、贸易谈判代表相比也并没有更加关

[①] 马丁·阿尔布劳:"全球时代"指的是人类广泛存在互联互通,面对共同命运和共同威胁的时代,见乔治·瑞泽尔(George Ritzer)(2012),《全球化百科全书》,第二卷,823 页

心全人类的共同命运。

反全球化运动已经演变成改变全球运动，但全球主义者反对全球精英的观点传播开来，这与葛兰西的观点一致，新兴阶层中诞生了新派知识分子，与传统知识体系中培养出来的新精英不同。这与19世纪全球产业工人的处境有相似之处，全球对于全球精英的反对与国家对全球化的抗拒截然相反。全球活动家出于道德责任感，想要联合起来拯救世界，但他们不再是"人民"。对于国家主义者来说，他们带来了麻烦。

全球文化跨越国界的现象很早就已经出现。全球活动家面临的国家问题与马克思时期全球工人运动一样尖锐。他们被定义为世界主义者，与国家主义者和反社会主义运动相对立。如今，世界主义者心怀全球，参与应对全球性问题，拯救地球环境，使全球主义成为合理存在。全球主义是世界主义的巅峰。但一些人觉得这些变化带来了威胁，对全球主义者有利，却牺牲了大众利益，因而对世界主义产生了敌意。

2.3.9 机构和责任

全球主义的两大动态要素是机构和全球市场参与者，以及全球事务机构和活动家。这两种要素组成了全球社会的变量，超越了曾经占主导地位的旧国家主义、帝国主义，与之截然不同。这是现代时期和全球时代之间的对比，每个时代都存在激烈的交锋。

现代时期工业化大规模发展，与此同时人们开始怀念过去，封建王朝对农民的残酷剥削也伴随着基督教传教。但这些极端情况的差异在发展和文明进步中逐渐消融，通常会推动公共卫生、教育甚至民主发展。

全球时代也出现了类似的融合发展，企业争相发展可持续业务，宣称已经转型为绿色企业，气候变化活动参与者则通过现代科技手段和新媒体平台进行宣传。两种情况下，他们都参与了消费资本主义文化。

现代和全球文化的对比进一步延伸到了人类活动的目标。马克斯·韦伯有一个著名的观点，即目标导向和理性的活动是现代社会相较于传统社会的典型特征。

这一观点反映在很多方面，其中一点指出有目标的行为及其全球传播之间有些微差异。现代文化使目标导向成为文化的核心。尤尔根·哈贝马斯（1997）提出，现代性是一项未完的工程。这些目标由权威确立，由官僚传达，然后通过市场和机构劳动分工进行协调。机构运行依靠的是对制度结构的理解。

现代性的文化复杂性在两次世界大战、大屠杀和核武器造成的破坏中崩塌。全球性带来了一系列震荡，1945年达到高潮。黑格尔曾说，密涅瓦的猫头鹰只有在黄昏时才会起飞。虽然捕捉到了后现代的迷失感，社会理论相对于这些变化依然较为滞后。乌尔里希·贝克（1992[1986]）首次指出，人类机构目标的重新定位会引发社会效应。他认为对于风险的理解带来了新的行动限制。贝克认为，不同群体面对风险的程度不同，共享和阶级构成一样是社会的结构特征。后来，他发表了一系列有关历史割裂的作品，讨论源于早期现代文化断裂的第二现代性主题。

我们要深入挖掘20世纪中后期文化历史，才能找到其中隐含的理论转折。冷战下的意识形态冲突模糊了这些转折，但在人类社会群体主义和个体主义的激烈交锋之下，人们对人类目标及其与社会结构的关系普遍抱着极为不安的态度。

意识形态冲突之外，这种不安在反文化运动中也有所抬头，直到20世纪90年代，公民社会的概念再次兴起。人们开始接受刻意将个人隐在社会中的行为。文化成为自治边界而非界限，价值观超越了权威。共同价值观成为目标的依据。

价值观导向导致了争论，也催生了新目标。新通信技术网络使组织出现去中心化。跨界目标共享主要包括两大典型场景，一是去中心化组织的价值导向，还有全球挑战目标决定选择的认知。当今时代，几乎所有国家政府都有共同发展目标，无数政府和非政府机构为发展目标提供支持，这是前所未见的。千年发展目标和之后的可持续发展目标是人类社会迄今为止关于共同价值追求最宏大的计划。

如果计划实施后即刻取得成功，就像黑夜紧随白天一样，未来会无限光明。现实是，新价值驱动的全球社会以目标为导向，很难分配责任并确保个人和机构承担责任。哲学家汉斯·尤纳斯（Hans Jonas）（1984）认为新技术出现后，应当建立新的责任伦理规范，以应对人类生存危机。千禧年的第一个十年间，几乎所有国家领导人都呼吁承担责任，也是贝拉克·奥巴马执政期间美国承诺的核心（阿尔布劳 2014：189）。

政治家的呼吁将责任与人类行为相联系，与此同时，哲学家也在对目标进行理论审视。约翰·塞尔（John Searle）曾用集体意向的概念对共同目标的重塑发表了长篇论点。就像交响乐中演奏者虽然不知道彼此演奏的部分，但能共同奏出一曲和谐的音乐（塞尔，2010：45）。这一观点还可以进一步延伸："社会整体结构依赖于集体意向"（塞尔，2010：166）。我们可以进一步提问："为什么全球社会不是这样？"

另一个概念"分布机构"同样涉及朝向共同目标的行动，近似去中心化机构和人类/机器合作。这个概念与社会技术体系的研究和杂合实体的概念更接近（比如司机结合了人力和机器）。

最后的概念发展使全球文化中的责任问题浮出水面。当意向、目标、设计渗透到生活的各个层面，个人或群体机构能够对应对全球挑战作出什么贡献，其中多少是人类活动的整体效应？当柴油车司机知道柴油会导致污染，弃用柴油能减少碳排放后，应该放弃使用柴油吗？在全球时代，进步和文明的代价是什么？

2.3.10 全球公民

人类认识到面临的威胁并因此进行全球动员的过程中，所有人类行为的目标导向性都更为明显，而目标本身与人类机构的联系日益模糊。目标非个人化是全球时代的一大特征。

个人生活在有目的的文化中，制度化的目的推动了国家和多边机构发展，可持续发展目标等机制体现了人类共同的方向。全球治理更多体现在"治理对象"中（科里，2013），国家和非国家机构，选择"治理对象"的领域，设立共同目标。

全球性事务时常面临本土和民粹主义者的反对，现代国家要对公民身份的本质和限制建立清晰的认知。关于世界公民的观念，古代的普世主义者将义务从属于城邦,现在结合全球化,这一观点被转化为全球公民。这一转变超越了早期反全球化运动主要反对的方面,通过全球化实现持续食品生产、发展绿色能源、消除传染病、清洁海洋环境、反对不公正和贫困等全球目标。

全球公民的行为本质中暗含着虚拟全球国家。虚拟全球国家只存在于全球公民的行为中,没有形式上的构成,而是由聚合的、重复的、相关联的行为组成。这些行为催生了国际社会秩序,全球治理持续关注的是如何维持秩序。

全球公民身份不包含公认的中央集权或制度化领导,与现代国家概念是割裂的。新全球文化不需要世界政府,但也导致了不理解。历史上对世界公民专制根深蒂固的敌意在英国前首相特蕾莎·梅所说的"世界公民是没有归属的公民"中有所体现,被很多人引用。这一评价隐含着对于西方启蒙运动抽象普遍主义的反对,但未能挑战全球活动家。他们的承诺都非常实际,从环保生活方式,消除疾病到提供清洁用水。全球公民的全球主义将唯物主义从马克思主义中分离出来,拒绝接受新自由意识形态的抽象个人主义。

2.3.11 结论:数字化挑战

最近十年,地缘政治局势发生了很大变化,中东局势动荡,中国崛起。2008年经济危机后,全球经济陷入停滞。西方国家政策方面,民粹主义抬头。计算机技术进步,社交媒体诞生,影响逐渐扩大。最后两个因素在数字时代的大背景下逐渐融合。

这些变化与全球化的关系非常模糊,还时常出现冲突。全球化是全球社会融合的总体趋势。地缘政治是多边而非单边和双边的,民粹主义虽然在跨国联盟中蓬勃发展,依然与全球化对立。2008年全球经济危机推动了前所未有的多边合作,即G20会议。计算机技术和社交媒体将世界纳入其框架,但也推动了人工智能技术和超越全球的多元化观点。

技术进步对全球问题的影响是不可知的,这促使数字时代的语言代替了全球时代的语言。除了核威胁和自然环境恶化,人类还面临着更多噩梦。人工智能引发了对于人造人的恐慌,人类可能被机器代替。

数字和全球化如今占据着同样的叙事空间，威胁着人类生存，他们倾向于争夺关注，而非寻找共同点。数字化对全球化叙事产生了影响，全球化也可能属于过去的时代。

并非人类生活的每个层面都能推动全球化。全球化可能导致对抗，比如转文化元素的地方化或文化的融合和杂合。全球导向的社群，特殊利益和机构一旦出现大量本地化中心，很容易导致这些群体之间的相互关注点发生变化，引发竞争和因不认同人类命运共同体而导致的冲突。

如今，全球社会最大的中立势力是数字化，推动着技术发展。数字化是理性化的直接继承者，马克斯·韦伯认为数字化无处不在，推动着现代性发展。数字技术可以为人类带来福祉、健康、财富，也能控制言论自由，将网络空间变成舆论战场。数字技术可以给全球性问题带来有效答案，也能推动良政为基础的社会秩序。数字技术也可能导致全球不均衡发展，部分寡头实行专制统治。

无论在哪种情况下，数字时代都横向通往全球时代。人类为自身考虑，会将关注点从全球问题转移到技术，将价值认定与人类福祉的平衡转移到创新和权力上。如果不加注意，可能引发全世界绝不想再经历的全球灾难，毕竟曾经的灾难刻骨铭心。

参考文献

马丁·阿尔布劳. 全球化时代：国家与超越现代性的社会 [M]. 剑桥：政体出版社, 1996.

马丁·阿尔布劳. 超越地方文化：全球化城市的社会景观：生活在全球城市 [M]. 伊德（合编）.1997: 37-55.

马丁·阿尔布劳. 全球时代：《全球化百科全书》[M]. 瑞泽尔, 2012:823-826.

马丁·阿尔布劳. 全球时代责任：全球时代社会和文化变革 [M]. 法兰克福：克劳斯特曼出版社, 2014:189-202.

马丁·阿尔布劳. 中国在人类命运共同体中的角色：走向全球领导力理论 [M]. 伦敦：环球世纪出版社, 2018.

马丁·阿尔布劳, 伊丽莎白·金（合编）. 全球化、知识与社会 [M]. 伦敦：塞奇出版社, 2018.

本尼迪克特·安德森. 想象的共同体：民族主义的起源与散布 [M]. 伦敦：沃索出版社, 1983.

玛格丽特·阿彻. 文化与机构 [M]. 剑桥：剑桥大学出版社, 1988.

艾琳·巴克. 新兴宗教运动实用介绍 [M]. 伦敦：英国政府出版社, 1989.

乌尔里希·贝克. 风险社会：新的现代性之路 [M]. 伦敦：塞奇出版社, 1992 [1986].

蒂姆·伯纳斯·李, 马克·菲谢蒂. 编织万维网：万维之父谈万维网的原初设计与最终命运 [M]. 伦敦：猎户星出版集团, 1999.

罗伊·博伊恩. 文化与世界体系：全球文化 [M]. 迈克·费瑟斯通（主编）. 1990: 57-62.

格罗·哈莱姆·布伦特兰. 我们共同的未来 [M]. 世界环境与发展委员会. 牛津：牛津大学出版社, 1987.

亚瑟·C.克拉克. 地外中继——卫星可以实现全球无线电覆盖吗？[J]. 无线电世界, 1945(10): 305-308.

奥拉夫·科里. 构建全球政体：理论、话语和治理 [M]. 伦敦：帕尔格雷夫出版社, 2013.

理查德·道金斯. 自私的基因 [M]. 牛津：牛津大学出版社, 1976.

勒内·杜博斯. 人类适应性 [M]. 纽黑文：耶鲁大学出版社, 1965.

约翰·伊德（编）. 生活在全球城市：全球化地方进程 [M]. 伦敦和纽约：罗德里奇出版社, 1997.

麦克·费瑟斯通（编）. 全球文化：民族主义全球化与现代性 [M]. 伦敦：塞奇出版社, 1990.

安东尼·吉登斯. 现代性与自我认同：现代晚期的自我与社会 [M]. 剑桥：政体出版社, 1991.

安东尼奥·葛兰西.《现代王子论》和其他著作 [M]. 纽约：国际出版社, 1957.

尤尔根·哈贝马斯. 现代性——一项未完成的工程：哈贝马斯与现代性未完

成的工程 [M].毛里奇·帕瑟林·邓特夫斯,塞拉·本哈比合编.马萨诸塞州剑桥市:哈佛大学出版社,1997:38-55.

塞缪尔·亨廷顿.我们是谁?美国大争论 [M].纽约:西蒙 & 舒斯特公司,2004.

汉斯·约纳斯.责任原理:技术文明时代的伦理学探索 [M].芝加哥:芝加哥大学出版社,1984.

布鲁诺·拉图尔.我们从未现代过 [M].马萨诸塞州剑桥市:哈佛大学出版社,1993.

马歇尔·麦克卢汉.古腾堡星系 [M].多伦多:多伦多大学出版社,1962.

费尔南多·奥尔蒂斯.古巴民间艺术中的黑人舞蹈和戏剧 [M].哈瓦那:卡德纳斯出版社,1951.

塔尔科特·帕森斯.社会体系 [M].伦敦:罗德里奇 & 凯根·保罗出版社,1951.

杰弗里·普利耶斯.另类全球化:成为全球化时代行动者 [M].剑桥:政体出版社,2010.

乔治·瑞泽尔.全球化百科全书(第二卷)[M].莫尔登和奇切斯特:威利·布莱克维尔出版社,2012.

萨宾·塞尔乔."新世界"协商:"全球化"政治现象无处不在 [M].比勒费尔德:特兰斯克里普特出版社,2017.

格奥尔格·齐美尔.谈个性与社会形态 [M].唐纳德·莱文(编).芝加哥:芝加哥大学出版社,1971.

伊曼纽尔·沃勒斯坦.文化在现代世界体系中成为意识形态的战场,文化是世界体系:全球文化 [M].麦克·费瑟斯通(编).1990:31-56,63-66.

习近平.习近平谈治国理政(第二卷)[M].北京:外文出版社,2017.

张悦悦,迈克尔·巴尔.中国绿色政治:环境治理和国家社会关系 [M].伦敦:普卢托出版社,2013.

2.4 全球化世界的理论和叙事[①]

全球化是众多时代标志性词汇中的一个，描述了一代人的经历。全球化中理论和叙事相互交织，受到重大事件的冲击，平复冲击的影响并从中汲取教训。

研究将理论和叙事分割开来。批判性提问和经验主义发现受到争议话题的公众争论启发，全球化出现后，传统议题变得过时，但因地缘政治局势变化和内部因素互相作用而依然存在。多边机构、覆盖全球的大众媒体、无处不在的社交媒体、全球环保和人权运动、全球金融市场、世界供应链和价值链、外商直接投资、空运发展以及移民和全球阶层的发展都推动了全球社会的融合。

全球化未来是否会维持主导地位，不仅仅取决于全球政治问题的相关理论。人们的注意力从全球问题转移到了网络安全和数字经济。大国竞争可能像1914年一战爆发一样中止全球化。虽然存在这些不确定性，关于全球化的讨论依然推动了我们对社会和文化的认识。

从全球化在早期公共话语中的接受度来看，它与未来愿景、国家在事件中的权力争夺以及世界观的宣传、意识形态运动和政党动员的关系越来越紧密。半个多世纪以来，全球化带来的地缘政治动荡已经渗入多个层面，还可能进一步加剧。

近期，我对全球化话语发展的三个重合阶段进行了区分，即故事、策略和意识形态。故事融入国际关系话语的情况最早可以追溯到乔治·莫德尔斯基（George Modelski）1972年提出的世界互联程度加深和全球良知的发展。冷战结束后，全球化达到高潮。与此同时，阿尔布劳、金（Elizabeth King）、罗伯森和吉登斯于1990年左右开展了一系列学术研究。20世纪80年代，全球化被同化为商业领域的专业术语。西奥多·莱维特在《哈佛商业评论》上发表了一篇广为流传的文章，推动了美国跨国企业采取"全球策略"。各种运动、慈善机构和国家也纷纷效仿，开始"走向全球"。

[①] 未发表，在伊诺·罗西的敦促下完成于2018年1月，主要就全球化研究的新范式主题阐述观点。我给他的课题提供了部分灵感，见本章最后一部分。

20世纪90年代中期，故事和策略融入了新自由意识形态和美国引领的全球化，为世界经济指引了方向，成为自由民主的基础。两大事件打破了美国的主导幻想，且与反全球化运动无关：美国"9·11事件"和第二次伊拉克战争的余波凸显了民主的局限性。但2008年的经济危机是1928年华尔街崩溃后世界经济遭受的最严重打击。

道格拉斯·凯尔纳（Douglas Kellner）从这些大事件中总结出了很有说服力的经验，他在《全球化研究前沿》中指出，全球化不等同于世界统一。"这体现出全球化的客观模糊性和冲突，需要辩证地、结合背景情况来看待"。凯尔纳从"反恐战争"做出的推断得到了证实，2008的金融危机使之更有说服力。

我对上述事件的总结与凯尔纳一致。我想强调，理论和历史的统一曾经支撑着全球化意识形态，如今已经崩塌。但我的主要目的是研究全球化话语争论如何推动社会和文化理论发展。

在一个术语从相对模糊的学术概念发展到主流意识形态的过程中，普遍会经历所有意识形态发展的常见过程：宣称历史发展有明确的方向，从理论上解释为何方向不可逆转，政治权力的持有者和为其服务者获得既得利益并对人民发出倡议，对每个人实行道德约束，以及对于胆敢反对的人进行严惩。

从一开始，反对的声音就出现在各个层面。弗朗西斯·福山（Francis Fukuyama）构建的民主发展方向很快受到亨廷顿文明冲突论的反击。危机接连发生，20世纪90年代，东亚发生金融泡沫危机；世纪之交的网络经济泡沫；随后，2008年的经济危机再次动摇了人们对市场自由能确保国家繁荣的信心。

美国作为全球化代言人本身充满了波折，卷入阿富汗和伊拉克战争，从未在国内外获得全力支持。全球化的主要受益者之一中国有着与西方代议制民主完全不同的政治体制。一些民间社会活动家对当前全球化的现状持反对态度，他们倡导绿色经济概念下的另一种全球化。

像托马斯·弗里德曼（Thomas Friedman）在《凌志汽车与橄榄树》和《世界是平的》中所写的全球化世界依照美国模式发展已经不再是现实。推动历史发展的力量不再寻求建立一个标准化的世界，而是快速的数字创新，使文化演变出多种未知可能。

因此，全球化是历史发展的一个阶段，20世纪20年代理性化和20世纪60年代现代化是全球化的前身。1989至2008年是全球化发展的巅峰时期，随后数字化逐渐成为新的主流趋势。

一个世纪以来，公共话语分为四个历史阶段：理性的、现代的、全球的和数字的，每个形容词都是一个对于经济利益和计算技术总和发展的文化注脚。每个阶段都覆盖了前一个发展阶段，但并非抹除历史，而是吸纳了前一阶段的成果，登上王座，成为主流话语。在这四个阶段中，反对意见都源于对未来基于理论这一概念的争议。但理论无法概括未来。

主流叙事面对的挑战始终是将理论从故事中分割出来，推动理论发展，不断容纳新的事实。随着反对势力增强，政治权力维持下的故事会失去说服力。政治无法满足意识形态预期，新理论便会发展。

理性化之外，现实出现了与魅力和非正式社会关系相对应的概念。现代化在文化多样性中占据的范围有限。全球化引发了身份政治，从性别到国家，以及介于两者之间的任何事物。为了应对数字化，人类世界将成为理论和实践的竞赛场。过程具有辩证性，结果更是不可预见的。通过反思，我们可以记录权力冲突和理论的相互作用，也可以推动理论的发展。我认为这对社会科学发展非常有利。

全球化及其反对派的发展过程和主流话语都伴随着对于人类社会本质以及社会与文化关系的理解，也进一步加深了这种理解。以下是我的观点。

2.4.1 脱嵌① 的群体

礼俗社会和法理社会的显著区别中，发生在本地的、面对面的亲近关系即是20世纪早期社会学中对社区的默认概念。

移民迁移到其他国家后，与相距较远的原族群依然维持联系，使社群的概念有所进化。社群不局限于某一地区或边界内，而是由亲密关系维系。但脱离地域后，群体成员之间只能维持间歇联系，社群成为一种虚幻的概念，而非日常存在

---

① 脱嵌指的是个体从历史既定的身份、支持系统与社会义务中脱离。——译者注

的关系。

2.4.2 可协商身份

齐美尔强调，重合的群体成员组成了个人社会身份。帕森斯则将角色和地位进行区分。全球化条件下，身份的流动性逐渐增强。个人和群体都在与他人沟通的过程中不断对自我身份进行重新定义，自我身份包括性别、种族、民族、国籍（个人特征）、国家（集体特征）以及两性和经济伙伴关系。

这种流动性成为描述社会而非结构体系的传统方式。在一个充满流动性和冲突价值观的环境里，身份维持使个人和群体的统一性成为目标，同时也成为谴责的对象。

2.4.3 多形态社会关系

20世纪早期经典社会学中，社会关系一分为二，包含主要的、包含情感的、面对面的沟通和次要的、客观的、远距离的沟通。这是依据群体和范围更大的社会之间的差异进行的大致划分。

无处不在的陌生人、分居的家庭、对某些领域的共同爱好或共同偶像、经济产业链、远程沟通、社交媒体和跨国公司本地化都推动了社交关系复杂网络的形成，并非主要和次要之间的两极二分法。

社会实体或混合类型实体（如拉图尔所强调的自然、文化和社会）的合并和解散成为我们这个时代的一个主要叙事主题。个人所处的社会环境成为社会景观，不再以社区、阶级甚至家庭这样的形象出现。他们的社交网络在空间和时间上延伸，并带着自己的特点和规则嵌入社会领域。

2.4.4 文化自治

越来越多的人认为，基于文化媒介的社会关系有一般性规则。起初，人们学习一种语言，进行个人表达的同时也受语法的限制。有些人或机构对文化进行垄断，甚至声称某种文化是他们独有的或创造的，或掌控象征性的表达，从长远来看他们都未曾成功过。全球化对文化颇具争议的影响证实，文化不属于任何人，对于所有人是开放的。

2.4.5 全球文化

相反，文化的本质是受到个人或群体的驱动，诞生于手工、设计、发明或表达方式的创意活动。只有在强有力的政府领导下，在工人、艺术家、作家、行政人员和士兵的支持下，国家文化才能发展。各种人类群体都会发展出独特的文化，创造群体文化并宣称所有权，但文化传播通常无法控制。

全球文化诞生于多个源头：卫星通讯、商业媒体、全球信息和娱乐产业、多边机构及成员的承诺、民间组织的良知、跨国企业员工的生活方式、全球精英网络和社交媒体发展。在数字时代更是通过网络空间进一步传播，达到政府难以控制的程度。全球文化既是跨国的又是跨文化的。在推动文化对话的过程中，全球文化催生了新文化，对本国和地方文化的包容重塑了价值观，是全球化的重要动态之一。

2.4.6 全球主义与民粹主义

跨境全球文化早就已经存在，即与本地化相对的世界主义。当世界主义包含全球化良知，主张参与解决全球问题，关注人类共同命运，就变成了全球主义。

全球主义是世界主义的巅峰，但一些地方和国家觉得这些变化带来了威胁，对全球主义者有利，却牺牲了大众利益，因而对世界主义产生了敌意。

全球主义的两大动态要素是在全球市场上运作的代理人和势力，以及全球事务机构和活动家。这两种要素与曾经占主导地位的旧国家主义、帝国主义截然不同。数字革命的崛起超越了地域界限。

2.4.7 全球公民身份

全球性事务时常面临本土和民粹主义者的反对，现代国家要对公民身份的本质和限制建立清晰的认知。历史上的普世主义者将城邦职责的概念相对化，全球化背景下，世界公民转变为全球公民。这一转变超越了早期反全球化运动主要反对的方面，通过全球化实现持续食品生产、绿色能源、消除传染病、清洁海洋环境、反对不公正和贫困等全球目标。

全球公民的行为本质中暗含着虚拟全球国家。虚拟全球国家只存在于全球公民的行为中，没有形式上的构成，而是由聚合的、重复的、相关联的行为组成。这些行为催生了国际社会秩序，全球治理持续关注的是如何维持秩序。

全球公民身份不包含公认的中央集权或制度化领导，与现代国家概念是割裂的。历史上对世界公民专制根深蒂固的敌意近期在英国前首相所说的"世界公民是没有归属的公民"中有所体现。

这一评价隐含着对西方启蒙运动抽象普遍主义的反对，但未能挑战全球活动家。他们的承诺都非常实际，从环保生活方式，消除疾病到提供清洁用水。全球公民的全球主义将物质主义从政治形态中剥离。

2.4.8 对机构的质疑

国家背景下，个人和社会关系的原始社会学矛盾成为机构和架构的问题，国家制度如何塑造、限制个人，个人又如何对抗国家体制。马克思主义术语中，资本主义制度下的中产阶级社会和阶级社会的结构即是国家。全球化条件下，机构和文化决定大量个人和实体的定位，但权力属于控制文化生产的全球阶级。

从菜肴原料到两极冰川消融，从学校纪律到儿童的手机使用，从衣着要求到宗教，都涉及责任承担的问题。结构是社会关系网中长期固定的，既能带来动力，也会产生限制，但不能像信仰、价值观和选择伙伴一样定义机构本质。人类个体关系中，集体意志就是常态化、广泛分布的机构。

虽然早期现代主义者设想的如阿彻（1988）的结构和文化的融合和加芬克尔

(Harold Garfinkel)（1967）所说的文化药剂都已经过时，文化的可替代性被广为接受，使得个人机构总是遭到质疑，机构也可能被归咎于造成劳动力过剩的文化产品。人工智能的发展使人类对未来的焦虑达到了顶峰，自人类开始探索现代性的自然规律起，这种焦虑就始终如影随形。

文化和社会全球化包含了当代社会的上述八个特征，从脱嵌社群到可协商身份和对机构的质疑。综合这些研究领域来看，它们定义了全球化条件下文化和社会研究的范式，每种情境下都能追溯过去时期和文化中的人类社会关系和文化特征。

这就再次引出了全球化范围定义的问题：全球化是一种新现象，还是长久以来的已经成为人类社会特征的发展过程？这是通过列出两种极端化的情况来提问题。

全球化被视为历史趋势时，细枝末节的争论从早期一直延续到近期，达到高潮。全球化的地位受到威胁，主要特点逐渐弱化。因此，我们不能说全球化趋势不可阻挡。一战前的全球市场融合后来倒退为经济国家主义，充分证实了这个观点。

如果将注意力放在经济发展过程上，全球化过程中的大起大落愈发强烈，成为人类活动各领域的综合发展趋势。随后，全球范围内的人际关系互相依存度和复杂性也越来越高。

随着地区之间的联系变得更为密切，全球数十亿人可以去参与同一项事业。人类和其他物种是命运共同体，将地球视为共同的家园。长城、硅谷、泰姬陵、梵蒂冈、好莱坞和广岛都是在全球具有独特意义的地方。

"走向全球"不仅是企业和国家的目标，也是政治运动、城市、民间协会和追求名利者的目标。这些因素互相作用，在历史发展过程中达到巅峰，然后继续发展。

这就是全球化趋势的巨大力量，不仅带来了忧虑，甚至引发了反对和误解。"走向全球"战略未必取得成功。全球化是一种历史趋势，包含各种互相冲突的可能性，各层面的发展方向都没有必然结果。

计算机技术推动了互联互通，几乎每两年都会迭代升级，但组织和社会影响在高度集中和过度分散两个极端之间摇摆。笔记本取代了老式大型计算机，计算机从电脑搜集云端数据。数据从前只是应用于设备，如今在使用者的手中会成为巨大的算力。

如果技术进步不能决定社会组织方向，全球化也是如此。全球化是推动世界统一的主要历史趋势，另一方面也推动了发明、产品、时尚、思想和意识形态的传播，近几年的发展凸显了两方面的差异。

20世纪90年代，自由市场逐步发展，新自由意识形态成为主流经济思想，很多人认为这等同于全球化。后来，反全球化运动和干预市场需求、环境保护和人权捍卫相继出现。后来出现了普利耶斯提到的改变全球运动，与新自由主义一样覆盖全球范围，但目标截然相反。在社会和文化生活的特定层面，全球化没有内在发展方向。

这也是检验全球化发展的标准，是国家权力的倒退。新自由主义思想和国际金融机构崛起，成为20世纪90年代的主流。但同一时期，全球化之下是美国的膨胀。美国提出了建立新的世界秩序。

过去三十年来，国家地位已经改变，如今是全球秩序的主要参与者，努力控制全球企业，尤其互联网巨头。民粹主义者对全球体系的抵制或许会推动国家回望过去，寻找失落的国家主权，就像英国脱离欧盟一样。但即便恢复了主权，与新多边机构脱离后也会失去权力和影响。

全球化改变了世界，并非通过方案或意识形态，而是一系列相互交融的力量逐渐叠加的结果。全球化文化崛起之下，多个元素发生了作用：科技普及、卫星通讯、商业媒体、全球信息和娱乐产业、多边机构及成员的承诺、民间组织的良知、跨国企业员工的生活方式、全球精英网络和社交媒体发展。

上述文化全球化趋势与经济发展趋势并驾齐驱。在全球企业和顾客需求的推动下，消费者的喜好渐趋一致，全球化表现为金融市场融合和全球生产价值链发展。

政治方面，全球化的趋势表现得不那么明显。大国的称霸企图很容易使全球企业在一些人眼中成为政治工具。全球化和环境变化给国家政治带来了压力，很多国家就巴黎气候变化协定达成一致。G20 会议同样带来了压力，各国要就全球问题达成共识，就意味着找出共同利益的最小公分母。

2.5 责任：全球时代的基本概念，认识新集体主义 ①

我要对德国波恩大学卡特汉堡"法律文化"高研院表示感谢，感谢沃纳·格普哈特教授邀请我参与这次关于全球性的开放演讲。作为波恩学院教职工的一员，我看到了全球性主题与学院发展使命的一致性。德国在全球政治中承担了前所未见的责任，与马克斯·韦伯上世纪初提出的不谋而合。两次世界大战中，全球化遭到了重创。

韦伯创造了责任伦理学一词，重点涉及政治领袖。德国前总理默克尔用基督教传统诠释这一概念。"我完全致力于承担共同政治责任，发展基于规范、意见和态度的群体良知。伦理问题已经成为现代国家生死攸关的问题，基本法的前言是以'在上帝和人类面前意识到自己的责任'开头的，是很有道理的。"②

她并非唯一一个呼吁承担责任的人。无论是面临政治危机还是打击犯罪时，几乎所有政治领袖都提到过"承担责任"。布莱克·奥巴马经常在演讲中提到这个词。波士顿马拉松爆炸案后，他宣称"我们会找出策划事件的个人或团伙，让凶手受到法律的公正处罚"。③ 但是，他没能像往常一样唤起责任感，却进行了指责。责任是一把双刃剑。④

自由思想者弗里德里希·哈耶克（Friedrich Hayek）比任何人都想强调内战时期的集体主义。"责任并非对于上级，而是出于一个人的良知，是每个有道德的

---

① 2013 年 4 月 25 日,作者在德国波恩举行的以"全球化"为主题的大会上所做主题演讲。系首次发表。
② 2006 年 6 月 13 日,德国总理安格拉·默克尔发表的题为"德国服务——政治行动的伦理原则"的演讲。
③ 2013 年 4 月 16 日美国有线电视新闻网（CNN）报道。
④ 一篇关于波士顿袭击和伦敦马拉松事件的文章中提到了责任的双重本质。

人本质的特征"。① 和智慧、良知或幸福等人类特质不同，责任包含选择，是伦理思考的绝佳论题。不过，奥巴马所说的群体责任是什么？作为一个训练有素的律师，他完全了解个人或群体责任归因的复杂性，这是法律的核心问题。伦理和社会方面的责任感在法律中融为一体，这是我今天要讲的两个话题中的第一个，这两个话题是相互关联的。

另一个话题是全球性，我们要重新思考哈耶克对集体主义的结论及其在人类事务中的地位。除开我提到的时事话题，责任还可能是普遍而抽象的，更适于哲学家思考，而非由我这种默默无闻的社会学家研究。哈耶克关注的是如何通过社会制度使公民承担责任，他表达了小型社会组织更能够承担责任的观点。

像哈耶克一样，我想将责任的范围扩大到全球，我们要时刻记得我们居住在地球上，肩负的责任有增无减。我想在此首先就全球性发表观点，这是一个和责任一样抽象的概念，但我们不能脱离实际来谈这个问题。哈耶克1944年写作了这本书，当时的条件如今已经发生变化，我们需要重新讨论一些基本问题。人类没有走上哈耶克所说的奴役之路，但目前也处于混乱和迷茫中。

对于新近才终于习惯"全球化"这个词的人来说，"全球性"可能是一个过新的词，甚至这次会议的主题都新潮得让人警惕。他们或许会回忆起，20世纪50至60年代时，"全球"这个词都颇花了一些时间才变得平常。卡尔·施米特指出，人类的大航海使得商人、统治者和律师对全球地域分割产生概念。1950年，他才将这种现象形容为"全球线性思维"。②

二战后不久，"全球"成为一个常用词，与普遍、国际化或基督教大联合这类含义不同。反之，全球是一个空间概念，马歇尔·麦克卢汉提出了"全球村"，指出地域联系之外的群体悖论。勒内·杜博斯则提出"思想全球化，行动本地化"的口号。

全球化、全球主义和全球性在欧洲语系中是同源词，全球文化、全球社会和全球政治也随之诞生。社会学家罗兰·罗伯森写作第一本全球化相关著作时，探

---

① 弗里德里希·哈耶克. 通往奴役之路 [M]. 伦敦：罗德里奇出版社，1944：157.
② 卡尔·施米特. 大地的法 [M]. 科隆：格雷文出版社，1950：54.

索了全球文化、全球性和当时还未曾流行的全球本地化。

后来，我出版了《全球时代：超越现代性之外的国家和社会》，对全球化更广泛话语转变进行了探讨。这本书里没有创造全球化一词，此前这个词已经出现。书中频繁使用全球化一词，不是我的独创，而是因为这个词能够描述我们所处的时代。我们将所处的时代称为全球时代，无数作者和出版社将其用于书名。从此以后，我们对于全球的认知拓展到了全球治理、全球社会和全球精英等。

为什么不用一些人喜欢说的全球化时代？其中有一定原因。我故意没有使用这个词，因为全球化与现代化联系密切，具有明确的历史指向性，成为新自由意识形态的流行词。全球化时代没有反映出1945年原子弹爆炸给人类带来的重创和对现代化的毁灭性打击。人类意识到，生存不一定是持续的必然结果，而是集体选择的结果。

鉴于核武器带来的威胁，阿诺德·汤因比等学者认为原子时代开启了后现代性。后现代性一词充满争议，表达了现代人的迷茫困惑。后来的学者未能找到合乎逻辑的全球化方向。在这方面，他们是对的。全球发展方向意味着可以绕着圈走，反向而行的人还会撞到一起。我们可以使市场全球化，但也可以使法规全球化。新自由主义使左右两派相信，全球化并非自由市场，而主流学者取得了意识形态的胜利，他们的分析得到了证实。

在胜利的巅峰，现代学者认为科学控制自然和社会是人类的进步。在全球时代，我们生活在发展带来的生存威胁阴影中。我们被迫了解全球性，人类所处的环境状态成为共同关切，环境问题影响着日常生活中的每个细微层面。这就是开篇所说的"如今，全球性已经渗透到文化和社会的各个层面"。下面的演讲体现了全球性的宽泛内涵，从全球性媒体到民主、宗教、戏剧带来的人权，再到全球伦理。

上述因素中不包含国家。哈耶克将集体主义与国家主义联系在一起，他的观点以他自己都没有料想到的方式应验了。随着个人主义公认的发展，社会范围的另一端是超越国界的全球性。通过全球性的镜头，我们看到了仅凭个人能力无法解决的问题。

一个人如何解决资源短缺、人口过剩、环境污染、物种灭绝、气候变化、核安全、能源安全、全球贫困和疫情、恐怖主义、国际移民、恐怖犯罪、人权和国际资本主义危机？我们不需要借助群体性机构甚至是国家的力量吗？在全球时代，我们是不是应该像重视群体性机构的独立性一样，重视它的地位？

在全球性框架下思考责任时，全球领导人经常提及这个问题，因为问题的数量和规模过于庞大，以至解决起问题来心有余而力不足。国际社会呼吁各国承担责任，听起来几乎和一战时期如出一辙。上百万人受到勇气和爱国主义的口号鼓动，冲出战壕相互拼杀，白白牺牲了性命。

哈耶克对良知的认识表明，呼吁承担责任在此背景下是一个悖论，会同时推动和平主义和爱国主义发展。呼吁承担责任代表一种承诺，追随领导者，同时遵从良知。这不就是哈耶克痛恨的集体主义吗？结论是，谈到责任，我们无法回避个人和集体的问题。

现代性给当今世界带来了困惑，而责任或许能指明一条出路，但需要对社会纽带的认知。伦敦大主教在哈耶克的推崇者玛格丽特·撒切尔的葬礼上发表演讲，提到撒切尔著名的言论，非常沉痛："没有所谓的社会。"这句话脱离了语境，受到误解。她只想反驳"我们要舍弃个人独立，建立非个人的实体"[①]的观念。

当然，哈耶克所说的责任是指承担上级赋予的责任，无关个人情感或意见。这种承担国家责任的行为时常受到称赞。我们不仅要从个人良知角度审视责任，还要从社会纽带看待责任。从这两个层面之间关系的塑造中，我们能够发现全球性对生活的新影响。

这在当代全球社会是一种深深的讽刺。英国新自由主义意识形态的代表人物玛格丽特·撒切尔的葬礼本应在伦敦圣保罗教堂举行。一年前，教堂前的广场上发生占领伦敦运动，示威者对新自由主义意识形态及其受益者的贪婪行径表示抗议，引发全世界关注。在政府将示威者的帐篷拆除前，抗议活动已经打破了大教堂代表的登记制度，在宗教群体中引发深刻反省和不安。这场仪式是撒切尔的胜

---

① 理查德·沙特尔，伦敦主教."结束亦是开始"，撒切尔夫人葬礼上的讲话[N].《卫报》副刊，2013-4-18(8).

利吗？可能是的，但占领伦敦运动只是最近的一场示威活动，受限的全球资本主义已经招来大量抗议。从某些方面来看，这次事件符合撒切尔式的主题：良知伴随着责任。

近期，反全球化运动支持者已经将其变成了另类全球化运动，本质上是个人承担实现全球化目标的责任。这就是其数百万支持者对于个人能在全球问题中扮演什么角色的答案，而事实上人们无法解决其中的哪怕一个问题。20世纪下半叶的社会运动后继者包括和平、绿色、女性主义运动，通过动员全世界参与，各国有共同目标的人实现了合作。

关于另类全球化运动，我们很幸运有一位社会学家对这场运动追随者进行了杰出的实证研究，他对自己的研究，与他的研究对象对另类全球化运动表现出了同样的奉献精神。2001年到2009年，他参与了250场活动家会议、7场世界社会论坛，以及反八国集团和反世贸组织集会。杰弗里·普利耶斯的书《另类全球化：成为全球化时代行动者》主题为自我定义和理性参与全球问题之间的相互作用，表达了对全球化主流派的反对。其中包含着集体主义的连续构成和再构成，以及对组织形式的探索。在路过的记者看来，抗议营地像是播放着桑巴舞曲的派对，但在国际范围内，密集的网上和深夜集会，有可能会出卖他们。普利耶斯认为，"个体生活与集体历史相互交融"，与此前革命者恰好相反的是，"这些活动家认为社会转型是群体过程"。[①] 哈耶克认为，他们对大型组织普遍存在质疑，喜欢复刻小型群体，而非建立结构典型的大型机构。这是对我们这个时代、国家和全球公司的主导集体的自下而上的回应。

或许这些活动家都对制定全球政策的官方渠道和多边、国家机构的话语非常鄙视。但一些人致力于国家之外的目标，同样利用了国家和公民语言。国家层面的具体职责之外，公民身份中始终包含责任意识。政治群体成员享受保护和权利的同时，也有责任参与群体活动，这是一种道德要求。从全球来看，人权对于很多人来说是全球公民责任。[②] 这样一来，人权就涉及游说国家政府从全球利益出

---

① 杰弗里·普利耶斯. 另类全球化：成为全球化时代行动者[M]. 剑桥：政体出版社，2010：86，91.
② 达伦·欧拜恩. 全球公民的维度：超越民族国家的政治身份[M]. 伦敦：弗兰克·卡斯出版社，2003：225. 作者认为，无论西方社会边缘的贫苦农民还是他自己，行动上都要对全世界负责任。

发采取行动，用全球化方式思考，而非只考虑本国的利益。当代最好的一个例子就是各国发起的减少碳排放行动，这是全球金融危机之外的另一个全球性问题。

然而，当代国家机构不仅要在公众压力下为全球问题出台政策，而且处于一个巨大复杂的责任关系网中，既要承担联合国成员国责任，还要遵守多边机构协议。

谈到责任，可以分为好事与坏事的责任、普通人和官员的责任、为他人的责任和基于良知的责任、分担责任和集体责任，在日常生活和公共事务中可能以各种形式出现，彼此之间存在细微差异。英语中，这些含义只能用一个词概括，无法体现其中的差异。德语中有表示任务和行为的"责任"和表示态度和特质的"责任"两个区别明显的词。

责任概念适用的广度和与人类任意行为的关联使责任成为人类社会总体分析中的一个基本元素，不仅仅是在全球时代。经典杜尔凯姆学派意识形态的追随者之一保罗·弗柯奈特（Paul Fauconnet）80年前得出了这个结论。他关于责任的专著是深入思考的重要来源，是经典杜尔凯姆学派思想。弗柯奈特提出责任是一种社会现实，是每个社会学入门学生都能够理解的。这种说法不是凭感觉，而是基于对某人承担某种责任的理论分析。广泛适用的规则能够筛出要受惩罚的人。"责任理论预设了处罚理论。"[①] 规则是决定某人承担责任并可能受惩罚的标准。当代社会刑法中，只有健康的成年人适用于刑罚，儿童、精神病患者、死亡的人、动物和非生命体排除在外，但这不是古往今来所有社会的通用惯例。弗柯奈特对其他时代和文化的刑法律条也进行了分析审视。

后来一段时期，弗柯奈特的观点是南非人类学家马克斯·格拉克曼编辑的一系列研究文章的主题，进一步确认了弗柯奈特的最初的判断：社会不能脱离责任归属而存在。那一卷的标题是"责任分配"，本可以用"归因"或"归属"这类词，但英语不能准确表达其中的含义，法语也无法做到。弗柯奈特在脚注中指出，德语中的"责任"一词才能描述他的关切，他在冯·李斯特（Franz von Liszt）的《德国刑法教科书》中解释了这一概念的定义："正式术语责任的定义是使行动受

---

① 保罗·弗柯奈特. 责任：社会学研究 [M]. 巴黎：阿尔康出版社，1928: 26.

到法律惩罚的能力，使非法行动受到法律制裁。"这句话看起来很冗长，德语读者可以看看原文。

弗柯奈特提到的责任有些怪异，与他提到的责任规则不符，即"身为人要承担责任"。根据李斯特的定义，责任是行动而非人本身。这重要吗？两位著名英国法学家对法律因果的大量比较研究表明，这很重要。H.L.A. 哈特（Herbert Lionel Adolphus Hart）和托尼·奥诺雷〔Antony（Tony）M. Honoré〕从容易实践的常识性原则出发，分析事件起因和人们在其中发挥的作用。他们警告我们不要接受教科书作者所说的建立因果关系的困难，理由是"我们毕竟在大部分情况下，都能成功地用这一概念相互沟通"，但他们也承认，找到日常判断背后的原则充满困难。①

从这点来看，法律责任是使违法行为人受到法律惩罚，是受限的责任概念，包含自由个体的所有自发行为。② 人类机构的概念可以追溯到亚里士多德，而违法的人要受到法律制裁，两个地带之间是人类的各种自发行为，可能因社会道德准则而受到赞扬或斥责。如今，我们已经习惯于责任的广泛领域，称之为规范性。

从上文来看，法律条文涵盖广泛的社会语境，深入分析因果，将机构问题归因于具体个人，法律责任原则在不同文化背景中也有所不同。这种概念是"归责"，被称为"德国哲学思想中的奇怪部分"，可以追溯到康德提出的归责和因果以及现实中责任源头之间的巨大差异。机构的行为属于事实，也受到法律约束。

哈特和奥诺雷反对把德国法律思想奉为圭臬的理性，理性通常与自发行为相关，与责任归属基本无关。以中毒的案件为例，在意识清醒的情况下服毒和无意中服毒的情况不同。他们还对欧洲的大量因果法律专著进行评论，采用普通法的国家几乎没有相关论著。他们明显认为这一领域的原则相比常识理性的传统更低级。我想到老朋友休·坎汉姆给我讲的一个律师之间流传的笑话，他是一个著名律师。这个笑话说的是，英国法官在审判之前沉思道，"普通法是常识"，法庭上的一位律师听到后告诉另一个律师："我敢说，他的判决一定很荒诞"。

---

① H.L.A. 哈特，托尼·奥诺雷. 法律因果 [M]. 牛津：牛津大学出版社，1959: 24.
② 同上，39 页

我们当然可以跳到文化主义者关于法律的结论。理性的、原则性的大陆法系基础和以案例为基础的普通法通常形成对比。哈特和奥诺雷认为约翰·斯图尔特·密尔 19 世纪晚期提出的因果理论强化了德国犯罪法。相反，民事法中因果的主要理论是冯·克里斯提倡的可能性和充分的因果，后来对马克斯·韦伯的行动理论产生了影响。两种情况下，基于理论的争论在法律决策中广泛存在。哈特和奥诺雷对于这一枯燥理论的总结是但"它不可能完全压制常识"。

关于在动机之前做出行动的理论，是否或多或少比坚持行动和动机统一更加理性？歌德的《浮士德》中说，最初没有世界、没有思想，甚至没有权力，但行动是歌德所说的"所有理论都是灰色的，生活的金树长青"。黑格尔说密涅瓦的猫头鹰总在黄昏起飞，但理论即便将生活和行动放在首位，依然只是理论。我们不会转向英语中常识实在论的自我形象，因为它对应的是大陆哲学理论家的形象。

从不同文化背景下的责任来看，变化的不仅仅是法律规则。我们也只能进一步看到不同文化背景下刑罚、承担责任的年龄、精神异常的定义。普通法和大陆法都包含责任相关的理性方法、人类机构的概念以及个人和社会的关系。从这方面来看，理论可能会使社会变得非人性化，像尼古拉斯·卢曼的著名理论一样，如果将行动视为事实而非动机驱动下的行为，就更加可行。

责任存在于一套人类经验中普遍存在的本体论概念中，体现在自我和他者、知识、行为、因果、机会、周边环境、个人、身份和群体等人类经验中，在不同文化背景中不尽相同。责任广义上是人类行为的结果，狭义上是带来惩罚或奖励的行为，更狭义上的概念则是上述基本领域内的规定职责。

当责任的内涵随时代而变化，往往预示着一个时代的终结和新时代的开始，是时代的转变。西方文艺复兴和启蒙运动时期的理论思潮发生变革，从中可见一斑。从前人们认为知识源自神学思考，后来转而以科学实验为知识来源，这一转折点标志着现代时期的开始。

现代时期到全球时代的转折同样意义深刻。就像现代性一样，全球性并非突然出现在人类生活中。过去 70 年中，全球性彻底改变了人类生活的范围。人类无法用掌握的知识控制自然，只能为无法预测的可能事件做准备。个体与他人都和人类命运紧密相连。人类所属的群体带有自我毁灭的基因。公共领域通过全球通讯媒体平台维系。各种自发成立的群体组织充满无限可能。

这是当今时代的特征。请注意，这不是对国家终结、群体消亡、道德沦丧等现代性移位的感叹。国家在向全球治理机构转型，社群成为超越地方性的全球事务，道德沦丧未必比杜尔凯姆所处的时代更加严重。这是本质上的转变，关乎个体与群体的关系，全球范围内人类生活和沟通的范式。

关于这种新群体责任的范围规模，有三个经典的例子。第一个是1919年《凡尔赛条约》中的第231条，[①] 或许是将群体责任加之于单个国家的最经典史例。两位美国法律专家起草了这份条约，其中一个就是虔诚的约翰·福斯特·杜勒斯，他可谓是哈耶克所说的个人良知力量在20世纪的最好例子。除了起草条例外，他也推动了联合国建立和《世界人权宣言》发表，以时任美国国务卿的身份参与制订美国对苏联冷战计划。自第231条法案发布至今，世界一直处于混乱对峙中，虽然国家主义广受谴责，但这份条约主张集体责任，至今仍适用于各国，也使国家主义合理化。

第二个例子，是联合国2005年将"保护责任"原则[②]写入世界首脑会议成果文件，承诺国际社会干预成员国事务，这是群体组织联合国成立以来最重要的功能延伸。联合国支持英国和法国对利比亚进行军事打击，法国和德国在马里开展军事行动，以及非洲国家干预中非共和国的内乱。因大国反对，联合国还未干预叙利亚事务。

第三个例子可能会激怒保护责任原则的狂热支持者，即企业社会责任，也是富有阶层剥削穷人的遮羞布。跨国企业广泛使用这套说辞，表明企业除了对股东负有法律上的责任，还关注更广泛层面的责任。企业做出承诺，直接回应民间组织和社会活动团体对企业在贫困国家剥削工人、造成环境污染的指控。民间组织

---

① 《凡尔赛条约》第231条：同盟国和协约国约定，德国及其盟国因侵略行为导致多国蒙受损失，德国及其盟国接受条约，承担赔付损失责任。

② 国家有责任保护其人民免遭大规模暴行，国际社会有责任协助国家履行其首要责任；如果国家未能保护其公民免受大规模暴行伤害，维护和平举措失败，国际社会有责任通过经济制裁等强制性措施进行干预。军事干预是下策。

团体的施压起到了作用。即便企业社会责任是民间团体所说的虚伪承诺，也如拉罗什富科（La Rochefoucauld）所说的，这也是罪恶对美德的致敬。跨国企业对公司供应链进行监控，以便管控可能影响公司声誉的风险。

群体责任是当今世界得到广泛认同的特征。如果我们接受韦伯关于群体机构减少为个人行为的原则，群体责任会如何发挥作用？简而言之，全球舆论推动了群体责任，正如杜尔凯姆所说的群体良知，通过个人良知起作用。问题是，群体责任的作用发挥地不充分，在承认新群体责任的力量或审视群体责任如何在个人良知中发挥作用方面，受到阻碍。全球责任和规范性在学术上的相似性越来越弱，可以说是法国集体主义和德国个人主义之间的文化分歧未能弥合导致的。群体责任理论已经有一定接受度，很容易通过个人对家庭、群体、国家和全球承诺的调研进行经验主义研究，正如阿历克斯·英格尔斯发起的全球化研究和纳德·英格尔哈特的世界价值观调研。

理论上能够理解，实践中可以调研，但集体和个人责任的平衡真的可行吗？我想在此挑战西方自我认知中的高傲形象，提出第四个群体责任的例子，即中国农村的合作社体制。1979 年起，中国经济日益复苏，西方国家虽然已经感受到中国的发展，但通常关注中国的意识形态，而没有对中国改革的本质进行认真研究。农村合作社将家庭和个人作为生产基本单位，为国家的生产目标承担共同责任。承包责任制对责任和所得进行了详细规定。合作社制度涵盖多个领域中的个人/集体关系，中国著名社会学家费孝通田野调查对此多有启迪。

中国的经济奇迹是从农村开始的，这为后来的类似西方模式的工业资本主义发展奠定了基础。但不同国家的企业在利益相关人、公司所有者、股东、董事长、经理、工人和更广泛的群体相互承担的责任方面有很大差异。[①] 合作社属于工人，而有限责任公司的股东不承担责任，经理只负责为公司带来利润。英美资本主义中的这些狭隘概念引发了公司权力的滥用，导致安然公司和雷曼兄弟公司倒闭。德国的共同责任制度在社会主义经济制度中发挥了更大作用。

但这些都是共同责任的国家模式。应对全球问题的过程中还存在政治问题，

---

① 王贵辰，周其仁等.打破大锅饭：中国责任制的制定和发展[M].北京：新世界出版社，1985：74.

没有全球政府能够代表全球社会承担群体责任。对于一些人来说，这就意味着呼吁各国共同采取全球行动只是华而不实的口号，是一种逃避责任的行为，因为将一个问题贴上全球问题的标签后，就将其上升到全球层面，而全球社会并无群体权威组织。①

但多边机构、全球治理和国际合作的存在又否定了这一论点。杜伊斯堡-埃森大学德国"全球合作研究中心"能够证实这一点。共同责任并不代表责任削弱，德国前总理默克尔所说的"共同责任"体现了德国人对于责任的认识。

相比"全球合作研究中心"的责任，共同责任指的是基于宪法的国家承诺，法律已经渗透到广为人们接受的社会秩序中，成为当代德国政治的基础。德国文化中的特定术语能够体现这一点。但新全球文化也出现了待解决的问题。人们意识到了全球性的存在。全球化重新建立了法律体系的基础范式，将个人和群体对于全球和人类的责任行为置于核心位置，更加强调人权。全球化使新范式为全球做出了新的动态贡献，推动人们重新审视沃尔纳·格普哈特在法律与社会理论关系综合研究中所说的法律与社会的关系。②

全球性也向人类提出了问题，我们如何解决全球性挑战？我们都可以单独地或在包括国家在内的大量群体机构承担全球责任。德国能做出什么具体贡献？

我不敢代表全体德国人民回答这个宏大的问题，在此以英国作家诺埃尔·安南爵士（Noel Gilroy Annan）的生平作为结尾。属于亲德派的安南爵士的回忆录《我的时代》使我意识到，传记和过去的时代是紧密交织的。第二次世界大战前，他是一名学者，战争期间，在地下掩体里，他在丘吉尔的内阁中任职，随后成为英国在德国军事部的成员，后来又任剑桥国王学院教务长。他在书中给关于18至19世纪德国思想的章节冠以"德国复兴"的标题，认为这与意大利文艺复兴中迸发的创造力有异曲同工之处。③ 他认为，国家文化和非个人力量能够推动世

---

① 默里·罗（Emery Roe）. 第六章，全球变暖分析：叙事政策分析 [M]. 达勒姆：杜克大学出版社，1994: 108-125.

② 沃纳·格普哈特（Werner Gephart）. 社会理论与法律：现代性社会学话语中的法律 [M]. 法兰克福：苏尔坎普出版社，1993.

③ 诺埃尔·吉罗伊·安南. 我们的时代：一代人的画像 [M]. 伦敦：韦登菲尔德和尼科尔森出版社，1990: 247-251.

界，要率先进行有说服力的国家主义实践，英国人在这方面进行了实践，但仅限于个人。

  世界大战之前，世界各国像英国人一样在无意识的情况下实践了群体主义。这种认知已经受到压制。哈耶克受限于战争带来的后果，使得集体主义成为一个贬义词。如今，我们应当冲破那些束缚。我想不到任何比德国哲学思想更适合当代世界的，基于康德、黑格尔、马克思、韦伯、卢曼和哈贝马斯等学者的思想，我们可以深入理解全球性以及个人和群体责任关系。

第三章　中国与全球治理①

中国的治理体系给其他国家提供了参考，不是说其他国家要照搬中国独有文化背景下的体系，而是因为中国的治理体系基于顶层理论，也能够应对现实中亟待解决的问题。国家之内理论和实践的平衡与全球治理同样有意义。

3.1 全球化条件下的国家团结——习近平治国理政的理论基础②

一次世界顶级的国际学术会议曾建议用疑问的语气来探讨"民粹主义和新的全球政治秩序"这一主题。笔者认为大可不必表示疑问。我们可以更进一步地用"当下"来替换"新的"；现在可以再进一步探讨"全球政治条件"而非全球政治秩序。

这些细微的变化能够省略通常意义的初步讨论。本文的主题提到了全球化，基于笔者认为把民粹主义作为对全球化回应的解释大致是正确的。但这种评估必须具备多种条件，以下是其中两种：(1) 全球化不是外部力量渗透到我们所谓的国家或社会，令其民众感到恐慌的第一种变革方式或者是在历史上从未发生过的特殊时期。(2) 民粹主义过去在许多不同的条件下出现过，包括城市起义、殖民压迫或经济崩溃。我们需要在这样的列表中添加"全球化"。

---

① 3.1和3.2部分是报刊文章，3.3是在武汉大学演讲原文。其余部分是受中国政府或媒体之邀撰写的文章或评论。——编者注

② 本文原本为第19届世界社会学大会撰写，作者马丁·阿尔布劳，译者许佳、马蕾：全球化条件下的国家团结——习近平治国理政的理论基础，《东北亚论坛》，2019年第3期，第3-9页

在所有这些情况下，民粹主义运动的领导人利用其追随者害怕失去他们所预设和珍视的社会秩序的危机感进行治理。但这种威胁真的存在吗？一个广为人知的道理告诉我们至少他们的感知是真实的。我们可以将这种看法视为民粹主义蓬勃发展的一个显著特征：一方的关切将被另一方否认为真实的关切；一方指责另一方不尊重事实，比如宣扬虚假新闻，而另一方则针锋相对。于是就出现了一种特殊的情况——一种紊乱，它对社会关系的认知、评价和表达导向是如此的脱节和彼此不一致，以至于社会实体的存在本身都受到了质疑。

关于以上论述，笔者不确定是否已失去年轻一代社会学家的关注，甚至失去他们的"同情"。笔者希望能够得到答案。笔者以往的研究可以追溯到20世纪中叶（那是笔者亲历的时期）主导社会学的讨论，以及一百多年前的最初创立理论的时期（在笔者的研究之前的时期），即将社会维系在一起的理论方式。

20世纪60年代和70年代知识界的勃兴和繁荣在很大程度上否定了这一主题在社会学学科中的中心地位。我们可以回顾那时的反对声音：学者们指出冲突是社会的一个永久特征——社会始终处于多种制度之中——最后锁定了世界体系——再到后来，到了后现代主义的转折点，社会甚至都不存在了。

笔者认为不会有人接受以上以粗略的方式总结的这些观点。但作为对后现代主义的尊重，笔者将论及"社会实体"而非"社会"。家庭、社区、组织、俱乐部、军队和教派——它们都是社会实体。我们可以讨论它们的形成、解散以及它们必须满足哪些条件才能继续存在。不同的民族或国家也是社会实体。最近有学者"提醒"我们，这些概念都是想象出来的。很久以前阿诺德·汤因比把它们称为"神话"。但是所有人类社会实体的想象在很大程度上是相同的。

在我们的学科中，把这些想象中的"实体"结合在一起就成为当下辩论的焦点。埃米尔·杜尔凯姆、塔尔科特·帕森斯以及笔者认为"社会实体"再次成为学者们研究的焦点。这种情况即是政治使然。在杜尔凯姆的时代，法国的团结政治是其事业的基础；帕森斯研究的是在西方资本主义和苏联共产主义博弈的大背景下，他的国家——美国的命运。而在我们这个时代的主题是争夺对人类未来的控制权。在每一种情况下，理论焦点都偏向将个人与更广泛的社会实体联系起来的动机因素研究,恰恰因为在社会转型的条件下这些因素都将具有不确定性。广义上的技术创新推动了所有这些变革,包括工业生产(装配线)、(核)武器以及通信(数字计算科技)。

杜尔凯姆主义者和帕森斯主义者都是融合主义者,他们想要找到一套确保从国家到文明的包容性集体生存的规律。这种观点的延续可以在塞缪尔·亨廷顿的著作中找寻。但在笔者看来,只有阿米泰·埃齐奥尼对其进行了足够深入的探索,以寻求建立一个可能的全球社会。

当今的民粹主义政治使社会学家面临一个与杜尔凯姆和帕森斯所面临的一样严峻的理论问题。当全球化似乎对民族国家的团结和未来的稳定造成冲击时,民族国家该如何融入全球社会?早期专业的社会学给出的答案可以通过帕森斯所说的"杜尔凯姆理论发展初期的核心经验见解"来说明,即"追求个人利益的复杂行动是在一系列规则的框架内进行的,与各方的直接个人动机无关。"[1]帕森斯追溯了杜尔凯姆思想的发展历程,通过他早期对分工所产生的"有机的"团结的阐述,发展出了成熟的规范规则理论,其中一个论点即是社会生活建立在"一种最终共同价值态度体系"之上。[2]

团结、利益、规则、动机、规范、价值观,这些都是一个社会的一般理论的组成部分。这里不再赘述他们各自的思想史,因为可以肯定的是,他们仍然,或者本应该就成为社会学一部分。本文将提供一个隐藏在政治主张中的社会理论的当代例子:推进社会公德、职业道德、家庭美德和个人品德教育,倡导爱国、敬业、诚信、友善等基本道德规范,培育知荣辱、讲正气、作奉献、促和谐的良好风尚。[3]

从杜尔凯姆对此认可和赞扬的态度来看,这一思想倡导的理想社会并不遥远。笔者本可以通过省略的某几个关键短语来暂缓公开这个引用的来源。可是此刻笔者愿意公布,源于笔者认为这是非常合理且应该被世界认识和理解的思想(请读

---

[1] 塔尔科特·帕森斯. 社会行动的结构[M]. 格伦科:自由出版社,1949: 314.
[2] 同上,464页
[3] 习近平. 为实现中国梦凝聚有力道德支撑:习近平谈治国理政(第一卷)[M]. 北京:外文出版社,2014: 158-159.

者判断笔者是否是一个公开的宣传者）。这句话即是"高度重视和切实加强社会主义道德建设"，源于2013年习近平会见全国道德模范时的讲话。西方世界存在一个认识偏见，即任何以社会主义承诺为前提的表述都与意识形态有关。如果是一个共产党政权执政的国家的领导人的号召，那就更是如此。因此请对笔者的充分论证保持耐心。

中国的社会主义具有中国特色，这与中国文化紧密相连。笔者再次引用2014年习主席在一次省部级领导干部研讨班上的讲话："……要大力培育和弘扬社会主义核心价值体系和核心价值观，加快构建充分反映中国特色、民族特性、时代特征的价值体系。坚守我们的价值体系，坚守我们的核心价值观，必须发挥文化的作用。民族文化是一个民族区别于其他民族的独特标识。"①

核心价值观是什么？在对北大师生的一次演讲中，习主席曾做过阐释："在当代中国，我们的民族、我们的国家应该坚守什么样的核心价值观？这个问题，是一个理论问题，也是一个实践问题。经过反复征求意见，综合各方面认识，我们提出要倡导富强、民主、文明、和谐，倡导自由、平等、公正、法治，倡导爱国、敬业、诚信、友善，积极培育和践行社会主义核心价值观。富强、民主、文明、和谐是国家层面的价值要求，自由、平等、公正、法治是社会层面的价值要求，爱国、敬业、诚信、友善是公民层面的价值要求。这个概括，实际上回答了我们要建设什么样的国家、建设什么样的社会、培育什么样的公民的重大问题。"②

这些内容包含对过去、现在和未来以及中国在世界上的国家形象以及传播的价值观进行的深远思考。这三种价值类型涉及社会实体的不同方面，反过来又涉及社会现实的三个方面。它们"既体现了社会主义本质要求，继承了中华优秀传统文化，也吸收了世界文明有益成果，体现了时代精神"。③

在对全球民族国家社会进行隐含的本体论分类之后，习主席转而开始塑造中

---

① 习近平.不断提高运用中国特色社会主义制度有效治理国家的能力:习近平谈治国理政(第一卷)[M]. 北京：外文出版社，2014: 106.
② 习近平.青年要自觉践行社会主义核心价值观:习近平谈治国理政(第一卷)[M]. 北京：外文出版社，2014: 168-169.
③ 同上，169页

国在世界上的角色,在保留传统价值观的同时重塑世界对中国的认可与崇敬。他用大量的格言来说明这一点,包括:"大道之行也,天下为公"(《礼记》);"民惟邦本"(《尚书》);"和而不同"(《论语》)。习主席从普遍原则转向具体的中国文化,借鉴了其他文化的独特性是如何在不同的自然条件和发展过程中发展起来。你必须知道你是谁:"世界上没有两片完全相同的树叶。"①

笔者期望至少提出了一个合理的理由来思考习主席对待价值观思考的方式,就像杜尔凯姆和帕森斯一样。在这种情况下,我们必然会问,习主席对价值中心的描述,是否可能像以往杰出的政治家、思想家那样,妥协于同样的批评,甚至走向失败。作为一名渴望创造价值的社会学家,杜尔凯姆留下了一个社会价值观基础的问题——人们持有哪些价值观——需要通过研究来建立。杜尔凯姆很早就得出结论,他们必须是在社会中成长起来的〔据笔者的启蒙老师莫里斯·金斯伯格(Morris Ginsberg)所言,这对他来说是一个令人陶醉的词〕,且具有道德观念。而"哪个社会"的问题仍有待实证研究。

杜尔凯姆在波尔多大学的早期演讲中主张民主,"民主是一种政治形式,通过它,社会实现了最纯粹的自我意识"。一个人的民主程度越高,他的深思熟虑、反思和批判精神在公共事务中的作用就越大。②

但这种民主的道德优势暴露在资本主义和部门利益集团的无政府力量之下。在他看来,前工业化社会的集体意识将他们凝聚在一起,但这种集体意识却被简化成平等和个人主义的抽象规范。他不相信社会改革的统一主义运动,而是呼吁以通过教育更新道德价值观为基础的社会一体化。

从我们自己的"后见之明"的角度和目前西方对价值观的困惑来看,我们可以预见到杜尔凯姆试图重新定位法国社会价值观的跛足和不足。尤其是考虑到他自己的教育原则强调与科学社会学相一致的"世俗的"国际主义。在这个"无处可去的世界"里,法国会在哪里呢?

帕森斯对杜尔凯姆的价值理论进行了修正,但在为核心价值寻找可信任的

---

① 习近平. 青年要自觉践行社会主义核心价值观:习近平谈治国理政(第一卷)[M]. 北京:外文出版社,2014:170-171.

② 史蒂文·卢克斯. 杜尔凯姆其人其道:历史和批判研究[M]. 哈默兹沃斯:企鹅出版社,1975:273.

"国家代理人"方面却没有取得更大的成功,值得肯定的是他认为有必要为这些价值观找到社会基础。必须基于对世界的存在主义信念,基于作为一种人格的动机需求,以及基于与社会上其他人的关系——这种三分法,与习主席后来的划分具有一些相似之处。① 此外,帕森斯引入了一个比杜尔凯姆更进一步的因素,那就是权力。价值观决定了什么值得做。但是,在他提出的著名的定义中,权力是"为实现系统目标而调动资源的普遍能力"②,而选择的目标要符合价值观。

有人可能认为,将权力引入社会稳定分析,将为维护共同价值体系提供保障。但这里有一个悖论,即美国宪法中权力分立的制度化,用帕森斯的话说,反映了"我们对过度具体的国家制度目标的怀疑"。③ 强调职业成就意味着没有顶级精英或统治阶级。所以帕森斯指出,共同的价值观对于制度的稳定是必要的,但在他看来,美国社会并没有达到这一要求。④

他将自己的立场与 C. 赖特·米尔斯（C. Wright Mills）在 1956 年出版的《权力精英》（*The Power Elite*）一书中极为流行的观点进行了对比。工业发展导致的紧张局势,因国际形势新的需求而变得更加复杂。他把 20 世纪 50 年代的麦卡锡主义,即追捕疑似共产党人,比作 20 世纪 30 年代攻击华尔街、帮助摧毁国际联盟（League of Nations）的民粹主义。

重温一遍帕森斯 1955 年的文章《美国的社会压力》（*Social Stress in America*）,他把 20 世纪 50 年代和 30 年代所作的比较与今天的情况有令人惊讶的相似之处。⑤ 他写道:"这跨越了传统的'保守派'和'进步派'之间的界限。"⑥ 共和党人倡导高关税和不愿承担国际责任","共产主义象征着入侵者"是多么不

---

① 塔尔科特·帕森斯. 美国社会权力分配：现代社会的结构与进程 [M]. 格伦科：自由出版社, 1960:174.
② 同上, 41 页.
③ 塔尔科特·帕森斯. 社会学理论论文 [M]. 格伦科：自由出版社, 1954: 418.
④ 同上, 431 页.
⑤ 塔尔科特·帕森斯. 美国社会权力分配：现代社会的结构与进程[M]. 格伦科：自由出版社, 1960: 227-247.
⑥ 同上, 244 页.

切实际。①他甚至指出"快速解决中国的问题，然后我们的麻烦就会结束"是痴人说梦。②

必须强调的是，帕森斯的完全稳定社会分析模板是与事实相背离的。它将权力作为必要的条件引入到等式中，但美国的权力过于分散，无法有效地确保这种稳定。在这种情况下，看看习主席的演讲谈中国如何解决这一问题，是具有启发意义的。

阅读上述讲话的西方读者在读习主席讲话时会遇到的问题是：自由民主理论中的重要概念会在全然不同的中国政治体制语境下被掩盖。它们存在，但因为不是讨论的焦点，就被索引忽略了。例如"治理"一词，被当作"治理能力"索引一次，而笔者发现有 30 余篇相关文献未出现在索引目录中。"廉政"一词作为政治廉政条目列出 8 次，而此外被提及的 30 余次在索引里消失了。类似的还有被忽略 40 余次的"责任"一词，10 余次的"权利"一词，20 余次的"精神"一词和至少 30 次的"价值观"一词。

提及次数很多的条目显示了习近平的关注重点：中国人民（提到了 60 次以上），中国共产党及其中央委员会（超过 150 次），中国共产党的领导或党的领导官员（50 次以上），中国特色社会主义（50 次以上），开放（超过 50 次），改革（超过 100 次）。"改革开放"这一词条，大约有 50 页参考文献。到目前为止，为提到党的条目和改革开放的条目提供了最多的检索页面，这很好地反映了这两方面在习主席演讲时的主题权重。

党及其与人民的关系，是把中国的价值观和权力结合在一起的制度的核心。帕森斯在 1957 年的一篇评论文章中批评了米尔斯关于权力的观点，因为他过分强调权力凌驾于人之上，而不是把事情办好，这是所有关于权力的讨论中最重要的区别。③担心权力会凌驾于人民是权力分配的核心，这种权力分配使美国中央政府的国内弱点制度化。就中国而言，"管人的权力"和"办事的权力"是由人

---

　　① 塔尔科特·帕森斯.美国社会权力分配：现代社会的结构与进程[M].格伦科：自由出版社，1960：243.

　　② 同上，246 页

　　③ 同上，220-225 页

民、党和政府三方共同决定的。在这一制度中，特别强调必须明确注意掌权者滥用权力的可能性。

习主席开展的反腐运动受到了西方的广泛关注，主要是因为这令那些热衷于观察中国体制缺陷的人感到满意。但很少有人注意到的是，这在更广义的层面体现了在一个团结的社会中，权力和价值观需要以何种方式进行协调。在中国共产党第十八届中央纪律检查委员会第二次全体会议上，习主席谈到了中国梦，强调"要把权力关进制度的笼子里"①演讲中他强调了信任、正直、领导、改革、纪律、理论、原则、目标、规则和责任。在西方关于公共政策的专著中，这些内容都是恰当的、合理的，但我们无法想象任何一位现任政治领袖能够在政党会议上就这些问题发表演讲，而西方国家将目光主要聚焦在其反腐败的主题上。

腐败就是党和政府官员滥用权力。习主席的要求就是"任何人行使权力都必须为人民服务"。②党和人民可以齐心协力实现中国梦，"中国梦"包括国内外的中国人民。习主席在华侨华人社团联谊大会上谈到海外侨胞要汲取共同的文化遗产，海内外中华儿女紧密团结起来，"就一定能够汇聚起实现梦想的强大力量"。③

虽然中国今天强调其独特的文化，但它也在努力将被西方完全熟悉的概念引入到本国——一个完全不同的制度框架，即与西方多元主义形成鲜明对比的统一的权力概念。它还结合了一种与西方代议制不同的独特的协商民主的理念。

中国人的团结并不与西方理论背道而驰。这在马克思主义在其政治教育甚至更广范围内的突出地位中表现得淋漓尽致。同样还有一种期望，即从更近代的西方思想和经验中吸取经验，以便更好地应用于现实社会。

邓小平早在1978年就宣布了改革开放政策，当时他派出了一个国家代表团去了解战后欧洲的重建情况，并为此准备了两年时间。1979年，他安排了一位研究德国社会市场经济的专家阿明·戈托斯基（Armin Gotowski），向中国的领导人、政府官员和社会学家解释德国解决方案背后的理论，这就是"实事求是"。在中国应对全球化的过程中表现出同样的精神。中国人深刻理解马克思和恩格斯的世

---

① 习近平.习近平谈治国理政（第一卷）[M].北京：外文出版社，2014: 388.
② 同上
③ 同上，64页

界市场拓展理论，因此，一方面从来没有忽视美国经济全球化的利己本质，另一方面中国积极鼓励中国公司走向世界。

习主席在省部级主要领导干部学习贯彻党的十八届五中全会精神专题研讨班上发表题为《深入理解新发展理念》的讲话，称这一政策为"全方位对外开放"，使中国成为全球贸易自由化的最大推动力。① 他说，结果将是国际力量对比产生积极变化。② 国际环境的改变，以及中国在世界经济和全球治理中日益重要的作用，更重要的是对人民需求的重视，自然而然地形成了"以人民为中心的发展思想"。③ 这种治国理念在中国历史上也曾出现过。习主席引述了《礼记》中的"小康"和"大同"，④ 并解释了其含义。在这里，明确参与财富分配、树立公平正义的社会风气、凝聚人民智慧、实行民主和包容性发展等理念与行动，是中国应对西方全球化带来的分裂和由此产生的民粹主义的方式。⑤

民粹主义最好的管理方式是推行促进包容和共同事业意识的政策，换句话说就是团结。我们人类的共同未来，很大程度上取决于西方和中国如何共同发展能够包容彼此分歧的全球机制。

3.2 中国对未来治理的贡献 ⑥

在西方学术思想中，"治理"一词曾处在一个相对安全，但又模糊不清的位置。在 20 世纪后期全球治理理念下，"治理"一词经受了更多考验。但是，中国近期将其带出学术性讨论，带入公共论述的中心。在这方面，中国贡献最大。

首先，习主席的两卷《习近平谈治国理政》做出了积极贡献。这两卷书内容丰富、范围广阔，覆盖了公平、法律、原则、权利、责任等诸多领域。它包括一系列概念，构成了一个健康社会的基础。在这个社会中，人们能够追求自身价值，

---

① 习近平. 习近平谈治国理政（第二卷）[M]. 北京：外文出版社，2017: 213.
② 同上，212 页
③ 同上，213 页
④ 同上，214 页
⑤ 同上
⑥ 马丁·阿尔布劳. 中国对未来治理的贡献 [J]. 世界汉学通讯，2020(1).

分享他们在和平与安全方面的愿望。

过去十年中,中国将原创思想和实践创新注入到"治理"这个旧概念,使其重获新生。基于文化、意识和实践,中国形成了其独特的方法,让"治理"成为一个活力四射的概念。中国方法适用于世界和中国,我会逐个予以解释。

"全球治理"的明确解释来自联合国全球治理委员会发布的《我们的全球邻里》报告(1995)。那时,来自26个国家、具有丰富国际经验的、受人尊敬的公务员,共同提出了建议,涵盖人类和地球安全,管理相互依存的经济,改革联合国以给予公民社会更大发言权,并将法治延伸至全球舞台。

钱嘉东,前中华人民共和国常驻联合国日内瓦办事处大使,在全球治理委员会发出了中国声音。他曾在1964—1976年间担任周恩来总理外事秘书。在此之前,他曾于1954年在韩国和印度尼西亚参加了中国驻联合国日内瓦代表团的相关会议。他是中国不断参与国际事务的一个缩影,其中包括1971年中国恢复在联合国的合法席位。

中华人民共和国走上了一条不断提高在国际组织中参与度的道路。邓小平1974年在联合国大会上阐述了毛泽东主席著名的"三个世界"理论。随着改革开放不断推进,中国全力支持联合国维和行动,现在已成为派驻维和人员最多的国家。

多边主义一直是中国参与全球治理的一项核心原则,中国一直寻求与自身贡献相匹配的发言权。中国在国际货币基金组织中的投票权不断提高,领导上海合作组织发展。2017年,印度和巴基斯坦加入上合组织后,该组织成员已从1996年的5个国家增加到8个国家。

"一带一路"倡议始于习主席2013年9月13日在哈萨克斯坦的讲话,现在中国已经与138个国家和30国际组织签署了合作文件。有时候,人们认为"一带一路"倡议与上述多边机构性质是一样的。我认为这种观点不正确,导致人们无法理解两者之间的根本区别,一个是包容性发展战略,另一个则是基于规则的服务机构。

多边机构施行成员制,有具体的合作框架,既覆盖各类合作行动,又包括各类规章制度，后者用于管理成员追求自身利益的行为。国际货币基金组织、东盟、石油输出国组织、欧盟等机构各有不同，但都属于此类范畴。不管多边机构是否将发展列为目标之一，它们都依赖于把机构利益置于国家利益之上的具体官员。

从这个意义上讲，联合国当然是最大的多边机构，其雇员超过4万人，有其职业路径，并可能终身服务。这不是一个世界政府，但在很多人看来，特别是在美国看来，联合国具有中央政府的特点，而美国传统上敌视这一概念。通常来说，私营部门雇员可能面临风险，而公共机构官员工作条件更好，因此更易招致对其官僚主义的指责。

在西方民粹主义政客眼中，多边机构比本国机构招致更多批评，但指责言论基本一样。相关言论认为官员脱离了自己的祖国，希望成员国重获自身主权。批评者可以将重点放在职权滥用上。当然，有时一些员工可能确实为了自身利益去推广这些多边机构，而不是为了应该服务的更广泛的群体。这种行为有时被叫作"制度俘获"。

全球化加重了民粹主义对多边主义的反对。的确，多边机构与基于规则的全球经济秩序密切相关，后者允许公司进行跨国界自由贸易。国家对经济全球化的反对加深了对这些多边机构的敌意，因为多边机构支撑了经济全球化。

但是，我在此想强调的是"一带一路"与之前发展计划间的巨大差异。它既不属于全球化，也非新的多边机构。当然，许多国家参与其中，但它们在双边层面，或在多个双边层面的基础上进行合作。每个参加方独立地与有授权的中国机构达成共识，为了一个具体的共同目标进行借款、贷款或者投资，比如开发港口或兴建铁路。这些将成为长期战略的一部分，以中国为主要合作伙伴，发展国家间的互联互通。

王义桅教授，在其著作《一带一路：中国崛起给世界带来什么》中率先用英语对此进行了权威解读。他写道，一带一路"不是一个实体或机构，而是一个合作与发展的概念和倡议"，写得非常精彩。无独有偶，我想结合这个理念，重点阐释"一带一路"倡议以目标为中心的本质。

"一带一路"合作是通过完成具体项目，促进交通、贸易、金融融合与繁荣，达到促进公共福利的确切目标。这些都有可衡量的成果，能够弥合文化鸿沟。

"一带一路"的精神在于其以目标为中心的本质。它匹配了当代需求，使合作伙伴将分歧放在一边并达成互利。它比乌托邦式观念更先进，后者要求各方必须相互理解才能共同合作。相反，它代表了一种我更愿称之为"务实的普遍主义"观点，即所有人保留各自珍视的价值，同时为共同利益做出贡献。

从"务实的普遍主义"角度来看，全球治理不再是各种机构组成的框架，而是多个项目组成的网络，致力于确保人类在地球上的未来，或者是习主席著名的"人类命运共同体"。

我认为，中国正在发展完善一种全球治理方法，其有别于传统的西方观点，并为国际合作带来新的可能性。迄今为止西方给予的主流回应中，并不夹带意识形态等先决条件。事实上，希腊、意大利和波兰等西方国家政治各不相同，但均已与中国签署合作谅解备忘录。务实观点驱动了"一带一路"合作，也同样启发了上述国家。

但在国家治理方面，西方国家对中国的回应更多是由意识形态驱动的。这可以理解，因为在西方眼中，中国的社会和政治秩序是由中国共产党的立场决定的，因此西方国家别无选择，只能反对中国国家治理思想。

事实上，中国不仅采纳了治理、民主和公平等古代西方思想，也融合了价值、责任和诚信等现代思维，这给西方带来了巨大挑战。西方自1917年俄国革命开始，一直认为共产主义是破坏基本自由的一个阴谋。

长期以来，中国创造了自己的社会主义新形象，具有中国特色的社会主义植根于中国文化，这种文化早于卡尔·马克思。确实，马克思坚持按社会关系进行生产的思想与中国古代思想有很大相似性，后者重视社会关系，认为其是繁荣社会的基础。在这方面，马克思更加东方化而非西方化，这只是他不被自己祖国认可的众多原因之一。

正如我在《中国在人类命运共同体中的角色：走向全球治理理论》一书中指出的那样，中国特色社会主义汇集了中国经典、马克思主义和西方政治经济学等各类理论思想的先进性，它构成了中国治理的基础，而习主席详细阐述了它。西方受到了挑战，应该以同样先进的方式加以应对。但西方却付诸专制、独裁和威权等口号，这仅是西方媒体日常言论冒犯中比较温和的那些。

中国特色的新型社会治理带领我们超越了自由民主等传统概念，进入到人民与政府间关系转型中。

在其他地方，除了把中国描述为一个文明、一个国家外，我还将其称为一个公司。这有点夸张，但中国肯定是一个公司式实体，其规模世所罕见。

人民与变革和重建计划紧密相连，这个计划要求每个人都为百年目标和众多次级目标做出贡献。中国共产党要求党员遵守党纪，人民遵循十二条社会主义核心价值观。每个社区、企业、政府机关、社会团体都必须有其相应的党组织。

其结果是中国实现了惊人增长，人民享受繁荣。有层级结构的公司机构可以快速、可靠地向下传递指令，困难在于如何促进下级向上级反馈意见。

这不是中国特有的问题。在西方国家，政府和公司一次又一次地试图压制所谓的"吹哨者"，"吹哨者"目的是引导领导者关注下级雇员的不当行为，或引导公众关注领导者的犯罪行为。同样，下级人员可能有好主意，但上级人士很难知道。对于所有大型组织来说，这是一个很难摆脱的结构性问题。

相比之下，意识到疫情暴发后，中国治理的优秀一面很快得到证明。不到十天，中国就在武汉建成了一所医院，令世界为之惊叹。为遏制病毒而采取的一系列措施，证明了中国人民在支持国家事业时的非凡纪律和勇气。

中国在此次应对疫情和改革开放其他领域中取得了非凡成就，部分归功于它的管理体系。但在此次疫情中，绝大部分应归功于中国治理的自身特色，而非中国与其他大型机构的共同特点。

中国的社会治理具有其自身特点，不应简单地与西方代议制民主思想进行比较。事实上，如我近期在《参考消息》（2020年1月3日，11版）上发表文章所指出的那样，在我们所生活的全球化时代，中国治理应被视为一种全新的治理方式。

当今，所有国家面临的最大挑战都是控制、引导技术，这些技术驱动我们经济和社会关系发展。在上个世纪早期，现代主义处于鼎盛时期，出现了"专家治国"一词，用于描述技术专家和无人系统控制政府的治理方式。

目前，西方民粹主义很大程度上是针对从上述"专家治国"中获益阶层的一种反应。任何现代民族国家都由层级制度构成，中国人民通过中国共产党的领导，在各个层面对国家机器进行监督和制约。相较于系统式管理，中国更青睐人的管理，这让我在上述那篇文章中建议，用一个新的术语"人为管理"来进行描述。

未来，技术创造机器人，无人驾驶车辆可以载客，人工智能设计疫苗。系统包围人类，而人类在这个系统中的位置将成为一个生存性问题，与我们人类物种在这个星球上的生存相匹配。[①]

3.3 中国的国际领导力能给世界带来什么[②]

感谢武汉大学马克思主义学院佘双好院长和武汉大学马克思主义学院副教授金伟的邀请，我才有机会在武汉大学樱花盛开的校园内演讲。作为一名英国学者，我感到很荣幸。

我今天的演讲主题是人类面对生存危机时全球治理的迫切需求。作为一位西方学者，我认为中国是承担这一角色最合适的国家，中国的政治体制吸收了卡尔·马克思的思想精华。

我想提出，中国在未来的几年中会从四个方面影响世界发展方向，包括习主席提出人类命运共同体，基于传统文化、以和为贵的政治体制，环境政策下人与自然的统一以及人类精神。

马克思在西方也受到很多人推崇，尤其是批判资本主义的人。我们要认识到，马克思主义既属于东方也属于西方。马克思出生在德国犹太人家庭，而犹太人就是分布在东方和西方的。

马克思从一个世界公民的角度出发提出自己的思想，如今我也试图站在这个

---

① 作者在发表本文时标注：作者为英国社会科学院院士，曾任英国社会学协会会长，《社会学》期刊编辑，国际社会学协会《国际社会学》创始编辑。——编者注

② "珞珈讲坛"，武汉大学人文社会科学院. 万蕊嘉：英国社会科学院院士马丁·阿尔布劳做客珞珈讲坛[EB/OL]. 2019[2019-11-21]. http://ssroff.whu.edu.cn/info/1171/2539.htm.

角度进行思考，全世界的人们需要什么，中国大量人口摆脱贫困，证明了自身的治理能力，而中国又能在世界发展中承担什么角色。中国已经证明，它有能力在全球领导中承担责任。

世界公民的概念可以追溯到古希腊时期，尤以哲学家苏格拉底为代表。这个概念在西方时常受到嘲讽。英国前首相特蕾莎·梅用讽刺的语气形容"世界公民是没有归属的公民"。一位德国哲学家在近年的一本著作中提到，这个概念毫无意义。

18世纪中期，这种现象一定很讽刺。爱尔兰作家奥利弗·哥德史密斯（Oliver Goldsmith）在《世界公民——中国哲人的信札》中描写了一个嘲讽欧洲人荒唐举止和事迹的中国人，中国人不像欧洲人一样热衷于"造神"。①

卡尔·马克思不愿使用这种日常频繁使用的词。马克思的追随者在《关于费尔巴哈的提纲》中应该读到过他的警句"哲学家用不同方式解读世界，但问题是改变世界"。马克思后来用的一个词"世界市场"或许是最出名的，他刻意将这个词与受限的国家市场相对比，世界市场的概念就没有了界限。"世界"的概念外延有多大？世界的界限不是地域的，而是概念上的，就像资金不受地域限制，流动范围没有边界。中国文化中的"天下"也是如此，天是没有边界的。

对于没有边界的事物，我们往往会赋予其一个边界。我们将世界分为"我的世界"和"你的世界"，"人类世界"和"动物世界"。英语中，我们通常说"动物王国"，有种世界处于主权管控之下的意味。

考虑到未来世界发展，世界不受限的性质对于人类是一个挑战。习主席为我们指明了应对世界发展和改变世界的方向。中国推动了人类命运共同体，这是中国近期对世界做出的最广为人知的贡献。我们在人类命运共同体中既是世界公民也是国家公民，国家身份推动了共同未来的发展。社会学家章晓英告诉我，鲁迅说过民族的就是世界的。

作为英国人，我想知道英国能够为人类命运共同体做什么。英国影响了我的

---

① 本书全名《世界公民——一位居住在伦敦的中国哲人写给东方友人的信札》，1762年出版于伦敦。原为1760年日报《公众纪录报》上每星期更新两次的文章。

思维方式和同时代的人。我们能做的事情取决于我们国家的历史，当然也包括历史遗留问题。

我读书时，老师会指着世界地图骄傲地说，图上粉色的部分1945年时都是不列颠帝国领土，包括南非、澳大利亚、加拿大、印度和如今的坦桑尼亚、斯里兰卡和马拉维。当时巴基斯坦和孟加拉国还不存在。

后来，我了解到不列颠帝国的发展背后是贸易和对人民的剥削，帝国通过奴隶贸易和强制对中国贩卖鸦片积累了财富。我意识到，伦敦乔治王朝和维多利亚女王时期的宏伟建筑和布里斯托、利物浦等城市背后是这些肮脏的手段。看到这些建筑，我意识到我也是英国财富的受益者，我下意识认为这是合理的。在中国学习过后，我有资格为自己的祖先前几个世纪欺压中国人民的行为道歉。感谢中国人民，他们对我和其他拜访中国的英国人非常友好热情。

这是中国文化的特征，中国人宽恕他人，不仅是外国人，还有身边的同胞。我在和不同年龄的中国人聊天的过程中发现，他们会平息家庭纠纷，宽恕家人。中国人认为家、村、镇、市和省是一体的。齐家才能够平天下。命运共同体是中国的贡献之一，以和为贵则是这一概念的基础，也是中国对世界的第二大贡献。和谐是中国文化的典型特征，位于中国价值观体系之首，与西方文明截然不同。

中国历史比西方认知中更为多变。早期，西方的记载中强调中国国家历史悠久而稳定，平息动荡和冲突后，最终成就和谐大局。相比之下，西方的情况截然不同。西方国家建立在冲突的基础上，控制和利用冲突，但不会消除冲突。

马克思和恩格斯知道冲突的重要性，宣称历史中阶级斗争是不可避免的。西方的冲突比阶级斗争更甚。16世纪，罗马天主教堂受到新教改革挑战，新教徒宣称人可以与上帝直接对话。奥利弗·哥德史密斯在书中借一位虚构的中国哲人之口说"牧师永远在互相争执"。

西方个人主义创造了一系列新的信仰、生活方式和群体，一些人借此躲到新世界中。新世界内部，不同群体之间和新旧世界之间始终存在冲突。

1988年，我第二次去中国，了解到了中国对西方个人主义的理解。在计划生育委员会的邀请下，我拜访了村里的一户人家，就计划生育政策采访了一个村民，他们一大家子人在对面笑了起来。采访对象说，他们觉得西方的个人主义很好笑。回忆的时候，我意识到群体采访比一对一采访更能传递真实的信息。

个人主义是典型西方民主和国家体制的源头，也是战争的罪魁祸首。即便冲突并无休止，西方客观存在的秩序是否可靠？一些人就这个深刻的问题给出了回答，我在此列举其中三个。

我会介绍学术社会学家和政治科学家热衷的讨论，即冲突和舆论在社会形成和持续发展过程中的重要意义和相互影响。这些讨论与当今时代息息相关，已经不局限于课堂上的探讨。

或许早年间对于这个问题最著名的答案来自托马斯·霍布斯（Thomas Hobbes），他如今还有很多支持者。新教改革中，他提出人生活在自然国家中，生活"肮脏而短暂"，不得不将自然人的权利交给国家政权，以确保自身安全。如果他们不这样做呢？一个世纪后，社会学成为一门学科。德国哲学家、社会学家格奥尔格·齐美尔提出，在复杂的高级社会中，冲突催生的联盟和复杂关系是社会凝聚力的源头。当时，两次世界大战还未发生。

战争发生后，人们开始重建新的国际秩序，社会学思想对于冲突问题有不同的答案。冲突不会被压制，因为现代社会必然蕴含冲突，但群体机构能够解决冲突。后来，这一思想发展为冲突制度化理论。德国社会学家拉尔夫·达伦多夫是欧盟前外事专员和伦敦经济学院的院长对这一理论很有研究，我有幸与他共事。他认为，冲突是不可避免的，那么我们只能发挥社会的最大作用控制冲突，管控企业竞争，允许罢工，提供仲裁。他写道，"冲突即自由，自由民主即冲突的政府"。

达伦多夫很欣赏英国，对德国建立团结社会市场的行为嗤之以鼻。他认为英国对冲突更包容。但这一观点逐渐失去了说服力，德国战后的经济奇迹震惊了世界，英国却陷入工业发展造成环境破坏的争议。如今，我认为他如果生活在当时环境污染严重的英国，也会改变他的看法。西方民粹主义崛起，他的观点也不再是权威。曾经多重复杂关系下的团结如今看来更像是社会分裂。

国家机构为平息冲突而设立，比如美国的立法、行政、司法权力分立。但国家机构已经无法解决日益严重的政党分歧。英国宪法的界限受到挑战。很多人认为，西方上世纪出现的福利国家引发了阶级冲突。全球市场扩张，国际金融机构发展，金融资本流向全球，跨国公司走向全球，这些都是经济全球化的体现。正如马克思预言的，全球都出现了阶级冲突。如今，政治的全球化本质导致全球民粹主义领导者结成同盟。美国前总统特朗普和乌克兰总统泽连斯基对话，引发争议，这正是政治的全球化本质带来的问题。

全球青少年也开始发起抗议。2019年9月23日的气候行动峰会召开之前，16岁的瑞典女孩格蕾塔·通贝里指控全球领导人未能解决中国所说的"全球共同挑战"——气候变化，偷走了一代人的梦想，引发全球关注。

当今中国人或许带着自豪看待西方。中国特色社会主义效果良好，但如今世界需要高层领导，中国可以承担这一责任。和谐是中国传递给西方的讯号。在中国，和谐通过体制发挥作用，人民也愿意共同为国家目标做出贡献。两个百年奋斗目标通过工厂目标和社区议程，在基层得到贯彻。全国调动资源，实现各种实际目标。价值观是中国社会的基础。和谐的本质是目标导向，推动了合作，为个人行动带来了动力。

这种目标导向的特质使中国与联合国可持续发展目标不谋而合。中国希望推动各国为下一代提供良好环境，但并非所有国家都奉行这种精神。多数国家的理念与中国文化是一致的。

中国哲学思想中的和谐不仅关乎人类关系，还与国内和国家之间的和平有关，包含天、地、人，人类活动体现着自然规律，也影响着自然。"道法自然"与推动全球社会发展的目标相符合，也就是实现可持续环境发展，是目前最紧迫、最重要的目标。这是中国对人类未来做出的第三大贡献。

习主席在福建省工作时，致力于改善当地生态环境，提升水质和空气质量。他在浙江省任职时，呼吁人民参与环境保护，主张实现经济发展和环境保护之间的平衡。"一带一路"倡议自2013年提出以来就致力于保护"绿水青山"。2017年5月第一届"一带一路"国际合作论坛上，习主席强调绿色发展，提出要在2030年实现可持续发展目标。

中国不仅提出目标，还做出了成就。近年的一期《经济学人》指出，中国兑现了减少温室气体排放的承诺。中国的风电产能占世界 1/3，太阳能使用占全世界 1/4。2005 至 2017 年，中国单位国内生产总值二氧化碳排放减少 46%。中国的举措对全球气温变化意义重大。2019 年的数据显示，"一带一路"国家碳排放占全球总量的 28%。

尽管西方喜欢把中国描绘成一个自上而下的国家，每一项活动都是自上而下的，但中国人与自然和谐共处。这是农耕文明国家古已有之的现象，农民常年耕作，期盼庄稼丰收。

2011 年起，肯特大学社会学家张悦悦教授致力于研究非政府组织如何在基层推行政府政策，在实践中提升城市和乡村居民对政府政策的认识。"环境可持续"或"人与自然和谐相处"是中国人普遍奉行的价值观，是一种中国精神。我认为这种精神是中国对世界的另一大贡献。

习主席在浙江省任职时，在报纸上发表文章，九次提到"浙江精神"，"精神"一词出现不少于 69 次。在《换届考验领导干部的党性》中提到 14 次"党性"，还有一篇关于"台风精神"的文章。精神一词虽然在西方有一定渊源，但西方领导人没有在讲话中大量使用过这个词。中世纪基督教中，精神通常与上帝有关，圣父、圣子、圣灵是三位一体。

18 世纪，哥德史密斯写作小说时，中国哲学思想像一束光照进了西方，给启蒙运动带去了启发。哲学家眼中"精神"的含义不再等同于宗教教义。这种精神符合启蒙运动的辩证精神（或许符合西方人喜欢思辩的精神），也推动了以法国作家爱尔维修为代表的物质主义学派。

非宗教精神的影响力逐渐增强，黑格尔哲学思想中广泛体现了这种理念。在马克思主义学院中，黑格尔对整个人类历史进行了解读，其思想在欧洲国家逐渐发展成熟。黑格尔思想启发了一代年轻学者，西方反政府派却将其运用在了马克思历史唯物主义中。马克思反对黑格尔思想和宗教，随着自然科学发展，加之查尔斯·达尔文提出进化论，"精神"一词逐渐淡出公共话语。

在西方，精神如今主要象征着教堂和新宗教运动。这不是中国独有的现象。

武汉大学的金伟教授提到，中国领导者倡导人民践行的精神有很多种，比如雷锋精神、红船精神和上海城市精神，应该也有武汉精神。精神指的是人类行为推动多种新因素融合，产生新事物的方式。精神创造出了人类生活中的物质和精神实体。

社会学家马克斯·韦伯曾试图探寻现代西方社会的经济变化，提出"资本主义精神"。但他在《新教伦理与资本主义精神》中进一步提炼了这个概念。他侧面批判了马克思主义者，提出片面的历史观。

但马克思本人并不片面。从他早期的著作来看，他主张精神与物质对立是一种错误观点，因为人类行为中物质与精神是统一的。哲学中的物质与精神分离，是因为抽离了现实生活，而现实中的人类持续创造着新事物。群体行为推动了新事物的创造，包括社会变革。

对于西方人来说，这是一个悖论，会动摇他们信念的基础。我提出了中国应当向全世界推广的四大贡献：人类命运共同体、和谐价值观、人与自然的统一和精神带来的创造力，其中最重要的是精神。

中国的经济成就使西方忌惮，西方人认为社会主义是行不通的。各种说法开始流行，称社会主义是欺骗、剥削发展中国家、操纵货币，等等。西方无法理解的是，支撑中国特色社会主义的是中国文化和文明，而精神是其中的核心。西方人受到历史局限，认为精神与日常生活是分离的。中国人没有将精神与生活割裂，导致西方认为中国没有理解其中的内涵。与西方不同的是，精神在中国随处可见，而在西方"精神"已经异化为邪教、体育运动和大众演唱会的狂热精神。

3.4 共同未来的多样性和合作[①]

2014、2018 年，《习近平谈治国理政》第一、二卷分别在伦敦举行英文版首发式，我有幸发表演讲。当时讲的重点是，《习近平谈治国理政》前两卷中蕴含

[①] 本文为作者为《习近平谈治国理政》第三卷所写的书评。——编者注

的治理经验不仅适用于中国，对世界各国都有借鉴意义。

通过书名中"治国理政"一词可以看出，书中内容不仅关乎中国，也认识到了世界的多样性。治理不等同于政府，而是从公众意愿出发制定秩序，实现和谐社会。

中国治理注重维护世界和平，与其他国家合作。2020年9月出版的《习近平谈治国理政》第三卷体现了这些理念。习主席在《习近平谈治国理政》第二卷卷末提出人类命运共同体理念，在第三卷中则加入了九场讲话的摘编。

中国的命运共同体理念放眼全球，同时又包容多元，包括上合组织、金砖国家、中非、亚洲国家等方向的命运共同体，以及在经济和海洋等具体领域的命运共同体。全球化不是束缚，各国能够各尽其职。

习主席提倡以规则为基础的全球治理，强调协商合作，推行民主，参与联合国多边主义事务。世界治理不单依靠规则。人类未来发展的核心在于创新合作，共同应对贫困和疾病，保护环境，推动经济增长，促进个人和群体发展。因此，书中讲人类命运共同体的部分后面应该有介绍"一带一路"的部分跟进。行胜于言。

《习近平谈治国理政》的核心是中国人民，尤其为中国共产党提供了指导，第三卷最后一部分是党的自我革命。对于像我这样的外国人来说，这是非常值得关注的。本世纪，中国的领导力日益增强，其他国家要进一步了解中国的独特道路。

《习近平谈治国理政》强调了中国治理的典型特征，将中国历史文化的精华与近代马克思社会主义融合在一起。我曾写过，"中国治理体现了政治领导中系统思维的重要性"。我在读习主席对党员的讲话的过程中也反复体会到了这一点。

习主席从共产党的成立和历史出发，指出党的历史对现代依然有启发，强调党要进行自我革命，根除形式主义、官僚主义、享乐主义和奢靡之风，因为这些问题会影响社会主义实践。实践要以中国化的马克思主义为思想基础，党要通过实践和反思不断进行自我革命。

习主席在互补又动态变化的概念之间寻求平衡，包括理想和现实、纪律和复兴、守正和创新、领导力和为人民服务等。中国不是一台一直轰鸣的机器，而是开启了交响乐的又一个新篇章。目标是给人民带来福祉，提升士气，推动长期发展。

中国将命运共同体的理念与实践相结合，成为当今世界最有远见的国家，人民共享发展成果。中国未来会承担全球领导责任。《习近平谈治国理政》第三卷体现了中国未来的前进方向。

3.5 地方发展，全球视野：习近平在浙江 [①]

读过《习近平谈治国理政》前两卷（2014年、2017年出版）的人会惊叹于其中的观点，并对其大为认同。

《之江新语》记录了习主席早年间的政治生涯。2003至2007年，习近平任浙江省委书记、省人大常委会主任，虽然年纪轻轻，却充满领导者的魄力和热情。《之江新语》首次于2007年在中国出版。

我很荣幸能受邀在伦敦书展《习近平谈治国理政》前两卷首发式上讲话，对中国的宏伟目标进行评论，这些目标是当代西方领导者忽视或难以实现的。

中国的治理思想融合了马克思主义、中国传统文化和西方当代政治理论，为中国指明了道路，也开启了人类命运共同体的大门。对于《习近平谈治国理政》的读者来说，这一系列著作提供了大量信息，充满大胆的创新。

《之江新语》虽然内容相对较少，却已经明显体现出习主席的全球视野。这部著作以习近平在浙江的工作经历为基础，内容更贴近基层，包括他发表在《浙江日报》上的232篇短评。

《之江新语》包含对官员和党员的讲话，简明扼要，平实易懂。《之江新语》中写道："工农联盟是党执政的政治基础，农业是安天下、稳民心的战略产业，'三农'问题始终与我们党和国家的事业休戚相关。"

"基层组织是党的全部工作和战斗力的基础。……对基层干部工作中、生活

---

① 本文为作者于2019年10月15日在第71届法兰克福国际书展期间《之江新语》德文和英文版（外文出版社和浙江人民出版社出版）首发仪式上的讲话。习近平. 之江新语 [M]. 杭州：浙江人民出版社，2017.——编者注

上出现的困难，要设身处地地加以理解，满腔热情地给予支持，扎实有效地进行帮助，特别要敢于为基层干部担责任。"这与1927年毛泽东秋收起义时期的经历不谋而合。

习主席还旁征博引，强调了自省的重要性。他引用孔子的名言"吾日三省吾身"。汉代以来，中国官员就有责任意识。

历史也可以与国际视野接轨。在面对浙江省地方的问题时，习近平没有用多边机构的话术进行应对，而是转而从唐代诗人白居易（772—846）的"天育物有时，地生财有限，而人之欲无极"中寻找答案。

《之江新语》中写道："当今世界都在追求的西方式现代化是不能实现的，它是人类的一个陷阱。所以，必须在科学发展观指导下，探索一条可持续发展的现代化道路。这对于既是资源小省、又是经济大省的浙江来说，建设资源节约型社会显得更为迫切，这也是我们建设生态省的本义所在。"

这篇文章题为《建设资源节约型社会是一场社会革命》，两天后，习近平又发表了一篇题为《平安和谐是落实科学发展观题中之义》的文章，当时是2005年2月。

我们可以从中看到习近平对于中国发展方向的长久深远影响，他对其他国家提高人民生活水平的经验和社会秩序混乱的教训进行总结，指出党在浙江省的调研和政策变革推动了和谐稳定。习主席的原文如下：

"从文化渊源看，崇尚和谐，企盼稳定，追求政通人和、安居乐业的平安社会、和谐社会，这是中华文化的重要组成部分。中国古人就说：'和为贵'，'和而不同'，'有容乃大'。从这些年来的实践看，稳定压倒一切，没有稳定的环境，什么事都干不成，改革与发展都会成为一句空话，已经取得的成果也会失掉。"

我曾在大学执教40年，如果我还在大学，会开一门关于中国改革开放以来公共政策基础的课程。上面的这篇文章会是这门课上的必读篇章，如果学生能够对此进行长久深入的思考，足以通过考试。

这是科学发展观指导思想的内涵。一个月后的文章谈及科学发展观落地实践。习主席在一系列文章中提出，浙江省要发展服务业，吸引世界500强企业投资，平衡重工业和轻工业，推动浙江长期发展。

截至2003年，住在其他省份的浙江人总数达400万，投资5320亿元，收入超1万亿元，70%将生产线建在浙江，占相关产业总产值的30%。

这是习主席2005年3月21日文章中引用的数据，传达的含义非常明确：读者要从思维和实践方面拓宽思路，同时也要了解事实情况。

这是习主席对浙江人民的期望，西方可以从这篇文章中学到一些经验。中国政府既关注重大方针政策，也搜集与人民的日常工作生活各层面相关的数据。从这篇文章中数据的复杂性就可见一斑，这种模式已经在全中国推广。

习主席的书为我们打开了一扇了解中国变革的窗，不仅值得研究中国的学者阅读，还值得全世界所有关心国家在大变局中如何生存发展的人阅读。

3.6 助力世界[①]

西方媒体近来广泛报道了习近平总书记在中国共产党第十九次全国代表大会上所作的报告，但大多通过地缘政治或全球经济的角度进行解读。

十九大报告可以说是对中国未来走向的深刻评估。中国有个成语"静水流深"，习总书记所做的报告是经过深思的，我们应该探究其中深层的思想。

我们首先需要认识到中国共产党总书记对全党同志所做报告的重要性、以及中国共产党在中国历史上的重要性，继而再深入了解十九大报告在中国共产党历史上的重要意义。

十九大报告规划的蓝图为中国全面建成社会主义现代化强国指明了方向。在十九大报告中，中国承诺继续扩大开放，这令人印象深刻。同样令人印象深刻的还有中国共产党对于中国社会主要矛盾的判断，即中国社会主要矛盾已经转化为人民日益增长的美好生活需要和不平衡不充分的发展之间的矛盾。经济发展不平衡以及其他问题，与人民更美好的生活愿景相互冲突。

中国走出了一条与西方截然不同的发展道路，即中国特色社会主义道路。这

[①] 马丁·阿尔布劳. 探究十九大报告的深层思想[N]. 人民日报, 2017-12-22(3).

条道路能够克服当前的矛盾，并且向前看。期待未来中国成为创新方面的全球领导者，构建和谐社会，文化更加具有全球吸引力。

中国特色社会主义发展道路根植于中国共产党、政府与人民之间的深刻合作。十九大报告重点强调了党与人民群众的关系。中国特色社会主义道路是动态而非静态的，是一个不断向前推进的工程，着重于以理论和事实为基础制定政策和目标。国家发展需要领导力，这正是中国共产党的使命——带领人民实现中华民族伟大复兴的中国梦。

实现中华民族伟大复兴，意味着中国向新的历史时期迈进。十九大报告是自信和乐观的，折射出对中国传统文化继续为现代化建设服务的信心。中国将继续百花齐放，并鼓励转型与发展。

西方有一句谚语："没有比好的理论更具有实践价值的东西。"习总书记作的报告具有非常深的理论含义。这一理论将目标与合作联系起来，将价值观与市场联系起来，将多样性与创新联系起来，探索社会与经济转型的驱动力。在这些领域，西方与东方可以相互交流。这种交流的唯一障碍是西方教条地坚持只有自己才明白民主。在中国，民主根植于党和人民的密切联系，"中国共产党来自人民、植根人民、服务人民"。

现在，中国可以把影响力扩大到更大的范围。中国坚持对外开放，愿意与其他文化相互交流，对自己的传统文化充满信心。中国提出的"一带一路"倡议，将在优势互补的基础上促进中国和世界实现互利共赢。十九大报告再次强调推动人类命运共同体建设，世界其他国家应该接受这一真诚的提议。

3.7 关于中华人民共和国成立 70 周年的思考 [①]

在五千年中华文明的史册上，新中国的 70 年无疑是非凡灿烂的篇章。中国人民为了国家的繁荣和民族的复兴而不懈奋斗，无数仁人志士以巨大的热情追逐梦想。

---

① 马丁·阿尔布劳. 交流互鉴中书写辉煌故事 [N]. 人民日报, 2019-12-19(3).

所有文明都有其独特之处。不同文明兴起于不同的物质条件之下，在独特环境中形成各自独特的历史。众多文明在发展过程中相互接触，相互影响。几千年来，中华文明在同其他文明不断交流互鉴中兼收并蓄、共同发展。

新中国成立 70 年来，交流互鉴的故事丰富多彩。中国积极参与经济全球化进程，并提出共建"一带一路"倡议，促使各国人民共享合作机遇。从新中国成立到改革开放，再到努力实现"两个一百年"奋斗目标，中国一直在交流互鉴中书写辉煌故事。向他国学习并吸收先进经验，成为实现中国梦的重要助力。

当然，文明交流不是盲目复制。中国共产党从一开始就认为必须把马克思主义基本原理同中国实际相结合，才能为当下和未来发展指明方向。这就是中国特色社会主义的成功之处，也为其他正在寻找符合国情的发展道路的人们提供了借鉴。

毫无疑问，文明之间的交流互鉴拓宽了人类的发展道路。通过开展贸易，在人员、货物往来的同时促进了思想和知识的交流。从古至今，人类逐渐掌握了一些具有全球影响力的技术，例如蒸汽动力、原子能、数字通信，等等。至关重要的是，对科学技术的掌握并没有被局限在科学技术的起源地。只有通过交流、合作、互鉴，科学技术才能产生更广泛影响力，造福更多民众。正因如此，个别西方国家出于某些原因企图遏制华为 5G 通信技术发展的尝试，是注定要失败的。从印刷、电信到航天、互联网，历史经验告诉我们，跨国合作、共同制定技术标准符合全世界人民的共同利益。国际电信联盟是一个很好的例子——该组织成立于 1865 年，如今是一个联合国机构，让 193 个成员国共享通信技术标准。

共享技术和技术标准是跨国合作的必要基础，这些合作是应对当下全球挑战所必需的。具有不同文化传统、不同国情的国家同样可以开展平等合作，共享发展成果，这便是"一带一路"倡议的智慧体现。"一带一路"倡议是构建人类命运共同体的伟大实践，是中国为全球发展作出的积极贡献。

对每一个文明而言，未来充满机遇与挑战。中国不仅致力于将其独特的文化遗产继续发扬光大，同样致力于为人类社会共同发展谋福祉。为此，中国越是敞开怀抱分享自己的文明，就越能扩大国际社会所需要的合作。

3.8 世界能复制中国的民主之路吗？[①]

新冠肺炎疫情全球蔓延，加之美国近年政治局势变化，未来的民主发展成为未知数。但西方依然闭目塞听，拒绝了解中国社会治理体系。中国的民主协商不仅能够挽救现代国家，还在解决关乎人类生存的全球性挑战方面起到了带头作用。

拜登成为美国总统后，西方思想转向了民主。白宫风波平息后，一些人认为美国民主制度逃过一劫，可以延续下去。但一些人着眼于未来，已经构想出了未来民主联盟，可以确定的是，美国不会邀请中国加入联盟。

从各方面来看，中国比这个民主联盟可能包含的任何一个成员都要民主。中国成年人普遍享有投票权，投票参与度较高，法律规定人民享有平等权利，政府再分配政策确保了社会公平，人民对政治体制满意度很高。

中国的公共政策高效且有效。40多年来，中国消除了绝对贫困，经济发展迅速，在一些西方人眼中，中国更像一个企业而非文明，这也是可以理解的。西方国家只在商界看到过这种发展速度。对于这种商业民主特征，我们不禁要问：如果西方最成功的苹果公司等企业，在各个层级都要投票选出领导者，会作何反应？

从村和厂到人民代表大会，中国各级都实行协商民主制度。中国共产党在价值观和政策制定中发挥核心作用，中央、省、县等各级政府负责政策落实。西方国家的选民选出政党代表担任政府首脑，无论他们是否有能力和相关经验。

西方如今已经四分五裂，西方大国将这种代表制度标榜为民主制度，忽视了一届届政府暴露的问题。各党派维护支持者的利益，相互争夺选票，选举受到金钱支配，经常空喊口号，只为吸引最多的选民。全球化影响下的社会两极分化，民粹主义者煽动种族主义和对移民、少数族裔的仇恨。

西方民主的短暂历史上曾出现美国内战，希特勒通过民选上台，非洲和拉丁美洲出现军事独裁，中东也出现民主战争。西方民主从冲突中诞生，成功与否在

[①] 本文为作者为2021年3月撰写的文章。——编者注

于能否解决冲突。

西方政治体制预设了冲突，孕育冲突后又试图遏制冲突，但西方国家时常失败，因为体制中蕴含的政党冲突导致看似力量均衡的政局极不稳定。"自由民主"变成了"冲突模式"。我们需要时时回望民主漫长又曲折的历史。

古希腊人的民主历史比现代西方更长，对城邦能否建立稳定政权，保障公民权利还存在怀疑。对于古希腊人来说，民主要与其他政府机构结合起来才能发挥最佳效果，政府不能仅仅以民主为原则。虽然当时还未得到证实，他们已经预见到民主很容易堕落成暴民统治。

中国设立庞大的政府机构已有千百年历史，已经发展出适合中国文化和当代全球化经济的新型民主。而其他国家还不了解中国治理体系的创新之处。

从当前地缘政治局势来看，两极格局正在形成，西方喜欢将自身与中国的关系描述为"自由"与"集权"的对立概念。"自由"看似正面，其实是政府控制下的自由，"集权"看似消极，其实指的是中央政府管理。这种对立反映出西方未能理解中国人民对政府的信任和信心。

西方和中国的关系用"冲突"和"共识"描述更为合适。民主应当以寻求共识为目标，这符合人类发明文字之前生活在部落时期的原始民主形态。人们（几乎都是男性）围坐在一起讨论解决与群体相关的问题。集体通常围绕讨论建立，足以确定最终的结果。

在成员关系平等的群体中，讨论产生的观点、评判或决策是民主的基础。平等时常体现在对于某一事项的投票中。随后就需要代表做出决策，一旦群体规模超越本土社群，决策的类型就至关重要。

现代国家中，国家政务的专业性变得更强，原始形态的民主随之销声匿迹。在人口数达到上百万甚至超过十亿的国家，国家事务往往非常复杂，民主本身已不足以解决这些问题，随之而来的是专家治国的兴起。

如今，国家治理需要更多专业知识，单凭民主制度无法满足这一点，还需要对首要问题、共同价值观和国家群体的归属感。除了民主和专家治国外，我们还需要"人本主义"，这是维持国家团结的必要因素，也是现代治理的第三大支柱。

在中国，这就是共产党扮演的角色。

如今，中国共产党的任务是推动国家政策执行和计划制订，确保符合中国共产党中央委员会提出的原则、价值观和政策，并得到全国人民代表大会的支持。

中国共产党在中国治理中领导人民，对政府政策实行进行监督。党广泛听取舆论意见，关注民生问题，通过道德建设推广共同目标和价值观。人民是国家的毛细血管，中央政府则是大脑，党与人民心连心。

中国的民主已经充分发展，取代了此前的模式。中国民主模式取得了成功。过去40多年来，中国消除了绝对贫困，建成小康社会，经济增长速度超过了大国。

中国向世界展现了社会主义的成果，中国的政治和民生模式与中国文化相符，也符合中国国情。中国模式体现了民主协商的活力，也就是冲突的另一面——共识。中国在处理社会矛盾冲突的同时推广了依法治国。

中国从此出发，去往何方？中国没有照搬其他国家的模式，因为它知道自身的历史和文化中蕴含着独特的发展模式。法治基础上的民主是中国对全球体系的贡献。上文提到的基本和原始民主已经成为普遍认知，多边机构会议中的成员通过协商进行决策，这就是中国能够做出贡献的原因。

中国对国际体系、区域组织、多边和双边协议的承诺符合法律法规，是全球治理最强大的推动力，有助于在全世界范围内推广协商民主。由上至下的民主能够使全球目标渗透到社会各个层面，有助于应对气候变化、核威胁、疫情和数字通讯标准等全球挑战。

在这方面，中国与国际社会群体和西方民间活动家自下而上的呼吁有共同之处。西方民间团体长期对本国失败的政治体系进行徒劳抗议。中国可在世界舞台上发挥主导作用，在数字时代向全世界推广民主，这有助于解决人类生存面临的棘手问题。

3.9 中国社会治理对世界的意义[①]

在此向来自世界各地的来宾致以诚挚问候。首先感谢"一带一路"国际智库合作委员会邀请我来到织里,近距离了解中国改革开放以来的地方发展成果。

很荣幸受邀来到这个特殊的场合,就社会治理发表演讲。我今天算是班门弄斧,因为中国的治理非常值得其他国家学习。

第一个话题是社会治理如何推动社会发展,提升民生福祉。习主席在社会治理方面的思考或许有助于解决欧洲的社会问题。感谢你们的建议。

我想提出一些关于社会治理的基本思考。首先,社会治理泛指维持社会秩序,为人民的日常生活、工作和未来规划创造稳定社会环境。中国强调"社会"治理是有其自身原因的。

中国将政府全国治理与地方居民治理进行区分。英国将中央和地方政府区分开来,但居民的作用很容易发展成第三方团体或民间团体,最终与政府脱离。

我在《习近平谈治国理政》第一卷英文版发布仪式上讲过,这个标题体现了中国自古以来政府和社会的密切关联。

会前介绍的织里地方治理的例子就非常典型。织里平安公益联盟是一个志愿者组织,为当地居民提供公共服务。老兵驿站则直接负责公共安全维护。两个组织都参与过消防工作,曾任织里镇司法所所长的吴美丽是当地社会治理主要负责人之一。织里"平安大姐"协助解决邻里冲突,这是中国地方治理的典型例子。

社会治理在中国历史悠久,政府在社会关系中扮演重要角色。孔子提出五种人际关系"君臣、父子、夫妇、兄弟、朋友",其中包含皇帝。

下面,我想讲讲习主席对良政的理解及其对欧洲可能带来的影响。2014年2月17日,他在省部级主要领导干部学习贯彻十八届三中全会精神全面深化改革专题研讨班上的讲话中指出要"提高党科学执政、民主执政、依法执政水平"。

[①] 本文为作者在2019年11月18日湖州织里国际论坛"中国社会治理对世界的意义"上的讲话。——编者注

(《习近平谈治国理政》第一卷,92页)

"科学"即客观真实,"民主"即符合人民意愿,"法治"即依法执政。希望这些简短的解释能传递其中连贯的含义。

如今,治理需要上述三方面的努力,因为现代世界不断变化发展。如今,人们掌握了数字技术,治理过程中需要进一步融合技术、民主和法律。

中国共产党将马克思主义与古代政治智慧结合,推动了技术、民主和法律在治理中的融合。下面我想谈谈习主席的思想对当今面临困境的欧洲国家有何启发。

我们无法将习主席的思想从中国文化中剥离出来再传播到欧洲。除了文化差异外,还有其他原因。18世纪起,欧洲国家、美国和其他英语国家就在立法、政府政策和民主实践之间进行了严格区分。这种权力分立诞生于中央政权和新兴阶级的冲突,甚至是流血暴动中,代表着历史上双方的和解。但如今金融资本主义逐渐脱离政府控制,这种制度已经开始摇摇欲坠。

很多国家的宪政都亟待改革,但不会复制中国的体制。虽然西方国家采取类似的议会代表制,可能会采取类似措施解决现存问题,每个国家还是会发展独有的政治体制。西方国家如何寻找解决办法?习主席的思想为西方将理论用于实践提供了参考。还没有西方国家领导人在治理方面展现出如此宽广的视野和深入的思考。当今世界需要能够做意见领袖的领导者,而非掌控人民的人。这是如今欧洲国家领导人缺失的品质。

离开织里后,我们中无论是长期待在中国还是近期来到中国的人都惊叹于当地的治理成果。织里模式开拓了我们的想象力,今后我们还会回来考察。我们会思考当地模式给我们国家带来的启发。我们的语言不同,感受可能也不同。但我推荐大家读多语种版的《习近平谈治国理政》,会给大家带来思想的启发。

感谢大家的聆听,在此对主持人和织里人民表示感谢。

3.10 中国共产党成立 100 周年之际的演讲[①]

我们看待中国共产党时,不仅看到它带领中国取得的成就,还要看到它的创新治理模式对世界的贡献。中国共产党进行了一次伟大尝试,政府以价值观作为治理基础,推动经济社会发展,同时管控经济社会不断变革带来的风险。下面我想谈谈为何中国共产党的模式具有重大意义。

中国共产党证明了它是一个适应性强、脚踏实地、不断学习的政党,另辟蹊径,为世界提供了中国模式。中国的技术革命在数字时代具有重大意义。

中国共产党是唯一一个与时俱进,乘上数字革命浪潮并通过监管下的技术为人民谋福利的政党。这证明,中国从未将自己的意愿强加给其他国家。

我认为,其他国家也会纷纷开始模仿这种发展模式。在此向中国共产党百年以来的成就致敬,希望在下一个百年,中国共产党能够为后代做出更大成就。

非常感谢。

3.11 中华人民共和国成立 72 周年之际的演讲[②]

国庆节对每个国家的公民都是意义非凡的。作为外籍人士,受邀参加中国国庆节庆祝活动,我深感荣幸。感谢中国驻英大使郑泽光邀请我在此发表演讲。就像中秋节一样,国庆节体现出国际社会对中国庆祝活动关注度日益提升,其中传递的和谐社会、国泰民安的信息引起了广泛共鸣。这也向世界展现了习主席 2021 年 5 月 31 日提到的中国故事及其背后的思想力量和精神力量。

日前,中国驻伦敦使馆文化和旅游处发布中秋祝福语,在英国民众中进一步传播了中秋文化。后面的三个月中,使馆举办了"千里共婵娟"项目,涉及各方

---

① 本文为作者受中国驻英国使馆邀请于2021年6月22日在伦敦举行的中国共产党百年研讨会上的演讲。——编者注

② 本文为作者于2021年9月28日在中华人民共和国成立72周年之际受中国驻英国使馆邀请参加线上招待会时发表的演讲。——编者注

面的中国文化。

这个项目包含多种全媒体活动，利用了最新的数字技术，内容涵盖中餐烹饪课程、自然保护区、1911年辛亥革命和中国扶贫。项目共包含40多个活动，我们身在英国能够参与其中，感到非常荣幸。

我对《柴米油盐之上》这部扶贫纪录片尤其感兴趣。我还有幸参与中国国际民间组织合作促进会教育扶贫志愿项目的活动。通过这个项目，大量高水平教育工作者来到中国最贫困的地区支教。

这些扶贫工作的涓涓细流不断流入中国扶贫政策的大河，中国最终于2020年消除了绝对贫困。中国共产党完成了第一个百年奋斗目标，即全面建成小康社会。

今年的国庆节不仅是中华人民共和国成立72周年，还为下一个百年目标带来了希望。希望今年的庆祝活动开启共产党的下一个百年，取得一如既往的成就。

中国的和谐社会、国泰民安等理念已经走向世界，希望中国人民构建全球命运共同体的努力能为世界做出更多的贡献。

3.12 《大使讲中国故事》——刘晓明大使讲话合集[①]

刘晓明大使自2010年起在英国任职，11年期间，他共发表700多次演讲。他曾用"IDEA"一词来概括自己作为驻英大使的使命："I"代表利益（interests），即扩大中英共同利益；"D"代表对话（dialogue），即对话永远好于对抗；"E"代表探索（exploration），即探索合作新领域；"A"代表互谅（accommodation），即相互尊重、互谅互让。

《大使讲中国故事》包含41篇与IDEA相关的演讲，是刘大使在英国各地向军队、年轻领导人、商人等发表的演讲。这些演讲体现了中英两国的良性关系，他称之为中英关系黄金时代。

他的思想不仅给英国带来了启发，还是对人类命运共同体的贡献，值得全球

---

① 本文为作者2021年11月受刘晓明大使邀请写下的评论。——编者注

读者关注。他持续强调中国带给世界的国际秩序、合作、开放、和谐、法治等概念，还推动了中国独特历史文化的传播，包括中国化马克思主义、孔子和孙子思想以及共产党百年历史。

上述评论会让读者深思。中国是世界上邻国最多的国家，也是联合国安理会常任理事国中派出维和人员最多的国家。我们要思考这两者之间的关联，通过阅读这本合集进一步了解刘大使的思想。

3.13 "对话思想者"：中国能为当今世界做什么？——对话中国国际电视台主持人刘欣[①]

刘欣：您认为西方在全球伦理和为全球伦理提供启示方面有哪些做不到的方面？您认为中国伦理做出贡献之外，西方能够做什么？

阿尔布劳：我不认为有这样一个全能机构。所有有影响力的全球机构都能够承担这一角色，也应当尽到义务。中国在整合国家机构功能方面为世界提供了范本。我认为对于其他国家来说，中国政府管控金融部门发展，增强社会公平，缩小贫富差距的举措非常令人瞩目。中国为世界提供了范本。中国试图平衡各方面因素，建立和谐社会。这些原则适用于全世界，但中国无法以一己之力推动世界发展。对于全世界来说，中国不仅是一个榜样，还会对其他国家产生影响。我想区分榜样和影响，成为榜样不等同于影响其他国家，但两者可以同时发生。我认为中国可以通过很多方式实现这些目标。

刘欣：您的观点之一是共同价值观也会导致更多冲突，比如中美两国都主张民主、人权、平等和争议，但两国的理解不同。我们如何应对这种情况？事实是这样吗？

阿尔布劳：价值观归根结底是纲领，也是对未来的洞察。人们如何避免价值观过度主导思想、实现观念的平衡呢？我认为中国人已经找到了方法，因为中国人非常务实。涉及价值观时，他们总是着眼于现状。我认为，中国人最大的贡献

[①] 本文为作者 2022 年 1 月与中国国际电视台主持人刘欣对话的文字版。——编者注

之一是他们脚踏实地,将价值承诺转化为实践和可实现的目标。世界需要中国的实用主义。西方往往认为中国是一个受意识形态驱动的国家,但西方国家也受到意识形态驱动,价值观宣传比中国更甚。中国的治理思想体系非常庞大复杂,融合了传统中国思想、现代马克思主义思想和现代科学,成为可实践的指导思想。中国人的想法脚踏实地,并非空中楼阁。

第二部分
中国实践

第四章 "一带一路"倡议

2013年习近平主席提出"一带一路"倡议，不到一年后就引发了关于这一倡议含义的争论。一方面，"一带一路"倡议只是中国与成员国之间的投资项目。从不同角度来看，倡议体现了中国如何通过群策群力发展繁荣，改变全球力量平衡。此外，"一带一路"倡议还影响了社会生活的多个层面。

4.1 阿尔布劳与王义桅教授关于"一带一路"倡议的对话[①]

"一带一路"倡议是"丝绸之路经济带"和"21世纪海上丝绸之路"的简称。

倡议包含三个核心概念，首先是"21世纪"。"一带一路"倡议项目包含铁路、公路、航空、海路、石油管道、能源管道和通信网络等互联互通的基础设施。核心是万物和人类的"互联互通"，这是21世纪的独有特征。

第二个核心概念是"带"，指经济走廊和经济带，反映了中国改革开放的经验和模式。丝绸之路经济带的建设旨在推动各领域发展，推动区域合作。

"路"的含义更广泛，在中国传统典籍《道德经》中指的是"道"，即"道生万物"。当今世界的"道"是建立人类命运共同体。"一带一路"开放包容，各国都可以参与其中并作出贡献，共享发展成果。

中国提出的"一带一路"倡议指的是丝绸之路经济带，途经中、西亚，连接

[①] 此为中国人民大学教授王义桅与作者在中华人民共和国成立70周年之际关于"一带一路"倡议的对话。——编者注

中国和欧洲。21世纪海上丝绸之路连通中国、东南亚、非洲和欧洲。倡议提出于六年前，推动了公共产品转移，也促进了人类命运共同体构建。人类命运共同体即推动包容性全球化的国际合作平台。"一带一路"倡议在全球获得了良好反响。

然而，"一带一路"倡议的实施依然存在问题，下面列出10个较有代表性的问题。

4.1.1 "一带一路"倡议会破坏环境吗？

阿尔布劳：反对者打着自然环境保护的旗号对"一带一路"倡议大肆批判。经济发展过程中必然要消耗自然资源，将资源转化为人类应用的产品。自亚当和夏娃从智慧之树上摘下第一个苹果，人类就一直在利用自然资源。

人类与自然是共生关系。人类是自然中不可或缺的一部分。我们如今从果园和各种树上摘苹果，杂交技术已经非常普及，没有人类干预是无法实现这项技术的。自然是人类赖以生存的环境，人类是环境变化的推动者，也努力应对环境变化。要指望环境自然变好是不可能的，飓风、地震和道德败坏都会自然而然地发生。

那么，关键就在于平衡。美国人亨利·梭罗是一位近乎圣人的自然主义者，退隐山林，但他也赞同修铁路，因为铁路能将全世界的产品运过来，使他有世界公民的感觉。铁路能带动就业，提高生活效率，因此梭罗很支持铁路修建。他很早就预言了互联互通对个人探索的推动力。就像旅游机构宣传词将热带岛屿描述成风景宜人的世外桃源，却向游客推销廉价航空。

经济发展和环境保护的平衡取决于评估的视角。中国因帮助其他国家建煤电厂而受到批判，但在太阳能发电方面全球领先。这样一来，中国本国能源政策和海外经济活动的影响在全球碳排放资产负债表上就实现了中和。人类活动引发了全球性气候变化，碳排放量最大的单位要在全球范围内评估其能源政策的影响。在这方面，中国处于领先地位，其他国家也希望中国能发挥带动作用。

王义桅：如孔子所说，"自立立人，自达达人"。每个国家都有自身发展需要，中国的"一带一路"倡议旨在帮助其他国家实现联合国2030年可持续发展议程目标。世界70%人口脱贫归功于中国。当今世界，有11亿人口还没有用上电，其中3.5亿在印度。中国将智慧电网、特高压和清洁能源相结合，带来能源的同时也减少了碳排放。这就是习主席2015年在联合国发展峰会上提出的"全球能源互联网"倡议。

实际上，绿色发展是中国的重要发展目标。2019年5月2日，中国正式成立"一带一路"绿色发展国际联盟，为中国和外国机构密切合作，就关键问题进行政策研究，提出政策建议，推动国际对话提供了国际平台。

美国航空航天局报告显示，过去35年来四分之一的地球植被显著变绿，这是中国的功劳。中国与其他"一带一路"沿线国家分享经验，也表明将推动绿色"一带一路"和"一带一路"生态环境保护合作规划，为可持续发展勾画了蓝图。

4.1.2 "一带一路"倡议是债务帝国主义吗？

阿尔布劳：威廉·莎士比亚在经典戏剧作品《哈姆雷特》中写道："不要向人告贷，也不要借钱给人，因为债款放了出去，往往不但丢了本钱，而且还失去了朋友。"如果将信贷和负债视为资本主义的一部分，那西方国家就不是真正的资本主义者。基督教故事中，耶稣把放高利贷者逐出耶路撒冷圣堂。

一些人将托马斯·皮凯蒂（Thomas Piketty）的大部头著作《21世纪资本论》与先驱卡尔·马克思的著作相提并论，指出"资本所有者不需要自己劳动就能获得收益"这一点无论在何种社会中都令人反感。但他也指出，苏联消除私有制的尝试宣告失败，表明市场在"协调上百万个体的行为"中发挥着有效作用。[①]

中国的改革开放是调控资本市场，实现社会效益最大化的实践。资本代表着价值，可以带来未来收益，利益分配方式则决定社会是否稳定。皮凯蒂指出，中国与欧洲国家相比，优势在于政府能够决定如何调控资本市场。[②]

认识到资本和资本调控的本质对于避免反对债务的粗暴道德主义非常重要。债务人和债权人处在互相承诺的社会关系中，双方对于投资的未来收益都抱有

---

① 托马斯·皮凯蒂. 21世纪资本论 [M]. 北京：中信出版社，2014: 531-532.
② 同上，536页

信心。

这样一来，债务人和债权人没有道德高低之分。欧盟就存在这样的问题，德国人认为希腊负债管理不善是道德腐败。债权人通过放贷获得利息，如果投资失败，那就和债务人一样负有责任。

一些人认为，中国在其他国家投资基础设施建设，给其他国家提供贷款用于铁路、港口建设是在打造帝国。实际上，"一带一路"倡议是基于国家之间的协议，各国平等承担责任，知悉各自利益。这是双赢的基础。

这些思考无一例外都不排除马克思分析的剥削关系存在的可能性，一方拥有资本，另一方只有劳动力。但是在当今国际关系社会体系中，国家主权是国际关系平等的基础。

当多边机构的权力超出国家掌控，债务国家独立性和本国公民身份合法性受限，经济帝国主义风险就会上升。20世纪90年代，国际货币基金组织给东南亚国家提供贷款的前提是要求这些国家实行紧缩的货币政策和财政政策。

2008年金融危机后，全球金融系统改革几乎未能消减未来风险，部分原因是对债权方和债务方道德平等的认识依然不足。坏账是获得未来收益不可避免的部分，不至于受到惩罚，但各国对此还没有形成普遍共识，导致公共政策未能充分包含风险规避，继而出现将受害者当成替罪羊的不理性行为。

从这方面来看，"一带一路"倡议和任意一种投资一样，其成败取决于债务国的实施效果。互联互通对于"一带一路"沿线国家有益，也依赖于所有国家的参与度。链条上任何一个环节的失败都会导致项目中止。帝国主义时期，英国人常常以"白人的负担"为由，拒绝承认帝国带来的好处。中国乐见双赢的结果，但也应考虑双输风险的存在。正如皮凯蒂说，中国在管控资本方面有很多优势。"一带一路"倡议要取得成功，其他国家还要依赖中国。

王义桅："一带一路"倡议的意义不仅在于基础设施本身，还在于基础设施带来的影响和对经济发展和独立自主的推动作用。"一带一路"倡议能够帮助其他国家偿还过去的债务，而非创造债务陷阱。

"要想富，先修路；想快富，修公路；想立富，通网路；想共富，通中国"。

这一口号推动了很多发展中国家加入"一带一路"倡议。

中国正式对所谓"一带一路"倡议导致一些参与国陷入"债务陷阱"的批判进行回应，制定了抵御金融风险的机制。2019年4月25日，财政部发布《"一带一路"债务可持续性分析框架》，鼓励中国和其他国家将这一框架作为贷款决策的重要参考，进行债务可持续性分析并根据风险评级结果管理债务风险。这一框架属于非强制性政策工具，显然可以用作支撑多边开发融资合作中心的政策工具，各国可以自愿使用。

债务可持续性分析程序包含以下步骤：（1）明确债务范围；（2）预测宏观经济走势；（3）校验预测的准确性；（4）确定国家分组；（5）开展压力测试；（6）判断风险信号；（7）修正模型结果；（8）确定风险评级；（9）形成分析报告。

债务可持续性分析报告包括以下内容：（1）公共债务范围，（2）债务情况，（3）宏观经济预测情况，（4）国家分组，（5）压力测试的情景设定，（6）公共外债分析，（7）公共债务分析，（8）模型结果修正，（9）最终评级，（10）当局意见；（11）表格和图表。

国别债务可持续性分析报告可按年编制，通过对各国发展潜能、负债能力、债务可持续性、2023年可持续发展议程及其他共同发展议程进行综合评估，报告结果可作为中国金融机构和其他"一带一路"沿线国家进行分类债务风险管理和做出理性借贷决策的重要依据。

4.1.3 "一带一路"倡议能够做到公开透明吗？

阿尔布劳：20世纪90年代全球经济危机以来，提高经济政策透明度就成了避免经济危机重演的关键因素。然而危机再次发生，尤其是在2008年，关于提高经济政策透明性的呼声则越发高涨。

面对这种明显的悖论，一些人或许会质疑透明性会加剧危机，而非缓解危机。不过事情不是那么简单，通过其中包含的动态过程就能看出一些端倪。个体、公司或政府等主体在对市场情况、消费者和竞争对手了解更多的情况下，做出的经济决策会更加合理，这是公认的事实。决策主体也要了解经济活动的监管法规，并依赖法规的执行。

中国于1945年加入国际货币基金组织成为创始国之一，改革开放40年来，中国在国际货币基金组织中的地位日益提升。该组织是国际经济秩序的主要守护者，根据自身原则为陷入困境的国家提供贷款，成为经济全球化的关键推动者。用它自己的话说，"国际货币基金组织的政策是确保将自身在全球经济及成员国经济体中作用的有效信息准确无误并及时地传达给全球受众。"①

比别人更了解对手的策略和计划，就能够获得先机，这是市场经济的问题所在。在公平竞争的环境中，每个人都对普遍适用的规则了如指掌是一回事，通过和其他人分享自己的计划来获得竞争优势又是另一回事。在所有商业机密、官方机密、知识产权、专利和个人隐私权方面的规则和公约中，保留机密的权利都受到尊重。

个体、商业和政府的关系涉及透明性和隐私性之间的复杂平衡，而这种平衡始终在变化。为规避国家经济体中现有的信贷监管规则，各种所有权和投资新形式不断涌现。经济主体通过境外经营规避本国透明性限制。这是推动经济全球化的主要因素，经济主体借此获得跨境利润，逃脱国家税收。全球化经济中，政府是利用国家财富获得海外优势的理性主体。

"一带一路"倡议的透明性会在两方面受到挑战。首先，中国实行保持政府和企业密切联系的政策。中国特色社会主义支持企业采取独特治理形式。第二，中国国有资本规模庞大，在与外国投资者的竞争中具有优势。

"一带一路"倡议要成为全球经济的重要部分，就要拿出足以应对这些挑战的举措。这是有有先例可循的。"一带一路"倡议是双多边混合体，既包括国与国之间的双边协议，也涵盖由共同基础设施设备联结的多边合作。像经济合作与发展组织和国际货币基金组织这样的主要多边机构都对成员国进行多边监管。

而最有参考价值的例子，应该就是欧盟2000年的《里斯本条约》关于国家之间共享信息的安排。成员国制订共同的目标和行动纲领，设定完成目标的时间表，采取实践效果最好的模式，借鉴彼此的政策，并跟踪实践结果。"一带一路"

---

① 国际货币基金组织2019年3月20日发布。

倡议要实行同样的监管，才能维护伙伴国家的信心，获得国际社会的广泛尊重。

王义桅：从双边到多边合作，"一带一路"倡议将透明度作为高质量需求中自然产生的目标，使其对国际社会更加公开透明。

2019年4月26日，习主席在第二届"一带一路"国际合作高峰论坛开幕式上发表主旨演讲，承诺确保"一带一路"项目公开透明，确保"财政上的可持续性"。习主席强调，"坚持一切合作都在阳光下运作，共同以零容忍态度打击腐败"。

没有垄断霸权，参与者身份平等；没有暗箱操作，而是公开透明；没有"赢者通吃"，只有互利共赢。中国旨在建立机制，用国际条约和标准约束参与项目的所有成员国。一些国家认为中国很富裕，要尽其所能地让中国掏钱。为了改变这种想法，中国政府应当与发达国家在第三方市场进行合作，中国与瑞士在项目建设和设计评估、监管和仲裁上的合作就是如此。

4.1.4 "一带一路"倡议只是地缘政治战略吗？

阿尔布劳：西方评论家很容易将"一带一路"倡议视为中国巩固全球势力的策略工具。这正是"一带一路"倡议引发美国焦虑的主要原因之一。近年来，美国的全球霸权地位逐渐衰落，这一批判值得正视。

中国的地缘政治力量不断增强，且会继续增强，但我从"一带一路"倡议的公开意图和已完成的项目看到，这不是倡议的主要目的。中国人民的利益自然是最重要的，否则无论对中国还是其他国家来说倡议的逻辑都讲不通。

倡议会推动周边国家合作，并将合作关系延伸到更大范围。与其他国家进行和平交流，提升相互理解也非常有益。至少从旁观者的角度来看，中方无意打造权力集团或国际政治运动，因为参与倡议的国家涵盖了各类不同的意识形态，甚至包括很多曾经关系紧张的国家。

矛盾的是，在外交政策中推广中国式和谐理念，反而引起西方猜疑。在西方，所谓国际政治现实主义理论牢牢占据着学术主流。从现实角度来看，如果和谐能够增强中国的力量，能推动"一带一路"沿线国家与中国开展建设性合作，那么就要把和谐视作掌握在潜在敌对势力手中的武器！

幸而现实主义并非西方国家的外交政策的唯一观点。"分而治之"或许是一种策略，但往往只能实现一半，只能分裂但不能治之。中国要认识到，西方政治体制具有多元性，不同派系对中国的看法是多样的，在国家政策方向上存在内部冲突，导致政府举棋不定。英国脱离欧盟就是一个典型案例，有关中国和华为公司的角色也引发热议。

中国要去了解西方那些认同人类在和平合作方面具有共同利益，且不将和谐视为威胁的观点。这些观点的确存在。和平和解的策略在南非、北爱尔兰和巴尔干半岛等截然不同的环境下都取得了显著成效，欧盟的初心也是为了给各国带来和谐。

上述情况中，推动和平的任务都还未完成。人类命运共同体的伟大目标也还没有展现出即将完成的迹象。我们要将这一进行中的项目一代代传承下去，"一带一路"倡议是这条无尽道路上的前进一步。

王义桅："一带一路"倡议旨在推动建设人类命运共同体，聚焦互联互通，推动全球和平、安全和繁荣，但同时也面临严峻挑战。对于"一带一路"倡议产生误读的原因有很多，其中最主要的原因之一是倡议蕴含中国的和合文化，超越了西方国家的分歧。"一带一路"倡议是地缘经济和地缘文化策略，而非地缘政治策略。

很多评论家依然抱有冷战思维，将"一带一路"倡议误读为中国对抗美国印太战略的手段。"一带一路"倡议下，参与共同建设的国家不限于沿线国家，还包括其他国家。项目在沿线国家建立，但标准、规则、资金、技术和人才来自全球。美国公司、美国人民和美元已经深度参与"一带一路"项目，亚洲基础设施投资银行也使用美元。美国是"一带一路"倡议相关国家，也是实际参与者。从美国的大国地位和作出的承诺来看，美国可以说是全世界国家的邻国。中国智慧体现在中国不会也无法将美国排除在外。"一带一路"倡议是中国基于开放的整体战略，广泛推动经济发展转型，促进新全球市场发展，实现全球化从局部全球化到包容全球化的发展。

4.1.5 "一带一路"倡议忽视了发展项目应有的社会责任吗？

阿尔布劳："一带一路"倡议给西方带来了另一个关于中国社会责任理念的悖论。长期以来，西方对"中国特色社会主义"有两个根深蒂固的刻板印象。很多人认为，共产主义是一个操控个体行为来实现社会总体目标的制度。中国共产党的目标只是建立社会主义社会，但增强了外界对中国的长期印象：中国的社会关系大过个体目标。

这种悖论在中国移民身上进一步有所体现。对于同胞的牵挂可能导致他们无法融入现居国家。其他国家的华人区逐渐发展起来，往往与周边群体产生矛盾。在过去的发展项目中，中国劳工来了又去，只留下了他们的劳动成果。

或许有人会说，这是可以理解的，外国雇工和本地雇主的关系无论在哪里都是如此。又有人指责中国的海外发展项目没有承担起社会责任，未能广泛满足当地需求。

中国很难理解这一点。当今中国，各个群体自主承担大量社会责任，尤其是少数民族地区，已经是自然而然的现象。企业也承担对员工的责任。过去，企业承担员工的几乎所有福利。社会责任根本不是一个争议话题，而是理所当然的。

西方的情形则不同。资本主义的历史中，企业实体只对股东负责，不对社会负责。因此，社会责任成为企业权力相关的政治争论中频繁出现的争议性话题，并延伸到跨国企业的活动。1984年，位于印度博帕尔市的美国联合碳化物公司印度公司发生毒气泄漏，引发悲剧，是世界上最严重的工业灾难。自此，跨国公司的海外社会责任成为世界长期关注的焦点。

将西方对于中国社会紧密团结的认识和西方主流资本主义思想中社会责任的争议地位这两个因素合起来看，会发现"一带一路"倡议会因项目在当地的影响而受到严格检视。西方将自身对社会责任的焦虑强加到中国身上是意料之中的，西方国家只是借此缓解自己的愧疚。

针对此类现象，中国能做的展现对当地社区的关怀，为"一带一路"倡议成员国提供建设医院、体育场和养老院等方面的帮助。中国长期以来有着敬老的传统，行胜于言。

王义桅：不雇用本地工人？本地工人的薪水比中国工人薪水少三分之一，为什么不雇用本地工人？我们只是需要花时间培训他们。中国企业正在学着适应社会责任，修建医院和学校，在修建的港口提供公共产品，产业园的社会功能和服务越来越多。

国务院国有资产监督管理委员会和中国社会科学院共同发布的行业报告显示，90%以上的央企优先为其员工提供本地法律制度方面的培训。约74%的央企提供本地环境保护方面的培训，68%的央企已采取措施，提升员工在节能减排和生态环境保护方面的意识。

中国电力建设集团有限公司就是通过援建海外项目增强与所在国联系的央企之一。中国电力建设集团有限公司海外分公司协助乌干达卡鲁玛当地人重修教堂、学校、公路等基础设施，还在当地修建了一座水力发电厂。

4.1.6 "一带一路"倡议助长了腐败政权吗？

阿尔布劳：腐败行为是曝光出来的时候更严重，还是没有曝光时更严重，这并不好判断。大力宣传反腐政策产生的媒体放大效应会提升公众意识，使大众感到腐败有所滋长。西方社会学家甚至称其为道德恐慌，对问题的关注度与腐败滋长的实际程度并不相称。

在这方面，中国的反腐成为西方对"一带一路"倡议评价的焦点。当"一带一路"倡议项目在一个高度集权、领导者周围只有少部分人谏言的国家推进，这种现象尤为明显。

关于"一带一路"倡议中的腐败关切，我有几点要说。第一，专制国家未必腐败，如果说腐败指的是向统治者及其支持者行贿。毕竟顶层领导者越少，行贿的对象就越少。

第二，分权制度并非完美无瑕。例如，2009年英国议会爆发一桩丑闻，新闻报纸对议会成员在花销上造假的行为进行了铺天盖地的报道。西方民主国家有太多的制衡制度，行贿是办成事情唯一的方法。

第三,"一带一路"倡议具有互联互通性,意味着中国与各国的协议要遵循相似原则,因为关系密切的国家之间的区别对待会导致不满,甚至需要重启协议。

第四,"一带一路"倡议有多重内涵,从双边来看,倡议是国家之间的协议,从多边来看则是国家之间的互联互通,需要统筹协调。

第五,"一带一路"倡议融资来源于中国、亚洲基础建设投资银行及伙伴国的国家和国际资金机构。有太多双眼睛盯着同一个项目,透明度只会是最大化。

当国家发挥其在链条上的关键位置带来的优势时,依然难保不会出现问题。每个成员国都依赖于整体组织,过程中的任何一个问题都可能会影响整体的沟通,使得倡议依赖于全体成员的积极态度和公平待遇。如果全体成员能够配合,会产生事半功倍的效果。"一带一路"倡议不仅不会加剧腐败,甚至可能是目前为止在发展项目中推行良好实践的最佳办法。

王义桅:根据2019年4月27日举行的第二届"一带一路"国际合作高峰论坛廉洁丝绸之路分论坛发布的《廉洁丝绸之路北京倡议》,"呼吁各方加强对'一带一路'合作项目的监督管理,规范公共资源交易,在项目招投标、施工建设、运营管理等过程中严格遵守相关法律法规,努力消除权力寻租空间,打造规范化、法治化营商环境"。

2019年4月22日发布的《共建"一带一路"倡议:进展、贡献与展望》报告指出,各国需推动企业加强自律意识,构建合规管理体系,培育廉洁文化,防控廉洁风险,坚决抵制商业贿赂行为。

4.1.7 "一带一路"倡议不属于新殖民主义吗?

阿尔布劳:新殖民主义是西方学者让-保罗·萨特和诺姆·乔姆斯基等左翼评论家最喜欢做的指控,用来描述通过贸易、援助、政治教育、科技支持、卫生和文化运动等方面的援助使发展中国家依赖捐助国的现象。

过去,殖民海外的驻军部队和官员对当地政治机构进行监督,有时会建立海外移民区,创造一个独立国家,甚至将其与殖民国家合并。新殖民主义意味着远程统治并获得利益,无需占领其他国家的领土或宣称统治权就可以满足其政治需求。

1945年以来，多国领导者将国家从殖民者的手中解放出来，他们频繁指认新殖民主义，指控原宗主国继续暗地里维持统治，抑或试图推翻新政权。与亚洲和拉丁美洲相比，这种情况在非洲国家尤其突出。中国在推翻封建统治方面非常成功，建立新政权，自2009年起成为非洲最大的贸易伙伴。

中国与非洲国家的成功关系未能使其摆脱新殖民主义的指控。和对"一带一路"倡议透明度的质疑一样，西方在前殖民地煽动分裂活动，引发大量争议，将注意力转移到了中国之外。西方左翼评论家依然关注曾经的殖民地国家，右翼评论家则企图将本国问题的注意力向外转移，也无法令人信服。

中国曾经有百年屈辱历史，经历过殖民压迫，后来努力摆脱了新殖民主义。中国的历史使其深刻认识到要遏制新殖民主义言论，及时揭露剥削行为。"一带一路"倡议的规模、范围和多边主义本质和关系平等的伙伴国的巨大数量更为防止新殖民主义提供额外保障。

国际金融布雷顿森林体系的运行基于国别，有很多不同的外国参与形式，因此受援国很难防止自身条件被利用，也容易滋生腐败。中国在非洲实行新殖民主义受到指控，"一带一路"倡议的发展显然证明了对其严厉的批判并不成立。

王义桅：2019年6月，世界银行发布《"一带一路"经济学：交通走廊发展机遇与风险》报告。报告分析显示，"一带一路"倡议交通项目的实施将使760万人摆脱极端贫困（日均生活费低于1.9美元），帮助3200万人摆脱中度贫困（日均生活费低于3.2美元），其中多数来自"一带一路"沿线国家。

这些数据显然能够驳斥"一带一路"倡议是一种新型殖民主义的论调。为帮助非洲国家成为贸易、金融和交通枢纽，"一带一路"倡议在去殖民化的过程中聚焦工业化发展。大英帝国在非洲修建的狭窄铁路只有一米多宽，列车时速只有40至50千米/时，将物资运送到欧洲。而由中国企业承建的肯尼亚蒙巴萨—内罗毕铁路是非洲首条标准尺寸的高速铁路，列车时速为120千米/时，可同时载客和运货，对肯尼亚经济增长的贡献率为2.5%。有了高速铁路，抵达海边港口更加便利，所有东非国家都从中获益。

中国帮助非洲推进工业化，十几年来取得的成就已经超过西方在此殖民数百年的成果。除了和非洲国家分享通过发展工业化和构建高速公路、铁路和航空网络实现现代化的经验，中国还参与了很多提升非洲人民生活水平的项目。

西方认为中国的"一带一路"倡议是在输出中国模式，这是最大的误解。中国模式也可以叫作中国发展模式，既是问题导向也是目标导向，核心目标是建设有为政府和高效市场，通过"看不见的手"和"看得见的手"进行调控，推动市场发展。市场起到决定性作用，这为市场经济发展不成熟的国家提供了新的选择，也为解决西方自由市场模式无法解决的市场崩溃、错位和混乱问题提供了新方案。要想富，先修路。但发展中国家没有修路的资金，无法从国际市场获得融资，也就无法实现工业化。这是一个恶性循环。为实现双赢，中国通过资产抵押和工业园区建设为其他发展中国家提供资金支持，为公路修建提供援助。中国企业还在这些国家发展长期业务，这是"一带一路"倡议的常见做法。如果市场规则有效的话，为什么全球还有 11 亿人无法用电？自改革开放时期起，中国有 7 亿人脱贫，对全球减贫贡献超过 70%，为实现联合国千年发展目标作出了重要贡献，无疑证实了中国发起的项目是有效的。推动参与国脱贫并走向富裕，消除沿海和内陆地区的贫富差距并实现 2030 年联合国可持续发展目标是"一带一路"倡议优先要实现的目标。

4.1.8 "一带一路"倡议是中国版马歇尔计划吗？

阿尔布劳：针对"一带一路"的这种批评即使不是中国造成的，也起码是源自亚洲的，而它的前提依据并不可靠。对马歇尔计划的误读流传甚广。该计划是美国当时匆忙制订出来的权宜之计，目的是在苏联和美国欧洲盟友对峙的情况下对后者进行支持。

1948 年 4 月，美国时任总统杜鲁门开始推行马歇尔计划，旨在援助第二次世界大战中与德国对战又不属于苏联阵营的其他欧洲国家和土耳其。但在随后的四年中，这笔共计约 130 亿美元的援助资金主要流向了当时被美、英、法军队占领的联邦德国。

马歇尔计划官方名称为欧洲复兴计划，美国意在将苏联阵营之外的国家纳入西方民主体系，通过支持这些国家进行战后经济重建来维持其社会稳定。马歇尔计划把政治目的放在首位，但只限于苏联共产主义和北大西洋公约组织对立的时代背景。北约是西方国家以共同安全利益为基础迅速结成的阵营，成立于1949年并延续至今。这就是当今西方世界的核心所在。

如今，马歇尔计划获得的普遍评价是计划目标成功实现，促进了西欧经济复苏，也推动了欧盟的建立。北约是美国领导下的军事联盟。虽然欧盟各国领导人一直想减少对美国的依赖，欧盟还是未能发展出类似的军事防御功能。

把"一带一路"倡议和马歇尔计划进行类比会误导公众。首先，马歇尔计划针对的是欧亚大陆的一小片区域，是西方资本主义与苏联社会主义阵营对立时期推出的计划。欧洲经济复兴是为了与美国共同应对崛起的苏联。这是美苏为首的两大阵营之间的对抗。

"一带一路"倡议不是两大对立集团相互竞争的产物，对意大利、俄罗斯、缅甸、孟加拉等国的开放程度是一样的。倡议纲领旨在推动互联互通，维护世界和平繁荣，不受空间和时间限制。

"一带一路"倡议真正的参照物是20世纪下半叶西方国家的"现代化"发展项目。1944年成立的世界银行包括国际复兴开发银行（世界银行）和国际开发协会等主要机构，正是西方发展现代化的项目之一。

如今，这些机构有包括中国在内的189个成员国，是全球发展项目的思想领袖和协调员。世界银行和联合国发展项目、国家项目一道构成了互联互通的巨大发展项目网，覆盖全球专业从业者，实际上是一个独立存在的全球性项目。

要评估"一带一路"倡议的主要成果，要与2030年可持续发展目标议程进行对比，后者才是与"一带一路"倡议规模和范围对等的项目。马歇尔计划本质上是大国竞争中维护一方利益的产物。

"一带一路"倡议与可持续发展目标的对比更值得探究。两个项目和多数发展项目一样依赖于国家运作和汇报成果。"一带一路"倡议的成员国签署协议，发展成果体现在基础设施互联互通、贸易和文化交流。因此，倡议推动世界从关系的角度而非国家地位排名的角度来思考问题。

王义桅：中国进行的是投资，而不是对外援助。"一带一路"倡议旨在推动互联互通，而非扩大分歧，向外扩张。倡议主张经济合作，而非意识形态竞赛。西方人之所以未能理解"一带一路"倡议，没有找到合适的历史视角，是因为他们只是简单将倡议与西方马歇尔计划等例子放在一起类比。

下面是"一带一路"倡议和马歇尔计划的三点主要区别：

——马歇尔计划是对外援助战略，"一带一路"倡议是投资计划；

——马歇尔计划下，美国向欧洲输出过剩能力和发展标准，"一带一路"倡议则寻求国际能力合作；

——马歇尔计划是地缘政治战略，目的是分裂欧洲，而"一带一路"倡议是联通世界的地缘经济倡议。

中国正通过和平合作解决生产过剩问题，而非像第二次世界大战中的日本和德国一样挑起战争。中国吸取了日本对华的官方发展援助（ODA）和新加坡产业园的模式，取得了显著成效。

中国在寻求合作的同时也消除了发展障碍，目的是促进团结，而非相互攻讦，发泄愤怒。需要强调的是，"一带一路"倡议能够引导全球资本进一步流入基础设施和实体经济，使资金得到有效利用，将盲目投资变为结果导向的投资。

马歇尔计划的目的是推动欧洲经济复兴，扶持欧洲成为美国对抗苏联的工具。美国还通过马歇尔计划控制和占领欧洲市场。马歇尔计划的政治条件非常苛刻，排除了所有苏联阵营的欧洲国家。美国甚至为欧洲盟国参与马歇尔计划设立标准和规则，使接受援助的国家别无选择，只能接受美国的条件。马歇尔计划的目的就是稳定欧洲秩序，从而对抗苏联。

"一带一路"倡议则为参与国提供了国际合作平台。倡议是中国为国际社会提供的公共产品，强调"共商、共建、共享"，倡导新型国际关系规则，提出21世纪区域合作模式。"一带一路"倡议基于互利合作，呼吁参与国进行平等友好的经济文化交流，实现共同发展。

马歇尔计划是二战后特殊历史时期的产物，主要起到稳定欧洲秩序、推动经济复兴的作用,其为美国霸权铺路的动机也昭然若揭。冷战时期已经过去,中国的"一带一路"倡议舍弃了冷战和零和博弈思维,顺应和平、发展、合作互利的新趋势,在内容和意义上都超越了马歇尔计划。因此,"一带一路"倡议是中国的马歇尔计划这种说法并没有历史和事实依据。

4.1.9 "一带一路"倡议发展过程中有什么规则目标?

阿尔布劳:西方有一个根深蒂固的历史观念,即目标是个体的产物,而规则由政府制定。这与西方的个人主义密切相关。

然而,20世纪早期的情况较为复杂,与现在有所不同。当时企业资本主义有所发展,国家等大型机构设立的目标逐渐增加,不同机构和国家的个体、职业和程序协会开始制定规则。

近代全球新法规的典型例子是国际标准化组织。1994年举行的关贸总协定乌拉圭回合部长会议提出,世界贸易组织全体成员有义务遵守国际标准化组织规则。世界贸易组织成员是国家,但国际标准化组织将国家排除在外,是技术专家委员会网络集成机构。[1] 国际会计准则理事会和国际互联网名字与编号分配机构也有类似的组织结构。

全球经济发展过程中诞生了规则制定和监管机构,因为目标导向的机构在与个人、企业和国家沟通时需要明确且广为大众接受的标准。为了追求利益,国家时常在主权限制方面对专家做出让步。

规则制定的合理性并非源于单一国家的立法权威,而是利益相关方对独立规则制定机构知识和技能的广泛接受。规则是目标催生的,而非反过来的。

基于这些对规则制定程序和目标导向活动的基本思考,我们要理解"一带一路"倡议在经济发展中的特殊地位。国际金融机构处于全球治理的核心,在国际金融机构运行中,遵守规则排在设立目标之前。20世纪90年代,国际金融机构倡导的所谓"华盛顿共识"要求申请贷款的国家遵从一整套具体要求才能获得受

---

[1] 关于全球私人规则制定过程的深入讨论,请参阅蒂姆·布思(Tim Büthe),沃尔特·马特利(Walter Mattli).全球新统治者:世界经济监管私有化[M].普林斯顿:普林斯顿大学出版社,2011.

助资格。

即便目标成为国际社会共同认识的一部分，比如可持续发展目标，定义目标并对活动进行监管，从而推动目标实现的仍然是最初的规则。"一带一路"倡议中，规则是成员广泛接受、独立于目标的技术标准，参与合作项目的成员一旦拥有共同目标，会推动新规则的诞生。

就像历史上的丝绸之路一样，"一带一路"倡议是一条发现之路，合作伙伴在新项目中的合作产生了新理解、新规则、新程序和新产品。没有强加的模板，唯一的要求是成员要有为实现共同目标合作的意愿。相比之下，可持续发展目标勾勒的是各国为实现预设目标而需要主动做出的努力。西方新自由主义带有竞争性，而"一带一路"倡议注重以合作方式实现目标，将古老的智慧派上新的用途，对西方资本主义发展模式背后的假设前提发起了挑战。

王义桅："一带一路"倡议自然是以规则为基础，但问题是要采用谁的规则？我们要对不同规则进行协调，使其符合项目所在国国情。发展是解决问题的关键，但可持续发展要求我们完成共同目标，推动成员共建，实现成果共享。

"一带一路"倡议强调企业、市场活动、政府服务和国际标准是主体。为何西方人认为"一带一路"倡议只包含中国政府的项目？是因为"一带一路"沿线国家的国情和基础设施建设的特殊性。位于"一带一路"六大主要经济走廊的65个国家中，8个是最不发达国家，16个非世界贸易组织成员国，24个国家的人类发展指数低于世界平均水平。欧盟倡导的高标准市场原则如何应用于所有国家？这就像让小孩和职业田径选手赛跑，需求与现实是脱钩的。

中国坚持发展是解决问题的关键。规则自然重要，但应该循序渐进，逐渐发展。中国通过市场改革探索的国家经济发展模式能够弥补"一带一路"沿线国家的发展短板。倡议给沿线国家带去了福音，首先就是基础设施建设。"取卵但不杀鸡"，才能提升这些国家独立发展的能力。"一带一路"倡议还能够培育新市场。中国的改革开放始于沿海地区，随后扩展到内陆地区，城市成为推动全国改革开放的经济枢纽。为了实现脱贫，"一带一路"倡议旨在推动非洲市场发展，修建港口、城市、铁路、公路和贸易通路等互联互通基础设施，为非洲国家注入发展动力，帮助非洲国家建立经济发展区域，实现工业化和农业现代化。如果让非洲国家只依赖市场的作用，就像将一个小孩扔进大海，结果可想而知。中国在自由贸易区先行先试，再向更大范围推广可行经验。这是"一带一路"倡议的模式。

4.1.10 中国的做事方式有什么特别之处？

"一带一路"倡议和西方发展模式之间的差异归根结底是人生观和人类在世界上所处地位方面的差异。长期以来，这些差异促使很多学者进行反思，他们意识到文化差异背后还有更深一层，是任何一种文化中都存在的差异。

20世纪初的伟大学者之一马克斯·韦伯从西方视角对中国文化经典进行诠释，认为东方的礼法传统使资本主义萌芽难以发展起来，而西方则给予其热烈的欢迎。

东西方关系经历了一个世纪的变化，西方汉学家对中国的了解也更加深入。法国学者弗朗索瓦·于连（François Jullien）指出中国的"道"蕴含着理性，指的是努力通过行动实现最优结果，而非受到预设目标的约束。[①] 这是理性，但并非预设的目标和途径之间的关系。

中国式的实现目标，是通过践行价值观，发挥人类潜能，来追求理想的结果，且总是处于特定条件之下。对中国人来说，行动过程中遇到的各种状况，不是障碍或干扰，而是对未来行动方向的指引，意味着变化和机遇。在经济学方面，这是展现偏好的重要性所在。从哲学角度看，这也是著名美国先驱学者约翰·杜威所说的实用主义，杜威惊喜地发现这是中国哲学中的一大特征。

中国与西方的对比体现在一系列基本中国哲学思想概念中。"礼"包含西方的法律和礼仪，"信"在西方是相反的含义，"心"和"理"即情感和理智，共同构成行动的动机。

如果认为这些观念差异表明不同文化之间存在难以跨越的鸿沟，那就错了。从历史上的文化交流来看，文化之间可以存在分歧，也可以相互融合。但"一带一路"倡议的独特文化特征在于它强调互联互通和发展潜力，使其成为发展中的

---

① 弗朗索瓦·朱利安. 功效——在中国与西方思维之间 [M]. 林志明译. 北京：北京大学出版社，2013.

探路者，与"世界是平的"这种扭曲西方全球化概念的理念形成鲜明对比。其他国家应当对"一带一路"倡议这种独特的新发展模式持欢迎态度，对其维护文化多样性的贡献心存感激。

4.2 后疫情时代，"一带一路"倡议的前景会更好——光明国际论坛对话[①]

徐宝锋[②]：疫情在全球暴发后，中国积极参与国际社会抗疫合作，在积极配合世界卫生组织的同时，向许多国家提供医疗物资援助、派遣医疗队、举办双边和多边治疗经验视频交流会议，提出加强国际公共卫生安全合作的倡议。中国呼吁改善全球治理，不断以实际行动推动全球治理的改善，这也符合国际社会的共同利益。

阿尔布劳：随着改革开放不断推进，中国走上了一条稳步提升自己在国际组织中参与度的道路。例如，中国全力支持联合国维和行动，现在已成为派出联合国维和人员最多的国家。这些年来，在积极参与全球化的进程中，中国政府非常重视全球治理。多边主义成为全球治理的核心原则。

徐宝锋：20世纪90年代，您写了《全球时代：超越现代性之外的国家和社会》一书，由此奠定了您在全球化研究领域的先锋地位。

阿尔布劳：世界正从现代时代过渡到全球时代。现代性被全球性取代，导致国家、政府、文化和社区等诸多领域都出现了一种去中心化现象。因此，有必要对有关制度及其相关理论予以重建。无论现代主义者还是后现代主义者，在有关全球化的讨论中都未能认识到一个新的时代已经来临。用全球时代来代替全球化，作为对当前发生的历史性变革的称呼，会更妥帖些。要理解历史性变迁的划时代性，需要有一种新的理论框架。这本书即是从新的理论框架理解问题的一种尝试。

---

① 马丁·阿尔布劳，徐宝锋. 后疫情时代，"一带一路"倡议的前景会更好——光明国际论坛对话[N]. 光明日报，2020-5-27(15).

② 徐宝锋，北京语言大学教授，博士生导师，中国文化译研网国家工程负责人，北京语言大学"一带一路"研究院常务副院长。

徐宝锋：在全球化进程中，中国一直是推动者。全球化不是以某一个国家为中心，全球化建立在多边主义的基石上。中国与国际社会一道不断加深对全球化的认识，让全球化的成果造福国际社会。但近年来，出现了逆全球化的势头。特别是新冠肺炎疫情期间，质疑全球化的声音不断。您如何解释全球化出现的问题和全球化的前景？

阿尔布劳：多边主义一直是全球治理的核心原则。这次疫情的全球蔓延凸显了全球治理的不得力。多边主义和全球化仍将是后疫情时代的大趋势。只有国际合作才能解决全球性问题，共创人类共同的未来。因为没有哪一个国家能够单独应对全球性挑战。当然，全球化也面临着新情况，需要升级。

徐宝锋：中国提出的"一带一路"倡议与其坚持全球化和多边主义的立场是一致的。您对后疫情时代"一带一路"倡议的前景如何评估？

阿尔布劳："一带一路"倡议是习主席 2013 年 9 月在访问哈萨克斯坦期间提出的，现在中国已经与 138 个国家和 30 个国际组织签署了"一带一路"合作文件。有时候，人们认为"一带一路"倡议与当今世界的许多多边机构在性质上是一样的。我认为这种观点不正确，它导致人们无法理解两者之间的根本区别——"一带一路"倡议是一个包容性的发展战略，而诸多多边机构则是基于规则的服务机构。

多边机构属于成员制，有具体的合作框架，既覆盖各类合作行动，又包括各类规章制度，用于管理成员追求自身利益的行为。国际货币基金组织、东盟、石油输出国组织、欧盟等机构都属于此类范畴，联合国当然是最大的多边机构。

在西方民粹主义政客眼中，与本国机构相比，多边机构更应该受到批评。这是因为，多边机构与全球经济秩序密切相关，后者允许公司进行跨国界自由贸易。可以说多边机构支撑了经济全球化，由此民粹主义对多边主义更怀有敌意了。

"一带一路"倡议是包容性发展战略，它的生命力已经显现出来。"一带一路"契合了当代需求，使合作伙伴将分歧放在一边，并达成互利。它不同于乌托邦式观念，而是代表了一种我本人称之为"务实普遍主义"的观念，即所有人保留各自珍视的价值，同时为共同的利益做出贡献。

从"务实普遍主义"角度来看，全球治理不再是各种机构组成的框架，而是多个项目组成的网络，致力于确保人类在地球上的未来。在后疫情时代，"一带一路"倡议的前景会更好。

徐宝锋：中国一直坚持世界各国共同发展的理念，中国政府不对外输出某种主义，也不用本国意识形态去改变别人。中国的发展道路是深深植根于中国文化的，中国的改革红利和发展成果是可以全球共享的。

阿尔布劳：我认为，中国正在发展和完善一种全球治理方法，有别于传统的西方观点，并为国际合作带来新的可能性。迄今为止，中国与世界各国的合作不夹带意识形态等先决条件。事实上，希腊、意大利和波兰等西方国家在政治制度上与中国并不相同，但均与中国签署了"一带一路"合作谅解备忘录。务实观点驱动了很多国家对"一带一路"合作的参与，同样也启发了这些国家。

但在国家治理问题上，西方国家对中国的回应更多是由意识形态驱动的。这不难理解，在西方国家眼中，中国的社会和政治秩序是由中国共产党的立场决定的，因此他们反对中国的国家治理思想。

事实上，中国的国家治理不仅采纳了治理、民主和公平等古代西方思想，也融合了价值、责任和诚信等现代思维，西方认为这为其带来了巨大挑战。在长期实践中，中国创造了自己的社会主义新形象，中国特色社会主义吸收了中国文化的营养。正如我在《中国在人类命运共同体中的角色——走向全球治理理论》一书中指出的那样，中国特色社会主义汇集了中国经典、马克思主义和西方政治经济学等各类理论思想的先进性，正如习主席所阐述的，它构成了中国治理的基础。

西方本应该以同样先进的治理方式予以应对。但西方部分人却付诸专制、独裁和威权等口号，这还仅是部分西方媒体日常冒犯中国的言论中的一部分。

中国的国家治理具有自身特色，超越了自由民主等传统概念，不应简单地将其与西方代议制进行比较。在我们所生活的全球化时代，中国治理应被视为一种全新的治理方式。

4.3 "一带一路"对全球治理的意义 [①]

2019年3月23日,习主席前往罗马,见证了意大利和中国在能源、农业、金融和的里雅斯特、热那亚港口等多个经济领域签署的合作协议。意大利签署谅解备忘录并加入"一带一路",具有标志性意义。

意大利是古丝绸之路上的重要目的国,中国制品和文化通过意大利向西方传播,而起源往往不详。科学革命的预言家弗朗西斯·培根爵士于1620年写道,印刷术、火药和指南针"改变了世界的面貌",没有什么"能比这三种发明在人类事业中产生更大的力量和影响",然而这些发明的"起源却不为人所知,默默无闻"。

100年后,情况发生了改变。中国声名远播,但并非因为发明,而是因为封建统治达到了巅峰。西方对中国的印象依然两极分化,但与此同时,中国也在一个世纪中从巅峰跌到了谷底。

据英国广播公司报道,意大利签署"一带一路"协议对欧洲国家和美国的影响引发了关切,评论家指出这是"地缘政治和战略影响的一步险棋"。美国国家安全委员会发言人甚至将"一带一路"倡议称为面子工程。西方对于"一带一路"倡议的认知比较模糊,虽然不是完全不了解,缺乏理解也是明显的问题。

西方之所以未能理解"一带一路"倡议积极的本质,原因之一是倡议与西方预想的许多全球治理主流观点不同,因而被西方视为威胁和不合时宜的提议。

"一带一路"倡议的规模和范围都是全球性的,超越了所有国家和政府间资金机构的发展项目。倡议包含世界三分之一的国家,规模很大,但并不以普世自居。"一带一路"倡议是非预设性的,旨在实现双赢和利益共享。倡议是政府间协议,而非自由市场原则。正如"一带一路"这个名字所体现的,"一带一路"倡议是一种独特的形式,体现了历史上中国与其他国家的交流。这样的倡议没有

[①] 本文为作者2019年4月24—25日在北京第二届"一带一路"国际合作高峰论坛上发表的演讲。——编者注

第二个，倡议内涵丰富，但只有了解中国的人才能读懂。

想象一下，如果美国将华盛顿共识命名为"淘金记"，唤起人们对美国西部大开发的印象，我们就会思考其中的独特内涵，而非将其视为经济铁律带来的结果。或许用地名来命名协议太过常见，因此没有出现北京共识这种名字。

虽然"一带一路"倡议带来了全球性影响，它并非通常意义上通过一系列规则和体制确立国家间秩序，推行人类普遍价值观的全球治理。"一带一路"倡议不否认全球治理，但与全球治理的关系更微妙和间接，并非简单作为全球治理的子集。

在习主席大力倡导的人类命运共同体背景下，这一点是值得强调的。当各国存在共同利益时，各方要理解彼此的利益所在，并为维护共同利益作出各自的贡献。在人类命运共同体每个个体依靠大家，大家共同支持个体。

"一带一路"倡议是向着这个目标迈出的一步，或者说很多步，每个成员国签署协议，成为互联互通链条上的一环，旨在推动沿线贸易和交流。互联互通能够推动多样化和跨国、跨区域产品流动。

"一带一路"倡议取决于各成员对建设基础设施所需技术的兴趣和理解。支撑倡议的是共同目标，在成员国价值观方面是中立的。道路无论是用作朝圣、行军还是项目，都还是道路。当然，倡议需要制定相关法规，防止各国相互干预，而规则会在实践后制定出来。

"一带一路"倡议的成果体现在沿线交通的发展和参与国的经济增长。这是所有人预期中的结果。但我想指出的是，它为旨在推动建立人类命运共同体的国际合作发挥了典型作用。

当今世界面临着全球变暖、核安全、互联网管控和人工智能带来的全球性挑战。"一带一路"倡议基于相互理解合作，并致力于推动理解合作，这也为应对全球性挑战提供了解决方案。为应对全球性挑战，我们要进行跨境协商，汇集全球知识，推动技术分享，就行动要求达成共识。

各国要在追求自身独特价值观的同时实现和谐共存，就需要共同推进务实项目，让价值观和世界观相差甚远的国家都能参与和支持。人类命运共同体的建设要依靠这样的项目,"一带一路"倡议只是其中一步,但也是实现目标路上的重要一步。

第五章　中国的脱贫事业

人民脱贫是中国社会振兴的关键。中国的脱贫事业并非专家专门制定的发展规划或实施的措施，而是基于中国独特历史传统、人力与自然资源现状的社会主义生产力发展结果。习主席早期在乡村地区任职时做的工作就提供了先富带后富的典范。

5.1 贫穷之外：《摆脱贫困》书评①

这本书也可以叫作《超越贫困》，它把脱贫攻坚放在恰当的位置：贫困并不能凌驾于所有问题之上，但摆脱贫困最好的办法是通过发展经济全面保障和改善民生。从造林护林到受理群众信访，从提高少数民族地位到努力实现中国共产党的历史使命，摆脱贫困是这项大工程的切入点。

《摆脱贫困》一书收录了1989年11月至1991年7月习近平在福建工作的短短18个月期间的讲话和文章。书中传递的思想和理念与习近平担任中国最高领导人后在三卷《习近平谈治国理政》中提出的政策、规划、设想是完全一致的。

书中的内容是习近平年轻时所写。此书开篇的一系列照片再现了习近平年轻时的风采，其中包括习近平参加党的会议、调研工厂、看望少数民族村民时的照片。书中收录的讲话展现出他超越自身年龄的智慧。

---

① 本文为作者所写书评。此处评论的书为习近平：《摆脱贫困》，福州：福建人民出版社，1992年。英文版由外文出版社2016年出版。——编者注

习近平年轻时始终遵循毛泽东和邓小平指导思想，他身边的很多有识之士同样如此。《摆脱贫困》一书的序言由项南所著。项南一生为福建鞠躬尽瘁，后于1997年逝世，享年80岁。项南在序言中提到，习近平1988年提出的"四下基层"对宁德各个部门都有很大启发。"四下基层"是指领导干部"信访接待下基层、现场办公下基层、调查研究下基层、宣传党的方针政策下基层"。项南晚年时作为中国扶贫基金会首席顾问重游故地到了福建，见证了习近平所做工作的深远影响。

1989年11月，习近平对宁德人民代表大会的工作提出表扬，体现了以人为本的重要思想。40年后，他在中国共产党第十九次全国代表大会上做报告时也强调了人大在立法中的主导作用（《习近平谈治国理政》，2020（3）：29）。因此，这本书既是一个切入点，又指出了未来的前进方向。

2015年，习近平提出"四个全面"战略布局，而实现脱贫攻坚目标不仅是"全面建成小康社会"的成果，也是"全面深化改革、全面依法治国、全面从严治党"的成果。若没有后三个全面，脱贫攻坚也无法取得胜利。早在1989年，习近平就强调过"正确处理精神文明建设中'破'与'立'的关系"，这是"四个全面"战略不可或缺的内容，物质文明与精神文明是相互促进的。他还引用了公元前2世纪司马迁在《史记·管晏列传》中的名言佐证。

从习近平早期的讲话中就能发现，他常常旁征博引，化用古谚通俗易懂的智慧和现代作家的洞察力。他对典籍信手拈来，引用唐朝玄览禅师的"海阔凭鱼跃，天高任鸟飞"鼓励农民，也用马克思主义诗人陈毅的"伸手必被捉"警示贪官。

习近平在书中的讲话指出了未来前进方向，有关讲话与毛泽东和邓小平的努力一脉相承，为中国人民实现经济社会文化进步创造了条件。中国的发展愿景要求其领导人必须密切结合地方实际，而这正是习近平这一时期工作和思想的精髓。

中国特色社会主义在宁德体现为"宁德特色社会主义"，因为"贫困地区独特的地理位置和经济发展的具体条件，决定了它的发展变化只能是渐进的过程"（《干部的基本功——密切联系人民群众》，1989年1月）。而宁德独特的条件决定了要优先发展林业。宁德森林覆盖率为65.2%。习近平在《闽东的振兴在于

"林"——试谈闽东经济发展的一个战略问题》一篇中重点提到林业问题。文中指出要重视造林而不是伐林,解决好祖权和房屋所有权之间的纠纷,大体实现发展良性循环,同时改善生态条件,从而增加财政收入。

但仅通过这篇评论很难准确理解习近平个人为宁德发展作出的贡献。宁德在《中国城市综合发展指标2017:中心城市发展战略》研究的130个城市中排在第35位总人口3393698,其中25%为畲族。习近平在宁德时,其人口为270万,其中畲族逾10万。这一数字很好地反映了习近平发展畲族商品经济的成果。

西方国家可以从习近平30年前对偏远地区人民和党员干部作的讲话中学到很多。实行资本主义经济的西方国家大多将贫困看作是实现经济发展不可避免的结果,他们认为社会对创新和新技能的需求必然会淘汰一部分人。

财政责任限制了对低收入者的财政支持。一些更激进的人甚至比马克思本人还像马克思主义者,他们认为可以将失业人口当作"产业后备军",从而压低工资。还有人指出随着平均生活水平不断提高,我们可以把贫困看作一个相对概念,而不是绝对的物质匮乏。

中国的例子表明,这些论调恰恰反映了企业控制人和掌握国家大部分财富的人对资本主义意识形态的把控。与之相反,中国从底层人民出发,将需求与国家以人为本的责任义务相结合。我曾在其他著作中提到这种人本主义。且不论其名称,中国已经证明它是可以实现这一愿景的。

5.2《海外专家谈中国扶贫》序[①]

面对新冠肺炎疫情来袭,中国反应速度之迅速、应对举措之全面,令世界惊

[①] (1)《海外专家谈中国扶贫》(汉英对照版),2021,斯蒂芬·彼得曼等著,德国弗雷德出版社与中国图书进出口(集团)有限公司合作出版。(2)2021年8月23日,马丁·阿尔布劳在2021北京国际图书博览会期间的北京出版高峰会议上发表视频演讲时说道:"首先,很荣幸有机会在这个让中国图书走向世界的活动上发言。过去50年,中国在发展国内经济、脱贫攻坚等方面树立了榜样……中国不断采取各种办法帮助人民摆脱贫困。当然,中国最初实施计划生育政策也是出于此目的。中国的许多举措都是为了解决阶段性问题而提出的。因此,中国的减贫政策非常贴合实际。例如,中国的户口登记制度是为了保持当地人民与地方政府的联系,结果也非常成功。非常感谢大家的聆听。"——编者注

叹不已。这一切的发生仅仅不过一年。很快,世界就要向中国学习另外一个经验:中国战胜了长期根深蒂固的贫困。

根据世界银行制定的衡量标准,中国了于2020年年底全面消除贫困。1978年改革开放伊始,中国贫困人口高达7亿。不到半个世纪,中国通过实施一系列脱贫攻坚政策,最终实现了"全面建成小康社会"。

2016年我就写到,当代中国是"有史以来人类最强大的群体组织"。这句话背后包含了关于共识、动员、愿望和能力等诸多因素。除这些因素外,我们还可以参照中国过去的成就来看待中国。如果我们这样看,则会将中国扶贫的胜利誉为新的世界奇迹,与举世闻名的古长城或埃及金字塔一样值得称道。

本书代表着外籍专家对中国的致敬。他们从自身文化的视角来理解中国取得的成就及其背景和影响。这些专家来自亚洲、非洲、拉美和欧洲,汇集了各自不同的专业学识和在中国的经历,为世界其他亟需了解中国扶贫方案的地区提供适用于本国的经验。

本书中的专家报告和思考是密切关注中国历史文化具体特征的产物,充分解释了中国社会主义制度如何适应当今的现实情况。穆罕默德·哈利勒(Mohammed Khalil)来自摩洛哥,他从1978年在北京学医时起便经历了中国的改革开放。他注意到了外国人观察中国时往往忽略的东西,即务实作风——实事求是和因地制宜。这些都是习主席早期在福建省的工作经验中重要的方面,也是他2013年提出的精准扶贫工作方针的基础。

西方对待中国的方式基于对中国的种种设想,但那些设想和上文提到的这些要点相去甚远。杰弗里·萨克斯(Jeffrey Sachs)在2005年发表其备受推崇的著作《贫困的终结:我们时代的经济可能》时预测,在20世纪的贫穷大国中,中国将会是第一个在21世纪脱贫的国家。目前来看,他的预测没错。不过他接着预测未来中国将朝着西式制度改革的方向发展,但这并未发生。因此,杰弗里·萨克斯在其2020年出版的《全球化时代》一书中提出,中国实现消除极端贫困的目标"用任何标准来看都是一大经济奇迹"。但他并未提及中国特色社会主义。

不过,如果开明的调查人员直接观察中国乡村的扶贫情况,就会对当地人民为实现全国脱贫的集体目标因地制宜开展的扶贫工作感到钦佩。诺伯特·梅迪纳（Norbert Medina）在访问西安市鄠邑区东韩村时发现：随着社会主义新农村的建设，农业、小型制造业和旅游业相结合，增加了人民收入。他在西安一个回民区也注意到了同样的发展成就。

尤里·塔夫罗夫斯基（Yuri Tavrovsky）在书中写到中国扶贫成就给世界其他地区带来了理论启示。有趣的是，他告诉我们，当他向俄罗斯观众讲述中国脱贫成就时，俄罗斯观众的反应跟前文引用的萨克斯的评论是一样的——这肯定是个奇迹。这些人对西方经济理论坚信不疑。塔夫罗夫斯基便揭露了这个"奇迹"的秘密。

作为"俄罗斯梦和中国梦"研究中心主任，塔夫罗夫斯基指出，中国共产党是能够解决市场与政府矛盾的组织。改革开放时期的扶贫运动将孔子的"小康"论化用为"小康社会"。后来，习近平进一步将其发展为全面小康和中国梦。塔夫罗夫斯基写道："中国共产党在战略上第一次优先考虑人类社会，而非意识形态或经济。"

中国共产党团结全社会的能力也得到了韩国学者金胜一（Kim Seung Il）的赞同，他认为这一战略给中国带来了他国无法复制的独特国家组织体系和制度优势，尤其是中国组建了一支"精英"队伍，致力于实施扶贫战略。

但与此同时，金胜一也指出了中国取得这些成就之后出现的新问题，即中国政策的成功带来了"相对贫困"，收入分配的顶层和底层之间日益扩大的差距要求我们必须关注社会的价值。对此，他提出了一个有益的建议：关注韩国在20世纪70年代发起的强调精神文明要素的新乡村运动。

韩国新乡村运动由政府主导，是一个强调合作和价值观建设的乡村发展项目，旨在增强公民意识和爱国主义精神。金胜一表示，包括孟子的论述在内的道德价值观已纳入中国的社会主义核心价值观。同时他也表示，对这些价值观的重视还不够。他的提议实际能够在多大程度上直接解决中等繁荣带来的日益加剧的不平等问题，值得我们思考。

金胜一的建议同另一位作者安东篱所做的复杂分析直接相关。他讨论了个人层面上，贫困的文化性与社会性概念。

不平等、排斥、社交失格、孤立、脆弱性，这些都是为了描述社会关系特定背景下的有关体验而提出的概念。同西方占有式的个人主义不同，所有这些概念在亚洲文化中都有着特殊的原因与结果，亲缘义务的概念在亚洲文化中极其普遍，人们普遍都在践行这一观念。

哈萨克斯坦研究人员阿丽亚·阿尼皮娜（Aliya Anipina）和阿尔达克·哈力吾拉（Ardak Kaliolla）概述了中国的务实做法带来的各种政策举措，这些举措也惠及了其他国家。文中写道："70多年来，中国向170个国家和国际组织提供人民币4000亿元、派遣60多万人道主义人员、修建了5000项人道主义设施，以帮助当地消除贫困。在中国的努力下，发展中国家培养了1200万名专业人才。这些数字表明，中国为自己的人民担当，同时也是一个负责任世界大国。"

国际数据意义重大，但最终我们每个人都在用自己独特的方式体验世界。因此，本书最精华的部分，就是通过探索农村翻天覆地的变化获得的独特见解。

自2017年起，荷兰设计顾问斯蒂芬·彼得曼（Stephan Petermann）就一直是世界著名建筑师雷姆·库哈斯（Rem Koolhaas）（大约从他设计中央电视台北京总部大楼开始）的重要合作伙伴，他们与北京中央美术学院视觉艺术高精尖创新中心的同事共同研究一个关于中国未来农村的项目。该项目是纽约所罗门古根海姆博物馆开幕的展览"乡村·未来"的一个主要展出主题，该展览于2020年2月20日开幕。

这一经历使彼得曼思考乡村在全球化发展中所起的作用。他预计中国在2020年年底会宣布全国脱贫，于是走访了三个中国乡村，去探索这些村子未来发展的可能性。

在毛泽东时代，山西省的大策村因为农民领袖陈永贵和一群在荒凉之地上开垦出新农田的村民而闻名于世。但后来这些农田难以维护，而现在关于陈永贵的传说也仅限于旅游村里一尊雕像。河南省的刘庄则依然是个模范村，中国领导人认为这是一个集农业和基础设施建设成果于一体的典范村镇，值得参观。贵州省的雨补鲁是个很小的寨子，这个寨子保存了传统工艺，能满足城市居民想到真正的乡下去放松身心的愿望。彼得曼说，这个寨子"很接近想象中的世外桃源"。

一切尚无定论，未来之路仍需前行，这一结论为本书画上了有趣且合适的句号。迈入小康社会后，中国的未来取决于中国人民。

5.3《嘉言善行：山区校长谈教育》：中国乡村教育家的教育经验[①]

《嘉言善行：山区校长谈教育》已被收入《读懂中国与世界》丛书，并将由环球世纪出版社出版。这本书介绍了中国社会主义教育实践。思想开放、心怀全球且想要了解中国教育实践的西方人都应该读一读这本书的英文版。

整个世界都是教育知识的来源。阅读这本书时，你会发现其中提到了许多名人，包括聋哑人海伦·凯勒、法国大革命的思想先驱和儿童本位教育的支持者让-雅克·卢梭，乌克兰人本主义教育家瓦西里·苏霍姆林斯基，以及哲学家约翰·杜威、创造学家亚历克斯·奥斯本和教育播音员莱门·布莱森等三位美国人。

2020年，中国宣布消除了绝对贫困。本书记录了一项长达13年的工程，该工程为中国消除绝对贫困做出了重要贡献。我们应该感谢每一位为此奉献的教育家，同样还需感谢那些富有远见、主动作为的领导者们，他们的愿景最终变为现实。

《嘉言善行：山区校长谈教育》一书记录了59位中国农村地区校长的故事，从各方面展示了中国特色社会主义为什么行。他们特别关注贫困农村地区的教育问题，向社会各领域传递了信息：怀有共同愿景，信任领导者，追求卓越，尊重差异，帮助有需要的人，以先带后，渴望创新，热衷学习，享受成果。

本书的目录并不长，若分开阅读每篇文章，很快就能了解参与这一项目的每位教师不同的经历。他们在不同情况下用不同方式追求自身的价值观。通过这些讲述，我们会发现他们的经历实际上无法复制，但他们共同的智慧值得所有人学习。他们每个人都教会了我们不同的东西。

---

① 此篇序言是作者应邀为《嘉言善行：山区校长谈教育》英文版所作，此书由中国国际民间组织合作促进会教育扶贫志愿项目编写，中国经济出版社2020年出版。英文版由杜怿超翻译，伦敦环球世纪出版社2022年出版。——编者注

青海一所寄宿制小学把家长带到孩子身边,目的是为了让家长也接受教育。这就是"家校共育"活动。老师、家长和孩子会坐下来一起用餐。食堂提供健康餐,管理得当,充分体现了党和政府的关怀。

甘肃省古土小学会让孩子们一起庆祝节日,体验节日的仪式感。每年四月左右,孩子们都会参加一次春游。每年植树节,孩子们会栽树、种花,还会给老师做一顿饭。他们学习的礼仪有利于社会长期稳定。

一位出身贫穷的农村娃回到农村工作了 27 年,现在是黑龙江省一所民族中心学校的校长。她办了一所"真正属于学生的学校"。习总书记在主持召开中央深改领导小组会议时指出,要把乡村教师队伍建设摆在优先发展的战略位置。她践行这句话,为乡村教师讲授先进教育理念和教学方法。

云南一位小学校长坚持将"幸福感"作为教育的核心。教师和学生共同成长,内心都能获得幸福感,从课堂教学以及互相尊敬、守时、举止得体、仪表大方、注重安全等各方面感受到幸福。

四川省一所乡村学校里,一位姓齐的女孩是留守儿童,平日由爷爷奶奶照看,在学校过得也很开心。但在一次家访中谈到自己有一年没有见到父母时,她哭了。这所学校的校长通过结成帮扶对子的方式让这些可怜的孩子感受到温暖,还和亲戚朋友一起建立了"温暖阳光"爱心基金来帮助这些孩子。

河北有一个专为推动教育创新建立的中心,不仅培养专业人士,更注重启发学生创新,培养学生的自主意识、不怕犯错的精神以及创新精神。"手巧才能心灵",操作和思维训练要相结合。

数学一直是中国文化的重要部分。中国传统艺术和设计重视对称美,重庆一所小学就将这一点与轴对称图形学习相结合。该校学生还通过学习算盘的起源和用法进一步了解传统文化。

内蒙古自治区一所小学高度重视校园足球运动的开展,通过这种方式缓解了学生的学业压力。学校鼓励男女学生参与校园足球运动,还开发了相关教材。在开展校园足球的五年时间里,学生的学业水平不断提高,还在省级足球比赛中取得了好成绩。

最后一个证明中国推进教育均衡发展经验丰富多样的例子是新疆某县唯一的一所完整建制小学,党的领导在这里发挥了重要作用。这所学校共有 2180 名来自蒙古族、哈萨克族等 13 个少数民族的学生。该校全面落实党的"阳光工程",致力于建设现代小学。该校还将传统习俗与"红色文化"相结合创造了自己全新的校园文化。

这里,我只是从《嘉言善行:山区校长谈教育》丰富的教育创新成果中摘取了九个案例,也没有标注页码,就是希望大家能阅读整本书。相信读者也会被其他案例所吸引,甚至会觉得其他内容更加精彩。此处摘录的案例并非好于其他案例,仅为体现其多元性。

本书突出这些教育领导者的贡献及其多样性,旨在强调中国的教育吸纳了古圣先贤的智慧和现代理念,是了解整个国家的切入点。孔子、《道德经》及教育家陶行知(提出"生活即教育")的理念都有所体现。

本书的"中庸"主题对中国第二个百年目标"建成富强民主文明和谐美丽的社会主义现代化国家"的贡献不言而喻。政府采取了缩小贫富差距、管控校外培训机构、监管科技企业等举措。可以看出,社会主义这枚硬币也有两面,而西方国家往往低估了中国发展背后的动力。

在本书中,我们可以探索不断创新国家文化、将普遍性与本土化相结合实现国家发展的教育培养皿。没有一本关于中国的教科书能像本书一样,为读者提供这些关于中国乡村教育活力和优势的第一手资料。

5.4 实事求是 [①]

摘要:中国脱贫的关键时刻是 40 多年前实施农业生产责任制的时期,当时经验、科学工作和政治领导都达到巅峰。经验是指集体控制的局限,科学是指社会实验,领导者是指邓小平。经过这场改革,中国人民可以自由奋斗,见证自身努力的结果。之后,中国在城市开展经济体制改革,覆盖更大范围,开始实行改

[①] 本文为作者 2020 年 12 月在人类减贫经验国际论坛分论坛"中国减贫道路与实践经验"上的讲话。——编者注

革开放。在这些方面，中国带给世界的经验不是如何设置目标，而是如何采取全面、系统的方法。要改变、要发展的积极性比贫困的衡量标准更重要。最大的贫穷是精神上的贫穷，看不到自己、后代和祖国的未来。中国现在存在的问题就是成功的副作用。许多留守儿童跟着祖父母或外祖父母生活，因为他们的父母要外出打工改善家庭生活。如今，很多志愿者愿意帮助这些留守儿童。海外华人也为中国脱贫攻坚做出了贡献，但更重要的是，他们证明了中国精神存在于世界各地。

首先，我要感谢中国社科院邀请我在此次论坛上讲话，这次活动是关于中国实现第一个百年奋斗目标、消除贫困的庆典。上一次我有幸在北京演讲，还是 2013 年受李培林教授邀请，就全球不平等主题发表演讲。

全球不平等，与中国减贫道路和实践经验这个主题高度相关。尤其是受新冠肺炎疫情影响，较贫穷国家的发展状况每况愈下，对构建命运共同体的影响愈加关键。我会在演讲最后再提到这一点。

世界可以从中国实现脱贫目标中学到很多经验。我在今天的短篇演讲中也只能指出几点。最简单又普遍适用的经验就是，各国可以相互学习。

在邓小平的领导下，中国发生了巨大转变。他表现出许多重要品质：合作精神、世俗智慧、思想开放、尊重科学、与逆境抗争的勇气。中国人民正是依靠这些品质消除了绝对贫困。

中国的脱贫始于对农民经历的认同，明白每个人要在农业生产中负起责任。回想脱贫攻坚的起始，我们应该对中国社科院表示特别感谢。当年，中国社科院在中国重建社会学，社会学家的研究为了解中国贫困人口的解放做出了贡献。

中国为其他贫困国家提供了经验参考。同时，中国的开放政策为学习其他国家经验提供了渠道和机会，推动了交流借鉴。中国通过农业改革建立了信心，逐步发展国际贸易，建设特别经济区，开办合资企业，利用来自包括中国香港特别行政区在内的境外投资。脱贫攻坚是中国贯穿始终的现代化建设的重要部分。

这一历史性做法为世界树立了榜样。脱贫攻坚是中国全面发展规划的重要部分。早在 1981 年，中国就恢复了世界银行成员国的身份，可以申请世界银行的贷款。世界银行的有关贷款标准是人均收入不超过 400 美元的国家，而中国人均收入只有312美元，完全符合条件。

借此机会，我也想向前几天去世的最与众不同的前世界银行行长詹姆斯·沃尔芬森表示敬意，他生前是中国的好朋友。他受到中国启发，提出每个国家都应该建立本国的全面发展框架。

西方国家往往认识不到甚至有意忽略的一点是，中国共产党的执政方式和角色的意识形态基础是持续不变的。"对外开放"和"社会主义民主"与邓小平在1979年3月提出的"四项基本原则"是一致的。"四项基本原则"即坚持社会主义道路，坚持人民民主专政，坚持中国共产党的领导，坚持马克思列宁主义、毛泽东思想。2017年10月的十九大报告再次强调了这些要点。

习近平早期工作生涯中就能看到党群联系的缩影。《摆脱贫困》一书记录了20世纪90年代，习近平在福建宁德如何将人大的工作与党员干部的工作相结合，形成合力。2000年后，习近平在浙江省任职时，号召各级领导干部要帮助有困难的人。他指出，建设小康社会依然需要坚持"五保"制度，这是健全农村社会保障的必要条件。而"五保"制度形成于20世纪50年代。

在社会主义视角下，各类目标（例如中国刚刚实现的脱贫目标）只是社会整体发展的一方面，这让中国成为最成功的经济体。而与之不同的是，在西方政治经济体制下，国内生产总值往往被视作衡量国家成功与否的决定性指标。

社会整体财富增加的同时会带来失业和贫困等问题，西方国家认为这些问题在充满活力的经济中是不可避免的，而中国经济的成功证实了上述假设未必准确。中国成功实现了第一个百年目标，自然而然地向着第二个百年目标迈进：建设社会主义现代化国家，既要富强，又要和谐，以解决实现消除贫困目标后所带来的问题。这些问题是成功带来的，而实现成功总会有所牺牲。其他国家可以向中国学习的一点是，中国能够吸取经验。

中国留守儿童的父母外出打工，为城市创造财富，而留守儿童有情感需求。如今，教育工作者注意到了他们的情感需求，中国国际民间组织合作促进会教育扶贫志愿项目也予以支持。今年，在项目管理负责人的带领下，该项目让参与者们一起编写了《嘉言善行：山区校长谈教育》这本书，让更多人了解留守儿童的需求和解决措施。

从全球来看，一个国家的成功所带来的问题是会普遍发生的。2013年我在中国社科院演讲时指出国内不平等加剧是全球化造成的结果。相比绝对贫困，相对剥夺感（即感觉自己未得到足够的尊重、处于劣势）成为更大的社会问题。如今各国因新冠疫情关闭国门，疫情对较贫穷国家和社会受排斥群体的影响更大。

中国将贫困人口的需求摆在首位的承诺前所未有，为全世界树立了榜样。比脱贫这一目标更重要的是要吸取经验，实事求是，用务实而负责任的态度实现目标。

第六章　抗击新冠肺炎疫情

2019年年底，新冠肺炎疫情的暴发标志着人类历史上的一个特殊时刻。全球第一次出现了既影响每个普通人的日常生活、又让各国政府感到不安的紧急情况。我认为这堪称史上第一个全球性时刻。人们关注政府能否为公民提供有效服务，同时又凸显政府与公民合作的潜力及局限。

6.1 中国英文媒体抗疫合作精神的道德基础[①]

章晓英[②] 马丁·阿尔布劳

摘要：《中国日报》、《环球时报》、中国国际电视台、新华网（英文）、中国网（英文）等中国主流英文媒体都呼吁要加强应对新冠肺炎疫情的全球合作，而不是一味推诿责任、将病毒问题政治化。是什么促生了这种合作精神？本文将其追溯至中国三大哲学传统——儒家、道家和墨家思想，并作为文章理论框架的来源。本文认为中国英文媒体报道中展现的合作精神本质上植根于中国古代的政治文化价值观。三大家的思想都在不同程度上促成了中国以"仁""上善若水""兼爱"为核心的价值观，坚持"以人为本"为导向的"天下一家"的主张。

关键词：合作精神；中国英文媒体；新冠肺炎疫情；道德基础；以人为本

[①] 本部分由章晓英和马丁·阿尔布劳撰写，最初发表名为《中国：合作精神的道德基础》（2021），发表在维拉特纳·卡林阿（Seneviratne Kalinga）和桑迪普·R·穆皮蒂（Sundeep R. Muppidi）编写的《新冠、种族主义和政治化：流行病中的媒体》，纽卡斯尔：剑桥学者出版社，第4章，第59-79页。

[②] 章晓英，北京外国语大学国际新闻与传播学院教授。

"西方人应向东方文化学习之第一点，我们认为是'当下即是'之精神，与'一切放下'之襟抱……西方人应向东方文化学习之第二点，是一种圆而神的智慧……西方人应向东方文化学习之第三点，是一种温润而怛恻或悲悯之情……西方人应向东方文化学习之第四点，是如何使文化悠久的智慧……西方人应向东方文化学习之第五点是天下一家之情怀。"[1]

——《为中国文化敬告世界人士宣言》牟宗三、徐复观、张君劢、唐君毅

6.1.1 简介

《中国日报》、《环球时报》、中国国际电视台、新华网（英文）、中国网（英文）等中国主流英文媒体都呼吁加强全球合作、共同应对新冠肺炎疫情，而不是一味推诿责任、将病毒问题政治化。什么是"合作"？本文采纳更广泛的"合作"概念，避开了西方传统"赢家与输家"的思维，强调中国传统文化中"一多不分"的观点。从更广泛的意义上说，"合作"的概念是支撑世界公民权的哲学理想。本文将"合作"追溯至中国儒、道、墨三大哲学传统，以找到"合作精神"的理论框架。文章认为，中国英文媒体报道中提及或体现的合作精神，本质上基于中国古代三种传统政治文化价值观的信仰，都或多或少地促成了"天下一家"的观念。三种不同的思想流派都坚持以人为本，强调"仁"、"上善若水"、"兼爱"的价值观。本文将对中西方哲学文化中"合作"概念进行比较研究；然后探讨中国古代儒、道、墨三家的政治文化价值；最后，本文将对2020年1月至6月的媒体文本进行定量和定性分析，确定中国三大哲学传统在中国英文媒体《中国日报》、《环球时报》、中国国际电视台、新华网（英文）、中国网（英文）有关新冠肺炎疫情报道中的代表性。

---

[1] 牟宗三、徐复观、张君劢、唐君毅：为中国文化敬告世界人士宣言——我们对中国学术研究及中国文化与世界文化前途之共同认识，附录，见张君劢. 新儒家思想史 [M]. 北京：中国人民大学出版社，2006: 585-591.

6.1.2 西方和非西方对"合作"的解读

中文的"合作"由"合"和"作"两个字构成。汉字是以象形为基础的文字。在甲骨文（中国已知最早的书写形式）中，"合"看起来像一个食物器皿，上有盖，下有容器。它的原意是"闭合"，指代上盖与容器完美匹配、相互和谐。在甲骨文和金文里，"作"看起来像衣领初作的形状。金文，又称铭文，指的是铸造在殷商（公元前1600年—前1046年）与周朝（公元前1046年—前256年）钟、鼎等中国青铜礼器上的铭文。此外，秦朝（公元前221年—前207年）的小篆中，"作"的左边看起来像一个人，而右边的意思是"突然"。因此，"作"的原意是指一个人突然站起来，有上升或繁荣的意思。简而言之，"合作"指的是以和谐的关系为特征的社会互动，目的是让一切都繁荣起来。

西方对"合作"有不同的描述。德国动物学和人类学教授彼得·卡佩勒（Peter Kappeler）在合著出版的《灵长类动物与人类的合作：机制与进化》一书中将"合作"定义为"以行动者的成本和其他同类的收益为特征的社会互动"[1]。这一定义体现了当前西方的主流思想，强调同种个体之间的合作，强调施惠者与受惠者之间的二元论。这与普林斯顿大学的约翰·冯·诺伊曼（John Von Neumann）教授开创的"博弈论"是一致的：双方利益完全矛盾，一方赢则一方必输。

中西方对合作的认知差异很大。在中国文化中，合作是和谐核心价值观自然而然的结果。而现代西方受到个人主义的普遍影响，但凡要发起任何共同的冒险或活动，人们都先要问一个问题："我能从中得到些什么？"

通常，人们认为西方个人主义的起源可以回溯至16世纪欧洲的宗教改革。宗教改革让罗马天主教会失去了对欧洲大部分地区的社会和政治掌控。在此前的十个世纪里，罗马天主教会一直控制着这些地区。教会声称他们作为中介，可以沟通信徒和上帝。但新教改革认为，信徒与造物主可以直接对话。

这场宗教改革带来的结果之一，就是个人渴望在上帝的眼中证明自己。马克

---

[1] 彼得·卡佩勒,卡雷尔·范沙克.序言:灵长类动物与人类的合作:机制与进化[M].纽约:施普林格出版社,2006.

斯·韦伯指出，这是西方资本主义起源的一个关键因素。经济上的成功让人安心，也相应地成为个人得救的标志。

另一个结果是政治混乱，对此主要有两种反应。17世纪宗教战争的同时代观察家托马斯·霍布斯断言：人的本性是自利的，只有强大的主权国家才能提供防止持续冲突所需的秩序。但为了逃避这些冲突，许多人选择逃往大洋彼岸的新大陆。美国就是由若干殖民地发展而来的，这些殖民地由宗教信徒建立，他们希望为自己创造新的生活。出于基本的经济和安全需要，他们不得不联合起来。因为他们周围多得是无法沟通和常常充满敌意的土著人。但与他们更深层次的宗教动机和个人信念相比，这种为实现共同目的而开展的合作仅仅是次要的。

19世纪法国贵族亚历西斯·德·托克维尔（Alexis de Tocqueville）对美国意识形态早期驱动因素的描述堪称经典，至今仍被奉为权威。在《论美国的民主》一书中，他这样描述新英格兰早期定居者的态度：

"每个人的道德修养、文化程度和能力，也被认为是与所有其他同胞相等的。那么，他们为何还要服从社会呢？这种服从的自然界限又在哪里呢？个人所以服从社会，并不是因为他管理自己的能力不如别人，也不是因为他比管理社会的那些人低劣，而是因为他了解与同胞联合起来对自己有益。"①

显然，"合作"严格来说是一种更基本的利己主义的结果，也就是现代政治经济学伟大权威亚当·斯密所说的"自爱"。18世纪的思想进步，则集中在平衡日益增长的中央集权国家需求和权力与推动贸易和资本主义发展的个人主义之间的关系。法国重农主义者相信国家和经济利益相联合是一条可行的前进道路，但亚当·斯密在著名的《国富论》中总结并给出了他的答案。

"我们的晚餐并非来自屠夫、酿酒者或面包师傅的仁慈之心，而是他们的自利之心。这种行为不是怜悯，而是自爱；不是利他，而是利己。"②

出于交易利益、出于自爱，产生了由市场决定的劳动分工，这一直是西方经济思维的基本原则。但是，如果认为现代盛行的个人主义意味着"合作"很早就被

---

① 阿历克西·德·托克维尔. 托克维尔文集：论美国的民主(第一、第二卷)[M]. 董果良译. 北京：商务印书馆，2013.

② 亚当·斯密. 国富论[M]. 郭大力，王亚南译. 北京：译林出版社，2011.

西方抛弃，那就错了。西方思想起源于希腊，直到宗教改革时期都把亚里士多德的宣言奉为圭臬，即人类是天生社会性的动物，就是要过一种社会集体生活。换句话说，在中国古代孔子强调人类社会关系的时代，西方也同样强调人类的社会性。

19世纪，马克思和许多西方国家的社会主义者重拾这些古老的渊源。他们的研究一直延续到20世纪中期。那时，一家人经常去当地合作社商店购物，这是合作社运动的一部分。自1844年英国成立合作社以来，合作社运动越来越受欢迎，当然现在已大不如前。

但西方社会主义倡导"合作"，恰恰是要反对那些以自身利益为基础的资本主义经济中的主导力量。社会主义者为打击这些力量而开展了合作运动。但事实上，正是这些合作运动促生并助长了西方现代普遍存在的冲突，最终导致了20世纪爆发的两次世界大战。直到今天，利己主义和冲突仍然促使着人们追求合作，影响着西方公共话语和对国际事务的态度。

6.1.3 中国哲学传统中合作精神的道德基础

6.1.3.1 儒家思想

儒家思想的主要观点是"仁"。"仁"是人类最高的道德原则、道德标准和道德境界。春秋时期出生的孔子（公元前551年—前479年）以"仁"为核心，建立了一套伦理思想体系，包括尊家、忠诚、宽恕、得体、良心、勇气、礼貌、宽宏、真诚、勤奋、善良等一系列相关概念。"仁"是一个中心词，《论语》中109次提到"仁"，有二十章都在讲"仁"。

春秋时期（公元前770前—前476年）社会道德堕落，礼崩乐坏。孔子建议统治者恢复周朝（公元前1046年—前256年）礼制来治理国家。"齐景公问政于孔子。孔子对曰：'君君、臣臣、父父、子子。'"[①] 要恢复"周礼"，必须先培养"仁"，因为没有仁就无法实现礼制。"子曰：'人而不仁，如礼何？'"[②] 孔子伦理体系的核心精神是恢复礼教，维护社会秩序的凝聚力。

---

① 程昌明注. 论语[M]. 北京：远方出版社，2017:12.
② 同上，第3章，19页

什么是"仁"？汉字里的"仁"由两部分组成。左半边是"人"，右半边代表"二"。从这个字我们可以看出，"仁"是指两个人之间的互爱。在《论语》第十二章中，有一段孔子与弟子樊迟关于"仁"的对话。"樊迟问仁，子曰：'爱人。'"① 在第十七章，孔子的学生子路问孔子什么是"仁"。"子路问仁于孔子。孔子曰：'能行五者于天下，为仁矣。'请问之：'恭、宽、信、敏、惠。恭则不侮，宽则得众，信则人任焉，敏则有功，惠则足以使人。'"②

根据中国儒学思想家孟子的说法，"仁"来自人类内心自发的同情和怜悯。例如，一位妇女看到一个孩子快要掉到井里时，她会像救自己的孩子一样冲过去援救。这样，妇女就将慈悲和怜悯发展为"仁"。

如何接近"仁"？孔子认为，"仁"从自身、家庭、工作开始，然后延伸到更广泛的社会。在《论语》的第一章中，孔子说："孝弟也者，其为仁之本与。"③ 而"孝悌"始于个人。在第六章中，"子贡曰：'如有博施于民而能济众，何如？可谓仁乎？'子曰：'何事于仁？必也圣乎！尧舜其犹病诸。夫仁者，己欲立而立人，己欲达而达人。能近取譬，可谓仁之方也已。'"④

什么样的人可以称为"仁者"呢？《论语》第十三章："樊迟问仁。子曰：'居处恭，执事敬，与人忠。'"⑤ 仁者首先必须遵行这三个基本的道德准则。在另一章中，孔子解释说："巧言令色，鲜矣仁！"⑥ 由此可见，仁者必须重视内在修养。内在修养比言辞和外表更重要。

"仁"与基督教的爱有共同之处，但也有所区别。它们的共同点在于都提倡博爱主义，鼓励人们唤醒所有爱的源头。另一方面，它们在爱的本质上是不同的。儒家的"仁"强调等级秩序，爱从自己、家庭、工作开始，再到更广泛的社会。君、臣、父、子要遵守各自的礼仪，相互尊重和信任，从而建立和谐的社会秩序。但基督教的爱首先是对上帝的爱，就像上帝爱所有人一样，然后是对以上帝之名

---

① 程昌明注. 第12章：论语 [M]. 北京：远方出版社, 2017:124.
② 同上，第17章，175页
③ 同上，第1章，1页
④ 同上，第6章，59页
⑤ 同上，第13章，133页
⑥ 同上，第1章，2页

帮助过你的邻居的爱。

6.1.3.2 道家思想

根据老子的道家宇宙论,"道"是宇宙的本源。"道"既是无也是有。"道"本来是无形的,故无。道作为有质无形本原产生了混沌现象界的"一","一"自身分化成了"阴阳"的"二","二"产生"三","阴阳合和"则为"三"。"三"是一个象征着复数的数字。一切万物皆因"阴阳合和"而生,为"三生万物"。因此,世界上所有的事物都是由"阴阳"构成的。当生命能量或阴阳之气相互作用和汇聚时,就出现了和谐。《道德经》第四十二章写道:

"道生一,一生二,二生三,三生万物,万物负阴而抱阳,冲气以为和。"[①]

我们生活在一个"阴阳"能量对立的世界里,老子教导我们如何在这个世界立足,并设法与之相处。老子的基本原则是:不粗鲁、不傲慢、不霸道,而要善良、谦卑、温柔。这也是价值衡量的终极标准。

老子进一步解释了什么是最高的"善"。他认为水是最高"善"的化身。在老子看来,水是谦逊和能力的象征之一。道德上良好而无所作为,就等于"无为而治"。有能力却没有一颗善良的心,则是有本质缺陷的。总而言之,水象征着最高的"善",因为它有能力有作为,但却保持低调,不会因为自己的成就而邀功。《道德经》第八章对水和像水一样的人做了详细的描述:

"上善若水。水善利万物而不争,处众人之所恶,故几于道。居善地;心善渊;与善仁;言善信;政善治;事善能;动善时。"[②]

"上善若水"是老子的人生哲学。他认为"水近于道",是谦逊的象征,是宇宙的起源,是力量的源泉。在《道德经》第七十八章,他又提到水:"天下莫柔弱于水,而攻坚强者莫之能胜。"[③]老子笃信谦逊的力量。

6.1.3.3 墨家思想

墨家思想由墨子创立于战国初期。墨子是中国历史上最重要的人物之一。自战国时期(公元前476年—前221年)到汉朝初期(公元前202年—220年),人

[①] 吴千之.老子如是说——《道德经》新注新译[M].北京:外语教学与研究出版社,2013:120.
[②] 同上,20页
[③] 同上,176页

们常常把他与孔子相提并论。

墨家思想的基石是"兼爱",西方把它称为博爱。可是,如果真正理解"兼爱"的本意,就知道西方的这种翻译具有误导性。墨子起初学习儒家思想,但后来放弃了。他觉得儒家的礼仪过于琐碎、复杂和昂贵。因此他创立了墨家思想,"兼爱"是其思想核心,"尚俭""节用"是两大支柱。他的思想中既有对天的敬畏(天志)、对灵的敬畏(明鬼)、对统一性的敬畏(尚同),也有反宿命论(非命)、反音乐(非乐)、提倡简朴办丧葬(节葬)。因此,"兼爱"更好的译法是"包容之爱"或"不偏不倚之爱",以避开基督教义中的概念。

有三个基本论点支持"兼爱"。第一,"兼爱"带来社会秩序。根据墨子的说法,社会混乱的原因是缺乏"相爱"。

"诸侯各爱其国,不爱异国,故攻异国以利其国。天下之乱物,具此而已矣。察此何自起?皆起不相爱。"[①]

因此,墨子鼓励人们爱人如己。如果人们能学会像爱自己一样爱别人,他们就会互惠互利。用他的话说,"故天下兼相爱则治,交相恶则乱"。这适用于社会各阶层、家庭、社区和国家之间。在这个意义上,"兼爱"意味着平等,没有差别。

第二,兼爱造福世界。仁者的处世之道,是利而治之,弊而除之。什么对世界有害?墨子写道:"今若国之与国之相攻,家之与家之相篡,人之与人之相贼,君臣不惠忠,父子不慈孝,兄弟不和调,此则天下之害也。"[②]

所有这些问题的根源是缺乏相互的爱,或者只爱自己而不爱别人。每个人都必须爱别人,这是唯一的解决办法。用墨子的话说:"以兼相爱、交相利之法易之。"[③]

第三,"兼",意为包容,是墨子之道。这就引出了对"包容"和"区别对待"或"偏颇"的比较。"天下之人皆相爱,强不执弱,众不劫寡,富不侮贫,贵不敖贱,诈不欺愚。"[④] 如果人们是"包容的"而不是"区别对待的",那么他们就会像对待自己一样对待别人。因此,提倡"包容性"对世界有很大的好处;反之,

---

① 伊恩·约翰斯顿. 墨子全译 [M]. 香港:香港中文大学出版社, 2010: 133.
② 同上, 137 页
③ 同上, 139 页
④ 同上, 147 页

如果崇尚"区别对待",对世界的危害很大。因此,我们必须辨别、界定世界上那些爱人民、造福人民的人。是他们的包容之爱让世界受益。

如何将"兼爱"付诸实践?墨子从古代先贤们在竹帛、金石、盘盂上的记录,和流传到后世子孙的言行里,知道先圣六王尧、舜、夏禹、商汤、周文王、周武王都亲自实践过"兼爱"。《泰誓》中引用周文王的故事说:"文王若日若月乍照,光于四方,于西土。"[①] 按照墨子的解释,这说明周文王以博大的心怀爱天下,如同日月,普照天下没有任何偏私。这就是文王的"包容",墨子所说的"兼",就是取法于周文王。

墨子把"兼爱"看成"仁",但两者有细微差别。前者强调实践没有区别的爱;后者强调等级秩序,首先要爱自己,然后延伸到自我世界之外。"兼爱"的概念则是无差别的爱。

6.1.4 概述中国英文媒体报道中的抗疫合作精神

本文共选取了中国五大英文媒体作为研究对象:《中国日报》、《环球时报》、中国国际电视台、新华网(英文)、中国网(英文),它们都是国家级官方媒体,致力于沟通中外。这些英文媒体的诞生,是中国对外开放的一个重要标志,也是中国走向世界、希望促进全球交流与合作的重要标志。

1981年,在澳大利亚墨尔本《时代报》的支持下,《中国日报》创刊。最初,它的目标受众是在华外国人,如商人、学生、游客和外交官。《中国日报》是中国最大的全国性英文报纸,目前已发展成为集报纸、网站、应用软件于一体的多媒体平台,在脸书、推特、新浪微博、微信等平台拥有强大影响力。《中国日报》的全球读者超2亿人,以"让世界了解中国,让中国走向世界"为使命。

《环球时报》成立于2009年,主要目的是帮助外界了解中国的高速发展。《环球时报》敢于创新,报道了一些敏感而棘手的话题:如儿童艾滋病患者、城区改造、强制拆迁、反腐、中国死刑适用、建立国际新秩序的挑战以及中国日益扩大的贫富差距等。该报以中国视角对重要国际问题进行深刻报道,因此海外常常把

---

① 伊恩·约翰斯顿. 墨子全译[M]. 香港:香港中文大学出版社,2010: 157.

《环球时报》定义为"民族主义"报刊。

中国国际电视台（CGTN）成立于2016年，与中央电视台（CCTV）、中央人民广播电台（CNR）及中国国际广播电台（CRI）合称中央广播电视总台。中国国际电视台致力于以全球视角报道中国和世界新闻。它的目标是提供更均衡的报道，重点关注其他国际媒体经常忽视的国家、地区和故事。它的口号是"看见不同"。

新华网（www.news.cn）是国家通讯社新华社1997年创办的综合新闻信息服务门户网站，是中国最具影响力的网络媒体和具有全球影响力的中文网站。新华网拥有31个地方频道以及英、法、西、俄、阿、日、韩、德、藏、维、蒙等多种语言频道，24小时发布全球新闻资讯。新华网的重大新闻首发率和转载率遥遥领先于国内其他网络媒体。新华网发出中国声音，致力于成为一个全球化思考、本地化行动的新闻网站。

中国网（China.org.cn）由国务院新闻办公室和中国外文出版发行事业局主办，成立于2000年，是经授权的中国政府门户网站。中国网提供大量有关中国的最新新闻和政府官方立场文件文本，以英语、法语、西班牙语、德语、日语、俄语、阿拉伯语、韩语和世界语报道丰富的中国历史、政治、经济和文化新闻。

本文收集了这些英文媒体在2020年1月至6月期间有关新冠肺炎疫情的报道，输入关键词"COVID-19"、"冠状病毒"和6月北京新冠肺炎确诊病例所在地点"新发地"，可获得共计65600条新闻。进一步输入关键词"合作"，可获得7525条新闻，占总新闻数的11.5%。

表1：各媒体平台与"新冠肺炎疫情"相关的新闻条目数和与"合作"相关的新闻条目数
来源：中国日报社新媒体实验室

媒体名称	中国日报	环球时报	中国国际电视台	新华网（英文）	中国网（英文）	总计
"新冠肺炎疫情"新闻数量	8530	8130	6490	30150	12300	65600
"合作"相关新闻数量	1657	1249	699	2618	1302	7525

中国日报社（前）社长兼总编辑周树春接受采访时，解释了为什么需要把"合作"这一重要信息传递给全球读者。第一，"合作"是中国外交和国际战略的基本原则。第二，强调"合作"就是要站在有利于中国和世界的道德高度上。第三，"合作"弘扬了中国传统文化思想。

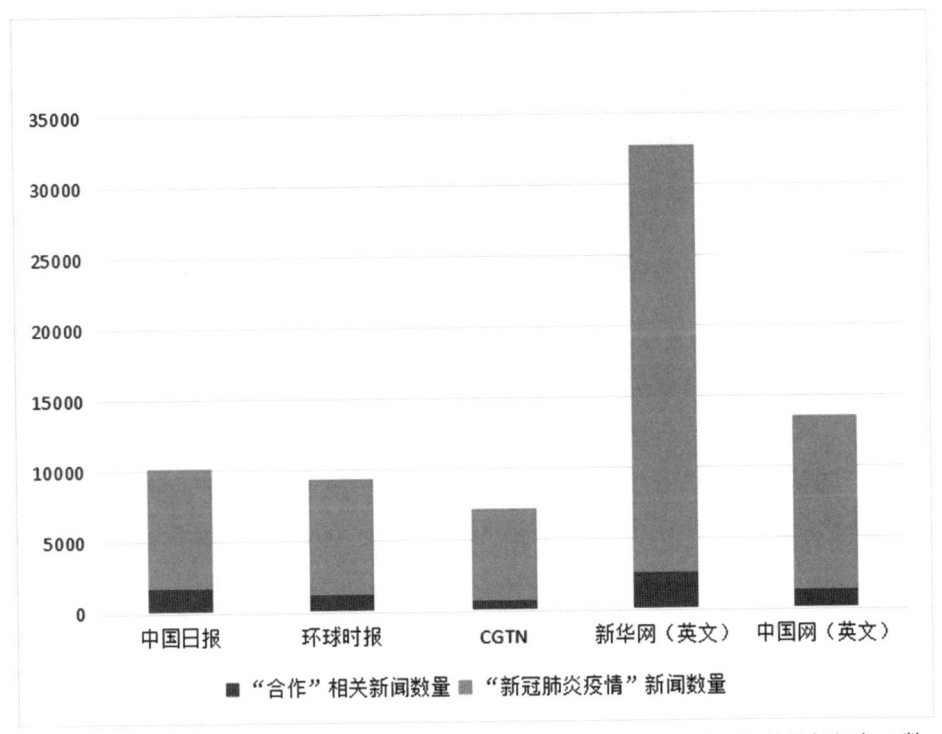

图1：各媒体平台与"新冠肺炎疫情"相关的新闻条目数和与"合作"相关的新闻条目数
来源：中国日报社新媒体实验室

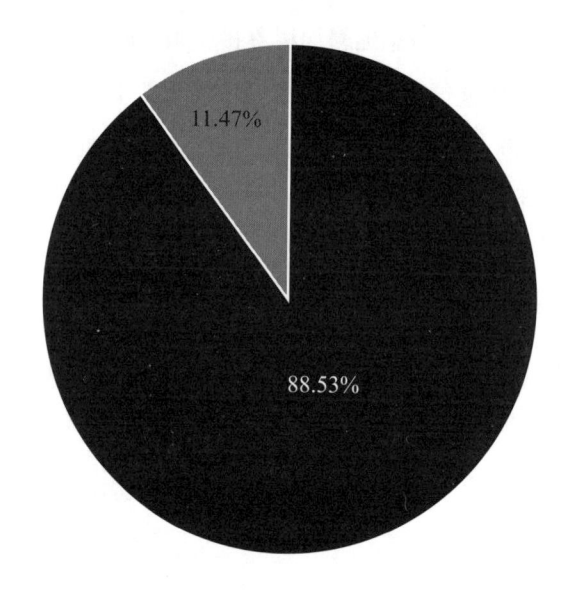

■ "新冠肺炎疫情"新闻数量　■ "合作"相关新闻数量

图2："合作"相关新闻与"新冠肺炎疫情"相关新闻的比例

新华网副总裁刘加文在接受采访时，还强调了中国传统哲学思想对中国媒体和新闻实践的影响。在他看来，"合作"意味着两个或以上的国家采取一致行动来解决存在的问题或达成共同的目标。面对新冠肺炎危机，他认为所有国家都有必要开展合作，因为单个国家不可能成功应对疫情。刘加文指出，中国传统文化的特点是集体利益高于个人利益，既强调己所不欲，勿施于人，又强调善良、包容、同情心等。大多数新闻从业者，尤其是从事国际新闻工作的从业者，都有很高的道德标准，重视集体利益，注重他者视角，心地善良，具备自我反省的能力。

6.1.5 文本分析：中国英文媒体报道中的抗疫合作精神

本文选定的五家媒体在涉及新冠肺炎疫情的报道中经常出现"合作"相关内容，表达了中国与全球合作的想法和愿望。

中国国际电视台呼吁全球合作生产呼吸机。国际货币基金组织（IMF）前副总裁朱民表示，中国对呼吁全球合作的各项倡议都给予了积极支持。他说："疫情暴发以来，呼吸机成了世界各地紧缺的产品。许多国家开始从中国购买呼吸机。

但每台呼吸机成本为 5 万元人民币（7070 美元），全链条生产需要来自中国、韩国、美国、瑞士和许多其他国家的 140 家公司通力合作。"①

《中国日报》援引中国疾病预防控制中心（前）主任高福的话，表达了与国际社会合作的美好愿望。高福告诉记者，他一直在与访华的世界卫生组织专家就疫情应对措施进行交流，同时协调湖北省的研究工作、监督疫苗和药物开发。高福表示，中国在处理此类事件时一贯坚持透明、开放和负责任的原则，并积极寻求和扩大与国际社会的合作。②

《中国日报》报道了中国和东盟成员国之间强有力的传统联系。虽然新冠肺炎疫情短期内会对中国—东盟各领域合作造成影响，但从长远来看，中国的严格防控措施正在取得成效，中国各省市有越来越多的产业复工复产，中国—东盟合作不会受到影响。《中国日报》进一步解释说，中国和东盟享有长期友谊，一些东盟国家在受到新冠肺炎疫情影响的情况下，承诺与中国共同抗击疫情。世界卫生组织已宣布新冠肺炎疫情为全球关注的突发公共卫生事件，东盟国家对中国采取的防控措施表示信任和支持。③

中国国际电视台也报道了中国和其他亚洲国家间的关系。中国国务委员兼外长王毅在与土库曼斯坦副总理兼外长拉希德·梅列多夫（Rasit Meredow）通电话时表示："团结合作才是战胜疫情的最有力的武器。"王毅说："中方愿同土方加强在国际事务中的沟通协作，相互坚定支持，维护双方作为发展中国家和新兴市场的共同利益。"④

中欧合作是一个被频繁提及的话题。例如，中国国际电视台指出"保持坦诚交流、以开放的心态应对分歧"是中欧开展有意义合作的前提。⑤ 但中国国际电

---

① 中国国际电视台. 专家支持后新冠肺炎时代的多边合作 [EB/OL]. 2020[2020-6-24]. https://news.cgtn.com/news/2020-06-24/World-experts-endorse-multilateral-cooperation-in-post-COVID-19-eraRAml5Ir2vK/index.html.

② 中国日报. 中国与世界卫生组织合作抗击病毒 [EB/OL]. 2020[2020-2-17]. http://www.chinadaily.com.cn/a/202002/17/WS5e49d110a310128217277e7f.html.

③ 中国日报. 从长远来看，中国—东盟关系不会受到影响 [EB/OL]. 2020[2020-2-27]. http://www.chinadaily.com.cn/a/202002/27/WS5e56ff16a31012821727a9a4.html.

④ 同上

⑤ 中国国际电视台. 合作仍是中欧关系的主题 [EB/OL]. 2020[2020-6-24]. https://news.cgtn.com/news/2020-06-24/Cooperation-remains-the-theme-for-Sino-European-relations-RzMpQa2dqM/index.html.

视台也强调要调和分歧，称"聚焦合作绝不意味着双方应该或者将忽视分歧。"①

《中国日报》还报道了在2020年农历新年到来之际，中国国家主席习近平应约同法国总统马克龙、德国总理默克尔通电话。习近平表示，中方愿同国际社会一道，有效应对疫情，维护全球卫生安全。他还表示，希望中德成为超越意识形态差异的合作者。② 中国网（英文）援引（前）中国驻英国大使刘晓明的话说，"在'后脱欧时代'和'后疫情时代'，中英正深化金融服务、贸易投资等领域合作。"③

也有报道呼吁加强与非洲的合作。新华网（英文）援引中国国务院新闻办公室发布的《抗击新冠肺炎疫情的中国行动》白皮书称，迄今为止，中国已向50多个非洲国家和非盟提供医疗物资援助，向非洲派出医疗专家组，并多次举行视频会议分享抗疫经验。中方将向非洲国家抗击新冠肺炎疫情提供更多援助，并将继续提供力所能及的支持。④《环球时报》采访了中国驻苏丹大使马新民。马新民表示，中苏是患难与共、守望相助的亲密朋友和战略伙伴，长期以来相互支持、相互帮助，在前所未有的疫情面前，中苏再次站在一起，同心抗疫，共克时艰。⑤

中国明确表达了同拉丁美洲合作的愿望。《环球时报》关注了巴西的华人社区。报道称，尽管已经出现了新冠肺炎感染病例，但巴西政府选择维持经济运行，而非防止病毒传播，这种做法引发了社会关切。尤其是那些生活在巴西的中国人，他们意识到了新冠病毒的危险性。尽管巴西华人社区的居民内心焦虑不安，但他们始终积极参与当地疫情防控，并对中巴疫苗研发合作充满期待。巴西华人文化交流协会主席程普告诉《环球时报》，该协会的中国成员已向地方政府、医疗机构和警察捐赠了100万只口罩和其他防护用品，并给巴西贫困人口送去了8000

---

① 中国国际电视台. 合作仍是中欧关系的主题[EB/OL]. 2020[2020-6-24]. https://news.cgtn.com/news/2020-06-24/Cooperation-remains-the-theme-for-Sino-European-relations-RzMpQa2dqM/index.html.

② 中国日报. 全球关系对抗击新冠病毒至关重要[EB/OL]. 2020[2020-1-23]. http://www.chinadaily.com.cn/a/202001/23/WS5e28a12ea310128217272db4_1.html.

③ 中国网. 中国驻英大使：中英将深化金融服务、贸易和投资合作[EB/OL]. 2020[2020-6-21]. http://www.china.org.cn/world/2020-06/21/content_76186377.htm.

④ 新华社. 专家赞扬中非合作抗击新冠肺炎[EB/OL]. 2020[2020-6-19]. http://www.news.cn/english/africa/2020-06/19/c_139149833.htm.

⑤ 新华社. 中国向苏丹提供新的医疗物资支持抗疫[EB/OL]. 2020[2020-6-10]. http://www.news.cn/english/africa/2020-06/19/c_139149833.htm.

个"基本食品篮"。①

关于中美合作,《中国日报》首先强调了中美合作对世界的重要性,也强调了中美合作对中国的重要性,"美国打喷嚏,全世界感冒"。②《中国日报》还说,中国经济正在重启并为全球供应链做出贡献,这一点非常重要,但美国经济保持强劲也同样重要。美国政府应借鉴中国等亚洲国家的经验,大幅加强疫情防控和检测,否则世界经济就会生病。应当搁置政治问题,寻求最大限度的合作。③

这里只简单列举了中国英文媒体传达"合作精神"的几个例子。在五家媒体的报道中,合作理念一直很流行。合作概念不仅仅是一种媒体话语,而是中华民族和中国人民受"仁"、"上善若水"、"兼爱"等中国哲学传统所浸润而产生的思想感情最真实而自然的表达。

6.1.6 结论

儒家、道家和墨家被视作中国人特别是知识分子的精神家园。作为中国历史上文化和公民生活的重要组成部分,这些主要哲学流派思想塑造了中华民族的灵魂和品格,深入人心。正如北京外国语大学中文系教授程裕祯所言,"作为一个民族的内在精神,我们仍离不开先代哲人们开辟的思路轨迹。"④"子曰:'仁远乎哉,我欲仁,斯仁至矣。'"⑤

6.2 新冠肺炎疫情是否终结了全球化? ⑥

新冠肺炎疫情是一场人类悲剧,这一点毋庸置疑。截至作者撰写本章(2020

---

① 环球时报.在巴西的中国商人不顾自身疫情损失,向当地人民伸出援手[EB/OL].2020[2020-6-19]. https://www.globaltimes.cn/content/1192139.shtml.
② 中国日报.美国需要加强新冠肺炎疫情应对[EB/OL].2020[2020-3-5].http://www.chinadaily.com.cn/a/202003/05/WS5e60a01ea31012821727c9bb.html.
③ 同上
④ 程裕祯.中国文化要略[M].4.北京:外语教学与研究出版社,2018:90.
⑤ 程昌明注.论语[M].北京:远方出版社,2017:12.
⑥ 马丁·阿尔布劳.新冠肺炎是否终结了全球化?:新冠常态化领域[M].沃纳·格普哈特(主编).法兰克福:克劳斯特曼(Vittorio Klostermann)出版社,2020:497-502.

年 5 月 18 日）时，全球因新冠病毒感染死亡的最新数字为 312646 人，而感染总人数为 4673809 人。事实证明，疫情对人类生活的方方面面都产生了深远影响。一些评论人士认为，疫情意味着全球化的终结。首先，我认为这种论调低估了新冠肺炎疫情的影响。它不仅仅是某件事的终结，更象征着一个开始，一种总体化（totalization）的开始，后文会有详细论述。病毒的影响力不仅是全球性的，更是总体性的。毕竟，全球化一直是人类命运的代名词。病毒的阴霾笼罩着人类，笼罩着人类对个人生活、国家和地外生命的所有想象。病毒渗透到每个人现实生活的点滴之处，同时对世界大国造成根本性冲击。孩子们也不能幸免。无论身处什么阶层和文化背景，每家每户都能听到这样的抱怨——"我要出去和朋友们玩"。国家领导人忧心于本国的感染人数，担心自己在本国公民心目中的地位会受到影响。中国和美国则更加密切地关注着两国力量对比中最细微的变化。

当我们听说中国人不得不调整饮食习惯，开始实行分餐制，就能体会到新冠肺炎疫情带来的变化是总体性的。荷兰的三次亲吻礼、毛利人的贴鼻礼，甚至英国人冷淡的握手都要有所调整——"保持社交距离"的规则禁止一切会产生身体接触的问候。其实，把人与人之间的物理空间称为"社交距离"并不很恰当。如果政府禁止密切的个人接触，它所限制的应该是"身体距离"，即要求人与人之间拉开距离。而"社交距离"应当指当下人们正在以前所未有的方式克服物理空间的限制、远距离维持社会关系的行为。

如今，沟通手段日新月异，语音、视频通话和线上会议帮助我们跨越距离的障碍，与他人取得联系。这些技术如今已成为代替到岗工作甚至出席婚礼等家庭活动的常见手段。但是，远距离的关系仍然是社会性的，实际上更接近真正意义上的社会性。两千多年前，希腊的亚里士多德和中国的孔子颂扬了人的社会性，而现在，世界已经公认人类的社会性不会受出/缺席限制。疫情再次凸显，每个人本质上都是由相同物质组成的。我们的身体受到空间的限制，但社会性可以挣脱束缚。我们可以接触世界上任何地方的人，因为我们更清醒地认识到，人类同属一个脆弱的生物物种，在生存和灭绝之间，我们只能依靠科学。

人类正处在一个前所未有的全球社会之中。一直以来，相邻的群体都有着纵横交错的联系,同时无论物理上相距多远,每个人都与另一个人存在现实或潜在的联系,这些因素促成了全球社会的形成。在病毒肆虐下,尽管要保持物理距离,我们还是可以维持与亲友的关系,因此疫情反而更清晰地阐明了人类社会的本质。尽管身体接触能为人类繁殖提供必要条件,但这并非人类社会的本质。

以欧洲人为例。他们以前经历过人口的不断流动,早就认识到社会关系不受时空限制。欧洲人有一段不安分的特殊历史,他们渴望突破现状,这是欧洲扩张主义和帝国建设的一个普遍特征。开创了随笔文体的法国思想家米歇尔·德·蒙田(Michel de Montaigne)在400多年前写道:"友谊的臂膀长得足以从世界的这一头伸到另一头,尤其是在一直保持联系的地方之间。"他还解释了古老的英语谚语"不相见,倍思念"。

那么,乍看之下,许多评论人士认为新冠肺炎疫情意味着全球化的终结,就显得有些奇怪了。其实他们脑子里想的全球化概念很大程度上局限于经济领域,尤其强调国家之间的自由贸易。比如,自1843年创刊以来,《经济学人》一直支持国与国之间的自由贸易。自20世纪80年代"全球化"一词开始流行以来,《经济学人》就一直从"自由贸易"的角度看待全球化。2020年5月《经济学人》的封面标题就是"再见全球化:自给自足的危险诱惑"。

但国与国之间的贸易并不完全代表世界经济。1993年,经济合作与发展组织发表了一份有关全球化的特别报告。报告的一个重点是跨越关税界限的跨国公司。人们选择移民是为了找工作。他们从喜好出发做出选择。文化和交流比贸易更加全球化。

"自给自足"实际上强化了全球化。因为这意味着,在其他地方生产的产品应该在本国内生产,以保证产品和生产方式的流通。蒙田也指出了这一点,他说中国人早在他生活的时代一千年前就发明了印刷术和火药,那为什么欧洲出现这些发明就要大惊小怪呢?也许我们应该谈谈困惑这种情绪的全球化。就在两个月前,《金融时报》刊登了罗伯特·阿姆斯特朗(Robert Armstrong)的文章"新冠病毒并非全球化的危机"。英国《金融时报》和《经济学人》是全球最具影响力的两家商业新闻媒体,当他们对新冠病毒的后果及其对全球化的影响做出截然相反的判断时，我们只能得出这样的结论：当下正在发生的事情让全球意见领袖感到恐慌。

冷静点吧，想想还有什么能比约翰斯·霍普金斯大学每天发布的新冠肺炎疫情统计数据更全球化的呢？我在本文的开头就引用了这些数据。全世界对中国中部城市发生的事情有多关注呢？现在全世界都知道武汉了。而以前，除了中国人，世界上大多数人都很难说出"武汉"在哪个国家。这当然取决于全球交流，就像大家都知道东京奥运会不得不推迟一年举行了。当然，奥运会是全球化历史悠久的典型案例。这一理念起源于古希腊。1896 年，雅典举办了现代史上首次奥运赛事。如今它已发展成为每四年将各类体育运动汇聚一堂的盛会。在奥运会这一赛事上，全球性其实已经走向"在地性"和本地化了，因为赛事关注的是世界各地有抱负的运动员、选手等几年以来的刻苦训练。

本质上，推动全球化潮流的是文化因素，尤其是科技思想的传播和借助科技得到传播的知识。国界无法阻止知识的传播。目前，开发新冠疫苗是全世界的共同诉求。与各国医学家知识共享相比，所有权的归属显得无足轻重。

那么，认为"全球化终结"的代价是什么呢？持此种观点的人首先想到的是供应链中断。在新冠危机期间，各国被迫设置旅行和货物流动壁垒。他们还认为，由于病毒对民众的影响，各国领导人面临更大压力，地缘政治紧张局势将加剧。加强边境管控，限制资本、货物和人员流动等举措肯定会妨碍国际贸易的增长和劳动力流动。许多人将单一全球市场的兴起等同于全球化。诚然，全球贸易自由运动（反对者称之为"新自由主义"）曾一度被视为全球化的核心，各国政府制定本国经济政策时也一定程度上受到其限制。

但这是一种由利益集团推动的全球化概念。这些利益集团从全球化中获益最多。国与国之间完全的自由贸易可能会增加整体利益，但利益的分配是不均衡的。19 世纪时，英国人倡导自由贸易。20 世纪，美国最早提出经济全球化。中国是在支持经济全球化的国家。事实上，经济全球化不应等同于无关税贸易。一个国家对进口商品征收关税的同时，也可能鼓励外国公司在该国生产商品，从而在本土创造新的就业中心。全球化的是产品，可口可乐在全球扩张早期就明白这一点。

这种企业全球化反过来又引发了另一种抱怨的声音：认为世界各地的品味都变得标准化了，或者用一位批评家的话来说，世界变"平"了。但企业的全球化战略也可以采取与可口可乐不同的方式。在布达佩斯的麦当劳，顾客可以买到匈牙利红烩牛肉，在北京则能买到川辣双鸡堡。当然，在世界贸易组织的管理下，国家间关税的降低有助于全球供应链的发展。在精密制造业领域，组装品（例如机动车辆）的部件可能来自任何国家。各国为减轻新冠肺炎疫情影响而采取的措施可能会导致这些链条中断，但丰田汽车将继续在美国销售，奔驰汽车也会继续在中国销售。

全球化始终在继续。生活的多样性和文化间的差异没有减少，大家并没有被同化。相反，人们在本地可以不断体验到多种文化。即便身处不同大陆，通信技术也能让人们了解自己最亲近的人的生活。我们也能谈论遥远的地方正在发生什么。在1996年出版的《全球时代》一书里，我用了一个很生动的例子，讲的是前一天有人在印度德里看见加内什神像喝牛奶，第二天全世界都在报道这件事情。《卫报》当时称之为大众通信煽动全球宗教狂热的首个案例。新冠肺炎疫情虽然凸显了与亲友和同事近距离接触的风险，但也前所未有地阐明了社会关系的本质。其结果是，无论是工厂、办公室、商店还是餐馆，全球各地的工作场所都发生了变化。很多工作场所已完全关闭。休闲和娱乐场所、体育场馆和剧院空空荡荡，再也没有掌声回响。许多机制背后的原则开始受到质疑，司法和法律也不能例外。

比如，几个世纪以来，陪审团制度在英国司法理念中占据了中心地位。刑事案件中，标准做法是设置单独法庭，由法官主持庭审，面对被告人以及控方和辩方律师。同时从普通民众中随机选出12人陪审团，也面对被告坐着。一般情况下，公众会获准进入法庭的旁听席。此类案件的公开审理，也成为戏剧和电影中最受欢迎的场景。有时法庭会请旁听者回避，方便当事人协商。亨利·方达主演的经典电影《十二怒汉》就淋漓尽致地展现了剧作家最青睐的审判高潮——陪审团退到一个单独的房间，在完全私密的前提下审议集体裁决。他们通常要展开一场旷日持久的讨论，持续几个小时甚至几天。但新冠肺炎疫情让这一切被迫中止。直到现在，在英国封锁八周后，人们才开始尝试在遵守"社交距离"的前提下开展庭审。陪审团成员必须相隔两米就坐。法庭在设计时根本没有考虑到这种布局安排，律师和官员们争论着要如何安排座位。陪审团的房间显得紧紧巴巴，只能启用另一个法庭进行私下磋商。"迟到的正义已经不是正义"这句老话被病毒赋予了新内涵。

病毒全世界游走，甚至渗透到个人生活的私密空间。病毒的传播范围和影响程度是总体性的，超出了全球化预言家的想象。它和全球化不是一回事。它们的来源不同、渗透程度不同。人体会受到病毒的直接影响，会死于病毒感染。但人类不会因为受全球化"感染"而死亡。虽然世界卫生组织或各国政府都建议人们与其他人保持一到两米的距离，但这也不算是全球化的一种形式。

新冠肺炎疫情是一种大流行病。从某种意义上说，全球化加重了疫情，因为人们可以轻松地旅行，从而增加了彼此间的接触。但它的综合影响大不相同。疫情渗透到个人生活和机构运转的方方面面。如果想用像"全球化"一样的术语来表示这个过程，"总体化（totalization）"则更为恰当。我们现在所经历的是走向总体化的历史时刻。以前，在社会和政治的语境下，"总体"一词常用于描述极权主义思想（totalitarianism）。但"总体化"概念突破了人们对政府类型的常规思考，因为它与民主没有直接关系。我们可以有开放式或总体式的民主，这两种民主都取决于人民的意愿。但就总体式民主而言，在极端情况下，每个机构和个人生活的方方面面都会受到检查和监管。

病毒让全球社会迎来了一个总体化的时刻。要理解这一点，我们必须明确"全球性"和"总体性"的区别。"全球性"自第二次世界大战以来普遍使用，指的是人类的共同命运。"总体性"则意味着个人和集体生活的每一个方面都受到监督和控制。"全球性"包含万物，而"总体性"渗透一切。

新冠肺炎疫情带来了有史以来第一个"总体性—全球性"时刻。两次世界大战差点就实现了这一点，但它们没能像新冠病毒一样对全球各地日常生活都产生全面影响。人们常说，一切都回不到从前了。在这种震惊全球的时刻，这一点尤其明显。但世界大战持续的时间比目前病毒传播的时间要长得多，而且世界已走出世界大战的阴霾，全球人口增长到战前的三倍，当然这也有利有弊。

通信技术的进步，会带来许多新变化，因为通信技术能够强化总体性和全球性的发展。国家之间的较量、公司之间的竞争以及个人对社交和知识的渴望，都促成了生活的全面数字化。新冠危机过去后，通信技术的不断进步究竟会帮助还是威胁人类在地球上的未来，仍有待观察。我们最大的希望是，要从过去吸取教训，努力避免气候变化所产生的最坏结果。在这点上，总体性可能有助于推动全球性。

6.3 新冠肺炎疫情凸显了构建人类命运共同体的迫切性和必要性[①]

2020年3月12日晚，中国国家主席习近平在与联合国秘书长古特雷斯通话时强调："新冠肺炎疫情的发生再次表明，人类是一个休戚与共的命运共同体……国际社会必须树立人类命运共同体意识，守望相助，携手应对风险挑战，共建美好地球家园。"对此，我完全赞同。新冠肺炎疫情是一场悲剧，却也是习主席提出的百年未有之大变局的生动写照。构建人类命运共同体，是应对百年未有之大变局的唯一正确选择。

新冠肺炎疫情的全球大流行，充分说明了人类社会携手应对各种风险挑战、推进人类命运共同体建设的紧迫性。2020年3月6日，我在接受中国国际电视台采访时表示，中国政府已经竭尽全力，及时向全世界通报了疫情，采取的措施为世界各国树立了榜样。中国人在抗击疫情危机中展现出的风雨同舟、守望相助、高度自律的良好精神状态和品格，让全世界印象深刻。

新冠肺炎疫情是一场巨大的危机，提醒我们人类同处一个世界，命运紧密相连。病毒没有国界，不分种族。面对新冠肺炎病毒，全人类应该勠力同心，共同应对。合作是最基本的原则。正是基于这一原则，我们创建了全球社会。我们分属于不同的国家，但也是全球公民，我们命运与共。

人类文明史就是一部与疾病抗争的历史，但从来没有病毒可以击垮人类。只

[①] 马丁·阿尔布劳.序言:时代之问，中国之答:构建人类命运共同体[M].王义桅著.长沙:湖南人民出版社,2021.

要各国以更加坚定的信念牢固树立人类命运共同体意识，风雨同舟、团结协作、众志成城，采取更果断的行动，推动更紧密的合作，就一定能够战胜疫情，共同建设更加美好的地球家园。

新冠肺炎疫情的全球大流行，也给我们带来了以下启示：

1. 人类是一个命运共同体（公民社会或人类大家庭）。

2. 世界需要领导力（不论是由美国、中国还是其他国家或机构展现领导力；与种族和意识形态无关，而是取决于具体问题）。

3. 中国政府依赖中国人民抗击疫情，展现了全球领导力。

4. 大家需要在人类面对的重大问题上通力合作，维护人类家园，共同参与全球治理。

5. 合作方式非常重要。

我很高兴地看到，以上问题都在王义桅教授的新书《时代之问，中国之答——构建人类命运共同体》中有了系统阐述。

我与王义桅教授因为"一带一路"而相识，在研究人类命运共同体的过程中成为好友。2016年4月12日，他的首部"一带一路"专著《一带一路：中国崛起给世界带来什么？》在伦敦书展发布，我担任评论员；献礼中华人民共和国成立七十周年的主题图书《对话中国》收录的《十问"一带一路"：对话英国社会学家马丁·阿尔布劳》，又让我们的名字产生交集。2019年2月13日，王义桅教授在威斯敏斯特大学中国传媒中心举办的全球中国传媒系列讲座上，发表了演讲《理解人类命运共同体的三个维度》，我再次担任评论员。他认为，人类命运共同体理念集中华传统文化（道家之共天、儒家之共生、佛家之共业）和各国传统文化之大成，中国正以"和合"实现马克思主义中国化、时代化。这番阐述给我留下了深刻印象，也与我在新著《中国在人类命运共同体中的角色：走向全球领导力理论》中的观点不谋而合。

这一次，他将新书主要内容译成英文给我评阅，使我深受感动。他见解新颖，创造性地提出人类命运共同体理念为全球化铸魂，改变"零和博弈"（zero-sum game）、"双赢"（win-win）思维，代之以"全赢"（all win）或"全输"（all lose）

的整体思维等观点。他还以新冠肺炎疫情阻击战为例，提出只有各国都安全、都远离恐惧，一国才能实现安全、不再恐惧！

故此，我欣然受邀为其作序，希望并相信他的书将引发广泛的国际共鸣。

6.4 见证中国抗击新冠肺炎疫情：我在中国的故事[①]

2020年，当出现新冠肺炎病例时，在全中国乃至全世界，人们面对这样一个可能改变全人类生活的威胁，第一时间的本能反应是混乱而相互矛盾的：有的惊慌失措，有的勇敢应对，有的听天由命，有的深谋远虑。

过去30年，全世界一直在关注全球化，并越来越多地把它看作一把"双刃剑"。全球化既割裂了也团结了一国之内和不同国家之间的人民。习主席提出的人类命运共同体倡议，发出了打破近年来僵局的号召。但谁也没有预见到，正是新冠肺炎疫情让"命运共同体"成为现实。

目击者、亲历者的描述能帮我们深入了解重大事件的影响。因此，北京语言大学刘利校长和同事们的倡议值得赞扬。他们在新冠病毒出现后的一个多月内及时收集了一些新鲜素材。

本书中11位亲历者的经历都是"命运共同体"的鲜明注脚。从武汉到刚果、尼泊尔，从北京到苏丹、伊朗，从中国到莫斯科……他们是生活在中国或者曾经在中国生活过的外国人。他们告诉自己的亲友一定要坚强，共同抗击疫情。

来自柬埔寨的网络空间安全专业学生吴宝强生动讲述了疫情期间的感人经历。他被隔离在武汉的大学宿舍里，还有一段时间持续发烧，但最终诊断证明他没有感染新冠。

早在2月25日，他就给家里写信："妈妈，我知道您很想让我回家团聚，我是独生子，您怕我有任何危险，但我现在可以肯定地告诉您：您的儿子是安全的。"他接着讲述了柬埔寨政府如何与中国保持沟通，并为在华学生的生活提供

[①] 本文为《战"疫"我在中国》英文版的书评，发表在《全球中国比较研究》2021年第7期〔刘利（主编），《战"疫"我在中国》，南昌：江西教育出版社；同名海外中文版，伦敦：环球世纪出版社，2020年〕——编者注

保障。

尽管经历种种困难，他还是完成了毕业论文。本书中的很多作者用不同的文字传递了相同的信息："人与人之间，国家与国家之间，只要团结起来，再大的困难都会过去。"

大家都认为，应该为了所有人的利益而合作。同时，作者们纷纷表达了对中国的钦佩，认为中国通过努力为其他国家树立了榜样。来自刚果的帕特见证了火神山医院在十天内建成，看到了四川蒲江"爱心物资"排长龙驰援武汉。罗马尼亚人费利恰·尼娜·盖尔曼兴奋地写信告诉父母，北京市政府将把一家工厂改建为每天生产25万只口罩的工厂。

疫情让全球震惊，但疫情也促进了交流。北京语言大学埃及籍博士生王笑讲述了春节假期被突然取消的事情。以前，王笑的父亲总是每周从埃及打一次电话给女儿。后来，她的父亲每天都要给她打好几次电话，因为他看到的新闻报道毫无根据却又让人忧心。1月31日，她决定在脸书上发布一条消息，打消外国人的疑虑。这条帖文被卡塔尔半岛电视台新闻频道选为"热帖"，她也成为阿拉伯媒体眼中的"焦点人物"。她觉得，告诉人们她在疫情期间的亲身经历，是对那些假新闻必要的反击。

来自苏丹喀土穆的穆罕默德·哈桑也对那些歪曲中国真实情况的谣言感到担忧。而这也是中国中央电视台突尼斯籍老记者伊奈斯重点着墨的主题。对她来说，疫情让人们重新团结了起来。她的文章开头写道："不久的将来，你会看到一个新的中国，高科技和远程学习、远程办公将会变得不足为奇。"而外国媒体一贯忽视"中国人民无私无畏的奉献精神"。

就像这些亲历者讲述的那样，世界对中国抗击疫情的反应有好有坏，但也有很多国家对中国表达了钦佩和支持。本书编辑突出了这一重要信息，呈现了来自不同政治制度和文化的国家驻华大使们的16条信息（或"祝福"），包括俄罗斯、德国、古巴和亚美尼亚等。联合国驻华协调员的祝福可能代表了所有人的心声："国际社会都在力挺中国。中国加油！"

18个月后，当我在撰写本文时，已有充分证据表明，不仅在武汉和湖北省其他地方,而且在其他地区的小规模疫情中,依靠人民模范的自律精神、政府出色的行政能力和鼓舞人心的领导力,中国遏制病毒的努力取得了成效。许多国家和地区 GDP 增速陡然下滑,中国是 2020 年唯一保持正增长的主要经济体。

新冠肺炎疫情是一场百年一见、且在不断演进的全球性事件。从某种意义上说,我也参与其中。请允许我以个人经历结束这篇书评:2019 年 11 月,我访问了武汉大学并参加了马克思主义学院的会议,于 2019 年 12 月,我在武汉大学做了一场讲座。讲座主持人兼合著者金伟教授很早就意识到了新冠肺炎的全球影响。她给身在伦敦的我寄了一包口罩——一位来自中国的朋友,寄给了一位中国的老朋友。

这也是新冠肺炎疫情传递的信息:人类命运与共,即使远隔千里。这本书里的每位作者都传达了这一信息。中国为世界其他国家提供了榜样和实际援助,并通过人类命运共同体的愿景为世界提供了指导。

6.5 联合国中文日和疫情期间的汉学与汉语[①]

你好!

尊敬的刘利校长,尊敬的各位北京语言大学的学者们:

非常荣幸受邀在启动"国际仓颉在线"活动上发言。这对我来说是一项殊荣,因为光是用普通话说"你好"就几乎用尽了我的平生所学,我对此也很懊恼。但这并没有影响到我多年来与中国朋友和学者的合作和友好交流。虽然活动在北京举行,但能从伦敦跟大家交流让我特别开心。

互联网上的即时通讯消除了我们之间的距离。我们可以同时获得信息,享受即时通信,但问题是世界上有太多事情同时发生,我们不可能事事亲历。所以很抱歉,我不能到场参加今天的视频会议,但我希望能把我的想法传达给大家。

新冠病毒的威胁,让人们团结在一起。疫情对我们所有人来说是个教训,我

[①] 本文是 2020 年 4 月 19 日,作者在北京语言大学组织庆祝第十一个联合国中文日,正式启动"国际仓颉在线——全球中文信息共享云平台",并召开"疫情下的世界汉学发展与中文传播"国际人文论坛上的演讲稿。——编者注

们未来要承担疫情带来的后果,但未来不一定是二元对立的。

它可能是一种威胁。共同的威胁有可能让人们团结起来,也有可能不会。共同的目标可以将大家凝聚到一起,但不能保证人与人之间互相理解,因为人类可能会以不同的方式行事,在争取共同目标的过程中相互竞争。

每个国家都想战胜新冠病毒。但我的感受是(尤其是在我的国家),大家对其他国家减少感染人数、降低死亡率的做法极其关注。当我看到国家感染人数排名及其相对占比时,更像是在看英超联赛的赛况:中国和美国在争夺榜首,就像利物浦和曼联在争冠军一样——这不利于实现符合所有人利益的共同目标,更不利于实现我们都希望的双赢局面。

"国际仓颉计划"强调需要了解其他文化,探索他者语言并加以学习。当然,每个人只能学会几种语言。我自己能力有限,除英语外,我只掌握了另外一门语言。我可以流畅表达、顺畅书写德语。但令我惊叹的是,仅仅掌握第二语言的能力就可以拉近我与其他人的距离,因为我会遇到很多同样会第二语言的人。

比如说,我非常高兴能与北京外国语大学章晓英教授合作。我同她一起研究德国思想家马克斯·韦伯。他是20世纪伟大的社会科学家之一,著有很多有关中国的文章。2020年是他逝世一百周年。他尝试着了解中国、了解中国文化和发展与西方的不同之处。

章教授和我对马克斯·韦伯展开了研究。我们查看了他翻译自中文的引用来源。因为章教授讲汉语,我会德语,我们又都会英语,所以我们的合作成功克服了韦伯当年面临过的困难。这表明我们可以依靠共通的语言与世界各地交流,构建合作网络,圆满实现共同目标。在这种形式下,我们可以促进人与人之间的相互理解。

正如我所说,新冠病毒是人类面对的共同威胁,互相竞争、"称霸世界"不是实现共同利益和共同目标的正确方式,也无法达到人们所期待的双赢局面。我们必须重新考量。我们必须从网络、跨国家关系、跨国界的相互理解的角度来思考。我们可以共同实现目标,而非走向竞争。我相信,"国际仓颉计划"将为实现这一目标做出巨大贡献,预祝计划圆满成功。

谢谢北语的邀请。请允许我用另一句接近我中文能力极限的话来表达：谢谢，再见。

第三部分

中国社会科学全球化

第七章　中国的学术与社会使命

本章首先介绍了作者对中国的兴趣，以及20世纪60年代至90年代初，作者与中国社会学界的接触，包括他的学术和社会使命。过去的二十多年里，作者最感兴趣的是培养与中国学生和同事的关系，并就中国与世界其他地区之间不断增强的互动交流意见和信息。从作者在中国参与学术活动、写作，回到英国后从事中国相关研究和工作中，我们可以清晰看出他的付出。这凸显了作者在学术生涯中积极承担学术和社会使命的渴望。本章讲述了作者通过讲学、参加学术研讨等方式与中国主流学界的接触，旨在鼓励中国学者积极履行学术使命。此外本章还展示了作者与中国媒体的合作。媒体支持学者履行社会使命，促进中国与世界之间的理解。[1]

7.1 社会学全球化过程的中国插曲[2]

出版纪念费孝通伟大成就的期刊自会强调他对中国的理解，但是在全球社会学框架中，这确实会让读者理解范围更广、更好的世界。实际上，它已经实现了这一点。我撰写了一本向普通读者介绍社会学的短篇著作，提到了作为社会学家

---

[1] 本段对章节内容的描述为编者所写。
[2] 本论文收录在《费孝通研究》第2卷，编者：王斯福、常向群、周大鸣，伦敦：环球世纪出版社；北京：新世界出版社，2016年，第79-90页。该论文还发表在《全球中国比较研究》，2016年第2卷，第78-89页。本文也是《中国在人类命运共同体中的角色：走向全球领导力理论》的附笔，马丁·阿尔布劳，伦敦：环球世纪出版社，2018年，第166-175页。——编者注

的费孝通。他的著作在世界范围影响最大、最广泛。①

我的推断基于这一事实：他的研究成果介绍了中国农村的责任制，多年来影响力逐渐增大。在今天的中国仍在讲述的个人和集体能量得到大释放的历史故事里，他是一位富有创造力的合著者，所讲的故事正在全球范围内传播。"今天为中国，明天为世界"，这应该也是社会科学释放研究力量的方向。以下这篇简短回忆录从一个参与者的角度，讲述这类史话在社会学领域中的一个早期插曲。

当年，我在伦敦政治经济学院攻读学位，研究对象是马克斯·韦伯，了解到韦伯对中国宗教的重要研究。②但是直到 1960 年，我才受到人类学家莫里斯·弗里德曼的启发，开始接触当代中国学术成果，研读费孝通的著作。其原因在于，作为一名青涩的新生，在弗里德曼开设的研究生讨论课程上，我贸然地表达了中学时代对亚瑟·韦利（Arthur Waley）翻译的中国诗歌的热情。弗里德曼让我准备一篇关于中国社会制度的文章。他让我阅读其弟子西比尔·范德斯普伦克尔（Sybille van der Sprenkel）撰写的关于中国法律的论文，引导我进入了"礼"（对一个西方人来说）的神秘世界。③

对一个本科学位为西方历史的学生来说，那是一项艰巨的任务。1960 年 1 月 20 日，我在日记中写道："这篇关于中国的论文让人深感绝望，我甚至想要放弃。为什么每个小小的挫折看来都像是巨大的难题？"好在一天以后，弗里德曼改变了整个状况。我在日记中继续写道："论文读罢，听众不吝赞美，我十分开心。"他以仁慈之心对待我提交的论文，对我后来的信念产生了重要影响：社会学可以架设一座桥梁，弥合西方与东方之间的文化分歧。没错，当年那个年轻的日记作者的想法是正确的，弥合那些分歧将决定人类的未来。用人类学的术语来说，那个信念"超越民族和地域界限"。④

20 世纪 80 年代，我应邀担任国际社会学协会（ISA）的一份新刊物——《国

---

① 马丁·阿尔布劳. 社会学基础 [M].1999：64.
② 马克斯·韦伯. 儒教与道教（《中国宗教》中译本）[M]. 王容芬译. 北京：商务印书馆，1999.
③ 西比尔·范德斯普伦克尔. 中国法律制度的社会学分析 [J]. 美国社会学期刊，1963, 68(5).
④ 关于那时伦敦政治经济学院氛围的长篇自传性叙述，关于通过研究全球社会学、后来返回全球治理研究中心的旅程的各个阶段的情况，马修·德夫勒姆在《全球时代的社会学者》有所记载（2007 年）。

际社会学》(*International Sociology*)的首任主编,学生时代的信念接受了更全面的检验。那份刊物是国际社会学协会再次发起的一项活动的组成部分,旨在促进"三个世界"——资本主义世界、社会主义世界、发展中世界——之间的了解。

中国的改革由资深政治家邓小平领导,在农村推行责任制。正是在这种地缘政治和文化氛围中,国际社会学协会执委会决定发挥好社会学的作用,推动构建同一个世界。推进该活动的人士有协会主席——后来担任巴西总统的费尔南多·卡多佐(Fernando Cardoso),以及他的继任者——华威大学的玛格丽特·阿彻。

用卡多佐的话来说,该刊物的宗旨是"就当代社会学为读者提供更全面的全球化观点",但是实现这一点需要"展示根植于不同历史和文化传统的社会学的多元化关注路径"。① 因此,我有幸作为主编,跟踪本学科在世界各地的发展状况。我关注的方向之一就是中国,部分原因在于,我恰巧与中国推进现代化的一个重要机构——国家计划生育委员会——建立了合作关系。

1978 年,中国政府和联合国人口活动基金签署了一份谅解备忘录,帮助中国实施计划生育,并且与多边机构开展合作,其中包括国际计划生育联合会以及海外培训中心。② 在该框架之内,卡迪夫大学人口研究中心提供课程,培训发展中国家从事计划生育工作的官员。每年都会有机构选派两三名官员攻读人口政策方面的文凭或硕士学位,中国国家计划生育委员会是其中之一。他们的工作对中国的人口政策具有重要的战略意义。1987 年 2 月,计生委负责人王伟访问卡迪夫大学,让我们深感荣幸。③

1987 年 11 月,在我的朋友兼翻译李勇以及我妻子苏·欧文(她在中心讲授老龄经济学)的陪同下,我以中心主任的身份有幸参观了计生委在北京、南京、杭州以及周边村庄的办事机构。在南京人口管理干部学院,我们分别举办了演讲,题目一是《人口计划职业人员教育:卡迪夫哲学》(阿尔布劳);二是《西方生

---

① 费尔南多·卡多佐. 前言 [J]. 国际社会学, 1986, 1(1).
② 中国政府宣传册:"1987 年中国计划生育政策"。
③ 查尔斯·海马斯(Charles Hymas)在题为《人口控制专家到访》一文中写道:"昨天,从事计划生育工作的一位专家访问了南威尔士,有机会观摩了现场人口分析会。"照片显示,王伟观看了计算机人口预测模型。新闻报道还讲述了前 5 年中来自中国国家计划生育委员会的 16 位学员在卡迪夫大学人口研究中心的学习情况。参见《西部邮报》(*Western Mail*), 1987 年 2 月 26 日。

育率下降与女性劳动力参与》(欧文)。在杭州大学，我们合作举办了演讲，题为《老年人与青年人：当代西方的危机》。①

我的中国之行还提供了一个极好的机会，重新邀请中国的社会学者加入国际社会学协会的活动，让这个学科实现国际化。玛格丽特·阿彻指派我担任国际社会学协会的代表。在访问期间，我会见了中国社会科学院副秘书长丁伟志、中国社会科学院社会学研究所副所长陆学艺教授，讨论了中国在国际社会学协会的会籍问题。

关于会谈还有一段历史。国际社会学协会一直希望邀请中国社会学会（由费孝通教授任会长）成为正式成员，让它代表中国社会学界。1985年8月协会发出了正式邀请函，并于1986年2月再次发出邀请函。费孝通教授出席了那年在德里举行的社会学世界大会，与时任主席费尔南多·卡多佐讨论了这个问题。那些会谈无果而终。到了1987年11月，情况依然如此。新任主席玛格丽特·阿彻教授向我介绍了症结所在，希望我与中国社会学者的讨论顺利进行。阿彻还表示："如果您设法解决这些麻烦，用社会学的术语来说，您将实现一个重大的地缘政治奇迹。"②

我明白这样的奇迹非我能力所及，但我心里同样清楚，我在人口领域与中国官员一起工作的经历说明，如果我们努力寻找共同利益和价值观，总有可能发现超越政治边界的合作领域。

1952年后，中国的社会学研究暂时中止，随后在政治上被取缔。1979年，邓小平表示："政治学、法学、社会学以及世界政治的研究，我们过去多年忽视了，现在需要赶快补课。"（戴可景，1993年：92）

1979年，中国社会学研究会成立。20世纪80年代，官方对社会学的热情日益增长，准备工作快速扩展。1986年，中国国家教委让南开大学社会学系和上海大学文学院社会学系就社会学者的未来需求撰写一份报告。1987年，该报告在新刊物《社会学研究》上发表，指出在政府、共产党、新闻出版、大型企业和教育

---

① 1987年11月25日，马丁·阿尔布劳和苏·欧文撰写的关于那次旅行的非正式出版物开始流传，题为《中华人民共和国计划生育项目考察之旅的报告》。

② 1987年10月13日来自玛格丽特·阿切尔的私人信件。

部门，急需 798 名研究生和 1423 名本科生。① 因此，当时的情况十分有利。在此背景下，国际社会学协会于 1987 年邀请中国社会学会进行合作研究，无需开展机制性安排。

幸运的是，此次合作的基础就是我主编的那份新刊物。在陆学艺（他和同事戴可景②曾一起访问卡迪夫）的热情支持下，我们做出一项富有成效的出版安排，其中包括聘请戴可景担任《国际社会学》副主编。她和我在主编王玉明的大力支持下，从 1989 年和 1990 年《社会学研究》上刊登过的文章中挑选 5 篇用英文发表，其中包括那份关于对社会学毕业生未来需求的报告。《社会学研究》于 1986 年 1 月创刊，是双月刊，每期通常刊登 20 篇文章，仅仅从中挑选 5 篇在《国际社会学》上刊登是一项不讨喜的任务。我们两人试图在以下两类文章中达成一种平衡：一类是报告关于中国社会研究的文章，例如集镇③和社会保障④；另一类反映中国在当代世界中的地位、社会现代化⑤和中国社会的二元结构。⑥

此外还有三篇文章刊登在我主编的《国际社会学》的最后一期上，分别是戴可景撰写的关于农村妇女的文章⑦、李路路等人撰写的关于社会结构变动的文章⑧等。

经过戴可景精挑细选的严格审稿，《国际社会学》这一刊物在数年时间里发表了立足本土的中国社会学者的一系列学术论文。我强调"立足本土"的原因在于支撑刊物的理念是，文章发表不应存在任何政治、文化或语言障碍。这看起来可能也是西方许多其他所谓"国际"学术刊物的方针。但是障碍在现实操作中依

---

① 南开大学调研团，1989 年。
② 1988 年，当时作者还是英国社会学协会主席，他邀请陆学艺教授和同事戴可景女士访问英国一个月。据黛博拉·科尔（Deborah Cole）记录，他们参观了威尔士民俗博物馆，表达了对农村发展和家庭生活的特别兴趣。陆建议中国应该设立类似的民俗博物馆，向人们展示过去的生活面貌以及它的发展和改善。参见"中国学者称赞我们的民俗博物馆"，《西部邮报》（*Western Mail*），1988 年 10 月 27 日。——编者注
③ 叶克林，邹农俭，叶南客. 论创建中国特色的集镇社会学 [J]. 国际社会学，1989, 4(4).
④ 陈良瑾. 社会发展机制与社会保障功能 [J]. 国际社会学，1990, 5(1).
⑤ 李路路. "社会现代化"理论述评 [J]. 国际社会学，1989, 4(4).
⑥ 潘建雄. 中国文化的双重性结构及其对近代中国社会的影响 [J]. 国际社会学，1990, 5(1).
⑦ 戴可景. 三个年龄段农村妇女基本状况及其生活简析 [J]. 国际社会学，1991, 6(1).
⑧ 李路路，于显洋，王奋宇. 当代中国社会结构的变动与现代化进程 [J]. 国际社会学，1991, 6(1).

然存在，其中以语言障碍最为突出——它们大多要求作者使用完美的英文写作。

我们的方针规定，不能因为语言原因退稿，这意味着我们必须首先审阅用中文写就的稿件。①戴可景的双语能力对《国际社会学》的价值无法估量。正是她于1986年将费孝通的伦敦政治经济学院博士论文译为中文。

但消除语言障碍只是我们当时设想的社会学使命的一个方面。1990年，世界社会学大会在西班牙马德里召开，主题是"为了一个世界的社会学：统一性与多样性"，随之出现了社会学的一个发展高峰。玛格丽特·阿彻用这个主题作为主席致辞的标题②，呼吁人类理性的普遍性，驳斥看待世界的虚假统一观，例如现代化或后现代主义；驳斥了假定文化之间存在无法跨越的鸿沟的相对论。她认为社会学显示了如何将全球机制与区域环境结合起来，创造新颖结构的多样性。这样一来，全球化不是新世界给旧世界带来的结果，而是新旧两个世界相互作用创造出来的一个不同的世界。

"为了一个世界的社会学"也是我之前为《国际社会学》第二卷撰写的一篇编者文章所用的标题。我在那篇文章中提出，推动社会学本土化不是要放弃一门普遍科学③。我还谈及带着这种想法给刊物挑选文章带来的实际结果。我得出的更具争议性的结论之一是：思想的优越性本身不是发表文章的唯一标准。此言过于直白，激起了较大争论。我的立场曾经是、现在依然是：社会学的普遍化使命要求从多种观点中获得认识。"社会学知识的丰富资料源于拥有不同社会经验的群体代表所做的贡献④。"

让我用一个杜撰的案例，从实际角度说明一下该方针的隐含意义。假设我们手中有20份评分全都为"良好"的稿件参与竞争，但是刊物一期的版面只能容纳10篇文章。其中"最佳"的15篇是西方人撰写的关于工业化社会特征的文章；3篇是女性撰写的关于西方妇女问题的文章；2篇是非西方人撰写的，男女作者各

---

① 马丁·阿尔布劳. 出版计划中的国际主义——《国际社会学》编辑经历 [J]. 当代社会学, 1991, 39(1).
② 玛格丽特·阿切尔. 为了一个世界的社会学：统一性与多样性 [J]. 国际社会学, 1987, 6(2).
③ 马丁·阿尔布劳. 为了一个世界的社会学 [J]. 国际社会学, 1987, 2(1).
④ 同上，7页

1篇，讨论的是他们各自文化的问题。我应该如何抉择呢？根据我所说的展现多样性原则，我从15篇最佳文章中选择6篇，从关于妇女问题的3篇中挑选2篇，非西方人撰写的那2篇全部入选。这样一来，还有9篇最佳文章将不得不另寻刊物。当然，你可以就这个例子的前提提出如下疑问：为什么所有的最佳文章都出自西方人笔下？我对这个问题的回答是，这仅仅代表了潜在的（常常是潜意识的）过程，相关判断的根据是语言、圈子、名气和正统的研究范式。这些常常影响人们对"最佳"的判断，以至于遮蔽了社会学需要考虑的全局问题。

多样性作为一项方针，提倡思想的全面性和整个学科的创新品格，反对采取通常的做法，即挑选个人竞争中的胜者。请注意我们刊登的文章明确代表的是年轻一代社会学工作者。有些人不符合投稿人35岁的年龄上限，于是被排除在外。如果不考虑年龄因素，那些人的文章有可能获得发表的机会。连个道歉都没有！

这篇回忆文章篇幅有限，不便深入讨论这个抽象问题。可以这么说：我们会继续研究这个问题，包括关于知识的终极命题，甚至什么是知识，等等。相关争论的过程可能让我们超越关于竞争和集体智慧的意识形态问题。鉴于这些原因，有关刊物内容的编辑决定的辩论从来都不是单纯"学术性的"。

我在其他场合评论过《国际社会学》的编辑方针，尖刻而具体地指出："事实上，年轻的女性印度社会学工作者立足本土，可以给社会学提供某种有价值的观点；这一点是在印度进行研究的资深男性美国社会学家无法做到的[①]。"

再则，为了说明该方针对中国社会学的影响，我们可以根据《当代社会学》第39卷的报告，看一看我们刊物在头四年中收到和采用稿件的统计数据[②]。我们收到55篇来自美国的稿件，采用了18篇；收到6篇来自苏联的稿件，采用了1篇；收到6篇来自中国的稿件，采用了6篇。

对这个问题的讨论到此为止。我希望详细讨论以下这个相对有限（但就其本身而言影响依然巨大）的话题：一是刊物与中国的合作当时对社会学全球化所做的贡献；二是我们现在如何理解它。社会学学科那时刚刚开始反思全球化给学科

---

① 马丁·阿尔布劳.出版计划中的国际主义——《国际社会学》编辑经历[J].当代社会学，1991，39(1):111.

② 同上，116-118页

本身带来的后果。从 1985 年开始，罗兰·罗伯逊（Roland Robertson）发表的文章已将"全球化"这个术语借用到社会学用语之中[①]。他强调在创建全球社会的过程中将地球作为一个元素的意识。这个观点是他自己对宗教社会学和国际关系的双重兴趣的产物。

在《国际社会学》中，彼得·什托姆普卡也指出，社会全球化涉及社会学的国际化，涉及对比较方法的传统理念进行修正[②]。茨苏扎·埃热迪（Zsuzsa Hegedus）指出了 20 世纪 80 年代所开展运动的新的行星式取向、"冲突实际化的"全球问题和有效"全球化的"个人——她将此称为赋权和全球化[③]。

正是这类文章促使我向国际社会学协会建议：第一，发给在马德里举行的世界社会学大会代表的论文集应该选本协会刊物上发表的文章；第二，将该论文集更名为《全球化、知识与社会》。[④] 我相信，那是"全球化"一词首次以英文书名的形式出现。假如没有伊丽莎白·金的辛勤付出，该论文集可能无法顺利编纂。从刊物初期筹划伊始，金便提供编务方面的帮助，之后从未中断，直到她悲剧性早逝为止。[⑤] 从某种意义上说，她的生平贯穿了她在德国、瑞士、英国和希腊的工作情况，更总结性地诠释了我所思考的社会学实现全球化的方式。正如我在该论文集引言中写到的："它源于单个社会学工作者享有的两个方面的自由：一是与地球上任何其他个体一起工作；二是理解这类工作价值所在的过程。"[⑥]

这一表述听起来相当笼统，实际上旨在展示一个具体的阶段。它超越社会学发展过程中相继出现的另外两个阶段——"国际化"和"本土化"。前者是第二次世界大战之后的现象，与美国思想和社会主义思想中的现代化有关；后者主要强调第三世界国家的社会传统文化的自主性和价值观。论文集反映了这两种取向，同时也指出了一种新兴的全球化社会学的取向：在全世界共同话语中，存在社会学区域性语言和特殊愿景的多样性。

---

① 罗兰·罗伯逊.全球化：社会理论和全球文化[M].伦敦：塞奇出版社,1992.
② 彼得·什托姆普卡.比较研究中的概念框架：发散还是收敛[J].国际社会学,1988,3(3).
③ 茨苏扎·埃热迪.自我创造社会中的社会运动与社会变革[J].国际社会学,1989,4(1).
④ 马丁·阿尔布劳,伊丽莎白·金（合编）.全球化、知识与社会[M].伦敦：塞奇出版公司,1990.
⑤ 马丁·阿尔布劳.讣告：伊丽莎白·金（1949—1998）[J].国际社会学,1998,13(4).
⑥ 马丁·阿尔布劳,伊丽莎白·金(合编).全球化、知识与社会[M].伦敦：塞奇出版公司,1990:7.

我的反思参考了自己的理解，虽然那时尚欠明确。这些理解符合我了解的关于社会学在中国的情况，并且随之不断深入。李路路强调说，庞大的人口基数、古老的文化、社会主义，这三者结合意味着中国肯定会形成一种独具特色的现代化。但是，他和同事们在后来的一篇文章中提出，陈旧的等级划分文化依然存在，抑制了成功的非西方现代化所需的创造力。① 潘建雄认为，古代中国文化存在二元结构，把专权统治与世俗人文主义结合起来。这意味着在伦理和相互善意方面存在一致性，然而也是实现西方现代化的一道障碍。② 这些论述抓住了文化特征，但是没有讨论它们可能构建社会学发展的方式。

戴可景后来主持的一场圆桌讨论直接提及了全球化条件下中国社会学的概念问题。③ 她提到了此前10年中社会学取得的"大丰收"：15所大学设有社会学系，建立了31个专门的研究机构。这与南开大学1987年的一份报告形成了对比：那时仅有5所大学设立了社会学系，建立了3个研究机构。1990年8月，她在中国社会学会理事会第三次会议的报告中强调说，需要将理论和实践与创立中国社会学的目标结合起来。费孝通则强调了进一步发展的迫切要求。

我们在那次讨论会的其他论文中发现，有人探讨了社会学的中国化和全球化。这一点几乎可被视为本土化的一个教科书式案例。柯兰君（Bettina Gransow）考察了生活在中国大陆、台湾地区、香港特别行政区，以及美国的中国社会学者在激烈辩论中的不同倾向。她得出的结论是："将社会学中国化的努力引发了关于社会学的文化和文明联系的学习过程。这一过程强化了对文化语义模式语境中的相对限度的认识，即便采用了普遍方法也是如此。"④

陈海文（Chan Hoiman）⑤在评述柯兰君的观点时指出，全球化与中国化的辩论反映了对社会学的普世可信度的更大范围的焦虑。我们看到，阿彻也反复强调了这一点。陈海文认为，这一点可以通过反身性社会学加以提高。在本土化和全

---

① 李路路, 于显洋, 王奋宇. 当代中国社会结构的变动与现代化进程 [J]. 国际社会学, 1991, 6(1).
② 潘建雄. 中国文化的双重性结构及其对近代中国社会的影响 [J]. 国际社会学, 1990, 5(1).
③ 戴可景. 中国社会学的变迁 [J]. 国际社会学, 1993, 8(1).
④ 柯兰君. 中国社会学：全球化与中国化 [J]. 国际社会学, 1993, 8(1).
⑤ 陈海文. 社会学中国化的一些元社会学注释 [J]. 国际社会学, 1993, 8(1).

球化力量的压力之下,反身性社会学是反思自身基础的社会学。这种社会学由阿尔文·古尔德纳(Alvin Gouldner)和皮埃尔·布尔迪厄(Pierre Bourdieu)倡导,可能是一种持久自我更新的社会学。

一门学科的反身性对提高认识十分重要,而且使该学科继续快速发展。因此,本文对社会学全球化的简短论述最好在此告一段落。但是,中国与全球化社会学碰撞,这个具体例子揭示了关于社会学与反身性之间的某种重要关系。

反身性源于自我省察,而反思性在与其他人交谈的过程中出现——参与交谈的每个人自己思考并且反思其他人表达的意思。所以,两者之间差异很大。我认为通过将中国社会学的情况引入《国际社会学》,我们实现的效果是将文化内部的自我省察引入一个多方交流的领域。它凸显文化差异,同时也促进互相理解。

这一点与普遍性(真实知识的根本特性)有什么关系呢?在社会学领域之内,我们可以使用公认具有普遍有效性的数学和统计学方法,但是我们没有发现如在自然科学那里特有的恒定关系。在所有人之间形成共同理解,这一目标不是通过类似于自然科学的学科实现的,只有通过必然跨越文化和语言障碍的多种接触才能实现。

我们达成的共同理解源于认可潜在要素的具体模式。一种文化将它们作为最重要的要素挑选出来,然而构成那些要素的单独成分在任何文化中都可找到。当我们认可另外一种文化之中的此类模式,而那些单个成分正是我们自己熟悉的东西时,我们也将看到这种模式在我们自己文化中的潜能,并且常常试图去复制它。我们通过理解他人,发现对自己有用的可能性。因此,东西方关系的历史就是尝试对方生活方式的历史。

关于这一点,我在社会学中看到了早期德国理论提出的 Gemeinschaft(共同体)与 Gesellschaft(社会)的区别。它在英语中生成了大量更细微的区分。一方面,两者之间的对立依然嵌在德国人的思想和经验之中,在英语中没有完全相同的对应语,因此我们在英语出版物中保留了这两个德语词汇;另一方面,它代表了一种思想和感觉方面的结构,或许可以在讲英语的文化中找到,然而两者肯定无法准确地互相替代。对能够使用英、德两种语言的人来说,两者之间显然没有完全相同的对应词。①

随着本学科承认越来越多的本土的社会思想根源，我们可以看到更多类似例子。最近，常向群论述了一座中国村庄中"礼尚往来"的普遍性和持久性，就确定社会关系文化之传递模式的不可简化的独特性，提供了一个很好的例子②。不过我们依然可以看到，这是一种可能的社会关系模式，在中国从文化层面得以界定，在其他国家中也有类似情况。

常向群的研究帮助我们更好地理解"礼尚往来"以及它在中国社会的地位，探索该理念在其他文化中的同源模式、类似性和差异点。她讨论这一现象，将它作为与对等互惠和社交圈结合的一个分析性概念，传递的就是这个论点。因此在比较研究中，我们认为它可以作为韦伯所说的理想类型发挥作用。支撑这种可理解性的是通用的个人的理念，它们在社会的人际关系中发挥作用。这些理念可以在任何语言中加以解释，属于社会学的普遍语汇，传递社会生活中这些关系的具体表现的多样性。

人类状况的最基本特征在各个文化中都可以看到，早于语言出现，与其他物种共有，例如生育、结合、抚养、繁殖、健康、死亡，等等。这些特征让我们在理解过程中跨越文化。我们复制本物种的许多普遍特征。当我们受到自己文化的种种稀奇古怪做法的限制，接触的外国人的数量超过本国人时，我们复制的普遍特征更多。中国人和西方人同属于人类，我们可以欣喜地看到互相之间的异同。

但是在社会学全球化过程中还有另外一个阶段，该阶段确实属于广义的全球化：无论各种文化之间的差异如何，影响地球上人类未来的问题依然存在。气候变化和核安全是要求所有国家合作应对的挑战。

无论社会学借由多样性并在多样性中发现什么样的统一性，在面对全球挑战时，社会学必须发现超越多样性的统一性。这一点引起了我的关注，"希望尊重所有人，将他们视为我们这个时代的潜在智慧源泉。世界各国人民已经走过了相

---

① 作者的思考本可以到此结束，无需阅读常向群于2010年出版的书籍。尽管作者从1996年到2010年对中国的兴趣和参与程度存在差异，但本章按时间顺序列出了相关作品。——编者注

② 常向群. 关系抑或礼尚往来：江村互惠、社会支持网和社会创造的研究[M]. 台北：华艺学术出版社, 2010.

当长的路程，强调他们拥有同等权利，对丰富人类知识的共同贮备做出了贡献。作为人类历史中一个阶段的全球时代已经到来。"①

20世纪80年代，我们如何互相理解的问题曾在社会学全球化努力中占据首要地位。从那以后，携手合作以便解决全球挑战的需要已经成为更迫切的头等大事。我们不能老是纠结于互相理解的问题，不能让它影响我们为完成共同事业的通力协作。从这个意义上说，实现足以应对人类集体面临的挑战的互相理解，就是社会学在我们这个时代恰当的追求目标。这必须是当今全球化社会学的要旨。我相信，中国以及其他国家的社会学工作者们将为这个共同尝试做出重大贡献。

7.2 与中国学术界的交流

离开中国主流学术界近 20 年后，2009 年至 2013 年及以后，作者重新与中国社会学界建立联系。他在北京外国语大学讲学；受邀参与了中国社会科学院、北京大学和清华大学举办的三次研讨会；参加了吉林大学和武汉大学的学术会议；拟定的全国高校巡回讲座因新冠肺炎疫情而中断。

7.2.1 北京外国语大学

伦敦政治经济学院名誉博士、美国人类学家马歇尔·萨林斯（Marshall Sahlins, 1930—2021）于 20 世纪 70 年代访问过北京外国语大学，伦敦政治经济学院前院长、社会学家克雷格·卡尔霍恩（Craig Calhoun）80 年代访问过北外。作者也有类似经历，2009 年至 2013 年及以后，他再次与中国学界建立联系，在北外讲学。

一次机缘巧合，作者应邀担任北外博士生章晓英的联合导师。她帮助安排了 7.2.1.1 中记录的讲座。在 2012 年获得博士学位并发表论文"《经济学家》全球化思想建构的叙事（1985—2010）"后，章晓英与作者的合作关系延续至今。作者受邀担任北外客座教授，并举办了两个系列讲座（见本书 7.2.1.2 和 7.2.1.3）。

---

① 马丁·阿尔布劳. 全球化时代：国家与超越现代性的社会 [M]. 剑桥：政体出版社，1996: 6.

他们不仅是学术文章的合著者（见2018年《中国在人类命运共同体中的角色：走向全球领导力理论》第12章和第13章；本书2.1和7.2.1.4），作者还为新创刊的《国际传播》杂志撰文《弥合分歧——中国在分化的世界中的角色》，章晓英任编辑（见2018年《中国在人类命运共同体中的角色：走向全球领导力理论》第4章，或本书7.2.1.4）。本书收录了他们的合著文章《中国英文媒体抗疫合作精神的道德基础》（见本书6.1）。

7.2.1.1 在北外工作人员的安排下为高年级中国学生举办第一次全球化讲座 ①

讲座中，马丁·阿尔布劳教授从全球化视角阐述了当今世界正在发生的重要变化。他谈到，"全球化"就是全世界人融合进一个社会，即全球社会。在这个社会里，人们利用技术的潜力，拉近了彼此的距离，全世界能够进行互动与交流，世界因之发生了现实的变化。这些变化主要表现在：交通旅游手段的变化；电信交通的变化；全球范围内生产和消费的融合；全球金融体系的建立；全球治理的发展，国家间的依赖加强，必须通过共同合作来应对。遇到的问题是：环境、粮食和能源等问题；社区的重构；全球社会的出现。正是在这些变化中，国家之间的关系更为紧密，这也说明在全球性取代现代性时，国家、政府、经济、文化和社区都已不再是中心，各国必须在相互协作中谋求共同发展。因此，全球化的发展速度是史无前例的。②

7.2.1.2 北外讲座系列一：当前的全球化问题 ③

第一讲：震惊全球

1)"世界"观念在西方思想中有着悠久的历史：它无关地球，而是人类经验的总和。有时"世界"指的是我们的家园和国家，有时指代所有的国家和时代。为了理解"世界"，我们构建了不同叙事。过去20年里，全球化一直是我们这个时代的叙事。对于西方世界来说，他们试图理解自己的过去，寻找未来的方向——一种大师级或宏大的叙事（利奥塔）。作为故事，全球化有旁白、演员、场景、

---

① 本次讲座由北外章晓英组织和主持。——编者注
② 陈海霞：英国著名学者马丁·阿尔布劳教授来我院讲学，北京新圆明职业学院（现北京艺术传媒职业学院）网站，2009年11月30日，见：http://www.ymyu.com/show.php?id=8027
③ 自2012年起，作者被邀请为北外客座教授。这些讲座于2012年4月举行。——编者注

情节、事件和主题。这是人们在日常生活中上演的故事，也是一场戏剧。但它同样会成为历史，成为一个涵盖真实事件及其过程的故事。我们将前者称为"话语现实"，后者称为"物质现实"，两者相互交织。

2）大师级的叙事，但又是新叙事，那它取代了什么？以西方为例，此前的叙事是现代叙事、有关进步的叙事、对我们周围世界日益增强控制的叙事。它始于大约五百年前，西方认为科学带来关于世界的真理，可以用来创造一个更美好的世界（弗朗西斯·培根）。随后的启蒙运动伴随着帝国扩张、国家体系的巩固（1648年威斯特伐利亚和会）、权力的世俗化、对人权的重视以及随后的资本主义和民主化——这些都被视为现代性的一个方面。

3）全球化仅仅是这种进步叙事的最新阶段吗？抑或是一种崭新叙事？我认为它是一种新叙事。但要理解这一点，我们需要看看旧叙事的特点。科学与该叙事之间的联系如此紧密，以至于人们普遍认为该叙事本身反映了潜在的科学规律（孔德、马克思、达尔文主义）。这种叙事认为进步是必然会发生的。只有发生一些事情才能动摇这种信念。

4）20世纪的一系列冲击破坏了人们对进步的信念，包括1929年的经济大崩盘、两次世界大战、大屠杀、广岛和长崎原子弹事件（阿诺德·约瑟夫·汤因比）以及70年代的石油危机（尼尔·弗格森）。这些冲击都是物质上的，但以两种方式直接影响了话语现实和现代进步的旧叙事。第一是迫使人类承认历史上没有什么是必定发生的（卡尔·波普尔），总有意料之外的事情发生。第二，现代性本身具有两面性，有其负面的、毁灭性的、恶魔性的一面（齐格蒙特·鲍曼）。

5）对此有几种回应：一是认为西方正在衰落，我们所知的文明正在瓦解，没有包罗万象的叙事，我们所拥有的是后现代主义。另一种是试图保留渐进式现代化的推动力，但要在全球范围内重塑它，从而实现全球化。第三，我们已经进入了一个特点鲜明的新时代，一个全球化时代。

第二讲：全球视角

1）我想谈谈所谓的"话语现实"，这是我们所处时代的叙事，它在我们的生活中已经成为事实，但我们在讲述中可以对其进行否认或重塑。它就像语言，因为集体使用而存在，却被个体化塑造。语言的变迁让我们了解世界的许多变化，构成了18世纪所谓"时代精神"的主要内容。"全球"已成为最重要的形象之一，也推动了语言创造。

2）公共话语指公共生活的语言和交流，它规定了我们讨论社会主要特征、价值观、权力分配、财富和集体利益的术语。公共话语出现任何变化，都意味着这些领域的实质性变化，以及人类注意力和目标的转移。因此，在"古人"和"现代人"的辩论中我们进入了现代。"官僚制"是18世纪的一个新词。19世纪的重大转变反映在"国际"一词的出现上。

3）在"全球化"发明之前，"地球"在西方世界观中占有重要地位。古希腊人认识到地球是圆的，并测量了其周长。人们用地球的图像代表天和地。早期现代海员环球航行的抱负既体现经济诉求，也是对地球边界的探索。地球象征着完整性，正如莎士比亚的戏剧所说"人生尽现其间"，亦或沃尔特·惠特曼（Walt Whitman）的"国中之国"——所有人都应移民到"美国"的愿望。

4）1945年以后，"全球"一词的使用是相对于"世界"、"全世界的/普遍的"或"国际"的，因为它比早期的概念更能代表多样性的统一，而且地球本身和地球上的人类生活都受到人类活动的威胁。20世纪60年代，通信技术的进步促生了"地球村"一词，从太空看到的地球图像也强化了人们对"全球"的印象。全球、和平与绿色运动交织在一起，这是一种文化转变。

5）资本主义响应并利用这种文化转变来推广全球品牌，拓展海外市场。在这方面，可口可乐是主要的品牌领导者。公司制定了海外分销和生产的全球战略，而"全球化"是哈佛商学院提倡的术语，表示资本主义利益在国界之外的普遍活动。

6）最初，政治学界用"全球化"代表一个单一世界政治体系的融合。当涉及积极政策时，它被称为"全球主义"。社会学家用它来描述全球社会的转变和全球文化的出现，以"全球性"论述全球状况，而不是指全球化隐含的进程。但从20世纪90年代开始，"全球化"作为持续塑造单一全球市场的含义开始占据主导地位。这也是当时政治话语的主要特征，因为主要经济大国寻求将资本主义利益渗透和扩张到全球各地。英美政治家将全球化作为一项政治企划，其背后的经济理论被称为华盛顿共识，或新自由主义。在这种情况下，它成为全球公众讨论的关键概念。

第三讲：全球化如何影响财富及不平等？

1）我们已经看到话语现实是如何塑造物质世界的。全球化涉及人类普遍利益的重新定位，但随后被强大的国家和阶级利益垄断了相关话语，因此全球化成为西方意识形态的一部分。但这些利益会产生实质性影响，全世界都在关注、评估其影响。随着全球自由市场的建立，全球化背后的利益攸关方声称，把世界人口作为一个整体考虑，其影响是有益的。

2）马克思很久以前就预言，"不断扩大产品销路的需要，驱使资产阶级奔走于全球各地"。他认为，国际工人运动必然与之相伴而生。但民族国家通过国内福利计划和保护企业利益相结合，利用世界贸易组织等机构跨境协作，努力阻止这种情况发生。在经济全球化的同时，全球监管也不断兴起。

3）全球化很早就被视为与国家存在冲突。首先，全球化打破国家边界，需要大量合作，有些国家甚至会丧失主权。其次，全球化要求延伸国家管制和国家间竞争，各国之间的竞争通常以国内生产总值（GDP）和生活水平来体现。

4）就国内生产总值而言，世界财富增加了，但国家之间的不平等也随之加重。即使各国的平均财富增加了，但国家内部的不平等现象也增加得更快。总体判断是，全球化增进了财富，乃至让人摆脱贫困，但也加剧了国家内部和国家之间的不平等。

5）但国内生产总值只是一种货币计量，没有考虑生活方式和生活质量的变化。个人的幸福生活和良好的社会生态虽然需要金钱和财富的加持，但不主要依赖于它们。就像历史上资本主义曾引发强烈反抗一样，被视为资本主义进一步发展的全球化也遭遇了严厉指责。

第四讲：全球化能被控制吗？

1）从一开始，全球化就被视为一个具有实质性成果的进程，同时也是一种政策，一个既定方向。公司和国家都是如此。作为实质性结果，它可能被视为威胁。正如克林顿最初对日本采取了严厉措施，但随后他将其转化为优势，当作一项增强美国实力、企业利益和金融资本，同时也推动美国文化世界传播的政策。部分人视全球化等同于美国化，等同于西方化。

2）反对全球化的声音包括传统的反资本主义派、工会、社会主义政党以及最易受美国威胁的国家。加拿大、法国和拉丁美洲的抗议活动特别强烈。1999年最大规模反全球化游行在美国西雅图举行也绝非巧合，导致原定举行的世界贸易组织会议开幕式被迫取消。随后形成了名为"世界社会论坛"的抗议性组织，旨在与达沃斯世界经济论坛抗衡。后来逐渐出现了以基本阶级划分为基础的全球政治。

3）事实上，反资本主义和反全球化运动通过久已有之的跨国网络得以延续。20世纪60年代以来，这一进程促进了人权运动，保护了环境，维护了世界和平。"全球化思考，本地化行动"是一个流行口号。20世纪90年代，这一理念演变成"全球公民社会"的概念，指代政府控制之外的活动领域，不受商业利益制约。公民社会在西方是一个历史悠久的概念。它已扩大到包括非政府组织和公民倡议，甚至已走进联合国，联合国开始为各公民社会组织提供观察员地位。

4）从关于全球化及其影响的世界性辩论中可以明显看出，这些言论在很大程度上被两种观念所主导：一种支持资本主义利益；另一种坚信社会是人类福利的基础，而社会主义则维护社会整体利益，并仅将创造财富视作一个方面。社会主义的问题在于，它与国家政府密切相关。当人们把全球化看作一种经济利益的跨国力量时，除缺乏共同指导思想的"全球公民社会"以外，社会因素没有形成足以与之抗衡的力量。事实上，为了平衡全球化对社会秩序的破坏性影响，政府越来越多地提供安保和镇压措施，而非福利。

第五讲：世界上的一切都变得同质化了吗？

1）新自由主义全球化引发了对美国统治的忧虑，同时又依靠自由贸易的益处达成平衡。但伴随着西方化的概念，出现了消费主义、大众市场和品位标准化，概括起来就是"麦当劳化"的理念。

2）20世纪初，出现了西方化（例如土耳其和日本），紧随其后的是美国化。

这些国家既想引进西方技术，又想引进西方思想。这是一种同质化吗？

3）人们往往把美国化与消费主义、可口可乐、麦当劳和好莱坞联系起来。人们主要关注它们如何适应当地口味，并寻求国际化管理。就好莱坞而言，它被指控有反美情绪，电影《美国丽人》就是一个例子，人们觉得它反映的是全球文化。这是一种"后成论"。

4）全球文化以全球交流为基础。在这里，科学技术肆意传播。在强调自由市场之前，经济合作与发展组织最初把科技传播视为全球化。诚然，飞机、集装箱船和通信等主要产品需要建立共同标准，由此便成立了国际标准组织。

5）跨越国界旅行的能力构建起了广泛的社交网络。时空压缩让每个人在任何时候都能出现在任何地方。互联网是一种全球通用的资源。这会导致同质化吗？

第六讲：什么是新的和不同的？

1）新的沟通方式的出现，让远距离维持交际关系成为可能，也让人们即使面临地理距离，仍能保持身份认知。"侨民"虽远离故土但仍然保持自己的民族认同，比如犹太人、波兰人和中国人，他们更喜欢坚持自己的文化、宗教或语言的传统身份认同。

2）普遍的移民问题给各国带来压力，迫使其制定多元文化政策。最极端的情况出现在美国。美国因此产生了世俗宪法，强调个人权利和民族传统。现代国家的兴起与创造新传统有关。

3）崇尚多元文化主义的同时，人们的多重身份推动了新的发明。这体现在融合食品、时尚、音乐、艺术和建筑中，几个世纪以来一直如此，例如《维米尔的帽子》。

4）在时尚、消费主义、多元选择的压力下，个人主义得到强化。根据纯社会学术语（齐美尔），人们可以加入多个群体，这让每个人更容易拥有独特社会形象。因此，个人主义是多元身份的一种功能。

5）对一些人而言，这完全是后现代主义造成的混乱失序，缺乏明确的品位或礼仪标准。对其他人来说，追求生活中的统一、目标和意义变得更加急迫。

第七讲：文明冲突不可避免吗？

1）面对混乱，总会出现秩序问题。托马斯·霍布斯的观点是西方的经典言论。在面临宗教冲突时，他强调需要达成共识，建立唯一的控制暴力的权威。这一观点得到了马克斯·韦伯的支持。

2）一直以来都存在另一个愿景：建立基于契约、容忍分歧的社会。第二次世界大战后，联合国确立了这一愿景：武力手段掌握在国家手里，国家间的合作会带来国际秩序。

3）到底是什么将国家维系为一体的问题并未消失。西方强调核心价值观，即构成其他价值观基础的轴心价值观（尽管这些价值观在本质上并不合理）。但国家间开战的威胁一直存在，尤其是如果各国注重核心差异的话。文明的概念解释了各国如何跨越国界凝聚起来，但同时各国又在基本价值观上有所差异。

4）阿诺德·约瑟夫·汤因比在一项世界历史调查中强调了文明的概念，他说西方正在衰落并受到其他国家挑战。亨廷顿也认为文明之间的冲突不可避免。

5）联合国的理念以及人类核心价值观（例如健康和教育）是普遍存在的事实，推动了全球治理的发展。随着全球性问题日益严峻，各国日益联合起来。冲突还是合作？哪一股潮流将占上风？

第八讲：合作、"看不见的手"与中国式和谐

1）除了胁迫和契约，西方围绕什么能把社会团结起来形成了另一种观点。针对国家大力管控经济事务，学者提出了"看不见的手"。如果所有人都追求自己的利益，做自己最擅长的事，并在自由市场上交换自己的劳动成果，就会对所有人有利。亚当·斯密认为国家的财富会增加，这是西方的意识形态。这种观点被《经济学人》广泛传播，后来被全球化吸收。

2）马克思很早以前就指出了这个观点的问题，因为他看到工业化导致财富集中在少数人手中。市场带来了阶级分化，西方以打造福利国家应对这一社会问题。但马克思也指出，分工和工厂组织的发展依赖于合作，这一点比交换更为基本。

3）因此，所有社会的基本组成部分和各种性质的社会关系都是：合作、冲突、包容、交流和协商一致。这几者之间的平衡因社会而异。

4）在西方，合作意味着围绕目标开展协作，展望未来。而中国更强调和谐关系会产生良好结果，而非直接关注目标。

5）在全球性挑战面前，我们或许可以采取一种结合中西方模式的替代方案：即合作者之间要实现和谐关系，以应对气候变化、安全、贫困和自然资源枯竭等全球性挑战。

7.2.1.3 北外讲座系列二：超越全球危机①

第一讲：西方的终结

介绍

很荣幸能够就"当下"这个议题聊聊我的观点，我的讲述身份是：

——一位学者；

——一位公共知识分子；

——一位在中国的西方人。

这一系列讲座名称是"超越全球危机"，指的是自20世纪30年代以来最严重的经济危机。危机是"全球性的"：这是不是西方对其自身衰落的称呼？

西方的衰落

——这是个古老的话题，可以追溯到奥斯瓦尔德·斯宾格勒（Oswald Spengler）的作品里；

——对进步失去信心，如马克斯·韦伯的著作所述；

——两次世界大战和核灾难；

——阿诺德·约瑟夫·汤因比重新开始研究这一话题。

狭隘的民族国家通过战争和意大利城邦国家体系的治国手段互相毁灭（注意汤因比社会实体的社群主义性质）。1929年时，汤因比说世界已经有可能实现统一。西方社会不是"历史"。但到1929年，只有西方社会处于发展阶段（技术对西方至关重要）。到1952年，他又增加了伊斯兰世界。汤因比认为个人自由是西方后基督教自由主义的核心。1961年，他认为世界军事力量无法统一。"与斯

---

① 这些讲座于2013年4月进行。已故中国人民大学前副校长、中国社会学协会前主席郑杭生教授（1936—2014）邀请作者到人民大学讲课。但由于郑教授突然离世，这一安排未能实现。——编者注

宾格勒（1969：519）不同，我看不到所有文明都遵循的模式。"西方在技术上统一了世界（同上：528）。西方有其恶魔性的一面。俄罗斯和中国从西方学来了共产主义。原子时代要求提高行为标准（同上：535）。人类正在实现更广泛的社会正义（同上：591）

资本主义与社会主义

1945年至1989年冷战期间，西方国家开始反对社会主义国家。但社会主义源自西方。随后资本主义胜利了，"西方"开始排斥欧洲：美英和德法之间的分歧很深。

南美洲属于西方吗？金砖国家属于西方吗？资本主义无处可去。

全球市场和文化不是西方的

走向全球的美国已然失去了领导地位，这有助于创造一种全球文化。"全球化思考，本地化行动"邀请人们超越地域界限。"全球"成为全球挑战的参照点。我们吸取的教训是，必须要跟当地政权合作（吉迪恩·拉赫曼：《西方在阿富汗已经失败》，《金融时报》，2012年3月27日）。

全球领导力

英美人士痴迷于追求领导力。19世纪，他们推崇英雄；20世纪，他们崇尚超凡魅力；然后，他们追寻榜样。还有其他可能性：信徒、追随者、同事或同志？适用于个人的也同样适用于国家和文化。每种文化都可以为解决全球问题做出独特贡献。

第二讲：危机的责任

危机的可能原因——贪婪、犯罪、误解、缺乏监管——都指向人类的错误，但其他原因则指向无人能控制的系统性特征，即人类的期待可能会因具体事件而破灭。

至少有四种逃避责任的好方法：

1）消除业力；

2）中国人的"道"，比如《老子》中的"无为而治"。后来被法家曲解，以证明必须要有统治者，才能实现"无为而治"（朱利安，2004：99）；

3) 西方市场机制理论，"看不见的手"；

4) 西方在集体和个人之间推卸责任。

有一种错误的观点认为，前现代国家没有责任感。埃文斯·普里查德（Evans Pritchard）研究了苏丹的阿赞德人，他发现每一次不幸事件都被解释是人为加自然因素的叠加；没有人能说是巫婆让人通奸的。正是不幸事件的特殊性吸引了巫术投机。共同责任和个人责任在前现代社会也很常见（摩尔，1972）。在传统印度，"业力"实际上是一种责任伦理——将后果归因于行动。在当代世界，这是一场指责游戏（推卸责任）。

西方领导人中，巴拉克·奥巴马在接受民主党总统提名时，宣布"个体责任和共同责任——这就是美国承诺的精髓所在"[①]，并在总统就职时谈到"责任的时代"。[②] 安吉拉·默克尔表示，德国面临的问题是，它希望如何在全球范围内负责任地生存。[③] 尼古拉·萨科齐声称，欧洲愿意就环境破坏的责任展开讨论。[④] 随着英国大选的临近，戈登·布朗首相和反对党领袖大卫·卡梅伦争相将"责任"作为竞选信息的核心。戈登·布朗宣称拯救了世界。冰岛人正在起诉前总理。

西方的问题出现在机构内部。因为大家只有一个集体目标，因此没人愿意负责。处理事务人人都有责任，但责任是分散的。个人就像在接受米尔格拉姆服从实验一样，是机器上的齿轮。

全球和地方都有责任感。但在全球范围内，我们对谁负责？这是不是一个不负责任的借口？但我们应该向谁负责？英国的公务员制度已深陷争议之中，传统的部长责任制正在瓦解；详见霍奇与奥唐纳之争[⑤]。

责任必须具体到人，无论是个人还是共同承担的集体责任。民族国家不能对

---

① 2008 年 8 月 28 日奥巴马接受民主党总统提名的演讲，见：http://www.barackobama.com/2008/08/28/remarks_of_senator_barack_obam_108.php.

② 奥巴马的就职演说，2009 年 1 月 20 日。CNN，见：http://www.cnn.com/2009/POLITICS/01/20/obama.politics/index.html.

③ 2006 年 6 月 13 日，默克尔在克尼格斯温特尔发表演讲。

④ 萨科齐认为责任原则是欧洲面临的问题 [N]. 世界报，2007-10-27.

⑤ 英国议会公共账目委员会（Public Accounts Committee）主席玛格丽特·霍奇（Margaret Hodge）认为英国现行的内阁责任制度已经无法适应 21 世纪的需要，公务员需要知道，民众希望更透明的机制。她特别谴责英国前内阁秘书格斯·奥唐纳（Gus O'Donnell）越俎代庖的行为。——译者注

责任承担进行专断掌控。如果我们对民族国家负责，那么我们自会获得权利，而且这种权利会世代延续。因此作为国家的一员，享受权利的同时，也要接受指责。作为英国人，我要为中国在屈辱百年中的境遇深表歉意。

但我属于哪一方？我如何协调相互冲突的需求？这将是我下一堂讲座的主题：寻找诚信。

参考文献

弗朗索瓦·朱利安. 功效：在中国与西方思维之间[M]. 檀香山：夏威夷大学出版社, 2004.

莎莉·法尔克·穆尔. 法律责任及其演化解释：严格责任、自助和集体责任的若干方面：责任分配[M]. 马克斯·格拉克曼（编）. 曼彻斯特：曼彻斯特大学出版社, 1972: 51-108.

苏珊·S. 沃德利, 布鲁斯·W. 德尔. 卡因普尔的罪恶：印度社会学文集（新系列）23（1）[M].1989:131-148.

第三讲：寻找诚信

如果"责任"是当下的口号，那么"诚信"也是。

示例

人们可能要像"水管工乔"一样大胆质疑。2008年10月，俄亥俄州一名当地男子塞缪尔·约瑟夫·沃泽尔巴赫在奥巴马出访该州时，曾与他就减税政策进行过辩论。当他一夜成名时，可能并不清楚自己的初衷。他反对奥巴马的小企业税收计划，理由是他是一名勤奋的水管工，希望收购一家营业额超过25万美元的企业。

奥巴马在镜头前与他交谈，对税收政策进行相当费力的解释。沃泽尔巴赫坚持自己的立场。他被称为"水管工乔"。三天后，另一位候选人约翰·麦凯恩在第三次总统辩论中21次引用"水管工乔"的故事，证明奥巴马的税收计划会对美国造成伤害。

问题是"水管工乔"并不像他自己所说的那样准备创业。瞬间成名带来了迅速"反噬"。美国有限电视新闻网的主播两周后质问乔，说他根本不是持证水管工，而且还欠税款，根本没有足够的资本收购一家营业额高的企业。"为什么针对我？怎么不去质问奥巴马？"沃泽尔巴赫抱怨道。主播的回应是："你不是一个普通人，你支持了（另）一位候选人。"

一旦登上公共政治舞台，人就没有了隐私权。名人似乎不允许有私生活，事实上，这好像成了新闻界为侵犯个人生活进行辩护的基础。英国目前正因为《国际新闻报》电话窃听事件[①]而愤怒不已。

也许那次辩论决定了乔的命运。因为他的私生活现在已经公开了，"打不过就加入"。2011年10月25日，差不多在成名三年后，他宣布要竞选国会众议员。他的新闻稿说，"我想证明普通人也能竞选、获胜并保持诚信"（《卫报》，2011年10月26日，第21页）。

这里有一个双重悖论。其一是显而易见的：为什么有人会把注意力放在诚信上，而他本身已经在这个问题上表现出了最脆弱的一面？答案可能是：如果公共和私人之间的鸿沟被消除，那么两者之间的矛盾就会消失。政治家的诚信正是通过在公众面前露脸而得到肯定的。纽特·金里奇就采取了这种策略。他被爆料对妻子不忠，后来承认自己犯了错，并在2011年重新开始竞选共和党总统候选人。

但第二个矛盾是，如果公众诚信需要这种全面披露，沃泽尔巴赫含蓄地想证明像他这样的"普通人"不会同那些在政治舞台上大张旗鼓的"骗子"一样。因此，他再造了一种分裂，但这一次不是在私人领域，而是政治圈子。他利用了那些与精英阶层相对立的大众，利用了当今美国公众对政治阶层的深切不满。

在撰写本文时，我们必须拭目以待，看看"水管工乔"能走多远，他的政治前景是否会因为早期对其声誉的挑战而受损。答案有可能是"会"，也可能是"不会"，因为政治成功和诚信没有什么必然联系。

《互联网对陪审团诚信构成威胁》，微软全国有线广播电视的新闻标题（2011年12月9日）。

---

① 《世界新闻报》窃听事件是指一起新闻媒介暴露公众隐私，滥用采访权报道权的事件。2002年3月，13岁的英网女孩米莉·道勒在回家路上失踪，其家人和警方千方百计找人的时候，《世界新闻报》却让私家侦探非法侵入米莉·道勒的手机语音信箱，不仅窃听留言，还在发现信箱已满后删除了部分留言。——译者注

《普拉蒂尼表示，他"对比赛的公正性没有任何怀疑"》《卫报》（2011年12月9日）。

《拥有两种身份是缺乏诚信的一个例子》，马克·扎克伯格，《金融时报》（2011年11月22日）。

"美国抵押金融体系的塑造者希望实现的是：安全的政府所有权、诚信的地方银行业和善于创造的华尔街。"《经济学人》引用前白宫演讲稿撰写人大卫·弗鲁姆的话称，他们获得了政府的独创性、当地银行的安全性和华尔街的诚信。

2011年10月19日，汇丰银行副首席执行官乔·加纳发表了题为《诚信领导：用心参与》的"明日价值讲座"。

《星期日泰晤士报》前编辑哈罗德·埃文斯爵士在评价默克多时表示，"如果这些品质能够与对新闻诚信的理解相提并论就好了。"《卫报》（2011年9月19日）。

——我们有权了解其他人多少？

——我们能披露的关于自己和他人的信息有哪些？是否有限制？

——我们能自立"人设"吗？

——如果他人打着我们的旗号做事，我们能负起多大责任？

第四讲：全球正义的可能性

正义是一种根植于人类心灵的原始价值观，从家庭到学校、从法律和秩序到全球正义，无处不在。

在西方，法律所代表的正义与社会公平分配的正义之间存在着深刻分歧。托马斯·霍布斯（《利维坦》，1651年）认为，只有通过法律才能确立正义。但传统认为，正义是由万物的秩序——上帝或自然确立的。前者的发展方向是权利和责任的法律规范，纠纷的解决方式和违反规范的方式。后者的发展方向是以行动改变法律所规定的关系。

这两者在中世纪结合在一起，正如托马斯·阿奎那（Thomas Aquinas）所言，"法律是对公共幸福的安排"。现代性的割裂被描述为形式合理性与实质合理性的冲突（马克斯·韦伯）。法律面前的平等不能保证公共幸福，它可能掩盖了巨大的财富差距。阿奎那引用了奥古斯丁的话"非正义的法律就不是法律"。他还说："法律的效力取决于它的正义性"。阿奎那明确指出，法律的效力取决于它对大众福祉的贡献；他允许变革，也含蓄地支持变革法律的运动。

阿奎那认为，正义的范围是规范人与他人的关系。

在全球化的世界中，正义不仅限于民族国家。正义从来都不是充分和完整的。当它有缺陷或缺失时，人们就会要求伸张正义。正是这种不公正感导致了对正义的需求。

示例：妇女与法律（艾莎·沙希德）

还必须有在集体层面纠正、恢复原状和宽恕的可能性。

示例：澳大利亚如何对待土著人

反奴隶制运动；

但正义超越了怨恨，促成了美好的社会。

7.2.1.4 为期刊文章投稿

章晓英代表一家新创办的中国期刊《国际传播》邀请作者撰文，题为"弥合分歧——中国在分化的世界中的角色"[①]

7.2.1.5 两篇合著期刊文章

作者和章晓英于2013年9月5—6日在伦敦大学亚非学院举办的会议"韦伯与中国：文化、法律与资本主义"国际会议上共同发表了一篇论文。他们在《全球中国比较研究》上发表了题为《马克斯·韦伯、中国与世界：寻找转文化交流》（2016年第2卷，第32-53页）的文章。他们还在《马克斯·韦伯研究》2014（2），第199-226页发表了一篇论文，题为《韦伯与"适应"概念：儒家伦理的个案研究》。这两篇文章都收录在《中国在人类命运共同体中的角色：走向全球领导力理论》中（第12和13章，第36-48页）。

7.2.1.6 中国英文媒体抗疫合作精神的道德基础（见本书6.1）

---

① 马丁·阿尔布劳.第四章:中国在人类命运共同体中的角色:走向全球领导力理论[M].伦敦:环球世纪出版社，2018:36-48.；(中文版译者王晓健，校对宋毅；马丁·阿尔布劳.弥合分歧——中国在分化的世界中的角色 [J]. 国际传播，2016(1):21-31.)——编者注

7.2.2 中国社会科学院、北京大学和清华大学三次研讨会摘要

7.2.2.1 全球时代的不平等——中国社会科学院社会学研究所[①]

古典社会学研究侧重于社会结构不平等的具体形式，如阶级、地位、财富和商品的分配，平等体现在国家与公民的非正式关系中，这反映了国家资本关系的一个阶段。人们如今主要关注国际排名，国内和国家之间的不平等都是焦点。而在全球框架下，人与人之间的不平等没有获得与公民身份对等的国家保障。全球资本正在加剧国家间的不平等。面对这些发展方向，社会学认知必须侧重于平等/不平等，将其作为各领域普遍适用的指标，并认识到对不平等的竞争需求和对平等的竞争需求一样多。在未来的一段时间里，不太可能出现各领域平等诉求和国家利益之间的一致。但正是这种一致性促成了西方福利国家的诞生。各国需要对纠正不公正的要求做出回应，而不是试图"制造"平等。

7.2.2.2 全球社会概念的理论方法——北京大学[②]

阿尔布劳认为，人们普遍认识到人类社会不仅仅是民族国家的集合，这显然给社会学带来了问题，因为它的研究议程是由国家需求决定的。将国家社会结构的理念简单地投射到全球层面是行不通的。对社会关系和网络的正式研究方法符合韦伯的方法，但他的合法性概念和国家之间的密切关系很难与一个没有中央政

[①] 2013年4月3日，中国社会科学院社会学研究所举办了一次研讨会。基于作者对该机构性质的理解，他参与了题为"全球话语与公共政策"的研讨会。——编者注

摘要： 西方在学术和公共生活中接受全球语言（全球、全球主义、全球性、全球化），标志着一种潜在的长期文化转变，其重要性不亚于现代性的历史性开端，并证明了承认全球化时代的合理性。这意味着公共政策的重新定位，在这种情况下，全球化中的经济利益与全球公共政策目标相混淆。每个国家的困惑不同，但人类物种的未来取决于能否明确各国对全球福利的具体责任。要做到这一点，全球话语本身就需要对所有国家的公共政策目标声明进行批判性审查。此次研讨会由时任社会学研究所所长李培林教授主持。中国社会科学院社会学研究所前任所长和中国社会学学会名誉会长陆学艺（1933—2013）参加了研讨会。不幸的是，一个月后，陆教授突然去世。英国社会学学会唁电："英国社会学协会惊悉中国社会学学会名誉会长陆学艺教授突然病逝，感到巨大的悲伤。我们希望对他的家人和中国社会学学会转达我们对失去这样一位杰出的学者和社会学的伟大公仆的深切哀悼。愿他的工作继续激励着下一代社会学家。"本文作者是英国社会学学会名誉副会长，他的唁电："纪念陆学艺教授。在我们于北京重逢后不久，我亲爱的朋友就去世了，这使我心里充满了深深的悲伤。我将永远记得我们最为有趣的谈话。在此对他的家人和亲友致以衷心的慰问，并与他们分享失去这位伟人的悲伤以及对他的美好的回忆。"

[②] 2013年3月27日，马丁·阿尔布劳教授在北京大学社会学系做讲座，时任系主任谢立中教授担任主持人。——编者注

府的世界协调一致。爱弥尔·杜尔凯姆的方法可以掌握公众舆论和动员集体，但似乎与国家或地方实体联系在一起。除非我们在思维中恢复集体行动，建立起民间社会行动者、全球运动和组织化社会实体之间的联系，直至囊括整个全球社会，否则有关全球社会的社会学理论不可能长足发展。

7.2.2.3 转文化性向中美两国提出的挑战——清华大学[①]

美国和中国所持的世界观包括的远不止两国之间的关系。美国将全球化视为其经验的简单延伸。世界观一般都带有本族中心主义。"天下"基于中国经验，是一个与美国的个人与社群之间紧张关系形成对比的和谐世界。转文化性不仅涉及文化之间的交流，而且创造超越它们的新文化。美国和中国的世界观最初是在转文化经历中形成的。当中美两国与世界接触时，两国实际上打造了一个新的转文化空间，可推动全球治理。美国的问题是不认同以民族国家平等为基础的全球治理理念；中国的问题是其全球治理理念中缺乏核心权威。（具体合作）项目可能比先入之见更有效地促进全球治理。实用普遍论可以取代国家世界观的一般原则。

7.2.3 吉林大学

2015年第二次全球中国对话后，时任吉林大学副校长的邴正教授以多种方式与作者进行学术交流。

7.2.3.1 实用普遍论与全球治理探索

2016年8月12日至13日，吉林大学举办了"全球化：社会变化与文化建构"国际学术会议。作者应邀发表了题为"实用普遍论与全球治理探索"的演讲（见2018年《中国在人类命运共同体中的角色：走向全球领导力理论》，第8章）。[②]

[①] 这是一次受邀演讲，于2016年10月25日发表。全文见：马丁·阿尔布劳. 第八章：中国在人类命运共同体中的角色：走向全球领导力理论[M]. 伦敦：环球世纪出版社，2018：58-66.——编者注

[②] 见：马丁·阿尔布劳. 中国在人类命运共同体中的角色：走向全球领导力理论[M]. 伦敦：环球世纪出版社，2018：67-76.

7.2.3.2 关于"全球化和中国的贡献"的圆桌对话会 ①

对"全球化"含义的不同理解

众所周知,学界对"全球化"和"全球时代"这两个术语有不同的理解,常常引发争论。所以对话从这个基本问题展开。

阿尔布劳教授首先谈到了这一点。他是最早提出"全球化"的三位学者之一。阿尔布劳于 1987 年访问中国,部分目的是想同中国学术界建立联系。

阿尔布劳:关于全球化概念,我的看法是把单一个体与作为整体的全球世界作对比。因为当今世界面临的问题是,即使个体也能扰乱整个世界。单一个体与整个地球和人类之间的关系,比以往任何时候都更加敏感。现在,个体能够制造出悬在所有人头上的巨大危害,这推进了"全球化"讨论的发展。这就是我最初所关注的:人们在说什么,包括大众、政治家和有影响力的领导人在说什么,事实上他们都在使用"全球的"这个词。

对我个人而言,20 世纪 80 年代十分重要。当时我应邀担任《国际社会学》期刊的首任主编。这本期刊反映了世界社会学的多样性,容纳了各种不同的观点和声音。1990 年,世界社会学大会在马德里召开,我们决定做一本会议专辑,收录刊物出版 4 年来发表的精彩文章,并且发给每位与会学者。这个专辑的题目最后定为《全球化、知识与社会》,这也成了第一本书名中有"全球化"一词的书。在出版商的大力支持下,来自世界各地的 4000 名社会学学者人手一册,"全球化"概念在全球得以传播。

---

① 1) 本次会议期间,马丁·阿尔布劳、金成国、邴正、边燕杰进行了圆桌讨论。中文版以"全球化和中国的贡献"为题出版(第 4-5 页),小组成员的发言被整理为四篇文章刊发。第一篇是马丁·阿尔布劳的《实用普遍性与全球时代的挑战》(第 5-8 页)。这组论文的摘要和小组成员的英文简介见 2017 年《中国社会科学评价》第 125-126 页(01)(《中国社会科学评价》2017 年第 1 期,作者:马丁·阿尔布劳、金成国、邴正、边燕杰;翻译:李文珍、褚国飞、王建峰)。英文版是原始的圆桌讨论内容,反映了辩论的即兴性质,其文本已出版。2) 据该杂志编辑介绍,2016 年 8 月 13 日,以"全球化:社会变化与文化建构"为主题的国际会议在吉林大学举行。在会议上,《中国社会科学评价》编辑部组织了一次关于全球化社会学影响的圆桌对话会,并邀请威尔士大学荣休教授、英国社会科学院院士、英国社会学协会荣誉副会长马丁·阿尔布劳作为发言人;韩国釜山大学荣休教授、韩国海洋研究所所长金成国;美国明尼苏达大学教授、西安交通大学人文社会科学学院院长边燕杰;吉林大学哲学社会学院社会学系教授、吉林大学常务副校长邴正参与小组讨论。对谈由边燕杰教授担任主持人。——编者注

另外一位学者是安东尼·吉登斯（Anthony Giddens）。吉登斯曾经在加州大学做过一年的访问学者，其间他开设了一门著名的讲座课程——"现代性的后果"，这一系列以全球化为主题的讲座很重要，也产生了很大影响。不过，虽然这些讲座可追溯到20世纪80年代，但同名著作《现代性的后果》1992年才出版。

罗伯特·默顿（Robert Merton）曾谈到不同人有可能同时发明出一项科学创造，我们同时有三位社会学家都在进行全球化研究。三人的研究各自独立，当然也有一些冥冥之中的巧合，1959年10月我们都是伦敦政治经济学院的研究生，我们有可能在研究生宿舍的公共休息室里围着同一张桌子讨论过问题。这完全是个巧合，谁会想到30年后我们从三个完全不同的视角，同时研究全球化问题呢？

总之，我们都在从不同的视角开展研究。在20世纪90年代初就已经有了关于全球化的不同观点。对我而言，社会学是全球化在全球政治条件、统一性和多样性的一个案例，我研究的是把世界看作整体时有关全球的叙事。人们为什么会谈论全球化？一个显见的事实是，当人们谈论全球化时，其实全球化已经发生很久了。"全球化"当时是一个新词，但全球化并不是新事物。

这让我禁不住思考，因为在我心底里，觉得自己仍然是个历史学家（我的学士学位）。我问自己，人们为什么会以不同的方式谈论全球化？追溯到阿诺德·约瑟夫·汤因比，对他而言，他所在的时代最重要的事件是广岛、长崎的原子弹爆炸，这一事件意味着现代性的终结，也是现代的终结。对于现代的预设是发展、进步，然而，我们发现人类可以毁灭这个世界，所以汤因比将此称为"后现代"的开端，他发明了"后现代"这个词。到1990年时，后现代已是过去式。这时候已经不是现代与后现代之间的争端了，人们不再生活在后现代，而是生活在一个新时代。这个新时代就是全球时代。

罗伯森、吉登斯和我对全球化的观点大相径庭。吉登斯认为，全球化是现代性的延伸，是科技和新的传播方式之间的合作，世界因互联而成为一体。这些都没错，这些也都在发生。罗伯森则认为全球化就是自文明产生以来，全球社会作为一个整体的长期历史发展。我认为全球化是一个多维度概念，全球化不会产生一个单一社会，而是产生了丰富的多样性。在这个全球化中，市场、规则、民族主义、宗教都可以全球化，全球化没有特定方向。我们真正所拥有的是一个全球时代，在这个时代，全球社会、全球文化、全球社会结构不断发展，这个全球社会不同于民族社会，且超越民族社会。

金成国教授有其他看法：

我对全球化的看法可能代表着学术界最常见的一种理解。我倾向于用一种长时段的宏观历史视角来理解全球化概念。首先，自人类文明开始那刻起，全球化就已经发生了。过着游牧生活的人们从一个地区迁移到另一个地区，是全球化的第一阶段。这种群体性迁移的时刻，就是一种人口流动，人口从一个地区迁移到另一地区。然后，一旦农业社会取代了狩猎游牧，就发生了许多无法预测的冲突和战争。战争是全球化的一种推动力。由此出现了基于军事征服的帝国。我认为，战争以及商人进行多种形式的海外贸易，构成了我们历史上全球化的第一个阶段。然后，我们可以将注意力转向宗教传教士，从西方基督教国家到伊斯兰世界。这是一种宗教全球化的方式。传教士渴望绝对的永恒，注定要在全世界传播他们的宗教信仰。

第二阶段可能以政治军国主义和经济动力为特征。沃勒斯坦（Immanuel Wallerstein）描述了世界资本主义制度的形成。从16世纪开始，西欧建立的资本主义与东欧一些便利的河道和廉价资源合作，试图跨越欧洲进入非洲。世界资本主义制度应运而生。从另一个角度来看，我们称之为扩张的世界资本主义体系和帝国主义或殖民主义。我认为，正是在19世纪或20世纪，我所理解的政治—军事全球化与经济全球化、社会全球化和宗教全球化一起出现了。

到了20世纪后期或21世纪，信息或网络社会的兴起，进一步推动了全球范围内人类互动的深度和广度，使得全球化变得更加容易。因此，从这个意义上说，我想把当今全球化的核心内涵定义为一种通过信息技术或全球网络建立的网络。网络有助于人类在世界各地的互动和各种产品的流动，例如知识、宗教，甚至病毒、疾病和犯罪。通过使用网络技术，所有这些都很容易全球化。因此，我想阐述三个方面：网络、交互增强及后果。

在全球化进程中，这几个因素融合在一起。从这个意义上说，网络是全球化的后果之一。但从另一个意义上说，它也是全球化的一部分。

邴正教授描绘了全球化在中国的印象以及中国学者的思想和观点：

早在 1848 年，马克思、恩格斯在《共产党宣言》中，就已预见到全球化时代即将来临。他们指出："资产阶级，由于开拓了世界市场，使一切国家的生产和消费都成为世界性的了。""过去那种地方的和民族的自给自足和闭关自守状态，被各民族的各方面的互相往来和各方面的互相依赖所代替了。物质的生产是如此，精神的生产也是如此。各民族的精神产品成了公共的财产。民族的片面性和局限性日益成为不可能，于是由许多种民族的和地方的文学形成了一种世界的文学。"这是马克思关于全球化的观点，对中国社会学产生了影响。150 年前，马克思预言资本主义将在世界各地发展，尽管他没有使用"全球化"这个词。作为中国的一名社会学家，我想说，进入全球化时代并生活在全球化中，我非常钦佩马克思对未来和资本主义的判断和展望。

从国外社会学的角度来看，当前西方对于全球化出现了两种态度：促全球化和反全球化。中国对全球化的判断也分成了这样两个方向。

主流观点认为，要适应全球化的发展，推动中国加入全球化，因为大多数中国学者、政治家和经济学家相信，中国经济的发展需要全球化。从 1978 年到 2015 年，中国的国内生产总值以平均每年 9.8% 的速度增长，经济总量从不到 3000 亿美元增长到超过 10 万亿美元。

另一方面，在中国也有一种担忧，认为全球化给中国带来了负面影响。社会学家往往受到两种理论的影响，一种是依附理论，另一种是伊曼纽·沃勒斯坦提出的世界体系理论。一些中国学者认为全球化过程是由发达国家主导的，全球化将对中国和其他发展中国家产生一定的不良后果。

人们主要担心的是，资本准入将不断积累，让美国等国家受益。中国会因收入和财富不平等的迅速增加而受损，影响到每个人。这是第一个负面后果。

第二个负面后果是社会腐败现象，这是不平等的副产品。这个问题也成为现在中国关注的棘手社会问题。

这两个关切是从经济和文化角度考虑的。全球化应被定义为文化变革，它可能受到所谓现代文化的负面影响。中国仍受到传统文化的浸润，因此可能以某种方式产生负面影响。

就像阿尔布劳教授在著作中所说，"文化无国界"，价值观和规范跨越国界，传播到世界各地。这种传播的模式是，通过信息技术，具有普遍性的文化因素在全球迅速传播。

这种不平等也体现在不对称的文化传播中。强势文化会影响弱势文化。举例来说，许多英语单词和短语，像 WTO（世界贸易组织）、NBA（全美篮球协会）、MBA（工商管理学硕士）已经成为日常汉语的一部分。而汉语词汇对西方文化的影响就相对较小，比如"功夫""关系"。毛泽东勉励儿童的短语"好好学习，天天向上"在中式英语中被逐字翻译为"good good study, day day up"。汉语对英语的影响远小于英语对汉语的影响。

在价值观方面，中国出现了两个学派。一种是普遍主义，也就是说，凡是在西方世界普遍的价值观，在中国都应该变得普遍。另一种是文化保守主义或激进民族主义，认为我们应当捍卫传统文化。这两派的争论非常激烈。

多样性与完整性、地方性与全球化

金成国教授的观点如下：

全球化有三个主要后果。第一个后果是区域化。我想用狭义术语将区域化定义为建立区域集团，如欧盟、东盟或亚太经合组织。世界在加速全球化，作为个体的单个国家都在寻求应对这种不确定的文明变迁。区域化是一种全球策略，通过这种策略，经济和政治上结盟的国家可以协同合作，以与那些新崛起的全球竞争者匹敌。第二个后果，主要是文化方面的全球本土化。也许我们认为全球本土化是一种来自外部的方式或趋势，但其实我们在每件事上都有自己的价值观和传统，因此就出现了全球本土化的相互作用。但我想把全球化最重要的文化特征定义为杂融。全球化可以朝任何方向发展。它意味着好事坏事都有可能发生，它们相互影响并无限期共存。这种情况我称之为杂融，但邴正称之为文化多元化。我们的定义非常相似。我想介绍的就是全球化的一些历史特征、全球化的三个核心含义以及全球化的后果。

金成国教授介绍了东亚个人主义：

我想讲三点来充分表达我的想法。第一，我们应当抛弃或超越二元假设（即西方是个体主义，而东方是集体主义）。塔尔科特·帕森斯（Talcott Parsons）在谈论社会结构变量时似乎在误导我们。他说，集体主义是传统的，个人取向是现代的，好像在强调个体主义比集体主义好。这是一种误导，这个观点有时候符合事实，有时候则是错的。

第二，我不想彻底否认西方个体主义的贡献或优点。强调个人的节制、潜力或个人特征是非常有用的。这就是西方个体主义的优点或贡献。

第三，在这个意义上，我想尝试推崇或颂扬东方个体主义。东方个体主义还存在其他维度和可能性，可以让我们的社会变得更好。因此，我们可能需要一种创造性的直觉，或东西方个体主义之间的杂融。但目前看来，我们对东亚个体主义的趋势和可能性知之甚少。这是我的观点。

与西方个体主义相比，东亚个体主义有哪些不同？我还是想说三点。第一，东亚个体主义没有预设类似天堂中的上帝或作为上帝之子的耶稣那样的救世主。我认为耶稣是人类的儿子。我不是一个反基督的人，我认为他是人类之子。所以东亚个体主义不存在救世主。第二，不存在原罪。第三，根据基督教教义，人的命运天注定。因此，在西方个体主义中，西方人认为不朽是一种物质存在。所以"人是自己的上帝"意味着人不是在天堂，就是在地狱。但东亚个体主义并没有假定这样一种外向的分离，只有此时此地，死后没有天堂。

它们因此构成了东亚个体主义的三个优点/特点。第一，是本体论维度，由于东亚个体主义没有救世主，我们是个体的主人。这意味着我们也是自己生活中不可缺少的一部分，个体是自由的。第二，在社会层面上，个体不是孤立存在的。东亚的个人概念不是孤立的个体，而是一个个相互联系的个体。虽然个体独一无二，他注定要与其他人建立联系。第三，在行为上，西方个体主义遵循《圣经》教义。但在东亚个人主义中，个体应该持续修身，实现自我发展。我认为这是东亚个体主义的三大优点。

阿尔布劳教授介绍了实用普遍主义，这是全球化与地方性之间冲突的另一种答案：

我在《全球时代：超越现代性之外的国家和社会》这本书中首次使用了"实用普遍主义"这个概念，很高兴能进一步阐述它。实际上我认为这个概念更适用于中国。

美国的实用主义哲学对欧洲产生了很大的影响。然而，我认为它与中国人的各种思想也有密切的关系。实用主义认为，我们所使用的话语、所表达的规律，都只是对事实的一种尝试性的、具有不确定性的解读，我们无法用语言探知全部事实。要理解彼此单单依赖语言是不够的，我们还需要做更多。这就是为什么人们总是说实践先行。

伟大的德国作家歌德写过一个著名的剧本《浮士德》，浮士德在剧中不断地探寻"什么才是最基本的"。《圣经》中说，"太初有道"。浮士德问："那么，太初有道吗？"可能不是，而是"太初有为，始物于行"。实践先于语言产生。实用主义的潜在理念就是，我们做了什么很重要，这和中国人的传统哲学、生活方式是相通的。儒学是讲人们如何生活的，西方的实用主义则与科学技术交织在一起，但他们本质是一样的，都是实践先行。

当然，哲学家、实用主义的集大成者约翰·杜威1920年前后来中国也并非偶然。1920年到1921年间他在北京讲学。（北京外国语大学孙友忠教授赴美国攻读博士学位，研究的就是杜威思想与中国的关系。）实用主义观点认为，对规律的任何不同表述都是可以共存的，他们都会在实践中得到改进。

这是实用普遍主义的要素之一。第二个要素源于法国社会学家爱弥尔·杜尔凯姆。杜尔凯姆在关于教育的演讲中，力图敦促民族国家提倡爱国主义。从1900年到1919年，欧洲人都成了爱国主义者，民族主义盛极一时，而这也是他们之间发生战争的原因。杜尔凯姆认为，国家教育体系必须强调国家价值观，但首先必须找到永恒不变的共通之处。因此，国家教育必须提倡普遍的价值观。

每个国家都不同。如果每个国家都对外推行对本国普遍适用的价值观，但它们又各不相同，又该如何妥协？这就需要实用主义了。我们必须妥协、互相合作，并通过对话促进理解、合作。世界上最伟大的事情之一，就是人们在一起工作时能够产生新的概念、新的理解。我认为最重要的概念之一是可持续性理念，不同的国家、政府、活动家以及全球社会，都在共享这一概念。可持续性理念来自国家间的对话。20 世纪 80 年代到 90 年代，联合国就一些核心概念进行了对话。如今，我们都在进行对话。只有通过对话，彼此才可以相互理解，更重要的是彼此可以通过实践告诉对方如何合作。如果彼此可以合作，那么是否讲同一种语言就无关紧要了。（几年前，我在美国做了关于杜尔凯姆实用普遍主义的讲座，收录在《论全球化时代的社会和文化变迁》一书中）我认为，中国人的思想、西方的社会学和美国的哲学，三者融合的结果就是实用普遍主义。

我不赞成倡议什么来改变世界，世界有它运作的方式。我提出"全球时代"这个概念，并不是我发明了这个术语，而是因为这就是世界运转的道理。这个观点再向前延伸，就是我们正从全球时代走向数字时代。就像金成国教授说的，通信、网络兴起，这些会代表什么？

我以前经常在谷歌上搜索"全球化"和"全球化时代"。操作起来很简单。在不同的时间点搜索，就能看到全球时代正在取代核时代或原子时代。现在，基于谷歌搜索，数字时代已经取代了全球时代。这意味着什么？

借用美国社会学家丹尼尔·贝尔（Daniel Bell）的一个著名概念"轴心价值"（axial values），贝尔认为每个国家的文化、每个社会，都有其核心准则、核心价值，类似于"轴心价值"。当历史学家们谈到几百年前那些生活在公元前的伟大的哲学家们，比如孔子、亚里士多德的时候，也经常用到"轴心"这个词。全球时代的轴心价值源自于整个人类的整体生活所面临的严重威胁。这就是为什么我更愿意用"全球性"（globality）这个词而不是"全球化"（globalization）。人类所面临的威胁的全球性定义了这个"全球时代"。

数字时代的核心是什么？是最好的技术，它意味着人们有可能了解世界另一端的人和事。我们用脸书或其他社交平台聊天，我们关注社会人际关系和技术。数字时代还有别的吗？或许它将从根本上改变人类本身，或许科技能创造出一个新的人类物种。这些都与全球时代关心的问题相去甚远。全球时代与数字时代之间的冲突，和现代与后现代之间的冲突同样重要。

邴正教授用文化多元复合体的概念来理解多样性和一体化：

中国人对全球化意义的态度可以在第二个问题中进一步深化，这是我自己的文化多元论概念，即多元文化杂融。共同的民族有多元文化。

人们往往有种片面的认识，认为各民族的文化一开始比较纯粹，是自己的文化，其实不一定。认真研究世界文化的诞生就会发现，世界上几大文化都是综合了多种多样文化形成的。

例如，人们通常认为西方文化或西方文明只有一个源头。其实不然。研究西方文化，就会知道它不仅起源于古埃及文化和伟大的罗马文化，还受到了巴比伦、阿拉伯和其他一些文化因素的影响。

中国文化也是这样。过去人们往往认为，中国文化是在东亚相对封闭的地理条件下，自己独立发展形成的，没有受到其他文化的影响，其实也不然。虽然中国文化和西方文化、中东文化交流得比较少，但实际上，中国文化是农耕文化和游牧文化结合形成的。表面上看来，中国文化的主体表达都是农耕文化，实际上这些概念由于受到游牧文化的影响，在不断调整自己，也就是说，中国文化里面包容了游牧文化的影响。

我研究中国文化已经很多年了，我认为中国传统社会结构的三个元素都有受游牧文化压力影响的痕迹。第一个是中央集权；第二个是庞大官僚与军备力量；第三个就是大一统的文化思想。这三种元素都不单纯是农业文化生长出来的，是农业文明和游牧文明不断碰撞产生的。国家必须以这种方式建立，否则就会崩塌。

研究世界各地的历史，就会发现许多国家都经历了农业是经济基础的时期，但没有一个国家像中国一样，发展出了一个中央集权。中国之所以成为中央集权制的国家，源自与游牧民族的互动。

一个重要的原因是，中国北方、西方的游牧民族是高度军事化的社会组织。游牧民族的流动性不受地域影响，他们经常会南下侵略农业文明。所以中原为了抵抗入侵，政治组织就需要越来越集中，需要能够对抗几十万游牧骑兵的庞大的中央集权组织。比如蒙古高原的游牧民族，当它发展到百万人口的时候，就能有几十万人的强大骑兵，因为它全民皆兵。

阿尔布劳教授认为，这个观点非常重要，与在西方世界占主导地位的魏特夫的理论不同。

邴正教授表示，他同意英国学者汤因比的观点。汤因比说，文明起源于环境的挑战，文明是回应这种挑战的迎战方式，而中国的周边环境就是游牧文明，所以中国必须足够大，以应对可能的军事入侵。

两千多年来，中国确实处于这样的环境中。游牧民族随时可能入侵，所以中国的中原必须作超级军事动员、社会动员，这种动员需要有百万人以上的常备军，这个王朝才能抵抗游牧民族的入侵，为了有百万人的军备，必须有几百万人为军队的后勤供应服务。整个社会就高度组织起来了。在中国传统社会（秦朝到明朝），人口规模要达到5000多万，才可以支持100多万人的常备军，这就是为什么中国一直被看作庞大帝国的原因。在中国传统文化追求大一统的背后，深藏着具有文化包容性的文化复合性。我们往往强调中国文化自成一体，忽略了它是不断地包容外来因素的。儒家文化的核心精神是天下一体，但是儒家的天下一体不是天下唯一，而是海纳百川、中庸和合。通过这个分析，我们能看到，中国文化也不是单一的文化，实际上是两种或多元文化元素结合形成的。

中国对全球化贡献的建议

阿尔布劳教授表达了他的信念：

全球化对中国意味着什么？中国是全球化世界中不可或缺的组成部分，而中国可以用自身独特的历史经验对全球社会的发展进程产生影响。中国几千年辉煌历史的影响力，超过了今天任何一个国家，包括美国的影响力。中国如今采用了源于西方的马克思主义意识形态，并将两者辩证、创新地结合起来。中国、中国政府和人民，是世界上团结起来的最庞大力量，也是最成功的力量。这股力量应该在全球社会中得到充分利用。

很高兴看到中国也采用了"治理"的理念。而且这一词汇看起来并非源于政府，因为"治理"不是"管理"。"治理"源于民间，而秩序的意义强化了管理。

我们生活在一个复杂的世界，我们关心的不是一个个村庄内部的秩序，而是多个村庄的治理。社会治理就是要把这些人团结起来合作创新。

全球治理是一个整体的多层次的行为。在中国文明史里，我们也讨论过多个层次，比如从家庭到帝王，或者从村庄、乡镇到某个省。这么多层次包含了多种差异，包容了不同民族。当然，费孝通教授非常关心中国的少数民族，写了很多民族研究的文章。因此，秩序是一种内在层次性的体验。

但这也需要处于不同层次的人理解层次结构。人们必须明白，在全球治理层面，为192个国家谋划机构改革的人所从事的工作与在北京驾驶出租车的人截然不同。

在操作层面，全球治理需要各层次间的相互理解与尊重。这也是为什么好的国家领导人总是会谈到："某天我在商店跟这个人（这里指一个普通民众）交流了""我和他聊牛奶的价格"。但当一个英国领导人被问到今天的牛奶价格时，他一无所知。这就是顶层领导人与普通民众之间的距离，而正是这种距离导致了英国脱欧。

所以好的治理不只停留在准则层面，还应在实际层面实践实用普遍主义。实用普遍主义意味着实践，意味着在遇到持不同准则的人时怎么做。所以我认为中国人不会犯美国人的错误，不会像美国那样把货币政策强加给他国，而会努力和所有国家合作，这也为其他国家树立了很好的榜样。

当然，缺乏自信会带来风险。中国经历了很多事，从大风大浪中一路走来（尤其是1908年以后），所以可能稍微有些不自信，但这一点会改变。中国代表了全球未来最好的希望，对这一点我很期待。仅就"一带一路"而言，它超越了国际货币秩序下的约束，也是新世纪不同国家就共同目标寻求合作共赢的上佳举措。

中国对世界以及全球社会学可以做出独特贡献，因为中国对世界上的其他国家来说，是新的、不一样的，而且自成体系。自18世纪以来，世界还不曾再次感受中国文化的强大力量。在18世纪，西方世界里中国产品随处可见，比如，中国丝绸、中国家具、中国思想。在18世纪，中国思想家对西方经济思想有着很大影响。这方面的研究做得越深,就越能感受到当时中国的影响力。现在已然到了中国发挥同样强大影响力的时候。

对社会本质的反思、所有理论和相关问题探讨的是作为一个整体的世界,并不存在只是中国面临的问题,或者东亚、美国面临的问题。在面对全球问题时,我们需要中国思维。李培林教授谈到全球不平等,这就是贡献了一个基本视角,它既是全球的也是中国的。中文里"关系"一词用来总结缔造人际关系网的人与人之间的关系,世界需要这个中国概念帮助他们了解自身。同样,美国人也可以从自身经验出发,贡献相应概念。

与中国儒学相关的一些概念也对软实力有所贡献,比如中国古代战略思想家孙武和他的《孙子兵法》,这些都让世界其他国家和地区从中获益。今天这场对话也很有意义,我和我的同事常向群教授也正努力向西方介绍中国社会学。

邴正教授还提到了自信:

中国历史和世界历史表明,文化都不是单一的,而是多元复合体。在全球化背景下,对于每一个主体民族来说,都要发展自己的民族文化,所以我不同意文化保守主义或激进民族主义的观点。面对全球时代,这一切都行不通。因此,我提出了文化复合多元化的概念。中国文化不应该筑墙自卫,但它应该进行开放互动,学习借鉴各种外来文化的有益特点,重建自己的文化边界。这种文化不是中国文化,这是汉语和非汉语的融合。

在文化交流融合中,有可能出现本民族文化被另一种文化同化、甚至消失的风险。所以我们必须有文化自信,必须提高对本民族文化的信心,避免本民族文化被其他文化吞并。

文化学者或社会主义者应该真正做一件事,那就是要引导本国人民接纳文化交流。

因此,文化自信由第三个因素——一体化——引导。

最后,文化依存。什么是依存呢?——正如费孝通先生所说,各美其美、美人之美、美美与共、天下大同。

7.2.4 武汉大学

在担任伦敦国王学院客座教授期间，金伟采访了作者（见本书 7.2.4.1）。

回到武汉大学后，金伟邀请作者于 2019 年 11 月 15 日至 17 日在武汉大学举行的第四届"21 世纪马克思主义与社会主义"国际学术研讨会上担任主旨演讲人。在同一次活动中，作者发表了"世界可以从中国的全球领导地位中获得什么"的讲座（见本书 3.9）。他的演讲"中西方文化中的'精神'"（见本书 8.3）和一篇合著文章"'精神'作为当代中国一个重要概念"（见本书 8.2），发表在 2021 年第 7 期《全球中国比较研究》上。

7.2.4.1 全球化与中国的发展道路——访英国社会科学院院士马丁·阿尔布劳教授[①]

全球化的最新演变及其带给我们的影响

金伟：马丁教授，您好，很高兴您能接受采访。可以说，您的名字通常与"全球化"概念联系在一起，您是最早提出"全球化"概念的学者之一，曾指出人类社会已进入全球化的第四个阶段。您认为现阶段的全球化与之前的全球化阶段有什么不同？当前全球化的特征是什么？

马丁·阿尔布劳（以下简称"阿尔布劳"）：这是一个非常有趣的问题，因为这涉及两个几乎所有关于全球化的讨论都要谈论的问题——我们什么时候开始使用全球化这一术语和真正的全球化是何时开始的，换句话说：现代意义上的"全球化"是从什么时候开始的？世界发生了什么变化才促使我们使用这个术语？历史上发生了什么？我们如何看待历史？这是相互独立的两个概念。从某种意义上说，全球化早在"全球化"这个词问世之前就已经存在了，而"全球化"这个词直到 20 世纪 70 年代才流行起来。"全球化"之所以在 1970 年问世，仅仅是因为全世界的相互联系越来越密切，世界越来越融为一体了。世界越来越紧密地联系在一起，人们早在这个词出现之前就已经感知到了。我认为最著名的例子是马克

[①] 金伟. 全球化与中国的发展道路——访英国社会科学院院士马丁·阿尔布劳教授[J]. 马克思主义理论学科研究, 2019(5).

思和恩格斯的著作,他们谈到世界市场的发展——资本如何扩张到全世界。他们认为资本的扩张是资本主义的固有特征,这和后来所谓的全球化没有什么不同。为什么20世纪70年代出现"全球化"这一术语?我认为这与"全球"一词的流行有很大关系。第二次世界大战结束后,人们谈论了很多全球话题,其中一个非常重要的原因当然是原子弹爆炸,这对地球构成威胁,而这种威胁是全球性的,所以"全球化"这个词变得非常流行,不久之后,它就派生出"全球化"这个术语,就像"现代"这个词派生出"现代化"一样。现在再来看看全球化的发展进程。随着20世纪80年代这一概念的发展,全球化在很大程度上被商界垄断。因此,在20世纪80年代,"全球化"几乎与马克思所说的全球经济扩张重叠了。

然而,在20世纪90年代,"全球化"为政治家们所接受,尤其是在美国、英国和欧洲,比如克林顿和布莱尔,他们使全球化演变为现代化,使之成为现代化的下一个阶段,与通信技术密切相关,我们可以将这一时期称为全球化的第三阶段。进入21世纪后,克林顿和布莱尔的乐观主义受到沉重打击,尤其是2001年双子塔被毁,人们称之为"9·11事件"。随之全球化在某种意义上变成了战场,变成文明之间的战场。从"9·11事件"之后,融为一体的全世界时常面临冲突,可以说全球化的第四阶段是"全球化冲突"——全球化与冲突似乎是接踵而至的。

就全球而言,数字和数字化的发展显然导致了全球人与人之间、企业与企业之间的联系日益密切——我们之间的纽带越来越紧密。但就"全球化"的真谛而言,这种联系也伴随着全球意识的衰退。一方面人们关注全球这个整体,但由于数字化只涉及键盘,而键盘并非全球化。因此,在某种程度上,尽管数字化拉近了人们的距离,但也把人们的注意力从全球化上转移开。这样我们就可以谈论全球化过程之间的差异——世界正在经历的变化过程以及全球化的语言——这种差异再次拉大了。

金伟:随着英国脱欧和特朗普当选美国总统,您如何看待当前的反全球化浪潮?有人说在未来的几十年里全球化会"放慢",您是怎么看待这个问题的?在当前的全球化进程中,您认为中国扮演了什么样的角色?

阿尔布劳:在20世纪90年代,出现了全球性反全球化浪潮,主要是针对全球资本主义的扩张。我记得很清楚：1999年12月世界贸易组织在西雅图开会，由于来自北美各地甚至其他地区的示威者抗议，会议不得不取消，示威者阻止了会议的举行，克林顿总统被阻挡在门外，后来他说："我想示威者们也许有道理。"所有推动全球化的人士开始真正认识到，全球化是由西方国际机构运作的全球经济新秩序，这让他们大吃一惊，他们意识到全球化并不是朝着一个方向在迈进；全球出现了强烈的反全球化运动。这场反全球化运动，用社会学家杰弗里·普莱尔斯的话说，变成了一场"改变全球"的运动。

改变全球的运动并非反全球化，现在需要的是一种完全不同的全球化。在21世纪头十年的后期，年轻的中产阶级主导了改变全球化的进程，逐渐地演变为普遍的反全球化——反对者主要是那些没有从全球化中获益的人。尽管反全球化开始于一场学术运动，但在21世纪头十年的后期，反全球化开始变为时髦的"民粹主义"运动。这些运动的参与者觉得他们被之前的反全球化人士抛在脑后，因为这些反全球化人士都是知识分子，造成了社会上富有的知识分子阶层和其他阶层之间的巨大分歧。当然，其中一个潜在原因是全球化带来了全球财富的巨大增长，但是在个别国家，不平等加剧了，而国内不平等的加剧给政治体系带来了很大的压力，现在有人称之为"全球化放缓"，是这么回事。但在某种程度上，他们关注的只是各国政府对这些民粹主义要求的反应，结果各国政府正试图限制自由贸易、提高关税，等等。

金伟：您对英国脱欧有什么看法？您对英国的未来有什么看法？

阿尔布劳：我认为全球化引发的内部冲突对英国影响最为强烈。自布莱尔起，甚至自撒切尔起，英国就一直宣称要成为一个全球化国家，并致力于成为一个全球化国家，但它做不到，英国是一个小国。对英国来说，走向全球化并向全球经济开放，这是一件相当危险的事情。当然，给英国带来更大压力的一件事是——虽然事实证明全球化对英国经济是福音——大量的移民涌入英国；来自其他国家的人想要为英国的经济增长做出贡献，也想从中受益。移民也给传统人士施加了压力——这很简单，他们是传统保守的人，年纪大的人，不喜欢看到很多移民。

因此，我认为英国在全球化风暴中经受了最强烈的影响，其政治体系不能很好应对全球化，因为最好的适应这种情况的制度可能包括非常强有力的领导、非常统一的政治阶层。但英国所发生的一切只是政治阶层的分化以及由此造成的支离破碎，朝着各种不同的方向破碎。

中国改革开放的成功之道

金伟：我知道您对中国有着深厚而真挚的感情，您第一次来中国是1987年，之后您访问过中国十多次。能谈谈您对中国发展变化的感受吗？您如何看待中国取得的成就？您认为取得这些成就的主要原因是什么？

阿尔布劳：在中国的经历给了我足够的理由感到惊讶。自1987年以来的32年里，中国的发展是相当惊人的，我想到的很多都是直观形象，你知道，当你访问一个国家的时候，你脑海中留下的是视觉图像。我第一次访问中国时的印象是：没有汽车，或者只有很少的车；北京有一条环路，每个人都骑自行车，每个人都穿着中山装。当时我是国家计生委的客人，在农村最令人印象深刻的是人民的辛勤劳动，他们对手头工作的奉献精神。我观察到他们非常尽职地执行着计划生育政策。这是非常令人感动的——对国家的奉献精神。我所遇到的人都相信他们正在为中国的振兴做出贡献，所以那种积极向上的氛围十分明显，当然，原因是1978年邓小平全力推进改革开放。

我认为，人们看到的是我1987年第一次经历的延续：人们越来越相信，中国正在振兴，将在世界上拥有应有的地位，将成为两个世界领先的强国之一。我认为中国取得巨大成就的主要原因很明显，那就是中国共产党为人民指明了方向，凝聚了共识，这在西方国家是缺失的，所以中国上下齐心。但我认为这背后还有另一个原因：中国历史文化的独特性。中国文化在话语、说话和写作方式的统一，是其中一个重要方面。中国文化里说和写的方式是世界上独一无二的，表现为汉字和各种不同方言的结合，这带来了深层次的团结统一，这是社会和文化和谐的基础。在一个微不足道的层面上，你可以在街头标语上看到单个的汉字，在西方，你不能像中国那样用视觉表达政治观点。这虽然是一个非常表面化的层面，但它揭示了中国文化深层的团结，这是共产党为实现民族复兴而推动的。

金伟：您如何看待中国特色社会主义条件下的改革开放？

阿尔布劳：首先要说的是，中国得益于一位杰出政治领袖的智慧和经验，他就是邓小平。如果邓小平没有下定决心让中国走向新的方向，向世界开放，结果会怎样？其他领导人能做到他那样吗？我不知道。他在周围人当中享有巨大影响力和威望，他正是西方社会学家马克斯·韦伯所说的"有魄力的人物"。当然，他得到了很多同志的支持和帮助，包括很多学者，我们社会学家特别自豪，因为据我了解，邓小平曾经听取了中国人类学家、社会学家费孝通的意见。费孝通是倡导农业生产责任制的先驱者之一，他推动人们认识到非公有制在中国并不是一件坏事，我们需要非公有制来激励人们，这样他们才能为公共利益做出贡献；我们需要在非公有制和公有制之间取得平衡，邓小平理解这一点，认为增加中国财富的方式是允许人们从自己的工作中受益，然后通过出口"中国制造"产品，满足其他国家和人民的需要为国家做出贡献。邓小平把中国与世界紧密联系起来，与社会中个人的辛勤劳动、与农民的辛勤劳动紧密相连，农民的劳动和开放是相互联系的，当然，工厂也发展起来了，大家都涌向城镇。现在，中国的对外开放一直在持续，没有中断，这使得中国国民生产总值以每年10%甚至更高的速度增长，尽管现在这一速度降至6%左右，但与西方国家相比仍是很高的。

现在很多西方评论家说，"中国没有真正的共产主义或社会主义，中国是一种国家资本主义"，这种说法值得怀疑。对这个问题的更好的回答来自于中国的政治家和理论家们，他们将自己的思想表达为"中国特色社会主义"，这实际上是一种非常深刻的说法，因为它承认社会主义不是一套抽象的概念，而是在实践中发展起来的，在实践中社会主义是根植于特定国家及其特定文化的。中国非常重视自己独特的文化，正如我刚才回答你之前问题所说：中国文化有一个非常特殊的特点，它是建立在一种有自己特色的语言之上的。汉字背后有着悠久的历史，包涵着基本的东方思想。当我们谈到"礼"，很难将其翻译成英语，因为它涵盖了从规则、仪式、美德到正确的做事方式。它可以被翻译成许多词语，但这些不同的意义形成了大一统，可以追溯到中国的历史长河，西方没有任何类似词语。

习近平治国理政理念与中国道路发展和全球治理

金伟： 您提到，我们应该把习总书记的治国理政理念放在全球治理中去考察其独创性。您认为习近平治国理政理念的主要贡献是什么？

阿尔布劳： 当我第一次看到习近平演讲的英文翻译时，我第一印象是，这本书的书名让我心跳加速，因为翻译中使用了古老的欧洲单词 governance（治理）：这个词法语、英语都有。"治理"这个词可以追溯到几百年前，它和"政府"不太一样，治理指的是构建社会秩序，而社会秩序的建立不仅仅是政府的事，这是我们应该从习近平的演讲中得到的重要启示。他关注社会秩序、社会秩序的维护、社会方向、把人民团结起来共同为民族目标奋斗等问题。他把所有这些东西都放在"治理"的标题下，我认为这在某种程度上发展了一种治国理念，适用于任何国家，这种理念摆脱了西方语境，甚至成为一种普遍适用的概念。

我认为习近平通过他的演讲表明，我们必须以相当复杂甚至抽象的思维来理解这些思想，他经常谈到的价值观是一个非常高层次的概念，他对责任、规则和人民等概念的解读也是如此。这些概念并不是口号，它们之间有着深刻联系，把党和人民联系起来，和权力、治理、价值观等联系起来。通过他的演讲，你可以看到他是如何将理论观点与人们日常生活实践相结合的。这些演讲是非凡的，我相信西方政治领袖没有谁能够如此好地把握各种学术观点与人们日常生活见解之间的关系。当然，有些是他自己的独创，他在这个领域有非常特殊的才能。

习近平听取了很多不同的意见，他对领导当代伟大国家和社会所必需的知识驱动力有着深刻的认识。这就是这些讲话中中国治理的意义所在，是理论思想与日常实践的统一，很接地气，激励着普通人接续奋斗。

金伟： 我们知道您正在研究中国精神。您如何解释这个概念？西方是如何运用精神这个概念的？西方能从中国精神中学到什么？

阿尔布劳： 我第一次注意到这一点可能是在看一份官方文件时突然想到的。文件由外交部和商务部发布，前两段谈到了"丝路精神"，讲的是几千年的丝绸之路精神：和平合作、开放包容、互学互鉴、互利共赢。所有这些都是代代相传的，丝路精神象征着东西方交流与合作。文件说，"在新时代的今天，弘扬丝路精神对我们来说更加重要"。西方的官方文件永远不会以这种方式谈论精神。然后我看了《习近平谈治国理政》中的文章,他谈到中国精神,比如长征精神。然后我意识到精神无处不在,意识到我需要在这方面得到更多的专业见解,于是我求助我的同事,她非常热心地开始研究精神在中国当代公共话语中的运用。可以肯定的是,中国对精神进行了广泛应用:可以是长征精神,也可能是上海精神,还可能是某个同志的精神,目的是给学习这种精神的人们带来热情、奉献和能量。对他们来说,这样做是树立榜样;对他们来说,过去很重要的东西可以催人奋进从而做出新的贡献。因此,这种对精神的认同在中国人的生活中是普遍存在的,当然,这与西方形成了鲜明的对比。有了中国精神,就可以推动整个中国发展,这是一种为国家利益、整个社会的进步而向前,实现中国梦的精神,一种创新、革新和奉献的精神。

在西方,我们不以这种方式谈论精神,深层原因是精神与宗教有关,特别是与有组织的宗教有关。在18、19世纪,宗教受到了世俗主义和唯物主义的冲击,马克思认识到人类生活的精神方面。当然,与旧的神灵观念相悖的是,人们对旧宗教失去了信心,他们抛弃旧宗教的同时,也抛弃了神灵说。西方在世俗化过程中失去了很多道德整合和生活使命感,遭受了去精神化之灾,甚至可以说,精神化被西方抛弃了。相比之下,中国是一片精神乐土,这给了它能量,我可以对中国读者这么说,他们会理解的,西方人应该从中认识到精神在日常生活中的力量。

金伟: 您怎么看待习近平提出的人类命运共同体理念?我们如何发掘共同价值?

阿尔布劳: 习近平提出了人类命运共同体的理念,非常值得关注和研究。我认为,这一概念产生于世界现实形势的需要,即尽管世界各国人民有着不同的历史文化,但面临共同挑战,包括恐怖主义、网络安全、重大传染性疾病、贫富差距扩大、环境恶化等,这些挑战意味着全人类必须共同努力。命运共同体是各国人民相互合作的共同体,推动这一价值理念付诸实践,习近平特别强调合作共赢的重要性。我认为这是有原因的,因为各国人民之间必要的合作非常重要,合作源自挑战,产生于我们都面临威胁的真切感知。在应对共同威胁时,我们必须相互合作才能增强我们人类的实力和力量，命运共同体实际上是合作应对全球性挑战的结果。在阅读《习近平谈治国理政》一书时，这一点非常明确。全球治理正是在应对全球挑战的基础上往前推进的，人类命运共同体与全球治理二者的关联非常微妙，我认为习近平的治理思想包含着这两者之间的相互统一、共同促进，需要通过各国共同努力和合作共赢才能达到真正的和谐统一。

金伟：是的。您认为"一带一路"的挑战是什么？中国应该如何应对这些挑战？

阿尔布劳：要一个外国人告诉中国人什么是"一带一路"，这有点班门弄斧，我肯定中国人比我知道得多。从根本上讲，"一带一路"倡议是习主席在2013年的讲话中提出的，这些举措与一系列旨在改善中国与周边国家之间联系的举措结合在一起，将使陆海空联系起来。"一带一路"的理念是，通过良好的沟通增加国与国之间的贸易，推动贸易发展，商品贸易交换会增加各国人们之间的了解，催生许多共同目标，为相关国家带来大量福祉、财富和价值。"一带一路"建设首先是为了提高沿线国家的经济福祉。其次，"一带一路"建设的深层原因是——它将增加不同文化之间的交流。你可能会问："'一带一路'在实践中如何运作呢？"——跨文化交流过去是、现在也是一项巨大的挑战。回想西方，法德有很好的沟通，比如铁路穿越边境等，可是历史上曾数次开战。因此，最大的挑战是确保"一带一路"沿线国家之间的关系是一种和平合作的关系。每个国家都认为进行经济交流符合自己的利益，但这并不意味着他们一定重视与那个国家的接触或认同某个国家。这对"一带一路"来说是一个巨大挑战，不只是建设机场、道路和船只，因为各国很容易就这些东西达成共识。人们知道如何造船，这是一种传播到世界各地的知识，这没问题。在此基础上实现国家之间的和平，才是巨大的挑战。

金伟：那么，您认为中国应该如何应对这一挑战呢？

阿尔布劳：这是个大问题。我认为中国能做的一件事就是传播中国的知识理念，欢迎那些来中国做生意的人，给他们提供文化体验。其次，鼓励"一带一路"沿线国家的中国人与这些国家的人进行更多交流，例如，建立学校，鼓励学习汉语。当然，同样重要的是，习主席最近鼓励中国人学习他们所在国家的语言，也鼓励在中国加强外语学习。直到最近，几乎每个中国孩子都在学习英语，但我相信不久的将来，中国孩子不仅应该学习一门外语，不仅学习英语，还会去学习俄语、印地语或非洲语言。

金伟：习主席强调要"讲好中国故事，传播好中国声音"。但我来到英国后，发现一些西方媒体在抹黑中国。您认为中国对外交流的问题是什么？您有什么好的建议吗？

阿尔布劳：首先我必须要承认，西方对中国有很多误解和猜疑，可以追溯到新中国成立之初，甚至更早，比如19世纪中国还处于清朝统治之下。西方对中国的猜疑由来已久，根深蒂固，但这一切并非不可避免。如果我们追溯到18世纪，欧洲到处都是非常钦佩中国的人。那时，像伏尔泰这样的欧洲哲学家都说中国拥有东方智慧，中国可以教会我们很多。19世纪西方发生的变化，我很抱歉地说，很大程度上是由帝国主义，特别是英帝国主义造成的。作为英国公民，我代表我的同胞们，为19世纪对中国造成的伤害道歉。

中国人称之为"屈辱百年"。最重要的是，一切的始作俑者正是英国，对此我深感羞愧。让我开心的是，中国人待我总是非常亲切和友好，你们似乎拥有强大的宽恕力，而西方根本无法与之比拟。西方仍然固执地认为中国由独裁政权统治，中国人民必须认识到，西方跟共产主义的交集主要是和苏联的冷战。而在西方的心目中，苏联就是一个极权独裁政府，它必须被征服和消灭。西方人对共产主义的主要印象就来自苏联。如果中国想要消解这种印象，应当强调那些能引发西方共鸣的事物。我认为中国人应该更大胆一些，不要不敢讲中国共产党的故事，应该大声告诉世界，中国的发展和中国共产党带领中国取得的成就。同时，中国人必须参与民主本质的讨论（我认为有迹象表明中国已经这样做了）。近一百年来，西方第一次对民主运作的方式感到不确定，他们可能开始准备听听中国思想家对民主的看法，因为西方代议制民主国家没有理由垄断民主的定义。

民主的理念是世界性的。世界上每一种文化都蕴含民主理念，不管是在中国、印度、波利尼西亚还是非洲，民主的理念就是指某一群体中的人们达成了集体意愿，世界各地都存在民主。在中国，民主的观念跟中国共产党和人民的关系密切相关，两者间的关系必然是民主的。

如果说我要提建议，就显得有点傲慢了。但我想对中国领导集体说的是，应当为你们自己的民主感到骄傲，并在世界范围内推动关于民主的讨论。我认为，这样做将极大地帮助世界认清一个事实：中国人民致力于发扬本国文化，中国的组织原则与世界上其他任何国家一样深刻和有根基。我认为，这是发出中国声音的最好方式。中国已经做了很多好事，比如建立孔子学院，我从伦敦的孔子学院受益匪浅。但我认为，中国需要做的远不只是"我们想把中国的价值观分享给世界其他地方"。中国需要与世界各地的民主思想交流，并确保中国的声音被听到。

金伟：您能否简单介绍一下正在撰写的新书？它的主要内容是什么？大概什么时候出版？

阿尔布劳：我可不能都告诉你。要是讲了新书的所有细节，那我就没必要写了，因为别人肯定会抢着先写出来。我只能说，整本书会聚焦一个问题："全球时代结束了吗？"它审视了当代所有民粹主义、全球化、数字化和文明冲突的问题。但我希望能提供一个不同于他人的角度。因为这本书写就的时代已然不同。当我们书写一个时代的时候，也会写到时代的精神，就像18世纪伏尔泰写出了他所属时代的精神一样。当下必须说明的一件事恐怕就是冲突：时代精神中存在着冲突，其中很多必须从日常行动及日常冲突中提取出来。而且我们必须尽可能保持客观。在我看来，在当代世界保持客观，并不是说要做到科学上的普遍性，因为当涉及文化时，"客观"的标准是非常不同的。

我们可以尝试着以他者视角从外向内看。从外向内看是什么样的？在当代文化中，"外"在哪里？20世纪哲学有一个阿基米德点。阿基米德说，如果想要撬动地球，支点必须特别远。在阿基米德点上，人们能够移动巨大的重量。

因此，我建议观察当代文化的阿基米德点应当是"全球"。如果说全球利益意味着世界各地人类面临的挑战，特别是气候变化、核安全、互联网给每个人带来的挑战，那么它们就是全球性的，而不是国家性的。诚然，每个国家都必须应对这些挑战，但如果把它们看作是全球性的挑战，就能看到不同国家有不同的解决方案，以及它们如何相互合作以解决问题。

所以我想提倡的是，在今天的社会科学中，当人们把世界作为一个整体来看待时，我们不应该试图研究所谓的"普遍"原则。我们应该把挑战放置在全球层面，看看能找到什么解决办法来应对。在这个过程中，我们可能会发现相对普遍的原则。有时我称它们为跨文化的原则，因为它们涵盖了每个国家。每种文化似乎都从全球挑战中得出普遍的解决方案，而我采纳的主要是可持续发展的概念和价值。我认为这个概念可以被所有人、所有文化所接受。尽管还是有一些争议，但它已经变得普遍。因此，全球方法带来了实质效果，每个国家都可以受益。没有国家可以说"这是我们独有的，不属于别人"。这就是我的方法论。如果大家能够接受这种应对全球挑战的方法、发展全球治理、理解不同文化，我相信所有这些都是可以实现的。这就是我现在正在撰写的书稿的方向。你想知道它什么时候问世？——等我写完的那天。

7.2.4.2 世界可以从中国的全球领导地位中获得什么（见本书 3.9）

7.2.4.3 "精神"作为当代中国一个重要概念（见本书 8.2）

7.2.4.4 中西方文化中的"精神"（见本书 8.3）

7.2.5 同济大学：与王鑫教授对话[①]

全球化时代与中国：概念、语境、问题与面向——英国社会学家马丁·阿尔布劳教授访谈

摘　要： 作为全球化概念的首倡者之一，英国社会学家马丁·阿尔布劳教授在访谈中对全球化的内涵、框架以及未来发展做了进一步廓清，为国际传播以及其他研究提供了更准确和精细化的概念。阿尔布劳教授在历时和共时的语境中澄澈了全球化和反全球化概念的理解误区，并在该理论前提下对中国在国际传播中如何塑造积极的国家形象以及如何进行国家形象传播给予了理论和实践视角的双重

---

① 本访谈于 2018 年进行，当时王鑫教授在英国做访问学者。2021 年 2 月至 5 月期间，王鑫教授通过邮件更新了一些问题。此英文版发表在《全球中国比较研究》上。王鑫. 全球化时代与中国：概念、语境、问题与面向——英国社会学家马丁·阿尔布劳教授访谈[J]. 国外社会科学，2021(6):54-60.——编者注

阐析。

关键词：全球化；反全球化；国际传播；国家形象；后疫情时代

采访者：同济大学艺术与传媒学院长聘教授王鑫

王鑫（以下简称王）：尊敬的阿尔布劳教授，非常感谢您接受我的访谈。在全球化的语境之下，中国无论是在经济领域还是在国际政治格局中都发挥着重要的作用。中国也格外注重国家形象和在国际事务中的作用。您作为全球化概念的首倡者之一，我想更多地了解您对全球化问题的思考，同时在全球化的背景之下，中国应如何扮演好自己的角色。我的主要研究内容还涉及全球视野下的中国的国际形象建设以及中国如何向世界讲述自己，因此，我也会就这个方面的问题进行提问。可以吗？

马丁·阿尔布劳（以下简称阿尔布劳）：非常乐意。

理论与现实：全球化的概念、内涵与语境

王：我们知道，全球化是解释当今世界各种经验和问题的有力的概念之一。作为社会学家，您关注和思考全球化问题的原因是什么？您如何看待今天全球化的语境及其与您提出这个概念时的共同性和差异性？

阿尔布劳：王教授，你的问题听起来很有趣。在回答这个问题之前，先让我纠正一下一些人的误解，我并非全球化概念的发明者。而且，现在已经很难知道是谁首先使用了"全球化"这个词，它的最初出现可能是在20世纪60年代末。1970年，一位美国政治学家用"全球化"这个词来指代世界基本上将成为一个整体的事实，所以这个词是在一个非常宽泛的意义上被使用的。一段时间以来，世界作为统一体的完整性在日益增加。美国有一位叫罗兰·罗伯逊的教授曾写过全球化方面的学术论文。但我是第一个把"全球化"这个词写进书名的人——《全球化、知识与社会》，这是我主编的一本书，当时书中收录了来自世界各地的社会学者撰写的论文。在1990年世界社会学大会上，我把它发给了与会的大概4000名代表，这可能是全球化概念得以在学术界广泛传播的一个契机。在这个意义上也可以说，这是全球化作为一个概念的开始，而我则是重塑这个概念的主要参与者，但并非发明者。20世纪90年代，美国的一些演说家在谈论世界金融体系和自由市场经济的扩展时开始广泛使用全球化概念。当时,全球化主要是由美国人向世界展示的,且在一定程度上与国际传播的概念紧密相连。90年代末,互联网的出现和普及使世界变得越来越小。当然还有卫星通信等技术的变革性发展,所有这些都推动了社会的快速前进。因此,人们大谈全球化是一个相互联系的世界。除此之外,我更倾向于将经济全球化与其他形式的全球化区别开来。我知道习主席在很多场合谈论经济全球化,而不仅仅是泛指全球化,这是非常好的做法,因为全球化这个概念与中国人更喜欢用的"互联互通"联系更紧密。因此,从某种意义上说,我们正在回到20世纪70年代全球化的最初含义,即世界成为一个整体。

王:谢谢您让我了解了全球化概念的来龙去脉。2001年,您的著作《全球时代:超越现代性之外的国家和社会》在中国出版,很多学者从中获得思考的灵感。十多年过去了,如果您反思自己对全球化问题的理解,您认为是否有需要修正的地方,或者有值得更加深入思考的方面?如果现在您再次定义全球化概念,您会如何定义?

阿尔布劳:我想如果我现在谈论全球化,它的意义就是我在1996年首次用英语出版的《全球时代:超越现代性之外的国家和社会》一书中所写的那样。但我在那本书中说的是,全球化有几种含义以及这些含义也在发生转变。我们谈到了其中一种全球化,即世界的联通性增强,每个人都可以与其他人进行交流;当然还有经济全球化,即经济关系的发展和自由市场等。这些含义都是不同的。我还试图提出,全球化的概念应该与全球化本身区分开来。事实上,我在《全球时代:超越现代性之外的国家和社会》一书中主张,全球意识早在全球化概念出现之前就出现了,而且这种全球意识在第二次世界大战后变得非常突出,是因为世界正受到威胁,不仅仅是政治上受到的威胁,实际上核战争的威胁尤其突出。我小时候看过1945年美国在日本广岛和长崎投下原子弹的照片,那时我8岁,我还记得看到巨大的蘑菇云。当时人们总是在谈论全球正处于危险之中。现在,全球化问题再次变得非常突出,特别是在思考力充沛的马歇尔·麦克卢汉的作品中,他发明了一个词,我敢肯定你们都知道,这个词就是"地球村"。

王：如果从一个历时的角度看，全球化演进的过程中，世界格局的变化与您的理论预设是否保持相对的一致？您认为您的解释框架在如何建立更好的全球社会的可操作性方面，有哪些具体体现？

阿尔布劳：地球村的概念出现在全球化之前，所以当我们思考全球性问题时，它并不等同于全球化，就像人都是属于家庭的，这个家庭有时受到内部因素的威胁，有时也受到外界的威胁。正如我之前所说的核问题，你可能会认为它与国家之间的纷争有关，但是从 20 世纪 70 年代开始人们就逐渐认识到人类有能力毁灭他们赖以生存的星球这一事实。因此全球性问题与全球化截然不同。所以对我来说，全球时代的定义是对全球威胁的认知，以及人类必须共同努力解决全球性问题的事实。因此，我所做的工作主要是关于世界如何能够共同解决全球性问题，而全球化本身有时是答案的一部分，有时是问题的一部分。我刚才回答的问题跟上一个问题很好地结合了，因为全球化本身并不特别重要，特别是如果你认为全球化有联通性。假设我说世界变得越来越紧密，那是什么样的世界？我们不知道这意味着我们的生活会变得更好还是更糟。我们的争吵到底会更多还是更少？我们吃得更多了还是更少了？我们所投下的炸弹会变多还是变少？仅仅靠说世界的联系日益紧密是回答不了这些问题的，我们要说的是我们将如何利用这些行为、行为的目的是什么，以及行为的决定因素是什么。对我来说，唯一好的目的就是解决世界正在面临的问题，首先是气候变化的威胁，其次是核威胁。我的答案是，这些问题无法靠全球化来解决，靠的是世界各国团结起来、共同商定解决办法。

全球化、反全球化与后疫情时代：全球化时代的社会变迁与共通性

王：全球化是一个历史的过程，不同国家在全球化不同阶段扮演的角色或发挥的作用是不同的，对全球化的立场和态度也不尽相同，或迎或拒，您如何看待这种差异？

阿尔布劳：这些不同需要从国家利益的角度来审视，可以肯定的是，那些认为自己可以从全球化中获益的国家将促进全球化的发展。因此，在 20 世纪 90 年代，美国人认为他们是全球化的赢家，因为他们向世界开放他们的商品以及资本，他们将推进全球化作为解决世界问题的方案，但他们私下里认为这对他们自身有利。因此，各国应对全球化的方式将取决于它们是否认为这符合它们的利益。我认为中国在全球化方面一直很聪明，判断的标准当然也是看是否对其有利：当对中国有利时，中国当然会认为经济全球化是一件好事，我肯定中国近年来从中受益匪浅。但我想说，几年前我曾为《中国日报》写过一篇文章，我说全球化不一定符合每一个国家的利益。例如，全球化可以产生巨大的财富差异，现在这种情况就发生在英国。可以说，全球化对今天英国社会的分裂负有很大的责任：一方面是一些人巨额财富的增加，另一方面是国家在其他方面的衰败。因此，总体而言，全球化对英国可能是不利的。

王：就像工业革命，英国曾经是其最大的受益者。全球化同样会给一些国家带来机会，也会让一些国家失去机会，因此，反全球化是另一股潮流。在全球化向纵深发展的过程中，您认为反全球化对全球化在哪些方面的冲击最显著，全球化概念最为脆弱的地方是什么？您认为反全球化的逻辑基础是什么？在不断变化的全球秩序下，是否构成对全球化有力的"反动"？

阿尔布劳：反全球化，很多人也都在提出这个问题。它在20世纪90年代开始出现，当时更多的是一种对美国的抵制，直接反对美国自由贸易政策的行为，在一定程度上也反对美国的文化扩张。它最初在法国表现得比较强烈，但很快就与所谓的西方反资本主义运动融合在一起。1999年美国西雅图爆发了针对世界贸易组织的反全球化抗议，示威者反对自由贸易思想，即美国的新自由主义思想，并且认为自由贸易正在损害其他国家传统工业和农业的利益。特别是在法国，人们认为全球化是对法国文化、法国农业的一种冲击，还发生了法国人袭击麦当劳餐厅的事件。因此，反全球化运动的发展方式与西方普遍的反资本主义意识和民族主义意识相融合。反资本主义运动和民族主义运动是反全球化运动的两个方面。现在，当一些国家对自由贸易区征收关税时，它们认为这样做对自身有利。这种做法在某种程度上符合反全球化分子的要求。所以，你可以把反全球化运动想象成反自由贸易运动。然而不久之后，甚至反全球化者也意识到他们在某种意义上促进了全球化，因为他们正把全世界组织起来。这是一个世界范围的运动，也是一个全球性的运动，明白吗？所以他们提出不能只反对全球化，而是要改变全球化，让全球化对国家有益，而不是伤害国家，这就是反全球化的改变。

事实上，我有一个小的观点，当然也是我的感受，许多研究西方的中国学者可能会认为西方是一个统一体，但实际上西方不是一个统一体，它从来不是，它总是充满了各种各样的冲突。你要知道，美国是由那些当年离开欧洲的人建立的，因为他们与欧洲的政权有冲突，所以美国是由那些反对欧洲的人组成的。所以想到西方的时候，要注意到西方的内部冲突。一直以来，西方就不止有一种声音，它有很多种声音。关于全球化和反全球化，在西方就有那么多种不同的声音，对中国来说，意识到这一点非常重要。我认为聪明的中国人会明白，有时候，你需要和西方的一部分人合作；其他时候，与西方的另一部分人合作走向变革。

王：由于新冠肺炎疫情，全球处在封锁状态。整个世界发生了重大的变化，这种变化可能对近40年来的世界格局产生重大影响。您认为后疫情时代，全球化会不会恢复到此前的形态？如果存在一个后全球化时代，您认为这个时代会有什么特征呢？

阿尔布劳：当然，疫情在全球范围内的影响是巨大的。就经济全球化而言，货物贸易和跨国旅行都受到了明显冲击。但我对疫情是否会阻止各国之间的资本流动持怀疑态度，我甚至认为可能会增加资本流动，因为各国的目标是更加自给自足，投资者会对供应链的中断做出反应，技术转让将继续进行，网络技术将在全球范围内进步。事实上，疫情给世界各地人们的工作生活方式带来了冲击。我们看到室外工作的范围显著扩大，城市中心正在发生变化，并且疫情也大大加速了互联网和新信息技术带来的变化。矛盾的是，各个国家将更加积极地为保障本国公民的利益来控制这种变化趋势，同时又会在舆论的驱使下，加强同其他国家和机构的合作来共同处理全球问题。

王：您有一本《论全球化时代的社会和文化变迁》的著作，论及全球化时代的文化问题。您认为在全球化时代，不同国家、不同地域和不同文化之间的人们，能够构成有效沟通和交流的基础是什么？您很推崇费孝通先生提出的"各美其美、美人之美、美美与共、天下大同",其实"天下大同"的前提是要能够做到"美人之美"和"美美与共",实际上就是尊重差异,尊重世界的多样化构成。但事实上,无论是美国文化在全球大行其道,还是文化上的欧洲中心主义,都让"美美与共"成为一种近乎乌托邦的设想。您怎么看待这个问题?

阿尔布劳:说到你所讲的"大同"或者说和谐,我认为中国人的和谐观是当今世界,尤其是欧美国家,所需要的理念。因为和谐即为不同观点、不同价值观的调和。西方常讲价值观,中国更是如此。但尤为重要的是,价值观本身会相互冲突。因此,必须有一个更高的价值观来调和它们,这就是和谐的价值观,它可以把不同的价值观结合在一起。就像我最近在一次采访中说的一样,非常引人注目的 点是,中国的12词、24字社会主义核心价值观里面没有"合作"这个词,原因是"合作"本身更像是一种战略而不是一个真正的价值观。如果你想让世界继续良好运转,你就不得不合作。和谐是将合作凝聚在一起的价值观。因此,我认为中国人正在努力为世界找到一条道路,让不同的人和不同的文化共处,尊重差异,而不是形成单一的世界文化。我想说的是,人们将意识到,随着世界的共同努力,就会发现新的价值观正在产生,不仅仅是和谐,不仅仅是多样性,例如,我认为,可持续性——地球的可持续性——是一个全世界都会认同的价值观,全世界都可以而且将一致同意这一点,这也是文化交流的一个原因。所以,无论人们在交流中有什么不同的文化背景,他们都会创造新的价值观,这是我认为最重要的。

全球化时代与中国:国家角色与国家形象

王:中国媒体上有关于您的报道,里面提到您说有点遗憾"没有早一点学中文",请问您为什么会有这样的感慨?这是否意味着您重新审视中国在全球化时代的特殊性?您认为在全球化的时代,中国扮演了一个什么样的角色?

阿尔布劳:这个问题很简单。我很遗憾此前从来没有学过中文,直到最近几年,我才学了一点儿。但如果我在开始对中国感兴趣的时候就学习中文,那该多好。不能否认,中国给我带来了不同的思维方式,这与它的语言以及与之契合的书写和思维有很大关系。中国人与西方人的思维方式不同,使用的概念与西方的概念并不一一对应。因此,"理"这个概念如果仅仅翻译成英文中的"法"是不够的,它比"法"要深远得多。"理"不仅仅是西方意义上的法律,它还涉及正确的行为方式,根据情况做事,以正确的方式做事。但因为没有合适的词,英语中它就被译成了"法"。中国人的观念与西方的观念不同,这是中国对世界做出的最重要的贡献之一,因为中国可以认识到欣赏世界有不同方式,把它们联系起来,理解它们,才有可能建立一个合作的世界。那么,中国在全球化领域方面可以发挥什么作用?我认为中国能把人们团结在和谐这一理念周围,我希望最后还可以推动各方,包括美国就如何开展全球治理达成一致。

王:我注意到您第一次来到中国是在 1987 年,这是 30 年前的事情了。您最近的专著《中国在人类命运共同体中的角色:走向全球领导力理论》仍旧是关于中国的。您对中国的关注,是出于中国在全球化过程中的作用,还是有其他的机缘?您认为,在过去 30 年的时间里,中国在全球化进程中发生了怎样的变化?

阿尔布劳:我是 1987 年第一次到中国的,当时我教的中国学生中有国家计划生育委员会的一些管理者。我来中国是为了了解中国的计划生育政策。我记得在 1988 年我还进行了另一次旅行,到中国的农村与中国的基层管理者交流。我能够观察到很多关于中国的事情,给我印象最深的事情之一是人们为了同一目的共同努力的那种目标感,那是在邓小平改革开放政策实施 10 年后。中国已经把目光投向了外面的世界,因此,我对我受到的礼遇和欢迎的程度印象深刻。我后来与中国的接触总是基于这样一个设定,即中国人民非常好客,并且总是很高兴见到我,这是很可爱的,现在也是如此。我刚在北京参加了第二届"一带一路"国际合作高峰论坛,那是一个非常精彩的活动,我在那里得到了很多有价值的信息。我认为,一个明显的改变是,中国在国际交流中变得更加自信。中国的改革开放使更多的中国人走出去,越来越多地融入世界,当然他们中很多人也把收获带回到了自己的国家。所以中国人欢迎先进技术,也一直致力于促进科技发展。我三四年前到中国时就被非接触支付方式惊讶到了,在这一点上中国比英国先进多了。所以,一个人如果经常去中国,一定会对中国的变化速度印象深刻。中国的主要任务是管理这种变化,不让事情的发展失控,因为如果只遵循技术至上是非常危险的，技术能发展价值观也可能破坏价值观。我认为中国的领导层非常清楚这一事实，即必须确保技术的发展符合中国的价值观和中国的发展，因为社会是第一位的，技术是在它之后的。

王：您提及的全球化包括五个维度：由全部人类活动造成的全球性的环境后果；由具有全球破坏性的武器导致的安全感的丧失；通信系统的全球性；全球性经济现象的涌现；全球主义的反省性——在有这种反省性的地方，人们和各种团体都以全球作为自己确定信仰的参照系。您认为，中国是如何在您提及的五个方面做好应对，使您得出了中国"正在走向全球领导地位"这一结论的？

阿尔布劳：这很有趣，但是我甚至忘记了我在哪篇文章写了全球化的五个维度。但不管怎么说，这是很棒的事，我想到了全球化的不同层面。总的来说，我认为中国意识到了这些领域的每一个方面，并做出了反应。我觉得关键是中国确实把它们作为一个整体来看待，确实把全球问题和全球化的各个方面放在一起考虑，这是朝着全球领导地位迈进的第一个要求。必须从整体上认识全球，以及全球社会的结构；必须有一种全球社会的自觉；必须树立一种全球社会的意识，对国家在世界上的定位有所认知，对全球社会所需要的东西有所思考。而且我认为所有这些对中国来说比对其他国家更加重要。我的意思是，小国可能有这种认识，但是它们做不到那么多。比如立陶宛，那里只有300万人口，也许他们对这些问题的认识和中国人是一样的。但是，与14亿人相比，300万人能做些什么呢？这就是中国应对挑战的力量，也是中国在这些领域发挥其全球领导力的基础。不过仅有人口规模是不够的，还必须有一个全球领导力战略，这一点上我想我能提供一些帮助。我希望我接下来的写作能就全球领导力提出建议。

王：很期待您的新作问世。实际上，世界各国对中国的"一带一路"倡议的评价还存在不同的声音，但是中国非常重视在全球化进程中展现一个负责任大国的形象。您如何看待这一问题？

阿尔布劳：好吧，举个例子，我刚刚跟王义桅教授合作写了一篇关于"一带一路"所面临的挑战的文章。这是一个关于一系列问题的对话："一带一路"仅仅是一个增强实力的地缘政治战略吗？"一带一路"是否会给各国造成债务陷阱？

"一带一路"是否会对环境造成破坏？等等。所有这些都有答案。比如说，债务陷阱问题，中国没有理由为"一带一路"沿线国家制造债务陷阱，任何贷款人都没有理由为借款人设下债务陷阱。同时，我没有看到任何证据表明中国制造了引发债务陷阱的条件。有时，人们由于自己无法控制的原因而无法偿还他们欠款，这种情况的确时有发生。中国自然会认识到，当你把钱借给别人时，总会有一种风险，那就是对方无法偿还。我相信，如果在"一带一路"合作上发生这种事情，中国会对相关国家表现出相当的尊重、慷慨和理智。没有任何理由认为，中国在基础设施建设方面的投资计划是在制造债务陷阱。很明显，从地缘政治战略角度看，"一带一路"增强了中国的实力。但我不认为这是消极的，也不认为这是零和博弈的问题。中国把它作为双赢战略，能够实现双方共赢。我甚至不认为如果中国能稳定世界局势，美国就一定会处于劣势。中国更强大，同时又能使整个东南亚更加强大和稳定，这是一件好事。所以，对于所有关于"一带一路"的抱怨，我心中自有答案。而且，中国在全球治理方面的记录非常好。没有理由认为"一带一路"不会对世界和平做出贡献。我相信，如果你们愿意为了全世界的利益而利用全球化，这是一次真正的试验。

王：在全球化时代，中国离不开世界，世界也离不开中国，能否请您谈一谈在当前充满不确定性的世界中，中国应该如何塑造自身的大国形象，哪些方面是特别值得关注的？

阿尔布劳：这里有两个方面。一方面是中国在交付项目方面有着非常好的记录，中国向全世界展示了它是一个大国，它可以为全世界做更多的事情，展现了中国作为一个全球参与者的力量。这很重要。另一方面，中国有着与世界其他国家不同的独特文化和道德政治价值观体系，它向世界其他国家表明，不必和中国一样，每个国家可以从自己的文化立场来解决全球问题。中国的伟大之处在于它与西方如此不同，即使它采用的技术是西方的，它也开发属于世界的技术，但与之相关的价值观依然是中国人的价值观。这是一个很好的典范，即使我们在技术上沿着同样的方向前进，我们仍然可以保留自己的价值观，并为世界做出贡献。这是中国能给世界带来的巨大利益。

王：您认为在后疫情时代，全球需要一个怎样的中国？事实上，中国抗击疫情的成功，也遭遇一些负面的舆论。在对中国的态度上，还是存在很多不太符合实际的评价，您如何看待这个问题呢？

阿尔布劳：中国对疫情的有效抗击使人们更多地关注中国的治理体系，从某种程度上转移了人们对中国的国际参与的关注。中国的成功源于其将现代理论与古代文化同中国特色社会主义相结合，而这并没有得到世界其他国家的广泛理解，西方的反应仍然带有旧的冷战态度。世界正处在一个特别动荡的时刻。世界的稳定与发展将在很大程度上取决于包括中国在内的当前大国领导层的智慧。希望他们能认识到，合作比冲突带来更多好处。

王：非常感谢您接受我的访谈。您梳理、廓清了全球化的概念，从历史、时代的语境下阐释了全球化和反全球化问题，就中国如何在全球化中扮演自己的角色、树立自己的形象、解决自己和世界的问题提供了您的回答和建议，给了我很多启发和思考。

阿尔布劳：这是一次很开心的交流，希望对你有所帮助。

7.3 与媒体互动促进中国与世界的互相理解

7.3.1 中美走向全球化的方式不同 [①]

"在中国自下而上的全球化过程中，最主要的动力是为了提高老百姓生活水平的项目，以达到中等发达国家的水平。这与美国，尤其是为股东、富人牟利的华尔街是完全不同的。"英国社会科学院院士马丁·阿尔布劳在接受《参考消息》记者专访时说道。

马丁·阿尔布劳因倡议和研究全球化理论而享誉国际。他主编的《全球化，知识与社会》首次把"全球化"概念用于书名。作为最早推动"全球化"理念的

---

① 桂涛，杨婉晨：中国的全球化过程是提高百姓生活，与美国为富人牟利完全不同，2019年4月24日采访，杨博、韩志豪译。

三位学者之一,他还是"全球时代"概念的首倡者,进一步奠定了其在全球化研究领域的先锋地位。阿尔布劳曾任英国社会学会主席,是社会学权威刊物《国际社会学》的创刊人和前主编。退休后,他在世界上许多国家兼任客座教授或高级研究员。《参考消息》记者日前对阿尔布劳进行了专访。

需认清全球化优缺点

《参考消息》:当前世界是否正在发生前所未有的深刻复杂变化?

阿尔布劳:当前世界变化的速度比以往任何时候都要快。当今世界,中美为最重要的两大力量,世界的命运取决于二者相互协调的程度。

此外,世界也处在全球化进程中。全球化的结果在很大程度上影响了传统的联系、社群和关联。所以,全球化实际上是非常具有破坏性的,或者对个别国家来说,是非常具有破坏性的。为了使全球化不破坏国家本身,政府必须对全球化的好处和缺点有一个非常清楚的认识。

几年前,我曾发表过一篇文章,大致内容为"全球化不一定有利于国家的发展,除非政府加以有效治理"。我相信,这就是中国目前正在做的,确保全球化进程不会扰乱其国内社会稳定发展。

《参考消息》:中国在全球化进程中对自己进行有效管理,这也是世界深刻变化的重要部分吧?

阿尔布劳:众所周知,中美之间正在进行非常重要的贸易谈判,谈判成功与否对世界的未来至关重要。因为这不仅关于贸易,更代表两国对于共同利益的理解。如果双方不能在贸易问题上达成共识,那么在其他事情上也难以做到。也就是说,如果你不承认对方有你想要的东西,那么很可能你不会同意对方的任何行动。贸易是构建世界的基础,所以中美之间的贸易谈判是非常重要的。

让我们回到与亚当·斯密以及更早的古典经济学家的观点上:当交易各方都为彼此提供自己最具优势的产品时,财富就会增加。中国产品物美价廉,而美国人对这些产品有旺盛需求,从贸易中中国能赚取大量美金,而且还能进一步提振相应消费需求。那么中国如何使用这些资金呢?

其中一个方法是将其用于"一带一路"建设。这样理解的前提是把世界看作一个整体。打个比方，这就像一家人住在同一个屋檐下一样，我们可以聚在一起，商量解决家里的问题，也就是全球性问题。但同时，因为住在一起彼此之间摩擦不可避免，有时会非常危险。

中美全球化方式不同

《参考消息》：从历史的大局来看，目前发生的"百年未有之大变局"是第几次巨变？

阿尔布劳：18 世纪到 19 世纪中叶，工业革命创造了一个新的阶级体系和结构，我们称之为工人阶级，或者马克思所称的无产阶级。信息产业革命则带来了生产和传播方式的变革。电报、电话、广播、电视等技术，实际上孕育了一种新的公众思想，这是第二次伟大的革命。今天，我们正在第三次巨大变革之中。

《参考消息》：中国在当前的变局中要做什么呢？

阿尔布劳：首先，中国必须认识到，管理全球化和把自己与全球化割裂开来不可能同时进行。中国毕竟是世界上的一个国家。管理全球化意味着对世界开放。当然，中国变革的基础就是认识到必须开放，这也是为什么 1978 年邓小平提出改革开放是一个非常重要的节点。因此，与世界其他国家的交流是管理全球化的基础。

此外，中国管理自己在世界上的利益，也可以帮助其他国家适应全球化。这意味着中国将参与所有国际机构，同时捍卫自己的边界。我的意思不仅仅是实体边界，也包括中国生活的界限。在这一点上，有些国家面临的困难更多。但中国在保护自主性和独特文化等方面拥有宝贵资产，那就是中文。

《参考消息》：您说过，中美的全球化方式是不同的。

阿尔布劳：我认为在中国自下而上的全球化过程中，最主要的动力是为了提高老百姓生活水平的项目，以达到中等发达国家的水平。

这与美国，尤其是为股东、富人牟利的华尔街是完全不同的。坦白讲，美国式的全球化是在传播美国认为世界应该怎样运转的观念，他们将全球化视为美国牟利的途径。

美对全球化存在误读

《参考消息》：在全球化进程中，美国表现如何？

阿尔布劳：美国一直认为全球化有利于美国市场逻辑的延伸，这些逻辑的延伸以及国际市场的扩大都必将给美国带来优势。因为美国人拥有全世界最多的财富，他们是全球决策的中心，他们在国际货币基金组织中占据主导地位，他们是世界银行的主要捐助国，等等。自20世纪80年代以来，美国人一直认为全球化是他们塑造世界的方式。

他们还不明白的是，全球化的其他方面，特别是全球化的文化、市场，实际上并不受任何一个国家控制，哪怕是美国。美国人有时也觉得自己被全球化背叛了。

好莱坞是一个全球性的现象，因为他们为最大的世界市场制作电影，所以他们不仅考虑美国市场，他们考虑的是全球市场，在那里工作的人来自世界各地。美国人并没有真正意识到全球化对美国也有潜在的破坏性，除非他们能妥善处理。

《参考消息》：但美国也开始意识到这一问题，并开始行动了。

阿尔布劳：他们可能已经改变了。事实上，特朗普明白全球化意味着美国钢铁工人失业，问题在于他将如何处理这个问题。他想通过贸易战来处理这件事，至少他是这么说的。但到现在，我想即使是他，最近也开始理解贸易战并不能解决全球化带来的问题，必须采取其他的办法。比如说，为下岗的钢铁工人提供就业机会。但这不是传统的美国方式，他们没有所谓的福利社会。

欧洲遭遇全球化难题

《参考消息》：欧洲是如何应对全球化变局的？

阿尔布劳：欧洲在处理这件事上遇到了很大困难，法国目前的"黄背心"运动就是一个典型例子，也是法国在20世纪90年代对全球化敌视的延续。那个年代，法国人对麦当劳的到来充满敌意，法国农场主何塞·波夫在他周围发起了一场反对全球化的民粹主义运动。因此，自从全球化成为现实以来，法国人一直在努力管理全球化。他们还没有找到合适的办法，但实际上法国的经济状况并不糟糕。

另一方面，欧盟的成立也是全球化的一个重要结果。欧盟是一个欧洲共同市场，是一个足够大的贸易实体，对世界贸易非常重要，能够为世界贸易设定条件。因此，它是一个自由贸易保护主义的组织，在某种程度上，它反映了欧洲的社会主义价值观，所以欧洲有更多的社会主义成分。

因此，欧洲作为一个整体已经相当有效地管理了全球化，尽管不同国家之间存在差异，也存在许多问题。

移民问题也是全球化的一个重要结果。目前的移民问题很大程度上源于中东战争。现在你甚至可以把中东的战争和全球化联系起来，但我认为它更多的是源于文明的冲突以及相关国家过去的紧张关系。

没有哪国能阻止全球化

《参考消息》：目前全球化的总体趋势是什么？它是否停滞不前，或是如《经济学人》杂志所说的开始变成"慢全球化"？

阿尔布劳：这取决于你所采用的全球化概念有多宽泛。如果你认为全球化纯粹是经济的全球化，那么可以说全球化中确实出现了让其放缓的因素。

但世界一体化的驱动力不仅仅是商品和生产的交换，它实际上也是知识的交换，尤其是互联网上人工智能计算生成的那种知识。在这个层面，全球化正变得越来越快，因为这些技术允许世界各地的人们互相交谈，共同创造事物，为人们创造了一种新的全球技术。因此，全球化不再是狭义的经济问题，它更多的是人类之间的全面交流。

《参考消息》：是否可以说，即使全球经济一体化放缓，也不会阻碍全球化趋势向前发展？

阿尔布劳：没错。贸易战或"脱欧"也不能阻止全球化。事实上，我认为任何人类机制都不能减缓全球化的发展。即使美国人今天说，他们将不再使用互联网、电脑，这也不会对全球化造成影响。

国与国之间相互设置贸易壁垒怎么办？企业将把投资、生产搬到其他国家。中国对外开放之初，可口可乐公司就是这样做的。可口可乐不是把产品出口到中国，而是直接在中国开了一家装瓶厂。资本本身有许多方式可以克服贸易壁垒。当然，各国也可以尝试控制资本，但除了阻止资本流动，还要阻止人员流动，然后阻止思想流动。我认为没有办法阻止全球化。

《参考消息》：全球化背后的驱动力是什么？

阿尔布劳：是所有的人类活动。我认为人们还没有理解这一点。全球化不会把我们带到一个特定的目的地，相反，人类活动整体被看作是一个开放的未来和一个开放的过去。

我想强调的是，全球化看似在以某种方式产生一个统一的同质化世界，但事实并非如此，全球化反而会产生多样性。市场全球化实际上只是每个人的选择都成倍增加。在全球化背景下，个人有越来越多的选择，只要你愿意，你就可以离开自己的所在地，去另一个地方。

"一带一路"打造中国品牌

《参考消息》：您对中国的"一带一路"倡议怎么看？

阿尔布劳："一带一路"是一个非常可行的项目，旨在通过各种方式，比如铁路、航空、海洋以及更广泛意义上的联通方式，让中国及周边国家更能实现互联互通。因此，它是一套建立中国与其他国家关系的实用体系。

"一带一路"显然与全球经济一体化息息相关，其主要目的是通过增加与周边国家的共同利益，进一步密切与其他国家的联系。

我认为"一带一路"是一个很好的营销方式，它也为中国的行为以及对世界经济的贡献打造了一个很好的品牌。

7.3.2 东西问·中外对话——马丁·阿尔布劳和彭大伟[①]

彭大伟：您认为新冠肺炎疫情对全球化的发展会造成怎样的影响？我们能否最终回到我们曾经熟悉的那个"疫情前的世界"？

阿尔布劳：简单地说，我的回答是"不能"。我们无法重回疫情前的那个世界，这是因为我们本来就无法回到过去。世界上发生的许多事情与新冠肺炎疫情只有间接关系，它们也不一定跟全球化相关。世界上最重要的发展是技术的进步，以及技术发展的猛烈加速。

疫情让我们看到，全球各地的科学家们研究病毒、开发疫苗、交流信息，这就是一项全球性的进程，展现了全球化所取得的进展——至少在科学技术等领域。所以当前全球化的推动力，并不是来自于创建一套全球政府体系的尝试，或者是新冠肺炎疫情的突然袭击。最主要的动力来自于加强技术控制的态势，包括更好地通过技术控制住疾病、气候变化和实现军备控制等。

彭大伟：在整个英语世界里，您可能最有资格谈论马克斯·韦伯。韦伯将中国的儒教与西方欧洲的基督教进行了比较。他总结道，两者的区别就是为什么西方发展出资本主义、而中国没有的原因。您对韦伯的理论有什么看法？

阿尔布劳：这个问题非常复杂，又很有趣。韦伯做出论述后，学术界围绕这个观点展开种种辩论。我们刚刚纪念了韦伯逝世 100 周年。在生命的最后十年里，他一直在写有关中国的文章。我们现在探讨的是 1910 年到 1920 年这段时间。在那段时间里，他对中国的看法发生了变化，他关于中国的论述也随着时间的推移而发展。所以我认为应该区分他观点中的不同方面。

当然，他的首要兴趣是比较儒家思想和清教主义。韦伯的论点是，清教主义给西方资本主义带来了额外的推动力。并不是说儒家思想是障碍，只是它没有促进资本主义发展。儒家思想相当中性。但他也指出，中国传统文化中存在一些因素阻碍了资本主义发展。他将这些因素概括为迷信，包括节日习俗、宗族传承、

---

① 这是作者 2021 年 11 月与中新社德国分社首席记者、中国新闻网络研究院副院长彭大伟先生在线对话的文字记录。见：http://www.ecns.cn/z/2021-10-20/detail-ihasacat0473694.shtml——编者注

人与土地的关系等。所有这些因素都与儒家思想没有直接关系,甚至是在儒家思想产生前就已经有了。因此韦伯的侧重点有所不同。根据我的理解,跟资本主义相比,儒家思想是一个中性的因素。阻碍资本主义发展的是韦伯称之为迷信的那些日常生活中的传统做法。

不过随着时间的流逝,韦伯认识到工业化对中国的影响,并意识到中国存在资本主义实业家。在最后关于经济史的系列讲座中,他指出,只要等到中国商人看到铁路的潜力,我们就会见证中国发生的变化。换句话说,他认为中国发展资本主义并不存在根本障碍。我对儒学如何影响中国的看法与韦伯相比更加中立。中国缺少的是西方那种额外的推动力,因为西方人笃信:现世成功,死后才能升入天堂。

我认为韦伯的思考很重要。宗教改革及其影响对西方文化的发展极其重要。

彭大伟: 我想补充一点,人们现在仍在争论儒教是否算一种宗教。但我想说,无论我们谈论的是资本主义、儒教还是道教,中国都没有否定本国悠久传统中的任何因素。

下一个问题也有关对比。您认为西方在抗击疫情方面的做法如何?西方是否应从中国的做法中获得借鉴?

阿尔布劳: 这个问题的答案跟上一个问题也有关联。我认为儒家伦理是中国古老文化传统中非常重要的一个方面,两者是密不可分的。直到今天,儒家的做法,尤其是强调读古书、通过教育提升社会地位等,仍在深刻地影响着中国社会。西方不应忘记的一个事实是,中国共产党是建立在中国数千年的传统之上的。中国有着通过知识和教育提升自身社会地位的传统,而中国共产党也是一个教育型政党,与纯粹的经济因素相比,它更重视文化价值和伦理因素。

西方应理解中国传统中的这一关键思想。这意味着,当应对新冠大流行这样的灾难时,中国做的是通过社会价值凝聚广泛共识。中国共产党从中国传统中汲取了智慧。在这一意义上,我赞同马丁·雅克所说,我们永远不应忘记中国社会秩序所具备的历史基础。

我想补充的是,除了历史传统外,中国共产党还从中央层面提供了强大的动力。尤其在现代技术的帮助下，中国中央政府的社会治理要高效得多。因此在疫情下，中国的表现和西方就有了巨大的差别。

彭大伟：近来人们常提及两个概念："文明冲突论"和"修昔底德陷阱"。您怎么理解这两个概念？您认为中国能真正避免战争、实现和平崛起吗？

阿尔布劳：美国学者亨廷顿提出的"文明冲突论"，建立在不同文化之间的深层次差异之上。但我并不认同，我认为不同文化可以共存，而且是以一种相对和平的方式共存，并相互交流。不同文化之间或许会出现争端，但这并不意味着文化的差异性导致它们无法共存。不同的文化完全可以实现共存。另一方面，"修昔底德陷阱"这一概念，关注的更多是战略层面、而非文化层面的现实。这个概念关心的是，如果在同一个世界里，有两方争夺主导权，那么要想避免冲突对双方而言都将变得十分艰难。与文明的冲突相比，我认为第二种情景更有可能给世界带来风险和威胁。

现在的世界有可能落入"修昔底德陷阱吗"？如果世界分割成两个阵营，就有可能。有人认为，当年的西方和苏联就存在这种情况。但当时并不是两大阵营，而是"三个世界"。冷战时期，美苏两方对立，但还有很多国家和地区保持相对中立。这也是我们为什么没有落入"修昔底德陷阱"的原因之一。就目前而言，我认为真正的风险是，随着中美两国政治经济影响力的不断增强，世界有分裂为两个阵营的危险，而且它们之间不存在"第三世界"。

但我认为，全球一体化，尤其是科技、消费模式、人文交流等领域的融合，可以对冲这种风险。我并不认为"修昔底德陷阱"不可避免。如果我们聚焦我们的共同之处，包括超越不同文化的全球化生活方式，就可以在一定程度上对冲那些希望向外扩张、挑动冲突的群体和组织的影响力。

这些群体和组织的声音在西方更为"喧嚣"。中国更像是一个协商一致的社会。万一存在反对西方的声音，就会更像一种共识，而不仅仅局限在一部分挑动战争的人当中。当然，中国社会和西方社会在融合程度上存在差异。这些差异，再加上全球的共通点，让我觉得不应该对"修昔底德陷阱"过于悲观。

我更加担忧的是，由于某些意外可能会引发冲突，例如人工智能的崛起，或是新型武器的发展。这是因为它们很容易就会发展到自动化的程度,武器发展也可能导致各国不想看到的冲突。这些都是世界应该聚焦的现实风险。换言之,最大的风险不是战略问题,而是新技术带来的后果。

彭大伟:我的理解是,我们不应该总是坚持陈旧的地缘政治观点,应该更多地关注人工智能和其他新技术,并作为一个全球共同体加以管控。我们应当保持对话、沟通,管理好新兴技术。

阿尔布劳:你总结得很好。非常感谢。

彭大伟:下一个问题与您的第一本书有关。您在书中提到了中国发起的"一带一路"倡议。但现实情况是,例如(我在德国),德国报纸上每天都有对"一带一路"的批评,说什么中国要接管乌干达、接管东南欧等。您对这些批评怎么看?为什么外部世界不应将"一带一路"视为威胁?

阿尔布劳:我认为中国的做法和其他国家并无区别,有钱就用于投资,只是西方对中国的"偏见"也蔓延到这些领域。"一带一路"是一项大规模的投资计划,基础是中国在全球市场上的信誉。从这个角度来看,我认为"一带一路"与西方在20世纪70、80、90年代实施的发展项目并没有什么不同。当时那些项目也遭到了批评,因为任何经济发展都要依据所在国和投资方的利益来评判。中国当然希望从"一带一路"中受益,否则就没必要实施这个倡议。但中国也已经向那些获得机场、港口和铁路等投资的国家证明,"一带一路"对它们的发展也很重要。

因此,我认为对"一带一路"的批评原则上与各国对任何外来投资的批评没有什么区别。这是我的观点。

彭大伟:好的,谢谢。在《中国在人类命运共同体中的角色:走向全球领导力理论》一书中,您探讨了中国将如何重塑全球化的未来。许多商界领袖也认为,21世纪将是一个"亚洲世纪"。昨天我采访了英国48家集团俱乐部主席斯蒂芬·佩里,他坚信亚洲将成为世界的中心。未来世界的中心将不再是欧洲或美国,而是亚洲。

您的书名说明这本书讲的是全球领导力,"领导力"这个词翻成中文指的是

"领导他人的能力",但这听起来容易让人联想到约瑟夫·奈或唐纳德·特朗普。当特朗普谈论领导力时,他的意思是"在这儿我是老大,你们都得听我的,"。这是美国对"领导力"的理解。但您描述的显然是另一种类型的领导力。我的问题是,假如真的要迎来"亚洲世纪",西方已经准备好接受这样一个世纪了吗?西方会乐见亚洲成为世界中心吗?

阿尔布劳:如果真有"亚洲世纪",我不知道它能持续多久。西方不太可能一成不变。西方如今完全是四分五裂的,多种政治力量交织。展望未来20、30年,我们可能也会讨论"非洲世纪"。世界的发展道路就是如此,如果去找寻资源丰富、人力充足、能源储备到位的地区,也许20或30年后,非洲比其他地区都更有发展前景。

我们所谈论的这个"西方",目前看上去覆盖了世界的绝大多数地方,但"西方"绝对会变得更加碎片化。"西方"不会像美国人所希望的那样被视作一个整体。的确,美国总统拜登正在试图构建某种意义上的"民主国家联盟",而这种做法已经近乎可笑了,因为拜登似乎是想邀请所有"不喜欢中国的国家"加入其中,而并不计较这些国家到底持什么政策、拥有什么政体。我认为,"统一的西方"这样的概念已经过时了。从这个角度来看,中国的领导力如今在国际机构中得到最好的体现,中国正努力推动这些机构聚焦全球性目标和务实项目,在应对气候变化和发展太阳能等领域为全世界树立榜样。

中国不仅拥有做出重大决策所需的资源和政治体制,更能够迅速地做出决策、且将其付诸实施。这是中国相比其他国家的一项比较优势。

彭大伟:我想请问,为什么从思想层面来说,永远不要关闭交流的大门对世界如此重要?

阿尔布劳:交流是促进相互理解的基础,也是科学和知识发展的根本。因此,只有相互理解,我们才能携手同行、共同发展。

西方现在很突出的问题就是分裂。我们可以追溯到很久以前,尤其是15、16世纪。西方的历史一直在循环往复。像美国这样的国家,内部差异性很大。美国有仇视亚洲人的群体,也有敌视黑人或者拉美裔的群体。当然,人类本能上对

"异类"会有敌意，这种敌意可能在小范围群体之中发酵。

美国就建立在移民组成的小群体之上。因此，对外来者的"敌意"是美国社会的固有因素。美国试图构建一个更广泛的社会，将各种群体都纳入其中，相互竞争。但这一点很难实现。所以我觉得中国可能需要理解美国对陌生人的这种"敌意"。

美国同时也在努力构建体制结构，试图遏制这种敌意，但时而成功时而不成功。我觉得当下是很危险的阶段。全世界可能都还没意识到，在特朗普总统任期结束时，美国其实非常接近爆发内战。

当然这并不是因为大多数人都这么想，更可能是受到少数势力的煽动，他们对世界其他地区和邻居充满敌意。因此，中国人民需要了解西方国家、尤其是美国的这些结构性因素。

彭大伟： 您对中国推进实现共同富裕有何看法？

阿尔布劳： 在实现共同富裕中，政府可以起到重要作用。经济科学的发展实践表明，如果仅仅依靠人民自发的力量和能力，只会导致垄断组织的壮大，而且强势的垄断阶级会开始控制其他努力工作的普通人。

中国人骨子里都非常勤劳，这跟你们的文化传统密不可分。马克斯·韦伯观察到了这一点，也因此相信中国最终会成为经济大国。

只有一个国家采取政策来纠正因无节制追逐利润而造成的不平等，重新分配财富，创造公共领域时，它才有可能实现共同富裕。

中国过去半个世纪以来的发展是个很有意思的案例。50年前，中国跟"福利国家"搭不上半点边。但在过去50年间，中国对教育和医疗等方面的支持持续增长。这是实现共同富裕的重要一环。

因此中国是具备实现国家高度繁荣的要素的。中国有勤劳的人民，中国政府明白应该经常地维持公平，帮助那些在经济竞争中不够成功的人群。仅通过勤劳是不足以创造财富的，还需要有竞争。在管控竞争方面，中国政府表现出了极大的智慧，使其符合全体人民共同利益。

彭大伟： 过去十年，中国特色社会主义进入新时代。您对中国这十年的发展有何看法？最重要的进展是什么？

阿尔布劳：过去十年最重要的特点之一是，中国共产党更加广泛地代表了道德、社会和伦理层面的价值，更好地代表了整个中华民族的社会意识。如果中国共产党能够更好地胜任这一角色，继续代表社会意识，那么未来便充满希望。

第八章　走向中国特色的社会理论

全球化极大地推动了当代社会、政治和经济变革的理论研究，同时探索人类社会的本质、发现人们共同活动的基本要素和过程，始终激励着社会学家对知识的追求。本章的"诚信"和"精神"是对社会学的潜在丰富。作者在漫长的职业生涯中从未停止过对马克斯·韦伯思想的研究，这说明了探索永无止境。

8.1 全球社会科学中的中国社会理论[①]

在全球化社会中，社会科学的目标必须是增进面对相同境遇的人民和文化之间的相互理解，以便克服冲突、增进合作，应对共同面临的全球挑战。在当前形势下，相互合作尤其迫切，因此找出阻碍因素十分重要。种族优越论（即完全通过自己的眼光看待其他文化）是比较文化研究努力消除的一大主要障碍。西方历史经验中，存在一些根深蒂固、得到普遍承认、占据主导地位的社会科学概念，纠正其局限性也是社会科学的目标。齐小莹（Xiaoying Qi）考察了如何将丰富的中国思想传统引入到对西方范式的批判性运用结合中，以形成对所有人有益的共同概念，为我们提供了这类研究的范例。

该著作的突出优点在于，它证明了如何将概念从其文化根源中剥离出来、挖掘其跨文化意义。该书作者介绍了一整套完备的方法，展示如何"结合相关的中

[①] 这篇文章是为《全球化的知识流动与中国社会理论》撰写的书评，作者：齐小莹（2014），纽约和阿宾登：卢德里奇出版社（精装本），260页。发表在《全球中国比较研究》2015年第一卷，第143-146页。——编者注

国概念，重构西方或大都市社会理论"。该书的前半部分主要探索并记录了转文化交流的历程。

该书第一章论述了西方理论和概念形成的制度霸权和语言霸权。第二章是对西方刊物上214篇涉及"关系"概念的论文的个案研究。第三章论述中国儒商1842年至1949年接受并使用西方概念的情况。第四章从中国接受佛教开始，描述了历史上延续性和变革性的相互作用，该过程形成了中国的思想财富。

该书的后半部分提供了将中国概念融入主流社会学理论的三个例子。第一个概念在西方已被广泛接受，这就是"面子"。第二个解释"心"如何超越西方的理性与情感的二元划分。第三个发展了源自《道德经》的"悖论整合"（"相反相合"或"相反一体"）概念。齐小莹博士凸显了这三个概念分别是如何与西方思想中相关认知理念呼应的。该书的较大价值之一是，作者认为不存在任何可以简单地吸收中国理念的经验法则。每一个个案都涉及独特的文化碰撞。

该书探讨了中国概念成为能被普遍理解、应用的概念的现状和可能，为比较社会学的总体任务提供了若干启迪。我们可以确定适用于任何文化思维框架的基本分析因素：他们与我们、生与死、通与断、因与果、同与异、新与旧，如此等等。克洛德·列维-斯特劳斯（Claude Levi-Strauss）宣称野性思维的逻辑与我们今天的逻辑完全相同时，强调的正是人类的这些共同特征。

然而，在这类文化基本要素的排列中，存在着无穷无尽的变量，社会关系也是如此。其结果是，根据所处的文化，特定要素被赋予了不同的重要性。意大利南部文化将"仇杀"（vendetta）视为族裔关系的组织原则；其他社会也许并没有将"仇杀"视作一种特殊现象并创造一个词来指代，然而也有相似的做法。

与之类似，根据齐小莹的定义，"关系"（包含各种要素）作为"责任共担、利益共享的个人之间悉心建构并维系的联系"，可能很有效地指代西方社会中的一些联系，西方社会一般隐晦称这些联系为"影响""赞助""老朋友关系网"或腐败等。但这些表述并不足以描述诸如英国杂志《私人侦探》擅长曝光的内容，指代任何正式关系之外的利益输送和往来。与这几个概念相比，"关系"形容得更加准确，揭示英国文化背后公共道德中的灰色地带。

美国传教士明恩溥（Arthur H. Smith）在论述"中国人的气质"时让"面子"一语为人所知，展现了一种迥然不同的跨文化交流。他的著作已被印刷 15 次，是马克斯·韦伯（1951 年）研究中国宗教的重要资料来源。后来，《牛津英语词典》将"to lose face"（丢面子）列入其《增补编》中，并且注明译自中文"丢脸"一词。

明恩溥将"面子"视为中国人性格的关键因素。按照齐小莹的说法，明恩溥最早让中国学者注意到"面子"问题。到目前为止，各种中文著述已从社会科学角度对"面子"进行了广泛讨论。齐小莹在此指出了实现这种概念的转文化交流，需要创新精神，并将她自己的研究适当地归为这一类。

在关于理性与情感一章中，她大胆地讨论了西方对二者的区分，认为中国的"心"这一概念是理智与情感的结合。她描述了管仲（公元前 723—前 645 年）、老子、孔子、孟子、戴震（1723—1777 年）等主要思想家认可这个概念的情况。齐小莹也单独提及马克斯·韦伯，他是"情感是非理性的"这一西方观念的主要代表人物。

西方与东方之间对比强烈，丰富了我们对"心"这个概念的认识。不过我认为还应补充两点。一方面，该书作者明确表示，笼统使用"西方"或"东方"陷阱多多；另一方面，这一章在提到西方和东方时表现出明显的不对称性，这种情况在进行东西方对比时经常见到，即将中国思想与现代西方思想进行对比，忽视了 18 世纪之前古典欧洲思想的丰富多样性。比如亚里士多德的遗产超越逻辑领域，延伸到了伦理领域。他的美德和中道学说将理性与情感结合起来，与基督教的灵魂理念有异曲同工之妙。如果齐小莹在这个问题上更多借鉴阿拉斯戴尔·麦金太尔的观点，也许效果会更好一些。

另外一个问题是，她将马克斯·韦伯作为整个西方思想的代理人。诚然，韦伯将理性行为与情感对立起来，但这是为了描述西方现代性特征而作出的区分。韦伯的研究焦点一是解释国家、经济、科学和宗教的制度合理性，二是论述现代资本主义带来的革命性冲击。他首先是研究现代性的理论家，认为西方和东方的传统社会各有各的理性。一旦现代资本主义在西方兴起，他毫不怀疑东方将会采纳其主要特征。后来的事实证明，情况确实如此。

如果我们希望吸收东方经典，以丰富我们共同的世界文化，那么我们也需要借鉴现代以前的西方理念。现代性在 19 世纪和 20 世纪初成为主流，但我们在研究中应对其加以限制。我用"全球时代"概念阐释了这个观点。新时代要提出新概念。在全球化进程中，尽管英语在学术界占据霸权地位，但可以肯定的是，中国的丰富思想遗产和独特历史将会贡献诸多智慧，不断丰富全世界社会学术语概念的宝库。

在这个过程中，除了大胆提出新概念之外，还须对原有概念进行修正。齐小莹在该书的最后一章中非常有效地阐述了这一点。她借鉴道家传统，提出了悖论整合（"相反相合"与"相反一体"）的理念："对立物在单一事件或特定时刻中的非矛盾或非破坏对应性"。

她认为，与罗兰·罗伯逊的"全球本土化"和布莱恩·特纳的"飞地社会"概念的情况类似，确定全球化的某些悖论在方法层面上特别有用。常向群对原有概念进行了类似的批判，提出了"礼尚往来"概念，对"关系"中的对等互惠社会关系进行了更准确的分析。这里的要点是，中国的社会学理论不会停留在过去，而是随着时代变迁在不断改变。齐小莹得出的结论是："中国文化中出现的改变吸收了中国思想遗产的经久不衰的特性；正是中国思想遗产提供了实现此类变化的途径。"

在这篇简短的评论中，我只能抛砖引玉，提出该书的学术深度、论证的丰富性和深刻洞见。它不仅对中国的社会科学理论进行了一次广泛探索，而且展示了如何通过概念的比较研究，推进全球社会学的发展。在此我可以充分证明，该书作者将是这一进程的领军人物之一。

该书应该列入比较社会学或比较人类学所有课程的阅读书目，对于批判西方种族优越感的社会学理论或社会科学哲学课程更是必不可少的读物。为了实现这个目标，我呼吁出版商刊行学生们能够买得起的简装版本。

参考文献

马丁·阿尔布劳. 论全球时代的社会和文化变迁 [M]. 法兰克福：维托利奥出

版社，2014.

常向群．关系抑或礼尚往来：江村互惠、社会支持网和社会创造的研究 [M]．台北：华艺学术出版社，2010.

克洛德·列维-斯特劳斯．野性的思维 [M]．伦敦：魏登菲尔德和尼科尔森出版社，1966.

阿拉斯戴尔·麦金太尔．伦理学简史 [M]．伦敦：劳特里奇与基干·帕维尔出版社，1967.

罗兰·罗伯逊．全球化：社会理论和全球文化 [M]．伦敦：塞奇出版社，1992.

明恩溥．中国人的气质 [M]．纽约：弗莱明·H. 雷维尔出版社，1894.

布莱恩·特纳．飞地社会：走向静止的社会学 [J]．欧洲社会理论杂志，2007，10(2):287-303.

马克斯·韦伯．中国的宗教：儒教与道教 [M]．汉斯·H. 格斯（翻译并主编）．格伦科：自由出版社，1951.

8.2 "精神"作为当代中国一个重要概念[①]

金伟　马丁·阿尔布劳

摘要：古老的"精神"概念在当代中国政治话语中占据着举足轻重的地位，西方却没有对等概念。古老的基督教和后来的启蒙运动对"精神"的使用在黑格尔思想时期达到巅峰，而后被朴素唯物主义、功利主义和科学实证主义所取代。今天的中国精神以毛泽东思想、邓小平理论和习近平新时代中国特色社会主义思想为基础，激发爱国主义精神，包含社会主义核心价值观、道路、力量和话语。中国人的各种行为都会体现精神，例如党的精神（党性）、长征精神、焦裕禄精神、上海城市精神、载人航天精神等。在公共话语中，主要包括三种类型，即个人模范的精神、典型事迹的精神、集体鼓舞的精神。中国所讲的精神强调集体联系和共同目标，这也是西方苦苦追求的。在共同应对全球性挑战时，中国和西方

[①] 本文发表在《全球中国比较研究》2021 年第 7 卷。

可以共同秉持一种超越差异的精神。

关键词：精神；中国；西方；唯物主义；社会主义；价值观；政党；话语；联系

8.2.1 简介

对西方读者来说，中国公共话语频繁提到的"精神"一词，像是一种常用修辞，但实际上远不止如此。"一带一路"倡议最初的行动计划中，序言第一段就两次提到"丝路精神"。[①]

丝路精神的核心是和平合作、开放包容、互学互鉴、互利共赢，为人类文明进步、沿线国家繁荣和东西方合作做出了贡献。

"精神"植根于中文和中国人的世界观中，与其他关键概念密切相关，如"道路"和"话语"。

相比之下，西方的"精神"历史争议更大。它常常与宗教教义联系在一起，是二元世界观"精神与物质"的核心。它一直是历史哲学的焦点和历史唯物主义的目标。

本文将简要说明"精神"在西方思想中的流变和矛盾地位，研究"精神"的历史经纬、一般概念、具体的中国精神、党的精神，回顾总结中国领导人演讲中阐述的精神实例，并将其分为三大类型。

通过审视"精神"在当下中国社会的使用，可以发现它在多种语境下引导读者或听众聚焦某一典型现实，塑造未来行为。本文认为，中国思想中的"精神"是一个综合概念，融合了个人情感、事件动态和社会实体的集体意志。

每一种"精神"的呈现方式都可以用来激发人类活动，回溯先例，为未来指明方向。本文简要评价"精神"在当今中国社会主义社会中的作用，并对比西方政治话语，阐明西方由于缺乏对等概念而面临的困境。

[①] 王义桅．一带一路：中国崛起给世界带来什么？[M]．北京：新世界出版社，2016：189．

8.2.2 西方精神与物质的二元划分

西方中世纪基督教世界观中的"精神"(拉丁语 spiritus；法语 esprit；德语 Geist；英语 spirit)与物质世界对立，它通过个人灵魂实现，并被视作上帝的财产。在基督教三位一体的教义中，圣灵是上帝本性的组成部分，既是世界的创造者，又是以圣子耶稣基督的名义降临人间的。

其结果就是，教会以外的公共活动没有独立的精神存在。早期基督教精神中最接近集体存在的是使徒所扮演的角色，填补了个人与上帝间的空白。这一角色后来由天主教会扮演，但饱受质疑。

基督诞生一千年后，有近五百年的时间里，一场被称为"自由精神"或"精神自由"的运动席卷北欧。它没有采纳固定的教义，而是号召那些边缘化、心怀不满的个人加入小团体的精神体验。谴责他们为异教徒的教会被"这些人自己的团体(圣灵的容器)"①所取代。这些人被描述为继巴枯宁和尼采之后近现代波希米亚式知识分子的先驱。②

近现代之初，《圣经》被译为白话文，这是 16 世纪进行新教改革的教会面临挑战的一个重要因素。在这种情况下，相较于自由精神的抽象情感，对印刷文本的依赖更能引起人们的关注。它的作用是唤起会众的精神力量，分享圣灵的能力，但也反对神职人员的精神权威。

不管是"spirit"、"esprit"还是"Geist"，"精神"在各种语言中的白话表达引发了人们对精神本质的猜测。这逐渐演化为一场批判性辩论，开创了通常被称为理性时代或启蒙时代的阶段，精神与宗教教义实现分离。③

对 18 世纪的哲学家而言，启蒙精神不再是宗教专利。经常有人错误地认为，这些哲学家否认"精神"在宗教动机中的地位，或者否认"精神"在人类事务中

---

① 诺曼·科恩. 追寻千禧年[M]. 伦敦：帕拉丁出版社, 1970：150.
② 同上，148 页
③ "spirus"的对等词之间的差异导致了不同语言对其解释的差异。据记载，歌德认为"法国的'精神'接近于我们德国人所说的'智慧'。我们的'精神'也许法国人会用'精神'和'灵魂'来表达"。他接着提出，随着"生产力"的概念进入了德国，法国人不得不引入"天才"的概念，以强化"智慧"，从而与德语的"精神"相提并论。(E. 格鲁马赫编. 歌德谈话录[M]. 法兰克福和汉堡：费舍尔出版社, 1960: 122.)

的重要性。但其实这些批判理性主义者所瞄准的,是当时教会提倡的宗教教条主义和信仰偏执。

最终,精神从制度性宗教中解放,不仅存在于人们心中,也存在于他们生活的环境中。正如伏尔泰对路易十四时代的描述一样,出现了一种"时代精神"(sprit du temps)。① 这一观念与彼时欧洲知识分子日益增长的时代新奇感和所处历史的特殊性息息相关。②

对教条和宗教界限的超越离不开西方同其他文化的接触,这一点在18世纪中叶达到顶峰。1748年,法国贵族孟德斯鸠(1689—1755)出版了经典著作《论法的精神》,在不否认人类无法企及的纯粹普遍的精神境界前提下,他从多元文化存在多元法律的角度入手,强调人类生活的不同物质条件意味着他们的精神呈现不同形式。

自此,总体上讲,精神超越了宗教成为主要话题。1754年,德国批评家格林在评论彼时法国思想时写道:"一切似乎都蕴含着精神:美术、蒙田、丰特奈尔,当下,更不用说法律之精神。"③

在这种知识氛围中,一位年轻的激进分子受到鼓舞,挑战喧嚣背后的设想,试图定义"精神"——克洛德·阿德里安·爱尔维修(1715—1771)在1758年撰写了《论精神》,认为精神来源于身体感觉和记忆的结合,并得出结论:只有教育才能调和个人利益和社会利益。

实际上,爱尔维修解构了"精神",重构了围绕"精神"的论点,以支持扩大公共教育,并将贫困和不平等的影响最小化。他的书籍非常激进,被教会公开焚毁,也让他名声大噪。这本书是法国大革命的思想启蒙之一,使爱尔维修跻身现代唯物主义创始人的行列。

---

① 弗里德里希·梅内克(Friedrich Meinecke)在描述欧洲历史思维的兴起时提到伏尔泰,说他想用一个通称概括一个时代、民族或组织的独特特征,即"精神"(弗里德里希·梅内克. 历史主义的兴起[M]. 慕尼黑:奥登伯格出版社, 1959: 101.)。

② 它在法国之外持续流行。英国散文家威廉·黑兹利特(William Hazlitt)的书《时代精神》(The Spirit of The Age)是对他同时代主要文学人物的批判(1824年)。

③ 弗里德里希·梅尔基奥·格林(Baron Friedrich Melchior Grimm):《通信文学》和《哲学批判》(Correspondance littéraire, philosophique et critique),1754年,第2卷。

作为对激进主义和随之而来的政治动乱的回应，黑格尔（1770—1831）的哲学将"精神"引向了截然相反的方向。它披上人类理性的外衣，成为历史的推动力，在同时代的西方文明和普鲁士王国达到顶峰。

精神作为人类文明进步的决定性因素，在那时达到了西方公共话语的知识顶点。今天，我们很难评价黑格尔思想在19世纪初的影响，但可以从与之抗衡的反作用力（至今仍在西方发挥着影响）中，反推出它当年的风靡程度。

在黑格尔思想追随者的努力下，"精神"成为哲学家的财产，而哲学家往往是一批与大众截然不同的知识分子。马克思在早期著作中否定了青年黑格尔派（19世纪30年代黑格尔哲学解体过程中产生的激进派，亦称黑格尔左派）的哲学观点。1845年，在《神圣家族》一书中，他总结了自己对黑格尔历史观的否定："人类的历史变成了人类抽象精神的历史，精神与真实的人严重剥离。"①

在21世纪的第二个十年，我们仍然可以看到平民主义对理性社会既定秩序的反抗。马克思和恩格斯的历史唯物主义否定了精神和物质的二元对立，强调人类为掌控生活物质条件所进行的斗争。"精神"才不再专属于一群享有特权的知识分子。

必须强调，这不是爱尔维修的朴素唯物主义。马克思读过并引过爱的著作，但他从未把"精神"划归为物质因素。他同意阶级斗争涉及精神层面的观点。1857年6月5日的一篇报纸文章中，他评论道："现在中国人的精神与1840—1842年战争时的精神已截然不同。"②

并不是马克思和恩格斯的历史唯物主义剥夺了精神在西方公共话语中的地位，而是原始功利主义和科学实证主义的结合，将精神限制在宗教范畴。在社会科学中，"精神"在实践中被解构为思想、意识形态、文化和道德意识等。黑格尔的"Geist"被翻译为"心灵"，归入意识和大脑的研究中。

"Geist"一词在德国存在已久，比如一战前曾围绕Geisteswissenschaften（"精神科学"，难译成英文，与"人文科学"相近）的本质展开激烈辩论。但20世纪

---

① 马克思,恩格斯.第四卷：马克思恩格斯文集[M].伦敦：劳伦斯 & 维沙特出版社, 1975: 85.
② 《纽约每日论坛报》专栏文章.马克思"论中国"[M].伦敦：劳伦斯 & 维沙特出版社, 1968: 48.

初的民族主义采用了"民族精神"一词（Volksgeist），使其在德国文化领域之外无法得到更广泛的应用。[①]

8.2.3 中国人对"精神"的定义

西方对"精神"的二元态度同中国文明中"精神"的地位构成鲜明对比，这是西方至今难以理解中国的症结所在。

8.2.3.1 经典定义

"精神"是指与人体相对的人的情感。

《吕氏春秋·尽数》："圣人察阴阳之宜，辨万物之利，以便生，故精神安乎形，而年寿得长焉。"[②]

这句话引自约公元前239年战国末期秦相吕不韦编撰的《吕氏春秋》，意思是"圣人能洞察阴阳变化对人适宜的一面，能辨析万物对生命有帮助的部分，促进精神安守在形体之中，实现长寿"。

8.2.3.2 今天的中国精神

中国精神是以爱国主义为核心的团结统一、爱好和平、勤劳勇敢、自强不息的中华民族精神和以改革创新为核心的时代精神的有机统一。[③]

"中国精神"以马克思主义、毛泽东思想、邓小平理论、"三个代表"重要思想、科学发展观和习近平新时代中国特色社会主义思想为指导。这些是社会主义核心价值体系的精髓，核心内涵是社会主义核心价值观，体现了社会主义荣辱观。[④]

"这种精神是凝心聚力的兴国之魂、强国之魂。"[⑤] 其核心特征包括：

"中国价值"：指的是社会主义核心价值观。

"中国道路"：指的是中国特色社会主义道路。

[①] 时代精神（Zeitgeist）持续的时间更长，甚至在英语文本中得以保存。每当作者希望正确传达含义，不会产生对"时代精神"的误读时，就使用"Zeitgeist"。
[②] 吕不韦著，陈奇猷校释. 吕氏春秋新校释[M]. 上海：上海古籍出版社，2002: 138.
[③] 吴潜涛. 中国精神教育读本[M]. 北京：人民出版社，2014: 6.
[④] 同上，5页
[⑤] 习近平. 习近平谈治国理政（第一卷）[M]. 北京：外文出版社，2014: 40.

"中国力量"：习近平多次指出，凝聚中国力量，就是在中国共产党领导下，中国各族人民大团结的力量。

"中国话语"：中国需要建立自己的话语，让世界了解中国。若想建立中国话语体系，中国必须决定"谁来说"、"怎么说"、"说什么"以及"为什么说"。在建构中国话语时，理想状态是实现中国话语的自我建构，要展示中国特色，摆脱西方对中国的"妖魔化"。

8.2.3.3 党的精神

"党的精神"与"党性"意义有所重叠，是政党的内在本质和特征。它是阶级属性在长期政治斗争中经过具体实践的最高和最集中体现，体现在政党的纲领、政策、政治活动中。政党要求其党员不断加强党性，实现政治目标。不同国情和阶段的政党，其表现和对党性的要求各不相同。

资产阶级政党可能会否认持有特定的政党精神，吹嘘自己是无党派或超党派的。事实上，他们真正的精神和主要表现是将维护资本主义私有制和资产阶级统治作为政党的根本利益和最高目标，不择手段四下活动，为党夺取国家领导权。

无产阶级政党的精神是阶级性，这是马克思主义相关基本思想。马克思在《共产党宣言》中指出，"共产党同其他无产阶级政党区别是：一方面，在各国无产者的斗争中，共产党人强调和坚持整个无产阶级的共同利益，不区分国家和民族；另一方面，在无产阶级斗争的各个发展阶段中，共产党人始终代表整个运动的整体利益。"[①]

中国共产党历来重视党性修养。早在 1941 年 1 月中共中央的有关决定中就提出要加强全党的"党性教育和党性学习"。[②]

在社会主义建设的新时期，中国共产党进行了更加深入的探索，总结为以下几点：坚持社会主义道路，坚持无产阶级专政，坚持共产党的领导，坚持马克思列宁主义、毛泽东思想，坚持改革开放，建设社会主义现代化强国；理论联系实际，一切从实际出发，实事求是；一切为了人民的利益，全心全意为人民服务，

---

① 马克思,恩格斯.马克思恩格斯文集[M].北京：人民出版社,1995:315.
② 中共中央文献研究室,中央档案馆编.第 18 卷：建党以来重要文献选编（1921—1949）[M].北京：中央文献出版社,2011:70.

密切联系群众，坚决消除腐败，代表最广大人民根本利益，从不代表任何利益集团、任何权势团体、任何特权阶层的利益；抵制和克服资本主义腐朽思想、封建主义残余思想和其他非无产阶级思想，认真开展批评与自我批评，坚持和健全党的民主集中制，严明党的组织纪律，坚持和加强党对一切工作的领导。

广义上，党的精神（党性）是政党的固有属性，狭义上是指党员个体所认识到的政党的具体特征，即党员的政治品格。党章是党员干部的标尺和准绳，党员干部要严格遵守党章。习近平表示："党性是党员干部立身、立业、立言、立德的基石，必须在严格的党内生活锻炼中不断增强。"①

8.2.3.4 精神类型

当代中国领导人的演讲和一些宣传标语中经常用"精神"来描述榜样模范、典型事迹、展现精神力量的实践等。概括起来，今天的中国话语中包含三种类型的"中国精神"：个人模范、典型事迹和集体鼓舞。

1. 个人模范

1）雷锋精神

雷锋生于 1940 年 12 月，是中国人民解放军战士。1962 年 8 月，雷锋因公殉职。在纪念老一辈革命家为雷锋同志题词三十周年大会上，胡锦涛同志提出了"雷锋精神"，即艰苦创业、积极进取、自强不息、奋力拼搏的奉献精神；顾全大局、忠于职守、克己奉公、处处以国家和集体利益为重的主人翁态度；相互尊重、助人为乐、诚实守信、和谐融洽的良好社会风尚。②

2）焦裕禄精神

2009 年 4 月，习近平在河南省兰考县调研期间与干部群众座谈，提出"亲民爱民、艰苦奋斗、科学求实、迎难而上、无私奉献的焦裕禄精神"。③他强调要学习和弘扬焦裕禄同志牢记宗旨、心系群众，"心里装着全体人民、唯独没有他自

---

① 2013 年 9 月 25 日，习近平在指导河北省委常委班子专题民主生活会时的讲话，见 https://news.cri.cn/uc-eco/20180702/a921a83f-e6ab-eb12-e746-2506cf398b32.html

② 人民日报. 发扬光大雷锋精神[EB/OL]. 2003[2003-3-5]. https://www.bcu.edu.cn/xyzt/info/1025/1144.htm.

③ 河南日报. 习近平:结合新的实际 大力弘扬焦裕禄精神[EB/OL]. 2009[2009-5-14]. http://www.ce.cn/xwzx/gnsz/szyw/200905/14/t20090514_19076080.shtml.

己"的公仆精神，大兴服务群众之风。学习和弘扬焦裕禄同志勤俭节约、艰苦创业，"敢教日月换新天"的奋斗精神，大兴艰苦奋斗之风。学习和弘扬焦裕禄同志实事求是、调查研究，坚持一切从实际出发的求实精神，大兴求真务实之风。学习和弘扬焦裕禄同志不怕困难、不惧风险，"革命者要在困难面前逞英雄"的大无畏精神，大兴知难而进之风。学习和弘扬焦裕禄同志廉洁奉公、勤政为民，为党和人民事业鞠躬尽瘁、死而后已的奉献精神，大兴敬业奉献之风。

2. 典型事迹

1)"红船精神"

1921年8月初，中国共产党第一次全国代表大会在浙江嘉兴南湖的一艘游船上胜利闭幕，宣告了中国共产党的诞生。这艘游船因此得名"红船"。

2005年6月21日，习近平在《光明日报》发表文章《弘扬"红船精神"走在时代前列》，首次提出并阐释了"红船精神"——开天辟地、敢为人先的首创精神，坚定理想、百折不挠的奋斗精神，立党为公、忠诚为民的奉献精神。[①]

2) 长征精神

1934年10月至1936年10月，红一、二、四、二十五方面军进行了长征。途中，红军战士与敌人进行了600多次战斗，跨越了近百条河流，攀登了40多座险峻雪山（其中有几座山海拔超过4000米），穿越了被称为"死亡陷阱"的草地。红军将领们在世界军事史上上演了一出壮丽的战争史诗，创造了人类奇迹。2016年10月21日，习近平在纪念红军长征胜利80周年大会上的讲话中，阐述了长征精神的内涵："伟大长征精神，就是把全国人民和中华民族的根本利益看得高于一切，坚定革命的理想和信念，坚信正义事业必然胜利的精神；就是为了救国救民，不怕任何艰难险阻，不惜付出一切牺牲的精神；就是坚持独立自主、实事求是，一切从实际出发的精神；就是顾全大局、严守纪律、紧密团结的精神；就是紧紧依靠人民群众，同人民群众生死相依、患难与共、艰苦奋斗的精神。"[②]

3) 井冈山精神

[①] 习近平. 弘扬"红船精神"走在时代前列 [N]. 光明日报, 2005-6-21.

[②] 习近平. 在纪念红军长征胜利80周年大会上的讲话 [M]. 北京：人民出版社, 2016: 9.

井冈山精神诞生于井冈山地区。大革命失败后，毛泽东、朱德和其他党和红军领导人以身作则，带领井冈山军民克服种种困难艰险，打破重重包围封锁。在这历史性的关键时刻，中国共产党坚持一切从实际出发、实事求是，把马克思主义基本原理与中国革命具体实际相结合；以大无畏的革命精神，开创了一条农村包围城市、武装夺取政权的中国式革命道路；始终相信人民，紧紧依靠人民；关爱群众，与广大人民群众保持血肉联系；正是因为赢得了人民的支持和拥护，井冈山革命根据地才得到巩固和扩大。

习近平在2016年赴江西调研的讲话中提出了井冈山精神的具体内容：坚定执着追理想、实事求是闯新路、艰苦奋斗攻难关、依靠群众求胜利。[①]

3. 集体鼓舞

1)"两弹一星"精神

1964年10月16日：中国第一次原子弹爆炸成功。

1966年10月27日：中国首次发射导弹核武器试验成功。

1967年6月17日：中国第一颗氢弹爆炸成功。

1970年4月24日：中国第一颗人造卫星发射成功。

这是中国人民在人类勇攀现代科技高峰的征程中创造的非凡奇迹。

江泽民在1999年9月18日的讲话中提出了"两弹一星"精神的含义："在为'两弹一星'事业进行的奋斗中，广大研制工作者培育和发扬了一种崇高的精神，这就是热爱祖国、无私奉献，自力更生、艰苦奋斗，大力协同、勇于登攀的'两弹一星'精神。"[②]

2)大庆精神

1990年2月25日至27日，江泽民在大庆油田视察讲话中指出大庆精神的内涵："为国争光、为民族争气的爱国主义精神；独立自主、自力更生的艰苦创业精

---

① 人民日报记者.习近平春节前夕赴江西看望慰问广大干部群众,祝全国各族人民健康快乐吉祥祝改革发展人民生活蒸蒸日上[N]. 人民日报, 2016-2-4(1). 见：http：//politics.people.com.cn/n1/2016/0204/c1024-28109316.html

② 新华网.江泽民：在表彰为研制"两弹一星"作出突出贡献的科技专家大会上的讲话[EB/OL]. 2014[2014-9-28]. http：//news.12371.cn/2014/09/28/ARTI1411888182032814.shtml.

神；讲究科学、'三老四严'的求实精神；胸怀全局、为国分忧的奉献精神"。①

3）载人航天精神

2005 年 11 月 26 日，胡锦涛同志在庆祝神舟六号载人航天飞行圆满成功大会上的讲话中说，广大航天工作者牢记使命、不负重托，培育和发扬了特别能吃苦、特别能战斗、特别能攻关、特别能奉献的载人航天精神。②

"特别能吃苦"是中国航天人艰苦奋斗的真实写照。"特别能战斗"是中国航天人攻无不克的真实写照。"特别能攻关"是中国航天人探索创新的真实写照。"特别能奉献"是中国航天人忘我牺牲的真实写照。

4）抗洪精神

抗洪精神是中国军民在战胜 1998 年长江、嫩江、松花江等地区洪涝灾害中空前凝聚而形成的崇高精神。1998 年 9 月 28 日，江泽民在全国抗洪抢险总结表彰大会上的讲话中将其总结为"万众一心、众志成城，不怕困难、顽强拼搏，坚韧不拔、敢于胜利的伟大抗洪精神"。③抗洪精神的实质是，以公而忘私，舍生忘死的共产主义精神为灵魂；以人民利益国家利益全局利益至上的大局意识为核心；以团结一致，齐心协力，"一方有难，八方支援"的社会主义大协作精神为纽带；以不怕困难，不畏艰险，敢于胜利的革命英雄主义精神为旗帜；以自强不息、贵公重义、艰苦奋斗、同舟共济、坚韧不拔、自尊自励等传统美德为血脉为营养。

5）"上海精神"

上海合作组织，简称上合组织，是中华人民共和国、哈萨克斯坦共和国、吉尔吉斯斯坦共和国、俄罗斯联邦、塔吉克斯坦共和国和乌兹别克斯坦共和国于 2001 年 6 月 15 日在上海宣布成立的永久性政府间国际组织。上合组织正式成立之时，各成员国元首在共同签署的"成立宣言"中就明确指出："上海五国"进程中形成以"互信、互利、平等、协商、尊重多样文明、谋求共同发展"为基本内容的"上海精神"。这是新世纪上合组织成员国之间相互关系准则。它不仅是"上

---

① 朱舒坤. 大庆精神的由来与发展 [N]. 人民政协报，2016-12-29.
② 共产党员网. 胡锦涛：在庆祝神七载人航天飞行成功大会上的讲话 [EB/OL]. 2008[2008-11-7]. https：//news.12371.cn/2014/09/28/ARTI1411888326205833.shtml.
③ 江泽民. 江泽民文选第一卷 [M]. 北京：人民出版社，2006: 230.

海五国机制"的基础,也是上海合作组织的灵魂。短短20个字,内涵丰富、全面、深刻,形成了一个完整的有机体,反映了各成员国新的国家安全与发展理念,代表了国际关系发展的正确方向。"上海精神"被列入2018年度国际时政类十大流行语。①

6) 上海城市精神

它与"上海精神"不同。上海城市精神是指上海这座城市的精神:海纳百川、追求卓越、开明睿智、大气谦和。

上海城市精神最初是上海市2003年精神文明建设工作会议在全市性大讨论的基础上正式确定的,为"海纳百川""追求卓越"八个字。在2007年5月召开的上海市第九次党代会上,时任上海市委书记的习近平在代表中共第八届上海市委所作的工作报告中提出"与时俱进地培育城市精神",新增"开明睿智"和"大气谦和"的表述。

2011年11月中国共产党上海市第九届委员会第十六次全体会议提出,倡导公正、包容、责任、诚信的价值取向。②

8.2.4 西方可以从"中国精神"中学到什么

如果说随着世俗化,"精神"失去了在西方思想中的地位,那就太武断了。正如我们所看到的,19世纪时"精神"仍是西方话语的主流,实证主义和资产阶级唯物主义的围攻仅使其对想象力的影响有所松动。是社会科学的发展与对非基督教信仰体系的排斥和压制,将"精神"排除在西方严肃的知识考量之外。

"神话"是怀疑论的近义词。"文化"的作用是将精神的许多方面捆绑在一起,从人的行为中分离出来,比如符号、语言和知识。但是,什么赋予了语言生命呢?也许西方组织机构的使命宣言最接近精神诉求,但它们归根结底是为了获取竞争优势,而不是唤起更广泛的人类同情心。

西方社会科学中"精神"一词最著名的应用大抵源自马克斯·韦伯在著作《新

---

① 共产党员网.习近平:上合组织新型国际关系的典范[EB/OL].2018[2018-6-6]. https://news.12371.cn/2018/06/06/ARTI1528265207829989.shtml.

② 上海市人民政府网.习近平:在上海市第九次党代会上的报告[EB/OL].2007[2007-5-24]. http://www.gov.cn/gzdt/2007-05/24/content_624657.htm.

教伦理与资本主义精神》（2011[1904/5]）中的描述。他引用了美国著名作家、外交家本杰明·富兰克林（Benjamin Franklin）在《给一个年轻商人的忠告》（1748）中的一段话，为读者阐释了"精神"的含义。他开创了独特的"理想类型"分析法，区分"精神"的不同组成部分。"精神"这个词用引号括起来，表示它属于日常的非科学语言。在提及"精神"的组成部分时，他使用了"道德意识（ethos）"或"伦理（ethic）"等术语，这是他青睐的用法。

从这一时期开始，韦伯长期关注如何用精准的社会科学概念，分析可能被称为"精神"的复杂文化和历史实体。但这种将"精神"视为日常、非科学术语的倾向，强化了将"精神"视为一般标签而非具有历史影响力的实体的趋势。

诸如《美国精神》[①]或《公平之怒》[②]之类的书，没有对"精神"的概念进行分析。斯蒂芬·卡尔伯格（Stephen Kalberg）的《寻找美国民主精神》（*Searching for the Spirit of American democracy*）[③]是个例外。该书采用了理想类型分析法，指出美国独特的民主精神是由一套根深蒂固的历史价值观和信念构成的。

今天的中国社会常常使用"精神"这一表述，西方应该保持密切关注，即使不是出于精神上的原因，至少也要考虑西方的自身利益。在我看来，"精神"是中国实现伟大复兴的一个重要却未得到足够重视的因素。

精神能够动员一切资源与世界交流沟通，意味着人类可以成为变革的推动者。它协调了动机、能量、知识、道德等因素，为人类社会、集体和个人注入力量，指明前进方向。

所有这些因素都在中国精神的核心特征中得以体现。中国领导人毛泽东、邓小平和习近平等都对中国精神做出了贡献。本文通过大量实例详细介绍了中国精神的具体表现形式，并建议将其初步划分为三种类型：即个人模范的精神、典型事迹的精神、集体鼓舞的精神。

上述类型不是孤立存在的，都带有中国精神的印记并相互促进。例如，焦裕

---

① 威廉·贝内特. 美国精神 [M]. 纽约：试金石出版社，1997.
② 理查德·威尔金森，凯特·皮克特. 公平之怒 [M]. 伦敦：企鹅出版社，2009.
③ 斯蒂芬·卡尔伯格. 寻找美国民主精神 [M]. 博尔德：帕拉蒂姆出版社，2014.；感谢卡尔伯格对这一节草稿提出的宝贵意见。

禄同志的"艰苦奋斗"和"为人民服务"就再现了长征精神；而长征精神中不怕牺牲、实事求是的内涵也与大庆精神不谋而合。中国精神存在于中国不断前进发展的历史进程中，彼此之间相互促进，拉紧了集体认同的纽带。

提及"精神"，人们会关注连通性和建立连通性的持续过程。这不仅指人与人之间的连通，也包括自然、文化环境的创造和延续。

甚至连氢弹也可以理解为人类梦想的实现，成为更广泛的人类精神的一个方面，在中国精神中找到归宿。精神不否认人类滥用创造力的可能性，但将始终与之抗争。如若没有"精神"，我们就无法做出判断。

比较中西方的"精神"，西方可以得出两条经验。第一，西方早期的精神分离（上帝与个人精神的分离），最大限度减少了人类生活中集体和固有的连通因素。"精神"赋予了集体意识和共同目标，这一点在中国表现得尤为明显。西方的集体意识不断处于"丢失—找回—丢失"的循环之中。

第二，中西方可以携手努力，互学互鉴。当今全球社会面临的生存性挑战亟待各方合作，需要前所未有的命运共同体意识。

有远见的思想家们在科学学科间架桥铺路，弥合了各学科与人类的共同命运这一集体意识之间的鸿沟。这些有识之士认识到了连通性与精神之间的密切联系。

鲁伯特·谢尔德雷克（Rupert Sheldrake）在其最新的《科学与精神实践》（*Science and Spiritual Practices*）等作品中说，那些曾经与有组织的宗教有关的经验，现在成为重新认识日常生活中"精神"重要性的一部分。[1] 人类与植物、自然生命、音乐表演、旅行和仪式、给予和接受感激、冥想等事物的联系都是更广泛范围内恢复"精神"的实践。

中国在理解"精神"的重要性方面具有长期优势。在一个千变万化的世界里，面对前所未有的挑战，只有通过加强与西方的联系，赋予人类的共同命运一个全新的、共享的"精神"体验，才能将这一优势充分发挥。

---

[1] 鲁珀特·谢尔德雷克. 科学与精神实践：通过直接经验重新连接 [M]. 伦敦：克洛奈特出版社, 2017.

8.3 中西方文化中的"精神"①

马丁·阿尔布劳 金伟

对于今天试图了解中国的西方人来说,中西方文化间存在着许多悖论。其中之一就是关于中国领导人在多次讲话中提到的"精神",西方人很难理解。在西方,提及精神就意味着宗教,他们知道中国是个世俗化国家,也深知马克思主义对有组织的宗教持否定态度。所以西方人就会问,中国人口中的"精神"从何而来?反之,中国人对西方也有不解:既然西方认为精神与宗教有关,宗教自由被视为人权,为什么西方政治领袖鲜有诉诸精神号召大众的例子?

21世纪初,时任浙江省委书记的习近平在他撰写的许多文章中都谈到了精神,这些文章都发表在《浙江日报》上,并翻译成英文,收录入《之江新语》英文版。笔者认为这本书很好地诠释了"科学发展观的指导思想",而精神也是这一指导思想的一部分。习近平在《之江新语》中提到"精神"不少于69次,有时候是指人类努力的品质,比如"求真务实的精神";有时是强调集体的反应,比如"防汛救灾相关的精神";有时是表示集体的属性,比如"党的精神(党性)"。在对中国文化中的"精神"作更广泛的论述时,我们也做了类似的三重区分:一是个人模范的精神,如雷锋精神;二是典型事迹的精神,如红船精神或长征精神;三是集体鼓舞的精神,如抗洪精神或"上海精神"。

精神在中国公共话语中重要性的最有力证明,应该是在2000年7月中共浙江省委全体会议上,会议提炼出"自强不息、坚韧不拔、勇于创新、讲求实效"的"浙江精神"。2006年2月5日,习近平在一篇题为《与时俱进的浙江精神》的文章中又重申了"浙江精神",并对其进行全面阐述,其中包括对"诚信和谐""开放图强"等内容的补充。他认为,2005年9月广大人民群众对于台风侵袭的应对"是一场弘扬'浙江精神'的伟大斗争",抗击台风的救灾精神"与时俱进地丰富了'浙江精神'",体现了"万众一心、众志成城的团结意识,相互协

---

① 马丁·阿尔布劳、金伟. 中西方文化中的"精神"[J]. 万蕊嘉译. 文化软实力研究, 2019, 4(6):5-7.

作、自立自救的自强信念"和"百折不挠、坚韧不拔、连续作战的拼搏精神和纪律严明、招之即来、来之能战的优良作风"。

就叙事分析而言,"精神"是一种修辞,用以阐述不同经历或事件之间的联系。但是,只是从叙事分析层面来看可能会转移注意力,削弱人们对精神在社会科学中重要性的理解。精神是现实社会生活中的一个重要因素。

马克思从开始接触青年黑格尔运动起就坚定走上科学之路,在《德意志意识形态》中,他将唯物史观与唯心史观进行了对比。其中,唯心史观将历史解读为"渐进的精神意识"。众所周知,马克思断然反对青年黑格尔派追随他们的导师,把历史变成"人类抽象精神"的故事。这种说法经常被误解,这里的关键词是"抽象",即"抽象"的东西把"精神"从"真实的人"身上剥离开来。但实际上,"精神"是"真实的人"的一种内在品质,人类的实践能力可以将精神与物质紧密结合在一起。

这就意味着马克思完全可以在历史语境中自然谈及精神。马克思、恩格斯在《德意志意识形态》中描述了18世纪法国各阶级如何被商业精神俘获。马克思在1853年3月7日至8日为《纽约每日论坛报》撰写的一篇文章中对英国政治和未经改革的议会发表了评论,这些评论在今天几乎仍然适用。他写到,大臣克兰沃斯勋爵的讲话既融合了"辉格党的真正精神"又融合了"贵族主义的真正精神"。恩格斯于1857年在《纽约每日论坛报》上也发表了有关"中国人民精神"的文章,并将他的这些文章与1842年的文章进行了比较。

马克思之所以能够用这些简单的方式描述精神,源于他早期撰写《巴黎手稿》的经验,以及他对唯心主义者和早期唯物主义者思想的深入研究。他强调二者对立的人的本质,并指出这种"对立性"在人类实践活动中可以获得解决的方式。事实上,哲学创造了一种理论上无法解决而只能在现实生活中才能得以解决的对立。这就是精神和物质的对立性。

概括来说,精神和物质是现实事物的两个方面,这些现实事物可能存在于自然界、人类事务或技术层面。比如森林、社区或卫星都是真实存在的事物,包含物质和精神两个层面。当谈及人类社会时,我们观察到的是人与人之间的关系、人类所推崇的目标和价值观，以及人类生产商品和集体设施的实际方式。

那么西方关于精神的描述是什么呢？目前，笔者还没有对西方文化中的"精神"做过详尽研究，但可以提出一些假设：首先，马克思、恩格斯确实在很大程度上成功摧毁了黑格尔式大厦，使精神作为人类历史驱动力的观点失去可信性；其次，基督教设法保持了对精神的控制，把精神作为一种只属于基督教信徒的特殊财产；最后，工业的进步和技术文明的胜利给依赖于机械论和原子实证论的实验科学赋予了声望。

对于这些宏大问题，笔者这里不做过多赘述，只想简单提一下被称为"20世纪最重要的社会科学文献"——马克斯·韦伯的《新教伦理与资本主义精神》。我们发现这本书的标题使用了"精神"一词，也可以看到马克斯·韦伯是怎么处理的——他并没有试图总结资本主义的主要特征，而是通过参考18世纪美国著名人物本杰明·富兰克林的著作，阐述了他所概括的理想类型。马克斯·韦伯选取了一些他认为最能体现资本主义精神的段落，并将这些段落作为理想范式，随后用于其对世界宗教伦理学的比较研究。

但韦伯在这些比较研究中使用的方法是分解他选取的那些段落，而后再在其文章的上下文中单独提及各个分解成分。因此，他在孔子的儒家思想中找不到思想共鸣，认为亚洲宗教对贪婪是没有限制的，无法领会新教所特有的内心世界的禁欲主义。

几年后，他修订了自己的最初表述，并著书出版。在之后的表述中，他将资本主义的"精神"定义为一种"有规范的、有约束的、装扮成'道德'的生活方式"。"道德"在引号之中，"精神"也在引号之中。事实上，对这些引号的使用，反映出马克斯·韦伯在使用一种非科学用语时的不安。而他在别处关于"官僚精神"和"普鲁士精神"的叙述中也同样使用了引号。

在此，笔者认为韦伯的做法恰恰反映了西方对于引用"精神"时的一种矛盾心理，主要原因在于精神已经从人类实践中分离出来了。在这方面我们需要注意的是，韦伯采纳了当时在西方广为流传的一种观点，即中国的宗教是一个虚幻的、精神崇拜的领域。韦伯曾经引用过一位权威人士的观点，这个观点宣称："中国人从来不懂逻辑上的矛盾，他们无法理解两种形式的信仰是相互排斥的"。马克思指出，克服精神和物质分裂的必要条件就是对立统一。

当中国政府强调丝路精神历史悠久、文明代代相传时，它所指代的是一种人类产物，一种始终保持着相互联系的人类活动的组合，而并非一套脱离人类实践的观念。中国领导人在号召长征精神或抗台救灾精神时，不仅仅是简单采用马克思对"精神—物质二分法"的否定，而是表达了一种深深植根于中国历史和中国文化的世界观。我们扎根的这个世界是一个具有精神的世界。

8.4 书评：世界政治的原则和法律

《世界政治的原则和法律：中国古典主义对全球冲突的看法》（*Principles and Laws in World Politics：Classical Chinese Perspectives on Global Conflict*），李芸辉著，新加坡：世界科学出版社，2022 年，xxv+495 页。

本书出版时机绝佳，将中国和全球其他国家汇聚在一个促进世界和平的知识框架。不仅出版时机选择得好，内容也十分精彩，远超其书名所示。李芸辉是香港都会大学人文社会科学院助理教授，曾任联合国实习生，也是中国社会科学院的访问学者。值得祝贺的是，他有勇气利用个人经验，阐明国际关系的学术传统，又呼吁富有想象力的创新，以应对当前严峻的全球危机。

近年来，许多作家试图从中国百年智慧中汲取教训，启迪那些无视自身局限性的西方观点。弗朗索瓦·朱利安在《功效：在中国与西方思维之间》和《淡之颂》中的探索是这一流派的杰出案例。他以独立哲学家的身份写作，致力于在当今共同世界中扩大中国传统思想学派的影响。

齐小莹的《全球化的知识流动与中国社会理论》（2014 年，本书作者为其撰写的书评发表在《全球中国比较研究》2015 年第一卷）成功展示了历久弥新的中国概念，如"心"，如何能够在西方思想中的理性与情感的二元冲突之间架起桥梁，她利用大量学术资源，展示了悖论整合（"相反相合"与"相反一体"）的新概念。

这本书的编辑常向群在江村（中国社会科学研究鼻祖费孝通笔下的同一座村庄）进行了深入实地研究，提出原创概念，在《关系抑或礼尚往来：江村互惠、社会支持网和社会创造的研究》一书中扩展了西方关于对等互惠的讨论和对中国社会关系的理解。她对中国社会支持网络的考察，为西方社会伦理思想引入了一系列新的问题，因为中国社会支持网络的基础是一套独特的、适用于各种情况的主要原则"教理问答"。

他们研究范围广泛，在学术支持网络方面完全独立。这一点可能有助于我们理解李芸辉如何写作了一本书籍，既不评论也不提及这些促进西方对中国的理解的诸多观点，但他却设法对当今世界和平新途径所需要的因素做出了精辟评估，这种新途径可以包容截然不同的世界观。

他是如何做到这一点的？尽管书名暗示作者主要关注前人思想，实际上他的动力是当代世界形势，以及超越简单的中美和解的必要性。他举例说，西方政治精英随时准备抛弃他们自己唱高调的原则，在对自己有利的情况下削弱国际刑事法院等机构。

与此同时，他受到一种人类品质的启发，这种品质在中国受到重视，却在西方少被关注。它要求人对周围环境做出反应，要有创造力并探索符合当时迫切需要的新奇事物，"实用主义"一词大概可以涵盖这种品质。它超越了任何一套原则，要求用实践检验原则，美国著名的实用主义倡导者杜威在中国也受到欢迎，这并非偶然，他在1919年至1921年期间在中国生活并任教两年。

李芸辉有一个愿景，是对"后自由主义解放的利维坦"的想象。这里，我需要完整引用他对未来稳定世界秩序的定义，尽管这样的世界难以实现：它拥有"全能的政治权威，行使敬畏和权力以恢复和维持秩序，并恪守全球协商一致的共同价值观和再造的世界主义"（第13页）。这当然是一个包罗万象的愿景，既体现理论，又体现力量，它是对无限未来的展望，期待着创造一个不被民族国家共同体所包围和分裂的世界，而这个世界可以有其他类型权威的存在。但就目前而言，我们必须在主权国家体系框架内行事。

李芸辉对各国之间对话的需求表示赞同，但他强调，仅凭对话远远不够，他的"解放的利维坦"必须保证冲突各方从内心寻找共同的道德准则。他认为清华大学教授阎学通倡导的"道义现实主义"或"王道"是自己提倡的国际秩序的权威指引,这种国际秩序涵盖整个世界,而不仅限于中美关系。这让我想起人们对托马斯·霍布斯原著《利维坦》的反应,在随后的一个世纪里,人们的反响让"哲学王"这一概念逐渐流行。

这些都激励着李芸辉阅读大量关于中国儒家、法家传统的著作。他展示了中国传统思想如何作为中国帝制年代(经学)、毛泽东领导时期和当下的中国特色社会主义中支撑领导集体的意识形态,但他认为中国传统文化难以成为实现东西方和解、推动共同人道主义干预或在国际社会为中国扩大"朋友圈"的基础。他呼吁重读中国古典经典,重塑中华文明的创造精神,称赞"北欧儒学网"(Nordic Network on Chinese Thought)在这一方面做出了很好的表率,足以证明中国思想已经传播到了遥远的其他文化。"北欧儒学网"发表了一份"拉普兰儒学宣言"(具体宣言内容可见链接:https://www.ulapland.fi/loader.aspx?id=2a63c6e8-fab3-467c-a5b0-a49e5222b6ee),赞扬了3000年的儒家传统,认为它有助于应对人类当前困境。

我们可由此切入,分析当下全球化态势、人类在自身创造力面前的脆弱性以及广岛和长崎原子弹爆炸所引发的人类新的自我毁灭风险。2022年3月,人类当前面临的危机加速演变,甚至超出了李芸辉在撰写这本书时的想象。为应对危机,我们当然需要李芸辉呼吁的软实力建设、"全球、跨文明和跨学科的努力"以及"解放的利维坦"的智慧。

智慧包括以史为鉴,回应时代诉求,并对特定时刻的特殊情况作出适当反应。从这一角度来看,当前两个大国应充分利用传统友谊,解决克里米亚地区发生的危机。这不是东西方关系的问题,而起源于过去几千年的亚洲历史。

这足以说明李芸辉的设想以及他在本书中所做的贡献,将关于未来世界秩序的辩论提升到新的高度。这本书凭借其不拘一格、突破常规的内容,完全可以在传统国际关系课程的书目中占据一席之地,证明其书名是合理的。

8.5 关于"诚信"的一些思考

2020 年美国总统选举期间,许多人提到"诚实正直(integrity)",这是当今社会强调诚信的生动案例,当我 11 年前第一次见阿尔布劳时,他正好在写一本关于"诚信"的书。从那以后,他一直与中国学者接触,试图从中国的角度加深理解。在《中国在人类命运共同体中的角色:走向全球领导力理论》(2018)中,他用了 7 次"诚实正直",主要是指中国 12 大社会主义核心价值观之一的"诚信"。在本书中,"integrity"(诚信)的使用次数不少于 62 次,旨在全面探索中国和非中国视角,希望这项还未完成的工作能激发人们研究"诚信"的兴趣。①

8.5.1 文化视角中的诚信 ②

我想提醒大家,"integrity"一词源于拉丁语"integer",意思是"完整"或"完全"。从这个意义上讲,它可以被看作一种整体感,源于人们持有的价值观、信仰和原则特点的一致性,因此,一个"诚信"的人是根据个人价值体系行事的人,这是一套人们可以遵守的价值观和标准,与期望一致。

从这个意义上讲,"诚信"在不同的语境中可能有不同内涵,因为核心价值观群体可能因文化而异。在西方这样的个体主义文化中,构成整体的核心原则可能是独立、主动和自我负责,这是追求个人幸福所需的素质,但也会被视为独特的个体。

相比之下,在另一种集体主义文化中,不管是民族、群体还是国家,都比个人更重要,需要个人为共同利益做出牺牲,而整体的基本品质可能是自我牺牲,是一个人的利益服从大多数人的利益,这是社会成员在生活中共同遵守的习俗、道德和法律准则。

---

① 本引言段由编者撰写。——编者注
② 本文中的一些中文词汇由北京外国语大学的章晓英加注,2011 年她在剑桥大学做访问学者。——编者注

以中国为例。中国文化与西方文化差异由来已久,如何翻译"integrity"一词挑战很大。这个词的主流翻译是"完整",它有时被翻译成"正直"和"诚实",有时被翻译成"诚信"或"操守"。

这组中文对应词密切关联。值得考虑的是,它们一个典型的品质集合,其完整性与西方的高度诚信理念相匹配,在中国传统文化中,被称为"君子"(完人)的人会受到高度尊重,通常被翻译成"完美的人"。

子路问成人,子曰:"若臧武仲之知,公绰之不欲,卞庄子之勇,冉求之艺,文之以礼乐,亦可以为成人矣。"曰:"今之成人者何必然?见利思义,见危授命,久要不忘平生之言,亦可以为成人矣。"

当代中国哲学家冯友兰进一步解释了"完美的人"意味着什么。圣贤是生活在天地境界中的人,他们认为在社会之上,尚有一个更高的全体——宇宙。除了作为一个公民或社会成员的职责外,他还必须是一个完美、精通"道"的人,意指"通"(畅通无阻),不在乎短暂的世俗成败,克服自私自利,理解世事局限,使个人美德实现了融入自然美德并与之结合的目标。

"美德与自然"的结合指向了中国传统文化整体性的另一个方面。人类活动应该与自然和谐相处,在这种情况下,"中国"意味着由主权国家管理的中央王国,帝王负责维护这种和谐局面,内乱、自然灾害、洪水或饥荒都可能使他失去"天命"。

无论是在人的层面还是在文明的层面上,中国传统上都有表达完整性和价值观的思想,但西方理解中,完整感从来没有作为一个一般概念而受到关注。当我们比较中西方历史经验,我们就理解了背后的原因,西方的完整性和价值观不断丢失和更新,源于一个社会实体,又在另一个实体中重建。

与其说是东西方的对比,不如说是传统文化与现代文化的对比,甚至可能是罗马文明与其他文明的对比。例如,如果我们考虑一种相对独立于拉丁化(罗马化)的文化,例如威尔士文化,我们在其语言中找不到一个单一指代"诚信"的术语。Gonestrwydd(诚实、真实)、cywirdeb(正确)和 uniondeb(正直、直接)都被《威尔士大学词典》列为"integrity"的可能翻译,但要求一位威尔士人将其翻译成英语，不太可能译为"诚信"。①

"Integrity"在语言中的一般概念源于拉丁语，在拉丁语中，它表示任何实体的完整性，在人类社会中，它明确指代价值观，有一段与西方发展息息相关的历史。我们可以进一步推断，它在当代生活中使用的频率及其有争议的特性与社会实体的日益流动和当前环境下令人担忧的人格同一性的本质密切相关。

8.5.2 其他尝试

"寻找统一性（integrity）"是"超越全球危机"系列讲座的第三讲。其他的讲座题目有"西方的终结""危机的责任""全球正义的可能性"。作者于2013年4月在北京外国语大学开展了系列讲座（见本书7.2.1.3）。

"统一性"是作者在本书2.3"新全球文化中的目标、价值观和地方性冲突"中提出的10个关键词之一。这些关键词包括：文化自主性、文化差异性、转文化性、务实普遍主义、可协商身份、统一性、全球文化、全球化与民粹主义、机构和责任，全球公民。本文最初作为《全球化的挑战以及跨文明世界秩序的愿景》中的一章出版（依诺·罗西主编，瑞士：斯普林格出版社，2020年，第143-156页）。

8.6 尊重人与人之间"和而不同"至关重要②

记者：请您讲述一下"全球化"和"世界统一性"这两个概念的区别？

阿尔布劳："世界统一性"是指地球上的人们和谐共存的状态，"全球化"则是指某事物从其原始位置扩展或遍及全球各地的过程。"全球化"和"世界统一性"两个概念没有必然的联系，（在某种状况下）二者甚至相悖。

记者：本文指出，哲学社会科学与国家建设的关系十分密切。你认为西方世界缺乏理念体系结构的主要原因是什么？

---

① 感谢卡迪夫已故的休·马修斯牧师博士对威尔士语用法的解释。
② 本文是《新华日报》的一位记者对作者的采访。英文文本由作者提供。中文版发表于2020年5月30日的《新华日报》，见：http://xh.xhby.net/mp3/pc/c/202006/12/c787499.html。——编者注

阿尔布劳：有许多复杂的原因，很难找出主要原因，但我认为必须强调代议制民主制度，将普通民众关心的问题置于政治领导人关注的中心。

记者："一带一路"为什么可以超越本族中心主义世界观的局限性？中国又如何避免被视作美国式全球化的翻版呢？

阿尔布劳："一带一路"是基于多国集体协商的倡议，致力于基础设施建设上的互利共赢。因此没有一种独属任一国家的世界观，只有世界各国共享的世界观。

记者：在全球化进程中，好莱坞文化逐渐成为全球文化不可或缺的一部分。它会损害各国的传统文化吗？

阿尔布劳：不，因为好莱坞是转文化的，也就是说，它存在于一个不属于任何文化的领域。它早已超越了美国，属于全球文化，不威胁民族文化。想想民族文化如何与地方文化共存（就能理解这个问题）。

记者："转文化"贯穿全书。您认为它和"跨文化"最大的区别是什么？

阿尔布劳："跨文化"的用法模棱两可，有时意味着"转文化"，但更多的是指代两种或多种文化之间的关系，有时是指它们的交汇点或杂糅点，我通常会避免使用"跨文化"这个术语，因为它不够精准。

记者：在建设人类命运共同体的道路上，中国可以从英国脱欧中学到什么？

阿尔布劳：我不确定现在还有哪个国家可以向英国"取经"，除非是要吸取英国的教训，这一教训适用于任何国家，不仅是中国。其实中国根本不需要吸取英国脱欧的教训，因为中国的实践恰好证明了维护多边主义、建立伙伴关系和努力实现共同目标的重要性。

记者：在您的文章中曾指出中国具备的八个品质，即"执行力、效益、合理、尊重、对等互惠、尊崇、超越、创新"，那您为何特别强调"尊重、对等互惠和创新"呢？

阿尔布劳：这些都是当今世界所强调的价值观，因为它们最符合当代情况，即所有人都面临全球挑战，因此，要想找到应对气候变化的方法，同时解决由于盲目追求经济全球化而产生的深刻的社会压力，就迫切需要创新。为了激发和加强合作以应对这些挑战，互惠非常必要。人与人之间"和而不同"，尊重这种"不同"至关重要，因为人与人之间的差异可以为应对这些挑战提供多种解决方案。

记者：您身体力行地帮助中国社会学者在国际期刊上发表论文，这对于"中国社会科学"走向世界来说十分重要和有效。您的初衷是什么？

阿尔布劳：我的意图就是让中国的社会科学走向世界，这意味着中国的社会科学和其他国家的社会科学并驾齐驱，同时贡献独特的视角和见解，我们的宗旨就是多样统一、万象和谐。

记者：您为什么认为现在是中国这个"中央王国"站上全球舞台中心的最佳时机？

阿尔布劳：中国目前的各种经济措施都可以与美国相媲美，或者至少是世界第二的水平。除此之外，它代表着最具延续性、最专注的民族国家，有能力实现其目标，这在当今世界是独树一帜的，是全球新秩序的"中央王国"。世界其他国家迫切期待中国在健康、清洁能源、社会安全、交通和数字安全等一系列问题上发挥领导作用，树立榜样。

记者：具体的文化接触带来了各种新问题。社会秩序如何解决文化变迁的问题？

阿尔布劳：我们需要回归"尊重"和"对等互惠"，文化必须时刻警惕彼此之间的权力差异，要承认双方的权利。

记者："中国梦"可能在某些角度上效仿了"美国梦"。在您看来，它是否充分解决了权利、社会冲突、阶级分化和市场失灵等问题？

阿尔布劳：如果这个问题代表你认为"美国梦"解决了以上难题，那我的回答是否定的。所有的这些症结都是由"美国梦"引发的，因为它强调个人的成功高于一切，导致那些没能成功的人被边缘化，无法实现富裕。"中国梦"强调富裕，尤其强调共同富裕，"中国梦"不会有"你赢我输"的对立，它确实试图准确地解决"美国梦"失败的问题，但前路漫漫。

记者：在多元文化共存的当下，既然共同的价值观都不能保证相互理解和和谐共处，那么全球治理的公共哲学是否存在呢？这样的哲学体系会不会也存在排他性呢？

阿尔布劳：当前的公共哲学主要适用于多边机构，尤其是联合国各机构，它正确强调了可持续发展目标中各国的共同目标和《联合国宪章》的原则，但要获得公民社会和非国家文化的支持，应对日益增长的企业权力和不平等，还有很多工作要做。我们需要发展一种各方理解、认可的方式来塑造全球秩序，而不仅仅是建立一个民族国家联盟，但激辩和批评也将成为其应对变化能力的一部分。

记者："命运共同体"根植于中国文化，其余美国的核心价值体系有较大区别。除了通过文化上相互理解外，我们应如何实现共同发展、互利共赢？？

阿尔布劳：我们不应该希冀国家之间完全相互理解，这是永远都不可能实现的，而是应该强调互利互惠的合作项目。拥有不同价值观的人可以为相同的目标开展合作，比如共同修建铁路，甚至开发互联网共享平台，我们很希望看到，开展合作项目符合各方自身利益。

8.7 全球天下[①]

作者自序

早先的《中国在人类命运共同体中的角色：走向全球领导力理论》一书，旨在为全球领导力理论提供方向。全球领导力的需求与日俱增，世界需要有远见地关注危及人类生存的问题，同时需要提供解决问题的资源和能力。我曾指出，只有中国才能承担起全球领导力地位，这对西方，尤其是美国来说是一个巨大挑战。美国一直认为自己有远见，并提供了领导世界的方向、资源和能力。这里展开研究，目的是说明为什么今非昔比，西方是如何迷失方向，变得支离破碎、幻想破灭，同时忽视全球挑战的。世界现在应该更多地关注中国。

中华人民共和国成立以来，一直在努力恢复与其规模、人口和历史文化相匹配的国际地位，尽管国际局势风云变幻，中国坚定不移地走自己独特的发展道路。在这条道路上，中国借鉴学习了西方的许多成就，扬长避短，又摒弃了西方所谓

[①] 2020年商务印书馆邀请马丁·阿尔布劳撰写此书，当时建议作者实地访问中国后再开始创作。受新冠肺炎疫情影响，该项目被搁置。此为作者的创作方案。——编者注

的"自由民主"概念，实现了自身发展。对此，西方的反应是怀疑、猜忌和赤裸裸的敌意，同时混杂着欣赏和担忧。当一个国家拒绝西方所珍视的信仰、普遍价值和经济真理却大获成功时，西方国家难以置信。

这本书旨在打破西方的迷思。它列出了能带来经济成功和社会稳定的更多因素，肯定了共产党对中国实现伟大复兴的根本贡献，指出了理论基础对中国发展成就的重要意义。本书认为毛泽东思想、邓小平理论、习近平新时代中国特色社会主义思想为中国未来发展指出方向，在人民努力实现发展愿景的过程中发挥指导作用的意义。我相信，拥有果断的领导力和明确的顶层设计，才能制定出应对全球变暖和其他危及人类存亡的全球性问题的政策和措施。习主席再三强调中国致力于构建人类命运共同体的决心，要推进这一目标，就需要构建一个与之相匹配的全球治理理论。

20世纪90年代，我在《全球时代：超越现代性之外的国家和社会》中写道，我认为时代首先是由诸如气候变化之类的全球问题定义，而不是由西方鼓吹的全球化定义。我非常强调公民世界观的变化，要求政府拿出应对气候变化的解决方案，如今数字化发展似乎转移了人们对于生存性问题的关注，过去的全球化时代正在消退。如果全球时代要持续下去，就需要世界上最强大的国家笃行使命，这是我想表达的一个全球性的观点：我们不能寄希望于东西方任何其他国家，而是希望由中国来拯救地球上的全人类。

简介

全球问题（尤其是气候变化）是整个世界面临的问题，人类历史上首次必须团结一致、共同行动，但我们必须利用智慧，文明正是在发现和解决问题的过程中发展起来的。阿诺德·约瑟夫·汤因比的经典著作讲述了文明在未能应对生存挑战时是如何衰落的，现在整个人类文明都面对类似挑战。

这本书有三部分，它首先描述了挑战的性质，以及无法应对挑战的世界状况。其次，它汇集了可以实现新的全球领导力的概念、观点和理论。再次，它展示各国如何提供必要的应对措施以克服挑战，并指出中国是最有能力提供有效应对措施的国家。

第一部分 全球挑战

1) 气候变化危机

2) 全球问题——社会、经济和环境

3) 饱受诟病的全球化

4) 民粹主义的兴起

5) 西方的分裂

6) 文明的冲突

7) 数字逃避主义

8) 混乱的联通

9) 多极乱象

10) 否认的世界

第二部分 理论与实践

11) 理论革新

12) 民主与资本主义

13) 冲突、法律和制度

14) 中国精神

15) 西/东视角和世界

16) 实用普遍性

17) 集体机构

18) 权力、项目和领导力

19) 新的全球治理原则

20) 塑造全球社会

第三部分 迎接挑战：中国的作用

21) 毛、邓、习：理论指引

22) 中国特色社会主义

23) 树立榜样：能源政策

24) 一带一路

25）多边主义

26）利用文化多样性

27）传播中国文化

28）合作实现全球目标

29）全球治理改革

30）全球天下

附录

1.《中国在人类命运共同体中的角色：走向全球领导力理论》基本信息

1.1 安东尼·吉登斯所撰写的前言

马丁·阿尔布劳教授是英语国家中社会学的领军人物之一，也是研究全球化——这或许称得上是我们这个时代最重要的驱动力量——的最伟大专家之一。早在"全球化"这个术语本身使用之初，他便撰写了具有开拓意义的著作《全球时代：超越现代性之外的国家和社会》(1996)。该书考察了那时已经开始改变全球社会的深刻变化，提出了总体框架。从最基本的意义上说，"全球化"指的是全世界的个人、机构和国家之间日益增强的依赖关系。

全球化的一个方面属于经济范畴，意味着全球市场的发展，公司、劳动力以及全球规模的金融机构之内和之间非常复杂的分工。但是，全球化还有政治和文化这两个方面。不断发展的全球化带来许多益处，同时也形成新的压力和限制。我们在此以中国自身的个案为例。在30多年之前，中国开始面向世界开放。那时，还有人温饱不足；如今，这个国家已经达到了过去看来无法想象的繁荣水平。当然，中国现在还有许多人未完全解决温饱问题。然而，如今在中国许多欣欣向荣的城市中，健康方面出现了一个恰恰相反的重大问题：居民的肥胖程度有增无减,这是伴随物质充足而不是匮乏出现的状况。

当下,许多人认为,全球化正在出现倒退的趋势。全球经济危机引起的震荡余波未消,这一点在西方国家中尤其明显。西方国家中有一些社会群体未能分享大多数人所经历的繁荣。而且,文化方面也出现了明显分化。在许多城市中,这些世界主义的价值观广为传播:支持文化多元性、主张性别平等、崇尚地域之间交流。在其他地方,显露出反对上述价值观的言行,这种现象在没有分享到全球化带来的经济繁荣的区域中尤其突出。对移民愤愤不满,对"外国人"、对种族或文化意义上的少数群体持敌视或种族主义态度,这类状况死灰复燃。在西方国家中,正是这些态度对民粹主义政党的崛起起到了推波助澜的作用。民粹主义政党明确反对全球化,希望回到传统的民族国家的老路上去。这股思潮带来的最具全球影响的后果是,特朗普在美国执掌大权。特朗普认为美国日益衰落,一门心思要扭转颓势。他将美国面临的问题归咎为全球化,而不是将全球化视为带来相对繁荣的源泉。

然而毋庸置疑的是:全球化的趋势并未倒退,而且在未出现严重灾难的情况下也没有倒退的可能性。无论全球化带来什么压力和困难,世界各国相互依赖的程度如今有增无减。一个主要原因是,数字革命的兴起将全球化——即互相依赖——推到了一个全新的高度。多年之前,数字革命刚刚崭露头角,加拿大著名思想家马歇尔·麦克卢汉创造了"地球村"这个词,用它来描绘世界社会的发展轨迹。他当初的论断无比正确,但甚至连他也无法预料全球化进程到底能到达何等程度。请看一看日常生活的层面。如果一位女士搭乘飞机从美国前往伦敦。整个旅程只需10小时左右,日常生活中的这个奇迹靠的是在地球上空绕行的卫星组成的系统。抵达目的地之后,她使用智能手机与自己的父母通话。这是另外一个日常生活奇迹。她可以在手机屏幕上看到他们,他们也可以看到她。他们通过手机自由交谈,仿佛身处同一个房间之内。此外,他们的通话成本几乎为零。当然,政治领袖和成千上万的普通民众都可以这样做。

在我看来,地球村就是一个"高机遇、高风险"的世界,而我们事先并不了解机遇与风险之间哪一方将会占据上风。机遇无处不在。中国崛起,获得影响世界的地位,并且可能成为世界领袖,这也是机遇之一。正如我们在无数科学和技术进步中所见,正是得益于全球化,机遇出现的规模前所未有,科技进步的速度超过以往任何时候。在此仅举一例:全球科学家有能力合作研究,可以实时交流,这是一个可能给医学领域带来大量创新的时代。然而,在很大程度上,风险也被全球化,堪称史无前例。全球气候变化,人口冲向百亿大关,核武器已经扩散,人口大量迁徙,流行病可能大肆蔓延。目前,我们根本不知道,人类这个物种是否有能力应对上述风险。

在本书中,阿尔布劳完成了卓有成效的工作,让读者能更深刻地认识这些变化,并指出了在塑造这些变化的进一步演进中中国可能发挥的核心作用。随着美国不再承担过去在全球化过程中所起的作用,中国不仅能够而且必须在促进世界发展方面发挥核心作用。中国在世界舞台扮演的新角色是否能够帮助弥合分歧,促进全球和平发展呢?"一带一路"倡议的推进仅仅是决定这一点的一个因素。这个倡议必须证明,它是自由合作的一个载体,其目的不是强制推行区域霸权。

在讨论这一点可能如何实现的过程中,阿尔布劳有效运用了习近平的思想,而且以令人瞩目的方式将这一思想与西方的新旧传统联系起来。一个世纪以前,马克斯·韦伯试图准确界定西方资本主义的文化源头,同时也对东方宗教和文化产生了浓厚的兴趣。本书作者指出,当人们重新思考当今全球合作时,韦伯的著作依然可以提供核心理念。我们应该反对的观点是:只有通过超现代概念和超现代技术,我们才能将这个超现代世界稳定并平息下来。实际的情况几乎与之完全相反。在重新发现人类共有文明价值的深层根源的过程中,我们可以形成一种可以作为复苏全球合作基础的全球伦理。

1.2 目录

前言

作者序

鸣谢

第一部分 中国在全球化世界中的角色

第 1 章　理念的体系结构

第 2 章　哲学的社会科学作为连接"一带一路"与全球治理的桥梁

第 3 章　让目标与价值观一致

第 4 章　弥合分歧

第 5 章　人民民主制度的领导

第二部分 全球社会秩序理论

第 6 章　全球社会科学中的中国社会理论

第 7 章　转文化性向美国和中国提出的挑战

第 8 章　实用普遍论与全球治理探索

第 9 章　全球治理的公共哲学能否存在？

第 10 章　如何发现共同价值观？

第 11 章　不完美理解条件下的"命运共同体"

第三部分 从马克斯·韦伯到全球社会

第 12 章　马克斯·韦伯、中国与世界

第 13 章　韦伯与"适应"概念

第 14 章　韦伯、中国与全球社会的未来

附笔 社会学全球化过程中的中国插曲

参考文献

各章出处及摘要

作者简介

跋

注释

1.3 其他信息

出版情况

语言：英文、中文

出版商：伦敦：环球世纪出版社（2018）

ISBN 978-1-910334-34-8（平装，英文）

DOI https：//doi.org/10.24103/GCSS.en.pb.2018

ISBN 978-1-910334-35-5（精装本，英文）

DOI https：//doi.org/10.24103/GCSS.en.hb.2018

ISBN 978-1-910334-36-2（平装，中文）

DOI https：//doi.org/10.24103/GCSS.ch.pb.2018

ISBN 978-1-910334-37-9（精装本，中文）

DOI https：//doi.org/10.24103/GCSS.ch.hb.2018

中国大陆英文版由新世界出版社 2019 年出版

中国大陆中文版由商务印书馆 2020 年出版

中国香港特别行政区中英文版由香港商务印书馆 2022 年出版

简介

这本书是关于中国在未来世界中的角色，包括作者最近对中国准备承担全球领导角色问题的探讨。该书有效地将 19 世纪至 20 世纪全球转型时期西方重要理论家马克斯·韦伯的研究与 20 世纪至 21 世纪全球转型时期习近平新时代中国特色社会主义思想的研究联系起来。作者认为，一方面，西方古典理论仍然可以为反思当今的全球合作提供核心思想。另一方面，近年来提出的"一带一路"倡议，展示了中国如何成为世界新兴力量以帮助弥合世界分歧，并认为这将促进全球和平与合作，而不是加强大国的对抗。作者认为，在重新发现共同文明价值观的深层根源的过程中，我们可以塑造全球伦理，由此形成全球合作复苏的基础。这本书将被翻译成中文，将有助于中国和其他国家和地区的广大读者了解中国，了解中国如何为人类命运共同体做出贡献。

书评

将中国的思想和观念纳入跨文化公共社会科学的过程是什么？"一带一路"倡议是西方经济全球化的接班人吗？亚洲会成为成功摆脱可持续现代性困境的大陆吗？马丁·阿尔布劳是极少数有权威、有经验、有抱负的社会科学家之一，他在这本丰富的论文集中为我们提供了答案。

——《马克斯·韦伯研究》编辑山姆·维姆斯特（Sam Whimster）教授

对于西方中心论下"中国是崛起大国"这一概念，阿尔布劳教授的书提供了一种有趣的对比。其独特之处在于提供了一种全球化观点，来分析中国如何理解其新角色，以及其领导集体如何在根本上重塑21世纪的世界架构。中国正在成为一个全球化的国家，这本书解释了它如何做到这一点。在这一过程中，汉学和全球治理理念才更恰当地走向全球。

——哥本哈根大学副教授奥拉夫·科里（Olaf Corry）博士

更多书评发表在《全球中国比较研究》2020年第6期。

2. 参与"全球中国对话"

2.1 "全球中国对话"简介及其主题

马丁·阿尔布劳　常向群

动荡的世界

通往和平与发展的道路上充满了无数风险和挑战。国际体系和国际秩序正经历深度调整，国际力量对比发生着深刻变化。所有国家（无论是发展中国家还是发达国家）都必须适应不断变化的国际和社会环境。一些国家的现代化进程因文化、宗教和社会变革带来的冲突和矛盾而中断或产生溢出效应，造成全球动荡。与此同时，技术和社会的快速发展对不同国家和群体的思维、行为和互动模式以及道德原则产生了深远影响。它们还不断挑战既定的治理理念，包括全球化时代政府职能以及非政府组织参与的利弊。变化和挑战林林总总、五花八门：数字技术、移动通信和互联网的普及、文化同质化和多样性的共存、种族和宗教冲突、大型跨国公司与国家主权的对抗、科学创新带来的社会规范革新、区域经济对国家经济发展的决定性影响、气候变化的制约及新能源的发现和采用。文化多样性和转文化主义已成为人们日常生活的一部分。

面对这些挑战，各国领导人制定了既反映现状又体现长期目标的发展战略。

商业领袖和企业家也投入大量资源研究不断变化的国际经济和金融秩序对企业发展的影响。专家和学者关注全球治理的效率和悄然产生巨大影响的文化因素，探索文化和意识形态如何强化全球和社会治理。

这些努力和倡议都朝着同一方向发展——在全球治理背景下，深入了解人类社会的知识体系，发展出超越任何单一文化、国家或民族的"全球文化领域"。因此，"中国、欧洲和世界的发展与治理"这一主题逐渐成为全球学者的主要研究兴趣之一。

变化世界中的中国

中国和中国人民正在为维护世界秩序和塑造全球社会作出重要贡献。中国关心的重要全球问题是什么？在全球问题上，中国人的思维模式和做事方式是什么样的？我们希望与西方读者就以上问题所引发的话题展开对话，包括发展、教育、经济、移民、家庭、环境、公共卫生、人类安全和全球治理等。近三十年来，中国一直在实施"走出去"政策，鼓励企业进行海外投资。该政策不仅涉及经济领域，还涉及金融、语言、文化、科学、技术、社会科学、出版和媒体。根据该政策还设立了亚投行。习主席访问几十个国家，亲自推动"一带一路"倡议这一区域发展战略，并向世界分享中国的治理模式。习主席近期访问英国[①]时表示："随着中国实力上升，我们将逐步承担更多力所能及的责任，努力为促进世界经济增长和完善全球治理贡献中国智慧、中国力量。"2017年1月，习主席在联合国日内瓦总部发表主旨演讲，阐明了中国参与全球治理的基本原则：坚持对话协商，建设一个持久和平的世界；坚持共建共享，建设一个普遍安全的世界；坚持合作共赢，建设一个共同繁荣的世界；坚持交流互鉴，建设一个开放包容的世界；坚持绿色低碳，建设一个清洁美丽的世界。

---

① 2015年10月，习近平主席在英国伦敦金融城市长晚宴上发表演讲，从"为促进世界经济增长和完善全球治理贡献中国智慧、中国力量"的高度阐述了构建人类命运共同体的初衷。

全球中国对话系列

为了共同实现以上目标，解决全球面临的普遍问题，中国与世界之间的对话至关重要。"全球中国对话"系列论坛聚焦这些议题，旨在通过中国和非中国专家学者、专业人士和感兴趣的其他行业人士之间的公开对话和讨论，从跨学科和比较视角增进公众对当前全球事务和共同利益的认知。

除大学、研究机构和专业智库外，"全球中国对话"还与中国和其他政府、国际组织、媒体及出版单位密切合作，长期跟踪全球热点话题。"全球中国对话"提供了一个高端平台，展现中国的全球公共利益关切，帮助中国参与建设全球社会、综合治理全球社会。

"全球中国对话"系列论坛是一项持续的创造性社会活动。它将中西方学者和舆论领袖聚集在一起，探索转文化和文化生成，为发展出超越任何单一文化、国家或民族的"全球文化领域"做出贡献。

"全球中国对话"系列论坛还制定了"文明对话"的规则，鼓励双方彼此倾听、理解文化差异、尊重当地习俗、接受不同观点、感知人类的共同命运。更重要的是，它探索了新的全球治理模式，涵盖各国政府、国际组织、跨国公司、非政府组织和公民，其使命是建立一个和谐共生的人类命运共同体。

该系列论坛的议程是在联合国可持续发展目标框架内制定的，未来也将初心不改。它遵循了联合国教科文组织捍卫和平的使命和利用创造性智慧建设可持续发展世界的目标。论坛具体主题如下：

2014 年 第一届全球中国对话：比较视角下的中国现代化经验

2015 年 第二届全球中国对话：转文化与新型全球治理

2016 年 第三届全球中国对话：可持续性与全球气候治理

2017 年 第四届全球中国对话：一带一路：为了共同目标的转文化合作

2018 年 第五届全球中国对话：全球正义治理

2019 年 第六届全球中国对话：世界和平治理

2020 年 第七届全球中国对话：全球治理改革

2.2 在"全球中国对话"上的讲话

2.2.1 比较视角下的中国现代化经验——第一届全球中国对话,2014 年

作者首先提及了"全球视角"这个概念。他说,我不会从全球视角谈起,我先从欧洲视角开始。让我们回到"现代"这一概念的起源,因为这一概念在欧洲历史进程中历经变化。它兴起于东西方关系的一个非常关键的时期。1700 年前后,一些非常开明的耶稣会牧师将西方科学带入中国,并将中国道德带回欧洲。伟大的西方哲学家戈特弗里德·莱布尼茨(Gottfried Leibniz)——罗素说他是最伟大的欧洲哲学家——认为,西方可能在科学方面领先,但中国在道德方面处于领先地位。"现代"对他和当时的人们意味着什么?意味着理性,而不是屈服于宗教教条,尤其反对宗教教条阻碍科学的应用和发展。莱布尼茨希望能通过研究汉字的起源,找到与自己新发明的二进制算术相一致且兼容的东西。我想大家应该知道,莱布尼茨不仅发明了微积分,他还发明了二进制算术(现代计算的基础)。他是个天才。他希望中国和欧洲能找到理解世界的共同核心。

我认为他为"现代"这一概念的当下和未来提供了经验。首先,我们要舍弃介于两者之间所有关于资本主义的论断——"现代"本与资本主义无关,"现代"指的是理性、合理,指的是人类都可以找到共同的人性。这是全球治理所需要的基础,每个国家、每个文明都可以有所贡献。我认为,未来中国的贡献将是最必不可少的。因为就全球治理而言,中国是最新的贡献者。中国曾长期处于西方的阴影下,但如今早已不是如此。我相信本届论坛也期待将不同文明联合起来,创造一个普遍的全球人类社区。

最后,作者说:我想回到理解他国文化和理解其他人的问题上来。我认为所有学术研究都表明,我们永远无法完全理解另一个人或另一种文化。"他者"终究是神秘的,对它的探索可能会让我们觉得挫败和沮丧,相互学习借鉴可能也会有同样的体会。合作是我们互相学习的最佳时机。我认为全球治理的最佳前景是大家一起放眼未来、改革当下、互相合作并创造美好。不要以为合作就代表我们完全理解彼此。即便不理解对方,我们也可以很有效地达成合作,我认为这一点

很重要。请记住，迄今为止，最激烈的世界大战都发生在彼此非常了解的民族之间！1914年之前，德国和英国互动频繁，展开了丰富的文化交流，但这并没能阻止战争的爆发。因此，协同合作与试图完全理解对方是两码事。基于我的个人经历和学术研究，我得出了上述结论。我主要从事理解社会学研究，这是社会学学术研究中的一个重要分支。从中，我学到的经验是，人们永远无法完全理解事物。人永远不会完全理解另一种语言，甚至也不会完全理解自己的语言。所以我们不要指望完全理解，彼此合作就好。

2.2.2 转文化与新型全球治理——第二届全球中国对话，2015年

在开幕式上，作者发表了如下演讲：

非常高兴参加本次活动。感谢项晓伟参赞和其他与会嘉宾。很高兴能够代表本次会议的荣誉主办方之一英国社会学协会发言。我们协会谨祝贺常向群教授组织了本次活动，并让其成为"中英文化年"丰富多彩活动的一部分。今天，高级别的中国代表团仍在与英国的部长进行会晤，时间上跟本次活动有冲突，同一时间确实会发生许多事情。我想聊一聊社会学，因为社会学想要将人类团结起来。社会学着眼于社交。我职业生涯中最大的乐趣之一就是自20世纪80年代以来经常与中国同事接触。

因此，我对中国社会学会副会长邴正教授的到来感到特别开心。欢迎他出席本次活动。我跟中国社会学会前任会长（陆学艺）是老朋友了。20世纪80年代时，我接待过来英国做实地调查的他。他是农村社会学专家，他的经历或许就可以说明跨文化误解。转文化性涉及误解和理解。当时，陆学艺来到英国，说想见一见"威尔士农民（peasant）"。了解英国历史的人会知道，"农民"一词大约在16或17世纪左右就从英国人的词汇中消失了。那之后我们就没有农民了。他想见见威尔士农民，我只能把他带到威尔士中部的一个农场，找了一位养了大约200只羊的农场主。但陆教授感到困惑，因为这位农场主拥有一座大谷仓，里面停放了他收藏的一系列阿尔法·罗密欧老式汽车——这位农场主收藏汽车。

同样，我也出现过误解。20世纪80年代后期，我曾是中国国家计划生育委员会的客人。当时我是英国一个人口中心的主任，中国曾派遣官员来培训，参加

人口政策硕士课程。我和中国保持了很长一段时间的交流。我有幸被带到一个中国村庄，观察当地的计划生育情况。我和我的翻译（他是我在卡迪夫大学教过的学生）拜访了一个大家庭。我想做个采访，一共有八九个受访者。我决定采访家里最年长的女性。我说："我想单独采访她，一对一地跟她聊一聊。"翻译问我："你确定？"然后他转过身翻译给受访者们听，他们都大笑起来。我不知道他是怎么翻译的，我问他："他们为什么都在笑？"他说："他们都在笑西方的个人主义。"（笑声）我想单独采访一个人，可那有什么意义呢？家庭中大家的意见是一致的，不管采访谁都一样。所以误解是双向的。随着"转文化性"这个新概念的发展，本次会议旨在努力弥合这些误解。我们非常感谢于硕教授提出这个概念，他也出席了本次活动。我相信本次会议会富有成果、卓有启发。

再次欢迎大家出席本次活动。希望能跟大家展开激烈的讨论。希望我们不要拘泥于会议议程。我也期待在茶歇和午餐时跟大家多多交流。非常感谢。

小组演讲：转文化性与新型全球治理[①]

骇人听闻的巴黎恐怖袭击发生之后，联合国安全理事会于 2015 年 11 月 19 日一致通过了第 2249 号决议，要求成员国"加大并协调努力，防止和抑制'伊斯兰国'实施的恐怖主义行为"。这份决议提醒我们全球治理的实际作用。它关注在不同国家之间创造一种统一秩序。

治理与多样性密切相连。15 世纪，英王的大法官约翰·福蒂斯丘爵士（Sir John Fortescue）撰写了最早的关于宪政的英文论文。该论文后来所用名称为《英格兰的治理》，首页引用了托马斯·阿奎那对多样性的论述，使用了颇有当代意味的"多样性"一词，谈及的区域包括苏格兰、佛兰德斯，还有（令人感到惊异的）埃及，甚至利比亚。

福蒂斯丘提出了许多关于其祖国的良治理念，而多样性正是那些理念的来源。治理理念是如何将各国凝聚起来的？只需在其前面加上"全球"一词。我将沿用伟大的美国作家沃尔特·李普曼（Walter Lippmann）的做法，将那些理念称为"公

[①] 马丁·阿尔布劳. 中国在人类命运共同体中的角色：走向全球领导力理论[M]. 北京：商务印书馆，2020.；同名海外中文版 2021 年由伦敦环球世纪出版社出版。

共哲学"。他在 1954 年提出的观点如今仍然具有重要意义。面对他所说的"一系列不兼容的信仰",他提出了良好公民不能否认或忽视的一套"正面原则和规则"。对今天的我们来说,只需在公民前面增添"全球"一词。

于硕教授要求我们做的是,通过文化——或者更具体地说,转文化——来审视这些理念。我认为这是非常好的方法,能够充分暴露我们寻找某些原则以协调不兼容信仰时遇到的种种困难。当我们关注文化时,就会发现现代人们往往将文化与原则对立起来,此时上述方法尤其有用。其原因在于,我们习惯于将文化与差异、想象力、创新,尤其是多样性联系起来。

因此,本次会议将"文化"与"治理"联系起来可能让人感到不适。塞缪尔·亨廷顿的《文明的冲突》促使我们将文化视为对任何种类的全球秩序的挑战。社会批评者们要我们将代际之间的冲突视为"反文化",将异常社会行为视为"次文化",将后现代主义视为对任何既存文化的颠覆。现在,当我们转向"转文化",我们可以感觉到这个"转"字所包含的模糊性和困惑感。"转"如今也是流动性别相关讨论的核心词。

过去的情况并非总是如此。19 世纪中叶,英国公务员马修·阿诺德撰写了一本名著,攻击他那个时代的进步理念。他将该书称为《文化与无政府主义》。他认为文化意味着最高价值的实现。国家——"我们的最佳集体自我"——是实现那些价值的秩序,而最高价值被他定位于公民对该秩序的追求之中。他宣称没有一套哲学,但他眼中的秩序是建立在公民文化的基础之上,这意味着他的思想根基是人民的良知。

我心安理得地引用如此古老的著述来讨论全球治理,因为我认为那些著述说明,治理是人类文明一个持久、没有终结的问题。我们最好将其视为这样一种社会秩序的积极产物:它让人们过上安全、富有成就感和创造性的文化生活。它在历史上不同时期、不同文化的许多社会中都产生过。治理从根本上看是一种分散化的秩序。它像自然语言一样有自己的排列和规则,但它源于无数伙伴之间的对话,中央控制在很大程度上发生在对话活动结束之后。

我们很高兴地看到习主席的讲话被收录在《习近平谈治国理政》一书中。我引用西方古代文献只不过是效仿他的做法。习主席引用了中国古代经典名言："民惟邦本""天下兴亡，匹夫有责""以德治国，以文化人"。他指出，这些是"社会主义核心价值观"，"它们继承了中华优秀传统文化，也吸收了世界文明有益成果，体现了时代精神。"

习博士（在此让我们以学衔称呼他）发展了他自己对社会学的高深认识，为引导中国社会和经济做出了卓有成效的贡献。当年，在邓小平担任中国领导人时，中国社会科学泰斗费孝通在中国社会科学院对这一领域进行了早期探索。

习主席的著作对转文化和新型全球治理特别重要。他的书远不只是提供了另一种治理模式，还让我们能够从中吸收世界文明有益成果，体会时代精神。我们可以讨论价值观、责任、原则、权利等普遍性问题，同时承认不同国家对它们有不同解释。

这些理念在社会公共秩序的语汇中占据战略性地位，被社会学家丹尼尔·贝尔称为"轴心原则"。在中国人对人际关系、人与自然关系的反思中，"和谐"理念居于核心地位。崇尚追求和自我完善的美国梦对美国的崛起和美国在20世纪全球经济中的主导地位做出了贡献。习主席提出具有特色的中国梦时，借鉴并改写了相关理念。

是否存在一个国家性轴心原则能够对全球社会发挥类似"和谐"理念的作用？我内心觉得可能性不大。中国对和谐的强调源于农业社会。那时，一个群体的生活状态与改造和适应自然界的成效密切相连。美国梦强调追求个人的社会地位并为社会做出贡献，这是发现新世界并创造新社会的移民历史的产物。当这两种文化相遇，在强调各自的独特历史经历时，理解和误解都会出现。

18世纪初，伟大的德国哲学家莱布尼茨试图摆脱这个两难困境。他采用的方式是探索一种普遍语言，试图找到《易经》与他首创的二进制算法之间的相似之处。我认为迄今为止，中国比西方更好地理解了他的令人惊异的洞见。但是自从他那个时代以来，东方和西方更加敏感地意识到跨文化理解的局限性，正在逐步达成共识。

于硕教授提出的转文化生成性（transcultural generativity）概念提到了文化碰

撞可能带来的多种结果：多元文化主义、适应、杂化。它们仅是当下最时髦的几个术语。她认为可能存在范围更大的文化圈，它超越所有其他文化，每一种文化都参与其中。我认为，该文化圈产生于完成共同任务过程中出现的文化对接，这些共同任务包括要求开展合作的现实议题，例如联合国安理会第2249号决议、千年发展目标和可持续发展议程相关协议，还有（我们希望）即将在巴黎达成的应对气候变化的协议。

正是文化间关系的非常实际的问题让美国实用主义的哲学传统应运而生。实用主义哲学在20世纪20年代最杰出的代表杜威在中国的道家思想中发现了类似洞见。文化碰撞涉及的问题在实践中（而非理论上）可以解决，这样的实践转而形成新的洞见。这就是转文化生成性。这就是我所称的实用普遍论。不是普遍接受某个理念，而是普遍认为每种文化都力求发现普遍性。这是宽容和对话的基础，是于尔根·哈贝马斯（Jürgen Habermas）所说的"沟通理性"的基础。

如果我们承认全球治理是指塑造全球社会秩序，我们就需要认识到，这意味着要对支撑这一秩序的概念不断进行评估。全球对话是公共哲学的植根之处，是用正义、和谐、多样性、权利、尊重等理念管控合作，以便实现可持续性、福祉、真理与和解。

这些仅是从各行各业领袖所使用的大量概念中筛选出来的一小部分。正如科林·布拉德福特（Colin Bradford）在一次会议上近距离观察到的，当习近平、奥巴马、普京、默克尔、卡梅伦、奥朗德等领导人见面时，他们使用的一种共同话语就是其下属官员们发展出的一种国家之间的持续叙事。但是，这种话语的特征来自一个不断扩大的文明社会共享的诸多概念，该社会包括社群领袖、网络活动人士、全球企业高管、关注环境的消费者。这就是我们这个时代的全球公共哲学，它属于所有人，但是并不听命于任何人。谢谢大家。

2.2.3 可持续性与全球气候治理——第三届全球中国对话，2016年

在第三届全球中国对话上，作者组织了第四小组"可持续发展目标的实施"讨论，并担任小组主席和讨论人。他说：非常高兴能够主持这个名为"可持续发展目标的实施'的小组讨论"。我认识所有的小组成员，这让我格外开心。大家

都是我的朋友。我想花时间介绍一下每一位嘉宾。当然这不在我们的议程上。

2013年，杰弗里·普雷尔斯（Geoffrey Pleyers）出版了一本开创性的书《另类全球化：成为全球化时代行动者》（*Alter-Globalization: Becoming Actors in the Global Age*），采访了500至600名年轻的活动家。他告诉我，他参加了不少于10场世界社会论坛。了解世界社会论坛的人肯定知道这一点有多了不起。他大部分时间都在墨西哥度过；虽然他的母语是法语，但他会说英语和西班牙语。他偶尔也生活在比利时靠近荷兰边境的地方，我想他可能会一点瓦龙语，也会说德语。

接下来是张悦悦。我跟她认识不久，是杰弗里介绍我们认识的。她是肯特大学的副教授。张悦悦很谦虚，所以大家可能不知道，她是从北京大学医学院毕业的。我想大家都赞同这一点，就是家里如果有医生真的很方便。2013年，她还出版了一本佳作，名为《中国的绿色政治：环境治理与国家社会关系》（*Green Politics in China: Environmental Governance and State–Society Relations*）。

今天的全明星阵容还有奥拉夫·科里（Olaf Corry）。奥拉夫既是丹麦人又是英国人，出版了关于全球治理的重要著作，提供了治理对象的概念。他正在构建一个与治理研究不同的概念框架，名为《构建全球政体：理论、话语和治理》（*Constructing a Global Polity: Theory, Discourse and Governance*），也于2013年出版。这三位发言人都在2013年出版了一本了不起的著作。最后，我想透露一个秘密，有关奥拉夫的隐私：他是丹麦反对派领袖（赫勒·托宁·施密特）的首席演讲稿撰稿人。2009年，他完成了撰写演讲稿的工作。2011年，赫勒·托宁·施密特成为丹麦首相。所以我觉得他很厉害。这就是我们全部的小组成员。接下来有请杰弗里发表演讲"全球化新含义：环境运动和挑战如何塑造了21世纪初的'全球化'"。

发言者及其发言内容有：

• 《全球化新含义：环境运动和挑战如何塑造了21世纪初的"全球化"》——比利时鲁汶大学全球研究院院长杰弗里·普雷尔斯教授

• 《中国社会对可持续性概念的理解》——英国肯特大学社会政策、社会学与社会研究学院副教授张悦悦博士

- 《全球政体中的社会多样性：实现可持续发展目标的条件》——丹麦哥本哈根大学政治系奥拉夫·科里教授

2.2.4 一带一路：为了共同目标的转文化合作——第四届全球中国对话，2017年

目标及价值观的协调对接 —— "一带一路"面临的挑战

请允许我以第四届全球中国对话组委会成员的身份，向来自世界各地的尊贵嘉宾，特别是中国的嘉宾，表示热烈欢迎。

各位在我们七次对话系列的过程中加入我们。有的已经参与过我们的辩论，说明你们的国家对形成全球新秩序必要性的认识做出了重要贡献。各位从我们的会议安排中将会注意到，从比较视角展开的对话首先从中国开始。系列对话历时三年，讨论全球治理的改革问题。

在过去七年时间里，这些问题是我们旅程的起点和终点。我希望指出，尽管略显匆忙，我们迄今为止与周围世界变化的快速节奏基本保持同步。我们期望为确保变化是积极的做出自己的微小贡献。

2014年，我们反思了西方的一个认识：中国的开放政策体现了一种独特而创新的发展方式。去年，我们聚焦跨国合作的一大重点：应对气候变化。今年，我们的关注范围将会扩大，涵盖所有目标。

在我们展开对话之际，有的国家重新强调全球秩序中的民族国家主权。有的人发现，在此过程中，1945年以来世界花费数十年辛苦建立起来的各种多边体系正在逐步废除。认为这些担心毫无根据是不负责任的。

相比之下，在伦敦举行的这次对话并不从国家主权出发。我们都相信对话具有建设性的潜能，我们关注如何为涉及全人类的全球秩序做出贡献。我们承认大家共同面临的危险。

尽管我们中有些人的国家宣称本国优先，但我们依然拥有上述共识。我们在此秉持我们在以前对话中强调的观点。在本次转文化体验的对话中，我们也将继续这样做。那就是，我们脚踏本国土地，仰望希望共同分享的天空。

此刻，我们正朝着重构全球秩序的目标前进，旅程已经过半。我们逐渐认识

到，每个主权国家都可以为此做出独特贡献。就中国而言，它已经成为一个强大的行为主体，有能力对那个秩序正在浮现出来的形态施加决定性影响。

习主席四年前宣布的"一带一路"倡议已是独一无二的贡献。"一带一路"这个名称显示了中国、东方与西方之间具有历史意义的联系，避免了主导全球治理语言的笼统而没有灵魂的字谜游戏。

这并不是说中国不是多边治理机构中经验丰富的参与者。但是不论是亚太经合组织、东盟、金砖国家、二十国集团、国际原子能机构、国际货币基金组织、联合国还是联合国教育科学文化组织，以上这些组织或机构都无法提供"一带一路"这样具有诗意的共鸣和跨文化的背景故事。"一带一路"唤起了各国大家庭的一段"家史"。

当然，中国也响应了扩展多边模式的倡议，例如，中国创建了亚投行。亚投行为"一带一路"项目提供了重要金融支持。

不过，"一带一路"项目的意义远超过其所获得的金融支持本身。这些项目与合作国本土文化的联结是无论多大的金融支持都无法比拟的。

中国与哈萨克斯坦签署协议，启动"光明之路"倡议；与越南签署协议，建设"两廊一圈"；与英国签署协议，支持英国北部振兴计划。技术和基础设施是这些项目的核心组成部分，但每个项目都源于所在国人民在当地环境和独特文化中产生的切身需求。

法国与中国的海上贸易始于1698年，阿穆芙莱特号船那年从法国拉罗谢尔起航，抵达中国广州。今年9月，拉罗谢尔的帆船协会与大连的国际游艇俱乐部共同在大连成立了一所法式帆船学校。通过贸易建立的联系和贸易带来的接触机会发挥了作用，增进了相距遥远的两种文化之间的相互理解，将两种文化中相似的生活方式联系起来。

（2017年）5月14日，习主席在北京出席"一带一路"国际合作高峰论坛开幕式，并发表主旨演讲。演讲提出推动"一带一路"倡议走向更大成功的五点原则，强调将"一带一路"建成和平之路、繁荣之路、开放之路、创新之路、文明之路。

关于文明之路，习主席是这样阐述的："要以文明交流超越文明隔阂、文明互鉴超越文明冲突、文明共存超越文明优越，推动各国相互理解、相互尊重、相互信任。"

让我们想一想文明之路的基础是什么。首先有修建公路、铁路、港口的共同项目，有明确的目标和预期的收获。人类要修路，就像鸟类要筑巢一样，其原因是显而易见的。基础设施为保障社会生活的长期基本需求提供基础条件。

因此，所有主要经济体自2008年金融危机以来都投资基础设施，并非仅仅是出于经济原因。一个国家内部是可以围绕提升运输和旅行的基本条件达成政治共识的。这是造福所有社会阶层的公共产品，虽然在资本主义制度下，这给某些人带来利润，给其他人带来工资。

习主席让我们认识到，"一带一路"的意义不仅在于分享技术，从而实现共同目标，而且在于增进文化之间相互理解。基础设施跨越国界，跨越海洋，将距离遥远的国度连接起来，能够营造出一种宏大的人类命运共同体的意识。人类命运共同体是习主席提出的我们应为之努力的方向。

我相信，人们沿着这条道路前进，便可开始解决那些真正的全球性问题。分享技术从而实现共同目标的经验为可持续发展合作做出了有益准备。希望它也将有助于传播用于和平目的的核能技术。

这就是习主席所说的"政策沟通"。可以补充一点：它是真正的全球时代的公共政策，与常被视为全球时代鲜明标志的全球化大不相同。

在我看来很有意义的是，习主席将全球化这个术语的使用限定为"经济全球化"，形容所有创造全球单一市场、促进生产方式和商品消费在世界范围延伸的过程。

"一带一路"很独特。正是互联互通的延伸鼓励当地文化发掘与其他文化的共性，以自身特质为共同事业做出贡献。这就是习主席所说的"民心相通"。

当然，推进"一带一路"建设也是中国"走出去"的突出例子。此外，支撑"一带一路"的理念范围广阔、目标宏大，使其成为自可持续发展目标国际协议签署以来最全面的塑造未来全球秩序的倡议。

因此，我并不像很多人那样，对当前世界范围内的本国优先运动感到那么沮丧。这可以让各国更多参与全球问题，让各国相互竞争，努力贡献更多的解决方案。它并不否认与其他国家的合作（所谓"交易的艺术"！），不否认与其他国家的友谊。

相较于对塑造世界秩序的贡献，"一带一路"最有力的特征是持续将理论与人类面临的实际问题紧密结合。

在这个习主席所描绘的"世界多极化、经济全球化、社会信息化、文化多样化深入发展"的时代，"一带一路"将文化、交流、合作、联通、共生、相互依存等抽象词汇切实反映在了当今世界的地图上。

习主席用四个词描述出了当今世界的状态，我完全想不出任何更好的表述方式。（也许本次对话可以搞一个比赛：用四个词来描述当前人类的处境。）

此外，我们不要低估"一带一路"所面临的挑战。虽然它鼓励文化多样性，致力于在合作项目中追寻共同事业，但是它也面临着许多人认为受到威胁并宣称将"誓死捍卫"的价值观。

我们只需想一想发展政策方面争议最多的领域之———人口规划。长期以来，印度和中国在这方面都在互相观察。中国于1979年开始实施独生子女政策，大体上行之有效，最近开始实施全面两孩政策。

相比之下，印度自20世纪50年代以来一直努力在不同的邦推行各种不同的政策，引起了截然不同的反响。印度甚至在20世纪70年代中期尝试过强制节育，导致了一场全国性危机。总理的儿子桑贾伊·甘地被认为是那时人口政策的主要责任人，险些遭到暗杀。

这些问题并非不可克服。我20世纪80年代曾实地考察过孟加拉国的计划生育情况，发现在那里，伊斯兰教领袖、国家与妇女合作社三者之间合作密切。在那里的婚姻祝福中心，男人和女人可以获得计划生育方面的知识。我至今依然珍藏着当时拍摄的照片。

价值观植根于各个民族的历史经验之中，塑造着他们的身份，影响着他们的日常生活和规划。价值观与普通短暂、实用主义的目标不同。不同国家即便拥有共同价值观，也可能存在不和。主权问题就是最明显的例子。

鉴于这些原因，在未来的"全球对话"中，我们将讨论共同价值观导致冲突时出现的问题，探讨怎样超越相互竞争的正义理念，克服危及和平的不平等现象，改革当前的全球治理体系。

基于这些目标，我相信"一带一路"倡议正向世界展示一条非常务实的前进道路，极有希望取得巨大进展。让我们共同分享其所带来的希望与喜悦。

2.2.5 全球正义治理——第五届全球中国对话，2018 年

闭幕致辞

我们已就"全球正义"议题展开全面广泛的探讨，将为第六届全球中国对话带来很多启发和创意。

明年，我们一定会进一步发展今天总结出的见解，因为正义是和平治理（第六届全球中国对话的主题）的基础。本届对话将为未来实现全球治理改革做好准备。自从五年前开始举办这一论坛起，这一直是我们想要实现的目标。

正义是人类社会生存和可持续发展的核心，与去年论坛的主题——合作——一样具有社会普遍性，是社会关系的基础。

这一点在今天的发言和讨论中显而易见。同时，我们无法避免一个反复出现的问题：正义在各个社会中普遍存在，对正义本质的不同观点也普遍存在。

这并没有妨碍我们进行富有成果的辩论。我们本着尊重和包容的精神听取对方的观点，但不一定接受他们的论点，当然也不一定认为这些论点可以适用于我们自己的社会。

中国人对"义"的解读源于中国的历史、文化和当代问题。同样，西方的正义理念也有其特点，而这些特点在盎格鲁—撒克逊法和欧洲大陆基于罗马法的传统中有不同的发展。不过它们都与古希腊正义女神狄刻的形象相呼应，她手持天平，衡量相互竞争的论点。这种平衡的观念在中国文化中也很常见。

中文里的"义"、英文里的"正义"（justice）和德语里的"正义"（Gerechtigkeit）都有一种找到人与人之间平衡的感觉，这种平衡符合基本价值观。这些正义理念背后都有一个基本的推动力，那就是找到正确的道路，找到

化解不同人民之间冲突的方式。

但是，在全球治理的所有考量中，有一个最突出且最重要的不同，那就是现代西方历史强调法律作为一种由权威执行的规则体系的重要性。法律常常被等同于权威。这背后有一段漫长而复杂的历史。

托马斯·霍布斯（Thomas Hobbes）认为自然正义的出现早于国家法律，提出任何主权国家的法律都不可能不公正。这一观点的提出标志着现代民族国家制度迎来一个关键性时刻。后来，杰里米·边沁（Jeremy Bentham）给自然正义判了死刑，称自然法毫无意义。

当我们谈到今天所有人都关心的重大司法问题时，我们不愿意为过去发生的危害人类罪、自然资源不公平开采、富人逃避国家税收、难民的不人道待遇等负责，这些问题在常规法律制度下都没有得到解决。法律如果要解决这些问题，就必须建立在事先约定好的（有时未经公开承认的）关于正义的共识上。

儒家思想中"义"和"理"是相互交织、共同运作的。它们在西方的参照物更多的是与和平、和解或仲裁相关的过程，而不是与法庭和诉讼相关的过程。与法庭和诉讼相关的过程在中文里更接近"法"。

无论是"法"、"理"、"义"，还是"法律"、"公平"、"正义"，这些都是文明为了满足人类普遍需求而建构出来的产物。不同文明从来无法完全调和差异。我们要本着尊重和包容的精神承认这一点，以务实的普遍主义观点倡导全球治理改革。

让我们秉持这种精神，怀抱乐观态度，期待第六届全球中国对话的到来。最后我想说，光有这种精神和乐观态度远远不够。同样不可或缺的是常向群教授每年为全球中国对话论坛的成功落地贡献她非凡的智慧，付出大量时间精力。让我们以热烈的掌声对她的辛勤付出表示感谢。

2.2.6 世界和平治理——第六届全球中国对话，2019年

作者担任了第六届全球中国对话论坛组织委员会主席和顾问。对话的主题是"世界和平治理"，强调在解决长期冲突的基础上进行改革所需的国际合作的重要环境。

按照以往论坛的议程，第六届全球中国对话在一天内举行了四次小组会议，给每位发言人预留时间做简短的陈述，还安排了时间充裕的问答环节。每次会议的小组由一两名中国学者和两三名来自世界其他地区的参与者组成。我们还计划举行两次对话前瞻和对话总结研讨会，主题都是"中国社会科学的全球化"。

共有四个小组主题：

- 国内冲突的调解与缔造和平；
- "一带一路"和减少不同国家与文化之间的紧张局势；
- 中国在多边维和中的作用；
- 文明价值观和促进和平。

每一次陈述或讨论都涉及不同的议题角度，但都遵循中国的"红线"：不干涉别国内政。但任何全球治理改革都不可避免地需要我们了解其他国家的内部事务。这个难题是全球中国对话会谈的辩论核心。

2.2.7 全球治理改革——第七届全球中国对话，2021 年

第七届论坛的主题是"全球治理改革"，与清华大学全球共同发展研究院联合举办。①

作者还担任了开、闭幕式的主持人。

中国在未来世界的地位 ②

全球治理改革是今天的主题。但从本届论坛的议程中不难看出，机构改革只是我们关注的四分之一。我们认为治理不仅仅关乎机制。治理指的是建立和维护一种社会秩序，使得人们能够塑造自己的生活，实现自己的梦想。

因此，联合国各机构以及遍布全球的所有国际和多边协议并不是全球治理的唯一来源。像社会秩序一样，它取决于人民的共同信念和实践。全球治理是全世界人民的共同信念和实践。因此，中国治理的榜样作用变得越来越重要。

中国对未来世界的贡献源于其独特的治理模式，它根植于其数千年的历史。

---

① 受新冠肺炎疫情影响，第七届全球中国对话论坛推迟至 2021 年在伦敦举行。
② 2021 年 12 月 10 日在英国科学院举行的第七届全球中国对话论坛上的主旨演讲。2021 年 12 月 14 日，《中国日报》全球版刊载了一篇题为《中国如何将道德原则付诸实践》的节选稿，见：https：//www.chinadaily.com.cn/a/202112/14/WS61b7f814a310cdd39bc7b2af.html

西方关注中国，对它在过去50年的崛起感到惊讶，并且无休止地猜测中国成功的原因。

它是不是借鉴了西方的思想？古老哲学的遗迹是否为中国提供了秘笈？难道是中国书法（没有成为古董遗物）真正赋予了民族文化的力量吗？

在西方，除了坚定的马克思主义者外，很少有人会认为中国的成功也可能与中国共产党有关。毕竟，社会主义怎么可能与中国悠久的历史兼容呢？西方常常选择性地无视中国共产党。好像只要我们无视它的时间越长，它就会自己消失一样。

西方偶尔有一些鲁莽的声音，比如特朗普任期内的美国国务卿迈克·蓬佩奥，他宣称中国共产党给全世界带来挑战。也有人说中国共产党的诞生是一种异常现象，背离了中国历史，也因而会转瞬即逝——这些论断都极其离谱。

首先，我要回应一下觉得中国共产党的诞生是异常的想法。今年，中国共产党成立100周年了。它的诞生早于联合国，它见证了苏联的兴衰，见证了大英帝国的终结，见证了美国世纪的逝去。

与世界上其他许多国家相比，中国共产党不仅历史悠久。它是在一种独特文明的固有特征基础上发展起来的，这些特征早于我们所说的西方文明。

中国一直与众不同。千年以来，它的历史以中央集权为主。它将教育与社会地位挂钩。其治理体系让那些渴望官职的人保持终身学习、实践传统文化。

这种文化以"孔子"的名字被命名为儒学，但它其实植根于中国社会长期秉持的一种管理家庭生活和社会关系的道德准则。英国伦敦国王学院中国研究院院长克里·布朗（Kerry Brown）写了一篇很有说服力的文章，阐述了中国共产党如何融合中国传统文化，以及再现中国社会秩序的长期特征

正如习主席在2021年5月31日的讲话中所强调的那样，要"更加充分、更加鲜明地展现中国故事及其背后的思想力量和精神力量"。"希望、家庭、和谐、健康"的理念就向世界传达了中国故事背后的思想和精神。

中国文化强调在与人交往中注重礼仪规范，将道德原则与社会互动相融合。全球中国学术院院长常向群建议，只有英语中的新词"互惠"才能传达中国社会

关系的这一独特文化特征。

自罗马天主教会为中世纪统治者提供道德规范以来，西方并不盛行一套激励社会各级治理的日常共同道德规范。而在中国，一个世纪前共和制的失败实验是其传统道德与治理融合的唯一短暂中断。

中国人理解"中国特色社会主义"是一种延续性的信息，而在西方则被误解为与过去的决裂。中国共产党拥有9000多万党员，他们分布在社会组织的各个层面——村庄、工厂以及最高国家机关。他们都是当代中国价值观和道德秩序的捍卫者。

中国拥有应对当前变化的多元治理体系。它将原则与实用主义相匹配，与西方的"自由主义"或"代议制民主"相竞争。

如果有人错误地将中国目前的制度视为一时的反常，那么，把西方秩序视为普遍价值的长期持久表达更是一种错误。

当然，"自由、平等和博爱"的口号已有200多年的历史，至今仍在世界范围内具有吸引力。但它很难带来稳定性。法国现在已经是第五共和国。美国自夸其《独立宣言》和对民主的承诺，但这并没有阻止美国发生残酷的内战和历史上延续至今对"奴隶"的持续歧视。

至于在其他国家建立受西方启发的民主制度的尝试，第一次世界大战后德国魏玛共和国的例子，应该足以警告那些傲慢地等待胜利的大国。仅仅在十五年内，德国民选领导人希特勒就建立了现代最残暴的政权。

民粹主义是民主政体中长期存在的危险，也是常被西方视为民主思想源头的古希腊哲学家不信任纯粹民主的原因之一。哲学家们认识到，一切能够让人们安心地生活和追逐梦想的社会秩序，背后都潜藏着民主对它们可能构成的风险。

人们应该比现在更普遍地认识到，就在一年前，美利坚合众国还处于民粹主义政变的边缘。可能只有副总统迈克·彭斯（Mike Pence）保有勇气，他捍卫了国会的权利，拒绝挑战2020年总统选举的结果，才避免了一场灾难。

治理的制度框架无法保证不会出现民粹主义者激发大规模抗议的风险。丧失安全感、觉得生活水平下降、普遍认为制度只保护那些剥削普通阶层的腐败官员……都可能破坏社会秩序。当代的经济和技术变革只会加剧我们所处时代社会和政治秩序的脆弱性。

每一种社会和政治秩序要想生存下去,从根本上取决于对其合法性的广泛信任。但它还必须为公民提供条件,让他们能够在个人生活中享受所追求的物质和精神财富。在当下这个时代,资本和技术的力量不断改变着这些条件。

这些力量在西方催生了公民社会中多个相互竞争和冲突的群体。中国共产党已经承担起监督和控制这些力量的责任,在这方面,中国共产党在过去五十年间一直深受人们爱戴和信任,可以说它取得了非凡的成功。

认识到制度本身并不能解释中国所取得的成就,我们应该寻找其他原因。考虑到西方对公共部门、商业部门和第三部门(或表述为"国家、经济和公民社会")的特有区分,我们可能会找到一些方向。

在法律范围内,公民社会可以做任何事情,包括努力改变法律。它反映了潜在的无限多样性。同样,它给冲突提供了无限的空间,甚至延伸到家庭最深处的隐私。

我的学科社会学,长期以来一直认为冲突的普遍性是现代社会固有的,甚至认为它是社会生存的固有因素。这个理论出现在20世纪初,它讲述了个人不同的群体成员关系如何创造重叠的关系网络,即"群体从属关系网",以及制度如何发展以管理群体之间可能产生的冲突。

因此在冲突制度化的思想中,冲突被赋予了积极意义。例如,亲英社会学家达伦多夫(1961年我在德国的导师)曾任欧盟对外事务专员、伦敦政治经济学院院长,他以前常常称赞英国对待冲突的积极态度,而他的祖国德国则对冲突持厌恶态度。

但是,"冲突制度化"可能同时代表激化冲突和管控冲突。它成为西方政治进程的固有组成部分,而社会始终是它的"人质"。该理论最具讽刺意味的地方是,它所产生的时代最后以血腥的第一次世界大战告终。

要了解中国在当今世界上的地位,我们必须认识到西方有多么独特。它对个人自由的颂扬也暴露了资本主义的矛盾和无节制技术进步的力量。

西方的民主制度建立在特定个体的独特身份基础上,促进、管控并实质上激化了相互竞争的群体内部和群体之间的冲突。相比之下,中国共产党的目标是管理中国的民主进程,保护公民不受自由发挥的经济和技术进步力量所害。而这些力量在西方非常具有破坏性。

这些挑起冲突、民粹主义和威胁民主制度的力量在中国也"蠢蠢欲动"。今年早些时候,中国宣布的反垄断和限制个人财富过度积累的措施,是中国独特治理体系发挥作用的最新证明。

这是一个脱离西方政治思想传统范畴的体系。"技术型官员"是一个西方术语,表达现代治理的转变。这个术语很好地表达了专家学者在人们生活中扮演的新作用,就像出现在18世纪的"官僚"一词指公共官员权力的上升。关于中国,我认为需要一个新的术语。"以人为本(Humanocracy)"更能传达全社会人民与中国共产党之间的普遍联系,以及党在维护社会价值方面的作用。

我今天所关注的内容涵盖了中西两大文明的两种治理体系之间的差异。为了双方的未来,也为了整个世界的未来,它们必须携手共进。

中国已经全面参与全球治理体系多边机构建设。与另一个大国不同的是,中国不认为这些安排是可选的,可以随意加入或退出。

但目前的全球机构更多地起源于西方民族国家特有的制度建设模式,即通过代议制机构或其他机构来管理敌对各方之间的冲突。这些全球机构也很容易在制度上被官员阶层俘获,因为他们只忠于所在机构和自己的职业。中国和西方之间的合作还存在其他可能性。

世界需要将中国治理体系的优点应用到全球治理中。西方多边机构之外有许多团体大声疾呼,要求解决全球性问题。

我的建议是,中国应该多与西方的民间社会团体接触沟通,这些团体认为自己具有全球使命,关注气候变化、动物保护、难民权利、开源出版或其他一系列问题。

这本身并不代表中国非政府组织的方向改变。自1992年中国国际民间组织合作促进会(CANGO)成立以来,民间组织已经融入到一个更大范围的官方行政框架中。该促进会继续帮助中国民间组织同世界各地的同行发展更密切的关系。

在这种背景下,我们发现了一个悖论,即西方国家分散的治理体系也可能产生积极的结果。西方国家公民社会的多样性,促生了自诩为全球公民的各种协会机构。它们关注和平、可持续性、气候变化和其他生存性问题。在本世纪的第一个十年,玛丽·卡尔多(Mary Kaldor)和戴维·赫尔德(David Held)成立的伦敦政治经济学院全球治理研究中心(前)及其年刊《全球公民社会》(Global Civil Society)讨论的正是它们的关切。

中国已经通过实现国家目标,特别是实现了第一个百年奋斗目标"全面建成小康社会",证明了治国理政的成效。中国的"一带一路"倡议将行动范围扩大到其他国家和地区,调动世界人民为实现共同目标而努力。如果中国现在邀请全球公民社会加入跨国伙伴关系,来应对当下的全球挑战,我们很快就会看到另一种全球治理的发展。

这一改革将取得实质性进展,帮助实现人类在地球上生存所依赖的诸多目标。中国独特的治理文化能力体现在目标定位而非制度建设上。中国自己的制度、人民、党和国家继续证明,一个有别于西方代议制政府模式的国家能够实现繁荣。

图书在版编目（CIP）数据

中国与人类命运共同体：探讨共同的价值观与目标 / （英）马丁·阿尔布劳著；（英）常向群编；李潇阳，马苗苗译. -- 北京：新世界出版社，2023.8
ISBN 978-7-5104-7648-8

Ⅰ．①中… Ⅱ．①马… ②常… ③李… ④马… Ⅲ．①中外关系－研究 Ⅳ．①D822

中国版本图书馆CIP数据核字（2022）第249855号

中国与人类命运共同体：探讨共同的价值观与目标

作　　　者：	[英]马丁·阿尔布劳
编　　　者：	[英]常向群
翻　　　译：	李潇阳　马苗苗
责任编辑：	孔德芳
装帧设计：	魏芳芳
责任校对：	宣　慧
责任印制：	王宝根
出　　　版：	新世界出版社
网　　　址：	http://www.nwp.com.cn
社　　　址：	北京西城区百万庄大街24号（100037）
发 行 部：	(010)6899 5968（电话）(010)6899 0635（电话）
总 编 室：	(010)6899 5424（电话）(010)6832 6679（传真）
版 权 部：	+8610 6899 6306（电话）nwpcd@sina.com（电邮）
印　　　刷：	天津中印联印务有限公司
经　　　销：	新华书店
开　　　本：	787mm×1092mm 1/16 印张：23.25
字　　　数：	374千字　　尺寸：170mm×240mm
版　　　次：	2023年8月第1版 2023年8月第1次印刷
书　　　号：	ISBN 978-7-5104-7648-8
定　　　价：	128.00元

版权所有，侵权必究

凡购本社图书，如有缺页、倒页、脱页等印装错误，可随时退换。
客服电话：(010)6899 8638